레스토랑 메뉴관리

RESTAURANT MENU

레스토랑 메뉴관리

전지영 · 김태현 · 홍종숙 · 김장호

수학사

머리말

국내 외식산업은 1986년 아시안 게임과 1988년 서울 올림픽을 계기로 해외 브랜드가 다양하게 수입되면서 성장기를 맞이하였다. 그리고 점차 핵가족화, 맞벌이 부부의 증가, 1인가구의 증가 등 바쁜 현대인들의 니즈와 맞물리면서 급속도로 발전하고 있다. 세계적으로도 외식시장의 규모가 급성장하면서 메뉴는 외식산업의 가장 핵심적인 마케팅 도구이며, 고객과의 커뮤니케이션 수단으로서 중요한 부분을 차지하고 있다.

한편, 메뉴는 외식업의 경영 전반에 영향을 미치는 핵심 요소인 만큼 평소 본 저자들은 전문적이고 체계적인 내용을 담은 전공도서가 부족함을 느껴 학생들에게 좀 더 풍부한 지식을 제공하고자 이 책을 집필하게 되었다.

이 책은 메뉴의 발달과정과 역사에서부터 메뉴의 분류, 메뉴 계획과 원가 및 회계 관리, 메뉴 가격 책정 방법, 메뉴 디자인과 분석, 음료 메뉴, 메뉴 상품 개발, 메뉴 마케팅 등 메뉴에 관련된 전반적인 내용을 상세히 다루고 있다.

제1장에서는 국내외 외식산업의 발달과정과 메뉴의 개념 및 중요성에 대해 설명하고, 제2장에서는 메뉴의 내용, 제공 시점, 행사 형태에 따른 메뉴 분류와 변화 빈도와 주기, 연령과 대상에 따른 분류, 식문화, 서비스 형태에 따른 메뉴의 분류에 대해 살펴본다.

제3장과 제4장에서는 메뉴 계획의 개념과 중요성

뿐만 아니라 학자별 메뉴 계획의 기본 모델과 메뉴 계획을 할 때 고려해야 할 영양, 위생관리, 메뉴 프레젠테이션, 주방설비 및 기물 등에 관하여 설명하고 있다.

메뉴는 레스토랑의 판매 상품으로 수익과 직결되는 만큼 중요한 것이다. 따라서 제5장에서는 메뉴의 원가 관리의 개념과 중요성뿐 아니라 전반적인 외식경영의 자금 계획과 재무 분석, 자본의 유동성에 관련된 내용을 설명하고 있으며, 제6장에서는 메뉴의 가격 책정의 개념 및 영향 요인, 가격 책정 방법에 대해 구체적인 사례를 들어 설명하였다.

아울러 메뉴는 소비자들이 이해하기 쉽고 소비자의 감성을 자극할 수 있는 아름다운 형태로 디자인되어야 하는 만큼 제7장에서는 메뉴 디자인의 개념 및 중요성과 디자인 전략과 과정, 구성 요소들에 대하여 다루고 있다.

메뉴는 일회성이 아닌 지속적인 분석을 통해 관리를 해야 한다. 따라서 제8장 메뉴 분석에서는 메뉴 분석을 해야 하는 이유와 고려사항, 학자에 따른 메뉴 분석 방법뿐 아니라 메뉴의 평가 방법까지도 설명하고 있다.

메뉴는 크게 음식 메뉴와 음료 메뉴로 나눌 수 있는데, 특히 레스토랑의 음료 메뉴의 중요성과 종류, 가격 책정, 관리 요령 등에 대한 내용은 제9장에서 설명하고 있다. 그리고 상품성 있는 메뉴 개발 과정과 메뉴 마케팅에 대한 내용은 제10장과 제11장에서 상세히 다루고 있다.

앞으로 이 책이 점차 확장되는 외식산업에서 메뉴의 중요성을 인식하고 치밀한 전략으로 고객의 만족을 연구하는 호텔, 외식, 조리 관련 학생들은 물론, 업계 종사자들에게 성공적인 외식 메뉴 개발의 기초 자료로 널리 활용되기를 바란다.

끝으로 출판에 도움을 주신 수학사 이영호 사장님과 직원 여러분, 자료 수집에 도움을 주신 많은 분들께 진심으로 감사의 말씀을 드린다.

2013년 7월

저자 일동

차례

CHAPTER 05 메뉴 원가관리와 재무회계

CHAPTER 06 메뉴의 가격 책정

CHAPTER 11 메뉴 마케팅

CHAPTER 01

외식산업의 발달과 메뉴

1. 서양 외식산업의 발달과 메뉴
2. 국내 외식산업의 발달과 메뉴
3. 메뉴의 개념 및 중요성

1

태초부터 인류는 생명을 유지하기 위하여 음식을 섭취해왔다. 초기에는 수렵으로 음식을 수집하여 섭취하다가 점차 조리 과정을 거치면서 자급자족하던 음식섭취 형태가 전문화되고 사회 환경과 개인의 생활방식이 변화하면서 집에서 먹던 음식을 외식이라는 개념이 생겨나면서 메뉴가 만들어졌다. 특히 산업혁명 이후 과학기술이 발달하면서 메뉴는 더욱 다양해지고 전문화되었다. 이번 장에서는 서양과 국내 외식산업의 발달과 메뉴의 역사를 알아보고 외식산업에서 메뉴가 경영 전반을 지배하며 어떤 영향을 주고 있는지, 어떠한 과정으로 변형되었는지를 살펴보고자 한다. 그리고 이를 통하여 앞으로의 메뉴는 어떠한 방향으로 변모될지 예상해보고자 한다.

또한, 메뉴의 기원 및 어원에 대하여 알아보고 레스토랑과 고객을 연결하는 커뮤니케이션으로서 메뉴의 역할과 목적, 기능에 대한 전반적인 이해를 돕는다.

1. 서양 외식산업의 발달과 메뉴

1) 고대의 외식업

고대 이전부터 인류는 음식을 가공하여 섭취해왔고 시장에서 서로 교환하거나 판매하기도 했다. 덴마크의 부족과 스코틀랜드 해안에 위치한 오크니섬 부족의 유적에서는 기원전 1만 년 전 큰 주방에서 무리를 지어 조리를 했던 증거가 나왔고, 기원전 5천년경에는 스위스의 호수 인근 거주자들이 단체로 모여 식사를 했던 기록도 남아 있다. 고대 이집트의 무덤과 신전에는 고대 이집트인이 여러 사람을 위해 음식을 준비하고 제공한 시각적 자료들이 남아 있다. 또한 자료에는 오늘날과 같이 가공된 음식을 시장에서 판매하였던 기록도 찾아볼 수 있다. 시장 상인들은 지금과 비슷하게 이동 가능한 음식을 길에서 팔았다. 물론 오늘날과 같은 위생관념은 없었으며, 길거리에서 음식을 판매하는 것을 규제하는 법도 제정되어 있지 않은 것으로 보인다. 그리고 우리는 고대 무덤을 통해서도 많은 정보를 얻을 수 있다. 예를 들어, 이집트 투탕카멘의 묘에는 왕이 죽은 뒤에도 생전처럼 음식이 필요할 것으로 여겨 사람들이 왕의 무덤에 음식물을 같이 묻었다고 한다. 그런데 발굴된 유물을 살펴보면 놀랍게도 그 음식들은 지금 우리가 먹는 음식과 비슷하였다. 심지어 그곳에서 발굴된 밀 알갱이는 심어보니 싹이 나기도 했다고 한다.

이처럼 고대 무덤이나 유물 등을 통해 인류가 오래전부터 음식을 조리해 먹었던 사실과 함께 당시의 조리법을 유추해 볼 수 있다. 가장 오래된 맥주 조리법은 아라라트산 근처에서 발견된 아시리아의 유물에 적혀 있다. 아시리아 사람들은 와인과 맥주를 동물의 가죽으로 만들어진 주머니에 보관하였다. 가난한 사람은 매주를 마시고 부자는 와인을 마셨던 것을 유추해 볼 수 있다.

고대 중국의 기록에서는 여행자가 길가에 있는 여관에 머물러 숙박했다는 것을 알 수 있는 자료가 있다. 중국의 큰 도시에서는 밥과 와인, 기타 등등의 재료를 파는 식당이 존재하였고, 인도에서는 다양한 숙박업과 식음료 사업이 당연하게 여겨져 법을 제정하여 규제할 정도였다. 최근 파키스탄에서 발굴된 고대 모헨조다로 유적에서는 다량의 음식을 가공하기 위한 돌 오븐과 돌 스토브를 갖춘 레스토랑과 비슷한 시설에서 식사를 하였던 유적이 발굴되기도 하였다.

성경책에도 단체를 위해 큰 규모의 음식을 제공하였던 성구가 적혀 있다. 예를 들면, 페르시아의 초대 왕 크세르크세스가 180일 동안 연회를 열었던 것과 솔로몬 왕이 22,000마리의 소를 잡아 대중을 위해 연회를 열었다는 구절이 있다. 아시리아의 왕, 사르다나팔루스(Sardanapalus)는 식(食) 신봉자였으며 큰 연회를 자주 베풀었고 그는 최고의 요리사들을 모아 그들의 기술과 명예를 겨루는 경연대회를 개최하였다. 이것은 현재 독일에서 4년마다 열리는 요리경연대회의 시초가 되었다.

고대 그리스인은 수준 높은 공공식사를 하였던 것으로 보인다. 공공식사를 통하여 많은 사람들이 사회적 관계를 가지며 친목을 도모하였다. 이미 그리스에는 숙박업과 식음료 사업이 존재하였으며, 편안한 삶과 맛있는 식사를 즐기는 정신을 전파하는 쾌락주의가 사회 전반에 흐르고 있었다. 고대 그리스의 축제에는 많은 사람들이 참석하여 즐겼다. 와인의 신, 디오니소스를 경배하는 축제에서는 모든 그리스인이 음식과 술을 먹고 마시며 흥청거렸고 먹고 놀며 즐기는 축제가 많이 있었다. 이에 그리스의 전문 요리사들은 귀빈으로 대우받았으며, 그들이 가진 뛰어난 조리법을 발표하는 자리는 많은 사람들이 중요하게 생각하는 행사였다. 더 나아가 고대 그리스에서는 조리법에 대해서 특허나 저작권을 갖는 것도 가능하였다. 고대 그리스인은 모여서 관심 있는 분야에 대해 토론을 하거나 스낵류의 음식을 먹고 마시는 것을 좋아하였다.

로마인도 연회를 좋아했는데 실제로 몇몇 황제들은 축제를 너무 좋아해서 국가를 부도 상태로 전락시키기도 하였다. 로마의 장군이었던 루클루스(Lucullus)는 향락적인 연회를 매우 좋아해 '사치스럽다'는 뜻의 '루컬런(Lucullan)'이라는 단어가 생길 정도로 호화롭고 찬란한 식사를 즐겼다. 또한, 마크 안토니는 클레오파트라가 정성스럽게 준비한 요리가 너무 만족스러워 그녀에게 도시 전체를 선물로 주기도 하였다.

태번(tavern, 여관)이란 단어를 만들어 낸 타베르나(tabernas)는 와인과 음식을 먹는 고대 로마의 조그만 식당이었으며, 그 흔적을 고대 폼페이의 유적에서 거의 손상 없이 찾을 수 있다. 구조를 보면 넓은 계산대에는 와인을 저장하는 큰 항아리가 있었고, 뒤쪽에는 벽돌로 만들어진 오븐과 여러 가지 조리도구가 남아 있다. 타베르나는 트라토리아(trattorias, 간단한 음식을 제공하는 이탈리아 식당) 또는 오늘날 이탈리아의 조그마한 동네 식당의 초기 모습이었다. 당시 로마에는 식품판매와 외식업 운영을 법으로 규제하였다.

최초의 요리책으로 알려진 로마제국의 『요리와 식사(Cookery and Dining in

Imperial Rome)』라는 제목의 책은 로마의 미식가로 알려진 아피키우스(Apicius) 이후 여러 사람에 의해 수세기에 걸쳐 작성된 것이다. 이 책을 통해 고대에 귀족층이 어떻게 식사를 하였는지 엿볼 수 있는데, 로마의 연회는 3가지의 코스로 구성되어 있었으며, 각각의 코스마다 상당한 양의 음식이 제공되었다.

로마 귀족의 코스요리

1. 구스타티오(gustatio) : 전채요리의 집합체로서 현재 이탈리아의 안티파스토(antipasto)로 발전하였다.
2. 다양한 종류의 고기와 채소, 대부분의 요리는 가공되지 않은 것으로 다른 나라로부터 수입된 것이다.
3. 과일과 과자, 그리고 그 동안에 충분한 와인도 같이 제공된다.

- 아피키우스(Apicius) 외, 『요리와 식사』

또한, 로마인은 의자에 앉아서 식사를 하지 않고 소파에 기대어 식사를 하였다. 로마의 예술적인 요리들은 이탈리아와 프랑스 요리의 발판이 되었고 이후 유럽 전체에 영향을 주기도 하였다. 로마 요리의 특성은 스토브를 사용하지 않고 직화하거나 또는 장작을 이용하였으며, 벽돌로 만들어진 오븐으로 빵을 구웠다.

2) 중세시대의 외식업

중세시대에는 청교도적 금욕이 인간의 욕망을 억제하던 시기로 외식업 또한 소박한 형태로 변형되었다. 영국의 시인 초서(Chaucer)의 『캔터베리 이야기(The Canterbury Tales)』는 몇 명의 여행자들이 여관에 머무르면서 나눈 이야기를 모아놓은 책인데, 당시 수도원과 수녀원에서는 수도승 또는 수녀에 의해서 체계적인 외식서비스의 교육을 받게 되었고, 제빵, 제주, 조리 지식을 발전시킬 수 있었다고 한다. 시간이 흘러 장인들은 다양한 서비스의 길드(모임)를 만들었고 종교 단체에서는 많은 지식을 얻었다. 수도승에 의하여 고안된 상당수의 조리법이 지금까지 이어져 오고 있다. 예를 들어, 파운드케이크와 다양한 육류요리들이 있으며, 베네딕틴(Benedictine), 쿠앵트로(Cointreau), 그랑 마니에(Grand Marnier), 샤르트뢰즈(Chartreuse)와 같은 유명한 술이 이 시기에 발명되었다. 아직도 이들 술 제조법이 전해 내려오고 있으며, 일부는 술을 빚는 장인에 의해 비밀로 지켜지고 있다.

긴 타원형의 크고 볼이 얇은 나무로 만들어진 그릇에 주로 고기와 채소로 끓인 스프와 스튜 또는 라구(ragout)를 담아 트렌처(trencher)라는 나무상자에 보관하였다. 빵은 액체를 흡수하기 위해 사용되었고, 단검은 고기와 채소를 자르고 찌르기 위해 사용되었다. 중세시대가 끝날 시기에 식사과정은 상당히 발전되어 절차에 따른 코스들이 나타나기 시작하였다. 프랑스는 이 변화에 힘입어 명성을 얻기 시작했는데 첫 코스 메뉴로는 전채요리와 수프, 샐러드가 등장하였고 무거운 음식일수록 나중에 제공되었으며 디저트로 마무리하였다.

이때 영국도 음식문화가 발전하였는데 자료에 따르면 앙리 8세의 궁궐에서는 화려한 음식이 단계적으로 코스에 맞게 제공되었다는 것을 알 수 있다. 제공된 요리는 대부분 육류, 생선, 조류 등의 고기를 꼬치로 만든 것이었다. 그들은 다양한 수프, 페이스트리, 푸딩을 먹었고, 식사 때마다 하나 또는 두 종류의 달콤한 고기를 자주 즐겼던 것으로 보인다.

중세시대 동안 전문적으로 외식업에 종사하는 사람들이 모여 여러 길드를 구성하였다. 굽는 사람들의 길드(Chaîne des Rôtisseurs)가 12세기경 파리에서 생겨났다. 현재 이 길드의 권리는 미식가의 것이 되었다. 특정 길드는 생산품의 특별성에 맞게 독점적인 체계를 갖추었고 다른 경쟁자들이 생산하는 것을 제지하기도 하였다. 길드는 고전적인 주방 구조를 주방장과 수행원들로 발전시키고 전문적인 조리 방식을 갖추었다. 전통적인 방식은 아직도 사용되고 있다. 그때 요리사의 모자인 토크(toque)가 생겨났고, 이는 요리 수습생의 상징으로 여겨졌다. 나아가 요리사들로부터 권리를 받아 임명된 총주방장의 표시로서 작은 원형의 검정 실크로 만들어진 모자가 쓰였다. 중세시대에 검정색은 귀족을 나타내는 색으로 이 모자는 오직 최고로 선택된 주방장만 쓸 수 있었다. 현재 프랑스와 미국의 요리사들로부터 선택받은 총주방장들의 모임인 금색토크는 최고의 요리사들을 일컫는 상징적 모임으로 이어져 오고 있다.

3) 르네상스 시대 최고급요리의 발전과정과 레스토랑의 시작

르네상스 시대는 중세시대에 억압받던 인간의 욕망을 다시 이끌어내고자 하던 시기로, '부활·부흥'을 뜻한다. 이때 고급요리가 하나의 예술로서 성장하였고 맛있는 음식을 찾아 먹는 식도락의 개념이 생겨났다.

르네상스식 음식은 이탈리아에서 시작하였지만 프랑스에서 귀족을 중심으로 최고급 요리로 발전하였다. 1533년 프랑스의 앙리 2세와 이탈리아 피렌체의 카트린 드 메디치(Caterina de Médicis)의 결혼으로 이탈리아의 요리가 프랑스에 전해지면서 프랑스의 고급요리가 시작되었다. 이탈리아의 메디치가(家)는 미켈란젤로와 같은 유명한 예술가들이 자주 찾았을 뿐만 아니라 고급요리와 음료를 집에서 제공하기도 하였다. 카트린이 프랑스로 갔을 때 메디치가의 총주방장이 동반하였으며 그녀 자신을 앙리 2세의 식탁과 궁궐의 독재자라고 칭하였다. 그전에는 알아주지 않았던 프랑스 요리가 앙리 2세와 그의 궁궐의 기쁨으로 자리 잡게 되었다. 카트린은 아이스크림과 같은 다양하고도 훌륭한 요리를 소개하여 프랑스 요리의 완성에 공헌하였으며 이로부터 프랑스 최상의 고급요리가 시작되었다. 또한 식탁에서 손과 단검을 사용하는 대신 칼과 포크, 수저를 사용하게 되면서 그 사용법을 가르쳤다. 앙리 4세와 프랑스의 왕들은 궁궐에서 지속적으로 식사와 음식에 대해 관심을 가졌다. 훌륭한 식사를 대접하고, 유명한 요리사들을 격려하여 고급 조리과정을 발전시키는 것이 신사적인 것이라고 생각하였다.

1600년대 루이 13세부터 15세까지 부르봉 왕가(Bourbons)의 궁궐에서는 조리에 대한 지식을 지속적으로 발전시키고 훌륭한 요리사의 양성을 위해 노력하였다. 1643년부터 1715년까지 통치했던 루이 14세는 그의 자산을 과시하며 호사스러운 생활을 누린 것으로 잘 알려져 있다. 그는 요리사들의 발전을 위해 좋은 학교를 설립하는 데 매우 적극적이었다. 궁궐에 찾아오던 많은 귀족들의 식사와 고급요리, 소스들도 유명해져서 그들의 이름을 딴 것들도 있다. 고급 화이트소스로 사용되는 베샤멜(béchamel)소스와 모르네이(mornay)소스는 각각 백작의 이름을 따서 지은 것이다. 양파를 사용해서 만든 고급 소스 수비스(soubise)는 수비스 백작의 이름을 따서 만들었다. 1715년부터 1774년까지 통치한 루이 15세도 조리 예술과 과학의 발전을 위해 노력하였다. 미식가이며 자신도 요리사였던 폴란드 왕 스타니스와프 1세(Stanisław I Leszczyński)는 1704년부터 1735까지 통치하였는데, 그의 딸이자 루이 15세의 아내였던 마리아 레진스키(Marie Leszczyński)는 카트린 드 메디치의 주방 구성과 기준을 그대로 도입하여 최상급의 질과 정교함으로 외식업에 적용하였다. 더 나아가 루이 15세의 연인이었던 마담 퐁파두르(Marquise de Pompadour)와 마담 뒤 바리(Madame du Barry)는 뛰어난 미각 재능을 갖고 있었을 뿐만 아니라 전문적인 요리사였다. 지금도 그녀들의 이름을 딴 고급요리가 많이 있다. 또한 왕도 마담 뒤 바리를 뛰어난 요리사라고 생각하여 최고 주방장에게 수여한다는 르 코르동 블루(Le Cordon Bleu)를 수여하였다.

당시의 메뉴는 매우 정교하였고 프랑스에서는 3가지 코스가 있었다. 대략 20가지 이상의 요리가 한 코스에 제공되었으며, 대부분의 조리 과정이 매우 섬세하게 진행되었다. 하지만 18세기 후반에 메뉴는 간단해졌고 한 코스당 제공되는 요리의 수도 줄어들었다.

고급요리가 발달하는 동안 외식을 하는 대부분 사람들의 식습관은 매우 평범했다. 장거리 이동경로인 중심 도로를 따라서 꾸미지 않은 평범한 여관이나 태번들이 있었는데 계급이 높은 여행객이나 장기투숙객들이 이러한 곳에서 머물 때, 종종 그들은 자신의 하인들에게 음식을 준비하게 하였다. 수도회들은 여행객에게 계속 관심을 가지고 있었지만, 보통 사람들이 식사를 할 수 있는 공간은 없었다. 식사는 대체로 집안에서 이루어졌다. 대부분 사람들은 재료나 요리 도구, 장비뿐만 아니라 고급음식을 만들거나 제공하는 방법을 모르고 있었다. 감옥이나 병원에 있는 사람들은 간신히 최소 영양분의 끼니만 제공받고 있었다.

약 1600년경에 처음으로 카페(coffee house)가 프랑스에서 선을 보였고, 유럽 대부분의 도시에 급속하게 퍼져 나갔다. 와인과 같은 약한 주류와 코코아, 커피가 주를 이루었고, 음식은 제공되지 않았다. 카페는 대개 지역 상류층 사람들이 좋은 음료를 마시면서 최신 소문이나 소식을 접하고 흥미로운 이야기를 할 수 있는 곳에 자리를 잡았다. 1760년대 후반 프랑스 루이 14세의 집권기에 불랑제라는 사람이 건강을 유지할 수 있다고 믿는 수프를 제공하는 공간을 열었다. 이 수프는 병을 치료할 수 있는 음식들로 채워졌고, 영양면에서 우수하다고 주장하였다. 불랑제가 만든 수프에는 송아지 발을 넣어 차별성을 둔 것도 있었다. 불랑제는 그의 건강 복원사를 '레스토레(restaurers)'라 부르고, 그의 기업을 '레스토랜테(restorante)'라 칭하였다. 이것이 바로 오늘날 '레스토랑(restaurant)'의 기원이 되었다. 그 후 30년 동안 파리에는 500개가 넘는 식당이 생겨났고 이는 현대 외식산업의 시작이었다.

영국 요리는 명성에 있어 프랑스의 고급요리를 따라갈 수가 없었지만, 영국의 식사장소(tables)들은 가치가 있었다. 영국은 막강한 해군력을 가지고 있었기 때문에 많은 지역의 좋은 재료와 첨가물을 외국에서 직접 가져왔다. 영국은 스페인의 왕위 계승을 받은 필립 왕자가 앙리 13세와 아라곤의 카트린의 딸인 메리와 결혼을 했을 때, 스페인과 포르투갈의 여러 재료를 자신들의 요리법과 혼합하였다. 후에 '피의 메리(Bloody Mary)'의 역사로 알려진 메리는 영국의 여왕이 되었다. 필립은 영국으로 올 때, 많은 수행원을 데리고 왔는데 그들 대부분이 훌륭한 요리사였다. 그들은 자신들의 재료를 영국 요리법에 소개하였는데, 스펀지케이크나 유명한 스페인식 햄과 베이컨, 쉐리와인과 포트와인이 있었다. 오늘날 영국은 이러한 음식을 그들의 전통음식으로 생각한다.

러시아 또한 독창적이고 질 높은 요리법을 개발하였다. 사실 프랑스어는 러시아 궁정에 있는 사람들이 많이 사용하던 언어였다. 알렉산드르 황제(Czar Alexandr)가 유명한 프랑스 요리사인 마리 앙투안 카렘(Marie-Antoine Carême)을 고용한 후 다수의 프랑스 요리사들이 러시아에서 왕족의 주방을 관리하였다. 러시아는 고유의 야생동물이나 물고기, 채소를 식재료로 사용하여 특유의 방식으로 메뉴를 만들었다. 러시아 사람들은 프랑스 사람들보다 건강하고 왕성하게 먹고 마시는 사람들이었고, 이러한 식습관은 그들 특유의 방법으로 반영되었다. 예를 들어 앉아서 먹는 전채식사(격식적인 전채인사) 대신에 그들은 대형모임을 좋아하였다. 모임에서는 '플라잉 디시(flying dishes)'라 불리는 전채음식의 제공 과정이 표현되었고, 다량의 보드카가 제공되었다. 플라잉 디시라는 것은 종업원이 수많이 모인 사람들 사이에서 머리 위로 높게 쟁반을 유지하고 다니며 손님에게 음식을 제공하였기 때문에 붙여진 이름이었다. 이러한 것을 러시아 사람들은 풍부한 음식 유산으로 남겼고, 그 가운데 요리 종류로는 폴란드에서 가져온 '스트로가노프(stroganoff)', '캐비아(caviar)', '보르시치(borscht)', '보드카(vodka)'가 있다.

이탈리아도 독특한 요리법을 가지고 있었다. 이탈리아는 다른 유럽국가가 공작에 의해 통치되는 독립적인 공작 영지와 달리 정치적인 단위로 이루어진 작은 곳이었기 때문에, 남부 이탈리아에서는 메디치가의 요리가 전통이 되어 이어졌고, 사실상 이탈리아를 대표하는 요리는 이후에 발전하였다. 그 요리가 바로 '파스타'이며, 오늘날 세계적으로 명성을 얻은 음식이 되었다. 이탈리아는 지중해 가운데 튀어나온 길고 좁은 모양의 광활한 해변을 가진 반도국가로 지리적으로 해산물이 풍부하다. 그래서 이탈리아의 메뉴에는 육류 음식보다 해산물류가 더 많다. 올리브오일은 요리에 주로 사용하는 기름이고 와인은 물을 대신해서 제공된다. 남부 이탈리아의 음식은 파스타에 사용되는 토마토소스와 음식용 토마토에 관해 비중을 크게 두어 구별을 짓는다. 특히 감귤류 같은 과일이 많이 쓰인다. 북부 이탈리아는 토마토를 강조하기보다는 미묘하고 섬세한 양념류를 더욱 강조한다. 마늘은 이탈리아 요리의 주요소이지만, 북부 이탈리아에서는 이를 완화하여 사용한다. 북부 지방에서는 송아지고기가 인기 요리이지만, 남부에서는 염소고기 요리를 종종 알 수 있다. 이것으로 우리는 요리가 대부분 지역 자원에 의해 정의되는 것을 볼 수 있고, 이탈리아 요리는 이러한 지역적 영향과 독특한 음식 유산의 좋은 본보기라고 할 수 있다.

4) 산업혁명과 과학의 발전

프랑스와 다른 나라에서 고급요리가 발달하고 레스토랑이 출현한 이후 프랑스에서는 산업혁명이 일어났다. 18세기 말에 시작된 산업혁명은 사회 및 경제적으로 큰 변화를 가져왔다. 대규모 공업단지가 협회 체제가 붕괴하면서 출현하였고, 상업적인 거래가 중요한 경제적 요소가 되었다.

오랜 기간 동안 대규모 경작지를 가졌던 상류층이 유럽의 정치·경제적 상황을 지배하여 왔으나 산업혁명이 확산됨에 따라 이러한 상황은 변하였다. 정치적 대격변은 프랑스 부르봉 왕가의 몰락에서 시작되었고, 또한 나폴레옹의 등장은 유럽 사회 안에서의 변화를 가속시켰다. 새로운 사회계층이 산업혁명의 결과로 출현하였는데, 이는 기업가, 소매업자, 경영주, 금융업자로 구성된 중산층이 주를 이루었다. 이들은 귀족보다 많은 돈을 가지고 있었으므로 유럽 사회와 경제 상황에 영향을 주거나 지배하기도 하며 최고의 주방장과 하인을 고용하였다. 부유한 기업가들을 위한 음식이 최고급 상류 클럽에서 제공되었다. 심지어 수준이 낮은 중산층에서도 유능한 주방장이 준비한 음식을 요청하기 시작하였다. 중산층 사람들도 이를 누릴 여유가 있었기 때문에 외식산업은 더욱 대중화되었다.

외식산업의 발전과 혁명을 촉진한 또 다른 요인으로 현대 과학의 발전을 꼽을 수 있다. 17세기까지 과학은 철학적 관점에 바탕을 둔 그리스 철학에 의해 영향을 받았지만, 현대 과학자들은 관찰에 바탕을 둔 과학적 이론에 기초한 귀납법을 사용하기 시작했다. 일반적으로 이러한 과학적 방식과 조리도구의 발전은 지식의 증대와 사회의 발전을 이끌어냈다.

갈릴레이(Galileo Galilei), 베이컨(F. Bacon), 데카르트(R. Descartes), 파스퇴르(L. Pasteur) 등 위대한 과학 업적을 이룬 사람들은 기술의 발전과 인간 삶의 질을 향상시키는 지식 발전에 기여하였다. 이러한 기술은 식품가공에도 지대한 영향을 미쳤다. 니

콜라스 아페르(N. Appert)는 통조림 제조법을 발견하여 유럽 정복을 위한 프랑스 군인에게 배급함으로써 나폴레옹 1세로부터 2,000프랑의 상금을 받았다. 아페르를 비롯한 과학자들은 이밖에도 수많은 과학적 발견을 이루어냄으로써 음식의 생산, 보관, 가공에 큰 도움을 주었다. 이러한 기술의 발전으로 중세시대 일상이었던 기아는 끝이 난 것으로 보인다. 외식 식품산업의 발전으로 수많은 사람들이 외식을 하여도 음식자원은 더 이상 부족하지 않게 되었다.

5) 미국의 외식업

초기 미국은 식민지 시대의 외식 음식이 유럽과 같은 방식으로 제공되었다. 당시 시대를 고려해보면 여행자는 도로 주변의 숙박시설에서 식사를 하는 경우가 많았다. 커피하우스가 뉴욕과 필라델피아, 보스턴 등 몇몇 큰 도시에 들어섰고 술집과 식당에서도 음식을 제공하였다. 몇몇 클럽은 여전히 존재하여 지역 인사에게 고급요리를 제공하고 있다.

미국의 계속된 성장과 함께 호텔에 대한 수요도 높아져 갔다. 호텔은 대도시에서부터 생겨나기 시작했는데 1818년 뉴욕에는 8개의 호텔이 있었고 1846년까지 100개 이상의 호텔이 생겨났다. 1850년 시카고에는 150개를 자랑할 정도로 많은 호텔이 있었고, 그 중 몇몇 호텔은 화려한 연회와 사치의 상징이 되기도 하였다. 이 시기에 유럽의 유명 요리사들이 미국으로 건너왔고 그들을 따라 스태프들도 왔다. 뉴욕의 애스터하우스, 샌프란시스코의 팰리스, 덴버의 브라운팰리스, 시애틀의 버틀러, 시카고의 파머하우스는 리츠와 에스코피에가 운영한 호텔 중에서도 우아하고 고급스러운 곳으로 그 지역에서 문화 · 사회적 중심 역할을 했다.

캘리포니아를 향한 골드러시와 그 이후 발견된 금 생산지역으로 몬태나와 알래스카, 그 외 지역, 그리고 실버러시 지역인 콜로라도와 네바다로 수많은 사람이 이동하자 미대륙의 서부지역에 인구가 증가하였다. 그리고 많은 이들이 부를 축적함에 따라 훌륭한 다이닝서비스를 원했다.

남북전쟁 이후 철길이 급속히 가설되기 시작하면서 지역사회는 철길로 연결되었고 작은 호텔이 철길을 따라 들어서면서 여행자에게 식사와 숙박을 제공했다. 따라서 레스토랑도 그 주변에 생기기 시작했고 단골 여행자들이 생겨났다. 당시의 다이닝 트렌

읽을거리

요리의 황금시대를 이끈 두 요리사

마리 앙투안 카렘

고급요리의 황금시대는 1800년대에 등장한 마리 앙투안 카렘(Marie-Antoine Carême)이라는 세계적인 요리사와 함께 시작되어 1935년 조지 오귀스트 에스코피에(G.A. Escoffier)의 사망과 함께 막을 내린다.

카렘은 프랑스의 정치인 탈레랑(C.M. Talleyrand)과 러시아의 황제 알렉산드르 1세, 은행계의 거물 베론 로스차일드(B. Rothschild)의 전문요리사로 일했다. 그는 사실 건축가가 되고 싶었으나 꿈을 이루지 못하고 대신에 그의 아버지는 작은 레스토랑을 운영하는 카렘의 삼촌에게 그를 수습생으로 보냈고 그곳에서 그는 요리의 기초를 배울 수 있었다. 처음에 그는 페이스트리 전문요리사로 훈련을 받았고 이 분야에서 다수의 유명한 요리를 선보였으나 곧 삼촌을 떠나 삼촌과는 다른 분야에서 전문가가 되었다. 그는 또한 런던의 유명한 리폼 클럽(reform club) 등 수많은 유명 요리사를 훈련시키기도 했다. 카렘이 10대 시절, 프랑스로 여행을 갔었는데 그곳에서 그는 전문요리사가 되기 위한 기초적인 지식과 조리방법을 익히게 되었다. 그는 곧 수많은 미식가에게 음식을 준비하고 시대를 이끄는 리더로서의 명성을 얻었다. 카렘은 이때 수많은 정식 코스의 기초를 발전시켰으며 이와 동시에 각 상황에 맞는 적당한 와인 선택에 대한 기초를 진전시켰다. 그는 콩소메(수프)를 완성했으며 이 수프의 이름은 완성, 완벽, 성취를 뜻하는 콩수메이트(consummate)라는 단어에서 따왔다. 그가 이 수프를 식사의 맨 첫 요리로 소개하자 그리모드 드 라 레이니어(Grimod de la Reyniere)는, “코스의 첫 번째로 제공된 수프는 마치 오페라의 서곡과 같고 주택의 현관(베란다)과 같으며 다음 요리에 어울리는 매우 적절한 도입이 될 것”이라고 말했다. 카렘은 많은 프랑스 소스와 음식을 발전시켰다. 또한 얼음 조각, 수지 조각(tallow pieces), 높은 수준의 음식 장식을 포함하는 데커레이션케이크(pièce montée)를 발전시키기도 하였다. 하지만 무엇보다도 그의 드높은 명성과 가장 큰 기여는 그가 수많은 유명식당, 호텔, 클럽의 전문요리를 책임졌던 후배들을 양성했다는 점에서 찾을 수 있다. 또한 그는 책을 저술하는 데에 상당한 시간을 할애했으며 그로 인해 지금도 음식에 관한 그의 생각이 담긴 귀중한 유산이 많이 남아 있다. 당시의 저명한 음식 평론가인 브리아-사바랭(Brillat-Savarin)과 수많은 평론가들이 그에게서 영향을 받았다.

에스코피에와 리츠

에스코피에는 런던 최고 클럽의 수석 요리사였고, 나중에는 런던과 전 유럽 대륙의 몇몇 선두 호텔과 클럽의 총괄 요리사가 되었다. 그는 주방 인력을 분류하고 통합하며 조직화하였고 각자에게 정확한 임무를 한정해 주었다. 에스코피에는 첫 번째로 식품 검사기를 사용하였고 이것을 확립하기 위하여 스튜어드(Steward)와 긴밀하게 협력했다. 에스코피에는 항상 옷을 깔끔하게 입을 것과 불경스런 말을 쓰지 말 것, 조용히 일할 것과 같이 예의 바르고 신사적으로 주방의 규율과 체계를 확립시켰다. 그는 주방에서의 소음과 많은 대화를 줄이기 위하여 아나운서 시스템을 도입했다. 서비스 직원이 주문을 받으면 아나운서가 그것을 주방의 각 담당파트에 전달하는 역할을 하였다. 또한 에스코피에는 많은 기사와 몇몇 책을 썼다. 그가 저술한 요리책은 여전히 세계의 가정과 요식업체에서 널리 쓰이고 있다. 그는 자신의 요리를 유명인사의 이름으로 짓는 것을 좋아했는데 유명가수의 이름을 딴 요리가 여러 개 있었다.

에스코피에는 과학적인 조리를 시도했는데 식재료의 준비를 절차에서부터 반응까지 세세하게 관찰했다. 이로부터 그는 식재료의 준비 수량에 관한 완전한 규칙을 만들 수 있었다. 그는 유명 호텔의 직원이었던 리츠(Ritz)와 협력하여 유럽에 최고의 호텔을 운영했다. 에스코피에가 호텔의 뒷문을 맡았다면 리츠는 호텔의 앞문을 맡았다. 그들은 이전과는 다른 수준의 식사와 숙박 서비스를 만들어냈다. 심지어 오늘까지도 '리치(ritzy)'란 단어의 의미는 '우아하고 환상적이며 사교적'이라는 뜻으로 통한다.

이것은 당시 사회적 인물이었던 웨일즈의 왕자 에드워드 4세의 말에서도 잘 드러난다.

"리츠가 가는 곳이라면 나도 간다."

당시의 사회와 문화, 정치, 예술, 과학의 리더들은 두 사람이 운영하는 호텔의 단골이 되었다. 리츠와 에스코피에가 사망한 후 그들의 시대는 갔지만 그곳에는 그들이 세운 성취들이 남아 있다. 그들이 만들어낸 새로운 다이닝 서비스의 기반 위에 지금까지도 많은 사람들이 일하고 있고 중요한 가치로서의 보상이 외식산업의 발달과 생존을 이끌어 왔다. 잠재적인 중형급 외식업체가 나타나기 시작했고 새로운 시장이 그들에게 크게 열려 있었다.

에스코피에가 외식업계에 기여한 또 다른 것은 메뉴의 단순화였다. 그는 너무 많은 메뉴가 각각의 코스에 제공된다고 생각하고 메뉴를 단순화하였다. 그는 카렘과 다른 이들이 만든 식사의 순서를 따라 수프와 생선요리, 가금류, 주요리, 샐러드와 치즈, 그리고 디저트 순으로 제공하였고 각각의 코스는 동반요리와 가니쉬를 가졌다. 주요리는 메인코스에는 구운 소고기와 빵, 혹은 감자를 포함하였다. 이 코스 이후 식사의 강도는 약해진다. 샐러드로 산뜻하게 환기시키고 치즈로 식욕을 유지시켜 디저트를 맛있게 먹을 수 있도록 하며 전형적인 식사에는 이에 어울리는 와인이 동반된다. 그는 또한 식사는 눈으로 보이는 것 외에도 진정성 있게 준비되어야 하며 충분한 양으로 식욕을 만족시킬 수 있도록 제공되어야 한다고 생각했다.

드로 우아하고 고급스러운 호텔이 각광 받으면서 고급 레스토랑이 등장하기 시작했다. 로렌조 델모니코(Lorenzo Delmonico)가 뉴욕의 월스트리트에서 고급 레스토랑을 시작했는데 이는 곧 세계적 명성을 얻었다. 그와 그의 형제들은 뉴욕에서 다른 식당도 운영했는데 이것이 미국에서의 첫 번째 레스토랑 체인 형태일 것이다. 그러나 당시의 다이닝 서비스는 우아하고 고급스러운 요리를 제공하는 것만은 아니었다. 델모니코가 운영한 식당은 최초로 여성을 허용한 훌륭한 부대 연회 행사를 갖춘 레스토랑이었다.

세월이 지나 사람들은 집을 떠나 공장, 오피스빌딩, 가게, 병원, 학교 및 복합 상업 시설로 이동하기 시작했다. 그들은 식사할 곳이 필요했는데 특히 점심에 대한 수요가 높았다. 곳곳에 커피하우스와 수많은 레스토랑이 생겨났다. 일반적인 가격대의 음식을 파는 가게가 인기가 좋았다. 호른 앤드 하드아트(horn and hardart), 카페테리아 시스템과 니켈로디언(nickelodeon, 5센트짜리 극장)에 의해 자동화된 푸드서비스가 소개되었다. 음식이 작은 칸에 들어가며 그 중에는 스팀으로 가열되는 것도 있었다. 고객이 코인을 넣고 문을 열어 음식을 이용하면 되는 방식이었다. 몇몇 공장과 사무 빌딩에서는 직원들을 위한 주방과 식사 장소가 있었다. 구내식당의 음식은 훌륭했고 값 또한 저렴한 편이었다. 또한 이동식 점포가 등장하여 음식을 판매했다. 공장 주변이나 빌딩 주변에서는 가벼운 식사나 스낵을 언제든지 간편하게 먹을 수 있었다.

점차 미국인은 소비를 위한 여유가 생기기 시작했고, 자동차 시대가 도래하면서 더욱 많은 인구가 이동했으며, 근무시간이 줄어들면서 그 덕분에 여가활동이 가능해졌다. 또한, 전기도 언제 어디에서나 이용할 수 있었다. 주방에는 아이스박스 대신에 냉장고와 제빙기가 자리 잡았고, 믹서나 식기세척기 같은 가전제품도 들여놓기 시작했다. 이에 따라 주방에서 업무와 인력을 많이 줄일 수 있었다.

제2차 세계대전 이후 외식산업은 다시 급성장하였다. 전쟁 직후 외식소매업이 6% 성장하는 동안 외식산업은 연간 10~11%가량 성장하였다. 이러한 성장은 정부기관의 보호로 일부 가속화되었다. 공장과 사무용 건물에서는 노동자를 위한 단체급식 형태의 외식 서비스를 제공하였다. 1946년 연방정부는 「공립학교점심법(National School Lunch Act)」을 통과시켰고, 대다수 학교에서 이를 시행하였다. 대학에서는 외식산업 관련 교육을 시행하였다. 외식산업을 실행하는 영양사는 건강 서비스뿐 아니라 식사를 제공하고 식재료를 유통시켜 수익을 올리는 상업적인 역할도 중요하게 고려되었다. 스토우퍼 사의 부사장인 마거릿 미첼(Margaret Mitchell)은 영양사이기도 하였다.

코넬 대학에서는 하워드 교수를 주도로 하여 처음으로 호텔학과를 도입하였다. 그리고 레스토랑 관련 교육 커리큘럼을 마련하고 관광 관련학과도 만들었다. 이로써 곧 스태틀러(Statler)가 주도하는 광대한 호텔 체인이 형성되었고, 사람들은 필수적인 식생활뿐 아니라 자신들의 즐거움과 집에서 먹는 식사에 변화를 주기 위해서도 외식을 하였다. 영양적인 요소와 단순한 식욕 해소가 아니라 사회적·정신적 바람을 충족시키기 위한 외식을 하는 경향이 생겨난 것이다.

이후 미국에서는 패스트푸드 또는 퀵서비스라는 개념과 외식산업에서의 체인이라 불리는 대규모 국제기업이 생겨났다. 최초의 패스트푸드 체인점은 1930년에 나타난 화이트 캐슬 햄버거(White Castle Hamburger)였다. 체인점은 제2차 세계대전 이후 서서히 성장하여 1940년대와 1950년대 후반에 다수의 햄버거 체인사업이 시작되었다. 그들은 적절한 가격과 빠른 서비스로 엄청난 인기를 얻었다. 또 다른 퀵서비스 진입에 성공한 것은 치킨산업이었다. 커널 샌더스(Colonel H. Sanders)에 의한 켄터키프라이드치킨(KFC)과 같은 광대한 체인과 레이 크록(Ray Kroc)에 의한 맥도날드는 곧 세계 전역으로 퍼져나갔다. 그리고 각자 다른 산업에서의 경쟁자들과 만났다. 저렴한 가격 판매로 인한 낮은 이윤은 대량생산과 대량판매로 상쇄되었다. 제한된 메뉴는 공급을 간편하게 해주었고 미숙련된 경험과 기술로도 음식을 준비하고 서비스하는 데 별 무리가 없었다. 이러한 외식산업에서의 체인은 엄청나게 성장하여 미국에서 패스트푸드는 최고의 산업 중 하나였다. 미국요식업협회(The National Restaurant Association, NRA)에 따르면 오늘날 체인 음식점이 외식산업의 30%를 이루고 있다고 말한다. 전체 산업 판매에서의 퀵서비스는 점점 더 커지고 있다.

맞벌이 부부와 바쁜 가족들, 노인 인구의 성장, 장애인, 미리 준비된 음식을 필요로 하는 사람들, 요리에 익숙하지 않은 사람들은 테이크아웃과 커브사이드 외식산업이 출현하는 계기가 되었다. 오늘날 소비된 음식의 40%가 테이크아웃으로 추정될 정도이다. 이것은 햄버거나 피자 등 퀵서비스 레스토랑을 모두 포함한 수치이다.

또한 식료품가게는 광범위한 식료품공급처와 함께 외식산업 시장에 진입하였다. 품목의 일부는 다른 곳에서 소비되기도 하지만 즉시 가게 내부 테이블에서 소비된다. 음식점이나 포장음식공급처에 의한 음식은 다양한 곳에서 이용 가능하다.

모리슨 카페테리아(Morrison's Cafeteria), 골든코럴 뷔페(Golden Corral Buffet)는 대표적인 테이크아웃 전문회사였다. 골든코럴은 포장용기와 손님이 파운드당 지불하는 것에 주력하였다. 이러한 가격 방식은 전통적인 뷔페 방식에서 'to-go(가지고 가는)' 비즈니스나 'doggy bag(식당에서 손님이 남긴 음식을 포장하는 봉지)' 방식을 도입하였다.

고급식당의 설립은 미리 주문한 음식을 식당 외부의 주차 공간에서 기다리는 손님의 자동차에 배달하는 가족 단위를 위한 커브사이드 서비스와 함께 발전하였다. 가장 인기 있는 맨해튼의 식당인 우드(Woods)는 두 가지 메뉴를 가지고 갈 수 있도록 했고 그들은 그것을 'out of the Woods'라고 부른다.

테이크아웃 서비스는 편리함과 신속함을 요구하는 소비자의 욕구를 충족시켜 주기 위해 빠르게 성장하는 추세이다.

표 1-1 미국 외식산업의 발달과정

연대	분류	발달과정
1800~1930	태동기	셀프서비스, 센트럴 키친의 도입, 프랜차이즈 및 급식사업 개시
1940	발전기	기내식·군대식으로 외식 발달의 토대 마련
1950	도약기	• 외식산업의 기업화, 테이크아웃 태동, 대량생산 판매 시스템 도입 • KFC(1952), 버거킹(1954), 맥도날드(1955), 피자헛(1958), 식당업에서 외식산업으로 전환(restaurant→food service industry)
1960	성장기	• 프랜차이즈 체인 경영이 확립되고 급성장하는 시기 • 대기업형 경영, 다점포 전개, 브랜드 수출
1970~1980	성숙기	• 전 세계적인 외식 프랜차이즈 브랜드 보급, 외식의 국제화 및 다양화 • 세계적인 다국적 기업의 탄생, 포스(POS)시스템화
1990	고도 성숙기	• 단순히 배를 채우는 것이 아닌 미식과 건강에 대한 소비자의 욕구 증대로 다양한 메뉴와 세분화된 시장구조 형성 • 창의적 고부가가치 외식업 출현
2000	안정 성숙기	• 고감성 외식기업, HMR 시장 생성, 건강메뉴 선호 • E-비즈니스, 신개념 SNS 마케팅 도입 등

2. 국내 외식산업의 발달과 메뉴

국내 외식산업의 기원은 신라시대의 주막으로 볼 수 있는데, 당시 수도인 경주에서 처음으로 시장이 개설되어 음식 및 식재료 등이 판매되기 시작했다. 1103년경 각 지방에서 음식과 술을 판매하고 숙박을 제공하는 상설식당이 개설되었으며, 이것으로 물상객주, 보행객주의 시조가 되어 음식점을 겸한 사교장으로 이용되었다. 이후 고려 및 조선시대를 거쳐 상인이나 여행자에게 편의를 제공하는 형태로 발달하여 그 명맥이 유지되었다.

조선시대 후반 1888년 인천 서린동에 대불(大佛)호텔이 처음 생겨났고 인천항에 정박 중인 선박을 상대로 식료품을 공급하면서 식음료 영업도 하였다. 그 후 1902년 서울 정동에 손탁호텔이 등장하면서 프랑스식 양식 식당이 처음으로 등장하였다. 커피는 1882년 외국 사신들에 의해 조선 궁중으로 보급되기 시작하여 고종 황제가 즐겨 마시게 되었고 손탁호텔에서 판매되면서 대중에게 알려지기 시작하였다.

조선 후기 이후 일제강점기를 거치면서 외식업의 발달이 둔화하였다가 광복 이후 6·25전쟁을 거치면서 외식산업은 암흑기에 접어들었다. 이 시기에는 전쟁 직후 어려운 환경에서 겪어야 했던 보릿고개와 미국의 원조식량으로 끼니를 때우기가 어려워지면서 식생활은 대부분 가내에서 해결하였다. 그러던 중 서울 종로에 고려당이 들어서게 되고 다양한 전통음식 중심의 외식업이 생겨나기 시작하였다.

1970년대에는 정부의 식량난 해결을 위한 노력으로 통일벼가 개발, 보급되었고 소고기가 수입되었으며 쌀막걸리가 시판되던 시기였다. 이때의 외식업은 소규모 생계업이 대부분이었다.

그러던 중 1979년 일본과 합작으로 국내 기업형 외식업의 효시인 롯데리아가 한국에서 문을 열었다. 1980년대 들어서면서 쌀을 자급으로 충당하게 되었고 1983년 프라자호텔이 외식산업에 진출하였다. 이후 각종 프랜차이즈가 생겨났고 한국형 프랜차이즈인 장터국수와 다림방, 다전국수 등이 성업을 이루었다.

1986년 아시안게임과 1988년 서울올림픽은 국내 외식업이 본격적으로 산업화되고 외국의 프랜차이즈 외식업체가 본격적으로 국내에 개방되던 시기였다. 또한 경제성장이 계속되면서 소비자의 소득수준 증가와 다양한 소비의 니즈가 생기면서 외식업이 크게 번성하였다. 미국의 패스트푸드 대표 브랜드인 맥도날드와 미스터피자, 피자헛, 켄

터키프라이드치킨 등 다양한 브랜드가 국내에 들어왔다.

1988년 국내에서는 최초로 대농그룹에서 코코스를 패밀리레스토랑 형태로 수입하였고, 두산그룹에서는 KFC, 라운드테이블피자, 요시노야를, 신호그룹에서 피자인을, 오리온에서는 베니건스, 아시아 차우를, 신세계그룹에서는 카르네스테이션 등을 들여왔다. 이처럼 대기업이 적극적으로 진출하여 수입하면서 이제 외식업은 소규모 생계업이 아닌 현금 회전이 좋은 유망사업이 되었다.

한편 외국 프랜차이즈 브랜드가 대기업의 자본으로 운영되고 있는 반면, 우동, 돈가스, 보쌈 등 다양한 업종의 국내 브랜드가 생겨나면서 외식업계는 춘추전국시대를 맞

표 1-2 근대 한국 외식산업의 발달과정

연대	분류	발달과정
1900~1950	태동기	• 가내 주도형 공화춘(1905)*, 이문설농탕(1907), 카카듀(1927)**, 한일관(1934), 용금옥(1940), 고려당(1945)
1960	침체기	• 분식 장려, 미국 식품원조, 전쟁 직후 외식산업 침체기 • 개인업소 및 노점 잡상인 대량 출현 뉴욕제과(1967)
1970	태동기	• 소규모 영세 요식업체 출현 • 해외 브랜드 도입 및 프랜차이즈의 태동기 난다랑(국내 프랜차이즈의 효시, 1979), 롯데리아(서구식 외식 시스템의 효시, 1979)
1980	성장기	초기: • 영세한 국내형 햄버거, 국수, 치킨, 생맥주 등 브랜드 등장 버거킹(1980), 윈첼(1982), 피자헛(1984), KFC(1984), 장터국수(1984), 신라명과(1984)
		후기: • 기업형 프랜차이즈 • 원두커피, 양념치킨, 베이커리, 패스트푸드, 패밀리레스토랑 등 해외 브랜드 도입 맥도날드(1986), 피자인(1987), 코코스(1988), 놀부보쌈(1988), 도토루(1989), 자뎅(1989)
1990	성장기	• 대기업의 프랜차이즈 활성화 • 유명 브랜드 수입 • 1997년 IMF 외환 위기로 생계형 외식창업 증가 TGIF(1992), 파파이스(1993), 스카이락(1994)
2000년대 이후	성숙기	• 퓨전·웰빙·다양화 • 국내 외식 프랜차이즈 브랜드 수출 BBQ, 놀부

*공화춘(1905) : 국내 최초의 중국음식점(인천 차이나타운)
**카카듀(1927) : 국내 최초의 한국인이 세운 다방(서울 종로구 관훈동)

이하였다. 그러나 시장의 급팽창과 운영 과실로 문을 닫는 브랜드도 속출하였다.

1990년대는 패밀리레스토랑인 TGIF(1992), 스카이락(1994), 라팜스(1994), 시즐러(1995), 토니로마스(1995), 베니건스(1995), 판다로사(1993), 칠리스(1997), 아웃백스테이크(1997)가 전성기를 이룬 시기였다.

2000년대에는 소비자의 욕구를 충족시킬 수 있는 다양한 형태의 레스토랑이 생겨나 패밀리레스토랑은 잠시 소강상태를 보이기 시작하면서 몇몇 브랜드는 쇠퇴하여 사라지기도 하였다.

1999년 스타벅스 커피의 도입은 테이크아웃 커피 시장을 형성하기 시작하여 에스프레소 커피 시장의 선두 주자가 되었으며, 이후 국내산 커피 브랜드인 엔젤리너스, 카페베네 등이 생겨나면서 경쟁 구도가 되었다.

2000년대에 들어서면서는 웰빙(well-being) 열풍이 불어 소비자는 건강에 좋은 음식을 찾아다니고 약선음식이나 씨푸드뷔페 등이 인기 메뉴가 되었으며, 점차 소비자의 다양한 욕구를 충족시켜줄 수 있는 폭넓은 메뉴의 레스토랑이 새롭게 생겨나게 되었다.

3. 메뉴의 개념 및 중요성

1) 메뉴의 기원

메뉴의 어원은 라틴어의 '극히 작고, 상세한'이라는 뜻의 'minutus'에서 유래하였으며 '상세히 기록하다'는 의미이다. 고객에게 식사로 제공되는 음식의 명칭, 순서, 형태, 재료, 품목 등을 상세히 설명해 놓은 작은 목록이나 차림표를 말하는 것으로, 영이로는 'small list', 프랑스어로는 'minuts'의 의미를 지니고 있다.

현재는 전 세계적으로 'menu'라는 말로 통용되고 있는데, 영어로는 'bill of fair'라는 용어를 사용하기도 하는데 이는 '항목별로 구분된 음식 목록'이라는 의미이다. 스페인어로는 'minuta(carta)', 프랑스어로는 'carte', 독일어로는 'Speisekarte', 일본어로는 '콘다테효(献立表)', 한국어로는 '식단·차림표'라고 불린다. 16세기 프랑스 만찬회나 연회 때 요리리스트를 작성하기 시작하면서 정찬코스 메뉴(table d'hôte menu)가 생겨났다. 그 후 19세기에 이르러 파리에 있는 팰리스 로열(Palace Royal)이라는 레스토랑에서 '메뉴'를 사용하면서 그 명칭이 일반화되어 오늘날 전 세계적으로 통용되고 있다.

최초의 커피하우스나 레스토랑은 글로 쓴 메뉴를 사용하지 않았다. 대신 제공 가능한 요리를 직원이 기억하였다가 손님에게 말로 해주었다. 파리의 식당에서는 입구 근처에 그날의 메뉴를 설명하는 현판을 달아 놓았다. 한 직원이 현판 가까이에 서 있으면서 손님이 올 때마다 그들에게 제공되는 다양한 메뉴를 설명해주고 주문을 받았다.

결국 파리의 몇몇 레스토랑이 작은 현판에 음식 목록을 쓰는 관습을 만들었다. 웨이터는 메뉴를 기억하기 위해 벨트로 작은 메뉴판을 걸고 다녔다. 메뉴가 복잡해지고 더 많은 제품이 판매되자 이러한 방법은 고객과 직원 모두를 혼란스럽게 만들었고 점차 글로 쓴 메뉴가 일반적으로 사용되기 시작했다. 루이 17세 시대와 프랑스 혁명 시대를 모두 겪은 18세기의 미식가 로랑(Laurent Grimod de La Reynière)에 따르면, 당시 레스토랑에서는 기념품의 하나로, 광고를 목적으로 고객에게 요금청구서를 나눠주고 그것을 집에 가져가게 했다고 한다.

파리의 레스토랑이 민간 고급 저녁 메뉴를 재현하기 시작한 것은 나폴레옹 시대 때부터이다. 전통적으로 귀족의 대연회에서 사용했던 손으로 쓴 정교한 메뉴는 이렇게 하여 신흥 중산층까지 퍼졌다.

이러한 메뉴의 기원에는 다음과 같이 여러 가지 설이 있다.

(1) 조리사나 시중드는 사람들을 위한 지침서 역할설

왕과 귀족은 공적·사적으로 사람들을 초대하여 연회를 베풀 기회가 많았는데 이때 제공할 음식이 많아 하인들이 곤란해 하자, 제공될 음식을 순서대로 기록한 리스트를 작성하여 그들의 업무에 지장이 없도록 도와주었다. 그 리스트를 '에크리토(écriteau)'라고 불렀는데 그것이 메뉴의 기원이 되었다는 설이다.

(2) 이탈리아에서 프랑스로 전해진 음식메모설

16세기 초 프랑스의 궁중요리는 화려한 왕궁에 비해 그다지 고급스럽지 못했는데, 16세기 중반 이탈리아 태생의 카트린 왕비가 프랑스의 왕 앙리 2세의 왕비로 오면서 이탈리아의 요리사들을 몇몇 데리고 왔는데 이들로 인하여 프랑스의 궁중요리가 점차 고급스러워졌다. 프랑스 궁중에서 처음 선보였던 이탈리아의 음식문화는 프랑스에 비해 높은 수준이었으므로 조리사들은 각 요리의 원재료와 조리법을 기억하는 것이 힘겨웠다. 그래서 요리의 원재료와 조리법을 기억하기 위해 메모를 하기 시작한 것이 메뉴의 기원이 되었다는 설이다.

(3) 프랑스 귀족문화 유래설

이탈리아 음식문화는 프랑스의 음식문화에 큰 영향을 주었고, 점차 발달하면서 귀족들은 다양하고 고급스러운 프랑스 음식을 즐기는 파티를 자주 열었다. 파티에서 제공된 요리의 가짓수가 너무 많아 귀족들은 자신이 좋아하는 음식을 골라 먹기 위해 음식의 순서와 가짓수를 기록한 리스트를 만들게 되었는데 이것이 메뉴의 시작이라는 설이다.

(4) 프랑스 요리표 유래설

1541년경 프랑스의 헨리 8세 때 귀족인 공작 브룬스윈이 만찬회를 열어 친지를 초대하였다. 이때 테이블에 서빙된 음식과 메모를 보며 식사를 하다가 초대된 손님이 테이블 위에 놓인 메모가 무엇이냐고 묻자, 준비된 요리의 리스트라고 답하였는데 이에 아이디어를 얻어 만찬회나 연회 때마다 요리 리스트를 작성하기 시작하였는데 이것이 연회에서 정찬 코스요리인 테이블 도트(table d'hôte menu)의 효시가 되었다는 설이다. 이는 유럽 각국으로 퍼져서 다양한 정찬 메뉴가 생겨나게 되었다고 한다.

(5) 살롱문화설

18세기 로코코 시대에 살롱문화가 유행하면서 문학과 예술에 관심 있던 사람들은 소규모의 모임을 밤마다 비밀스럽고 조용하게 가졌다. 모임의 주최자는 그날 제공되는 음식 리스트를 만들어 손님들에게 나누어주고 귀가할 때 가져갈 수 있도록 하였다. 살롱모임은 주로 소규모로 비밀스럽게 진행되었기 때문에 시중드는 하인이 없는 경우가 많아서 음식 리스트는 요긴하고 편리하게 사용되었는데 살롱문화가 발달하면서 음식 리스트가 메뉴로 발달하였다는 설이다.

(6) 고대 기록설

고대 바빌론의 점토판이나 이집트의 피라미드 같은 고대 유적의 벽화나 기록을 살펴보면, 축제기간 동안 제공되었던 음식과 음료의 기록이 적혀 있다고 한다. 이러한 기록을 바탕으로 메뉴가 유래되었을 것이라고 보는 기원설이다.

2) 메뉴의 정의

메뉴란 '연회나 식사에서 제공되는 음식의 상세한 목록(a detailed list of the foods service at a meal_웹스터 사전, a detailed list of the dishes to be served at a banquet or meal_옥스포드 사전)'이다.

메뉴의 개념은 시대에 따라서 점차 바뀌었다. 1960년대에는 단순히 음식의 품목이나 순서를 나타내는 차림표의 의미로 정의되었다가 점차 외식업이 상업화·대형화·전문화되면서 1980년대부터는 단순한 차림표의 개념을 넘어선 외식경영에 있어서 상품의 판매, 광고, 판매촉진 등을 포함한 마케팅 도구이자 영업장의 종사원에게는 기업의 상품을 판매하는 도구가 되었다. 즉, 외식경영의 통제 도구로서 메뉴는 외식기업의 전체적인 콘셉트를 반영하는 상품이며 상징적인 대표성을 띠는 것이며, 고객은 메뉴의 가격이나 형태 등을 고려하여 주문을 하는데 이는 메뉴가 고객과 외식업체를 연결하는 매개체 역할을 하기 때문이다.

외식기업에서는 고객과의 연결고리인 메뉴를 통하여 기업의 이윤이 발생하며 고객에게 기업의 이미지와 철학 등을 전달할 수 있을 뿐 아니라, 고객은 메뉴를 통하여 레스토랑 상품에 대하여 인식하고 주문을 하기 위한 수단으로 활용한다. 이렇듯 메뉴의 개념은 이제 레스토랑의 내부와 외부를 잇는 포괄적인 소통의 수단으로, 1990년대 이후부터 그 의미가 확장되고 있다.

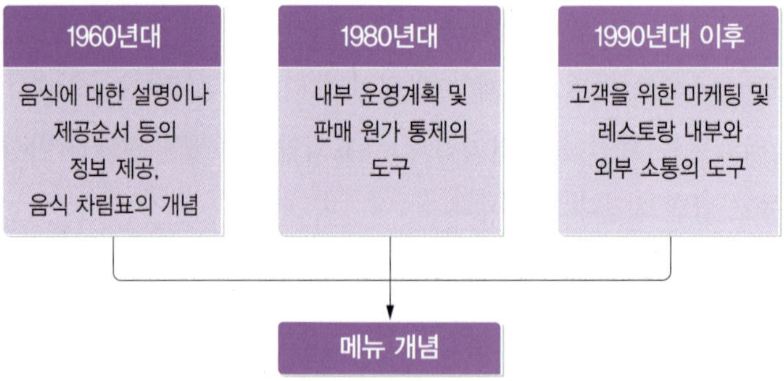

그림 1-1 메뉴 개념의 시대적 변화

표 1-3 학자에 따른 메뉴 개념의 변천사

정의	학자
메뉴는 의사소통의 도구로 레스토랑과 고객을 연결하는 대화의 역할을 한다.	Leonard F. Fellman(1981) Lothar A. Kreck(1984)
메뉴는 레스토랑에서 판매하는 음식의 정보 제공자이다.	Hrayr Berberoglu(1987)
메뉴는 가장 중요한 마케팅 도구로 레스토랑의 수익과 직결되는 판매 상품이다.	Anthony M. Rey & Ferdinand Wieland(1985) Robert A. Brymer(1987)
메뉴는 식음운영의 가장 중추적인 역할을 담당하는 관리 및 통제도구로, 레스토랑 운영의 핵심 역할을 하며 모든 식음료 관리와 인건비 통제에 중요한 기준을 마련한다.	Lendal H. Kotsc Java(1975) John W. Stokes(1982) Jack D. Ninemeier(1986) Edward A. Kazarian(1989) Mahmood A. Khan(1991) Jack E. Miller(1992) Judy L. Miller(1992)
메뉴는 레스토랑의 핵심적인 판매도구로 이를 통하여 레스토랑의 가치와 운영이념 등을 소비자에게 전달할 수 있다.	Douglas C. Koister(1977) William I. Kahrl(1978) Judi Radice(1987) Donald E. Lundberg(1989) Bernard Davis & Sally Stone(1991)
메뉴는 레스토랑의 대화, 판매, PR 도구이며 가장 중요한 내부 마케팅 도구로, 내부에서는 식재료와 인건비의 통제수단이 되며 외부에서는 고객과의 의사소통 도구로 사용된다.	David V. Pavesic(1989) Nancy G. Seaberg(1991)

3) 메뉴의 역할 및 목적

메뉴가 하는 역할은 기본적으로 손님에게 어떤 가격에 어떤 제품이 제공될 수 있는지를, 또한 직원에게는 어떤 것이 사업장에서 생산되는지를 알리는 것이다. 사실 메뉴는 그 이상의 의미를 지닌다. 메뉴는 전체 외식업체의 경영 상태가 정리된 중앙 관리 문서이다.

외식산업에는 '메뉴로 시작하라'는 말이 있다. 이는 메뉴가 투자의 보증과 범위의 본질을 설명하기 때문에 외식사업을 계획할 때 최초 단계에서부터 기획되어야 한다는 뜻이다. 사업이 어디를 향하고, 목표를 이루기 위해 어떤 계획을 세우는지에 대한 구체적인 아이디어는 회사가 성공하기 위해 꼭 필요한 것이라고 경영 전문가들은 수년간 강조하고 있다. 이 과정을 우리는 장기 전략 계획이라고 한다. 전략 계획을 발전시키기 위해 경영진은 목표를 이루기 위한 다양한 조직의 기능을 정의하는 단기적인 전략 계획 또한 수립해야 한다.

경영진이 반드시 수행해야 할 첫 번째 활동 중 하나는 조직의 목표 강령을 수립하는 것이다. 예를 들어 학교 급식의 목적은 학기 중에 다양한 경제적 상황과 시설로부터 학생들에게 영양면에서 건강에 좋은 식사를 제공하는 것이다. 이러한 과정은 수익 목표(특정 수치로 표현되는), 성장 목표(단위뿐만 아니라), 시장 점유율 목표 혹은 다른 목표의 어떤 수치로 표현될 수 있다. 표 1-4는 일반 레스토랑 조직의 목표 사례이다.

표 1-4 레스토랑 조직 목표의 사례

목표의 유형	목표의 사례
다양성	고객에게 다양한 만족을 줄 수 있도록 계절에 맞는 테이블 세팅, 행사성격에 맞는 서비스 제공, 다양한 포장형태와 맞춤식 서비스 등 다양성을 제공한다.
효율성	생산성을 최대화할 수 있도록 숙련된 직원과 자동화된 공정을 운영한다.
직원 복리 후생	성희롱, 마약, 알코올중독자가 없는 직장을 제공하여 최대의 성장을 이끌어낼 수 있도록 한다.
재정 안정성	내부 표준 기준에 따라 주요 재무 비율을 유지하고, 재정 안정을 위한 조치를 마련한다.
성장성	매년 전년 대비 일정 수준 이상의 판매 성장을 이끌어낸다.
운영 부서	직원 인센티브제를 운영하여 동기부여를 하고 서비스 품질을 높인다.
시장 점유	주요 시장 점유를 할 수 있는 시장 안에 진입하고 경쟁한다.
다국적 확장	다국적으로 프랜차이즈 시스템 확장을 계획하고 연간 목표를 정한다.
품질과 서비스	건강에 좋은 영양 음식을 제공하고 고객만족 서비스를 제공한다.
수익성	총매출의 일정 퍼센트를 평균 수익으로 잡고 그것을 목표로 운영한다.
사회적 책임	지역사회 내 경제적으로 불안정한 사람들을 고용하고 교육한다.
생태계	재활용을 실천하고 재활용된 제품을 사용하며, 안전성이 보장되는 신선한 식재료를 사용한다.
윤리성	건강에 좋고 위생적인 메뉴 선택권을 고객에게 제공한다.

구체적인 전략 계획은 조직의 목표, 즉 회사가 어떻게 그들의 임무와 목표를 수행하려고 하는지에 대한 답으로 표현되며, 경영자는 면밀하게 주변의 환경 조건에 대하여 연구한 이후에 계획을 세운다. 외식산업체에 알맞은 기업 환경이란 아마도 안정적이고

위험이 없는 것과 관련되어 있을 것이다. 그러나 대개 기업 환경은 빈번하게 바뀌고 동시에 상당한 위험 요소를 갖고 있다. 고객의 욕구는 빠르게 변하며, 치열한 경쟁은 계속 진행된다. 이러한 환경적 제약에 맞서 경영자는 기업 강령을 기반으로 목표에 도달하기 위한 전략을 반드시 수립해야 한다. 한 예로 생산성 목표를 장비의 효율성을 향상시키는 전략과 결합된 노동 효율성을 증가시키기 위한 전략으로 전환시키는 업무를 들 수 있다.

다음 단계는 재무 계획을 세우는 것이다. 이것은 매우 복잡한 단계로서, 세부사항은 이 책의 범위를 벗어나므로 다루지 않도록 한다. 성공한 경영자는 재무 계획을 세울 때 대개 평판이 좋은 공인회계사나 해박한 재정 고문과 상담한다. 수치로 표현된 미래의 로드맵은 다방면에서 유익하므로 이 중요한 과정은 간과되어서 안 된다. 장기적인 재정 운영 방안이 없는 것은 운영의 성공을 측정하는 방법이 없는 것과 같다. 재정 계획은 예산 운영과 관련이 있다. 성공한 운영자는 이 작업을 정기적으로 수행한다. 예산은 대개 일 년 단위로 짜고 매월 증가분을 나타낸다.

아무리 똑똑하고 해박한 운영자라도 이러한 일련의 작업들을 혼자서는 할 수 없다. 따라서 능력을 갖춘 사람들로 구성된 운영 팀은 한 명의 운영자 혼자서 일을 하는 것보다는 훨씬 효과적이다. 또 외식산업은 개인의 단독 업무 수행이 가능하고 능력에 따라 높은 평가를 받을 수 있는 몇 안 되는 산업 중에 하나라 하더라도 대부분의 성공하는 개인은 최종 결정을 내리기 전에 다른 사람들의 제안에 귀를 기울인다는 것을 알아야 한다. 성공적인 외식업을 운영하는 업체에서는 직원의 동기부여를 위해 인센티브 제도를 활용하거나 회사의 지분을 나누어주어 경영에 동참하도록 유도하기도 한다.

메뉴는 단순히 판매하는 음식의 품목과 가격을 나열해 놓은 문서가 아니라 고객과 레스토랑을 연결하는 커뮤니케이션 수단으로서 마케팅 도구의 역할을 하며, 경영자에게는 제공되는 상품의 생산 과정과 원가 관리 및 투자 범위 등을 예측할 수 있도록 하는 경영 투자의 척도가 되기도 한다.

메뉴의 또 다른 역할은 고객과 약속한 가치로, 고객은 메뉴를 통해서 레스토랑 이미지를 짐작할 수 있고 표시된 가격이나 예상되는 품질 및 서비스를 보고 상품을 구매하려는 기대가치를 가진다. 그렇기 때문에 메뉴를 '무언의 세일즈맨(best silent salesman)'이라고 표현하기도 한다. 고객은 식음료를 직접 먹기 이전에 메뉴를 통하여 그 가치를 예측하고 주문하는 것이기 때문에 메뉴는 고객에게 중요한 기대가치를 제공하는 것이다. 메뉴를 보고 주문한 음식이 테이블에 놓이고 고객의 기대가 충족되면 레스토랑의 이미지에 만족하지만, 기대에 미치지 못한다면 실망하여 재구매를 하지 않을 것이다.

4) 메뉴의 기능

메뉴는 레스토랑의 전체 콘셉트를 반영하는 상징적인 판매 도구로서 레스토랑과 고객 사이의 의사소통을 위한 도구가 된다.

즉, 고객 입장에서는 메뉴를 보고 레스토랑이 전달하고자 하는 의미를 파악하고, 판매하는 상품을 가격이나 기호도, 환경 등의 요소를 고려하여 주문을 하며, 그 메뉴를 구매하여 음식과 서비스를 제공받으면서 만족을 얻는다. 레스토랑 경영자의 입장에서 메뉴는 경영목표와 전달하고자 하는 메시지를 담음으로써 고객에게 판매 상품에 대한 설명과 가격 제안을 하며, 판매도구로서의 역할을 수행함으로써 수익이 발생하도록 한다.

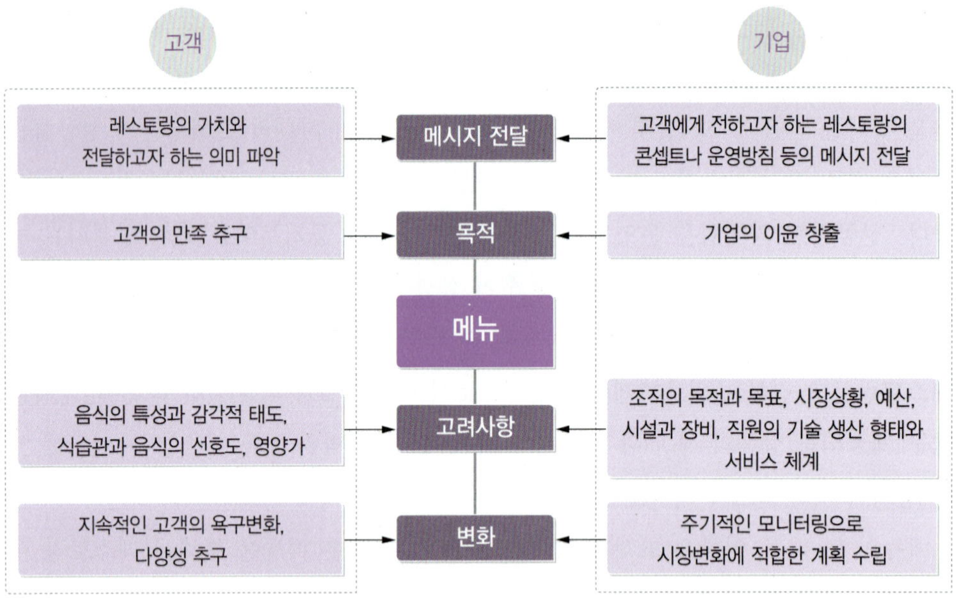

그림 1-2 고객과 기업 입장에서 본 메뉴의 양면성

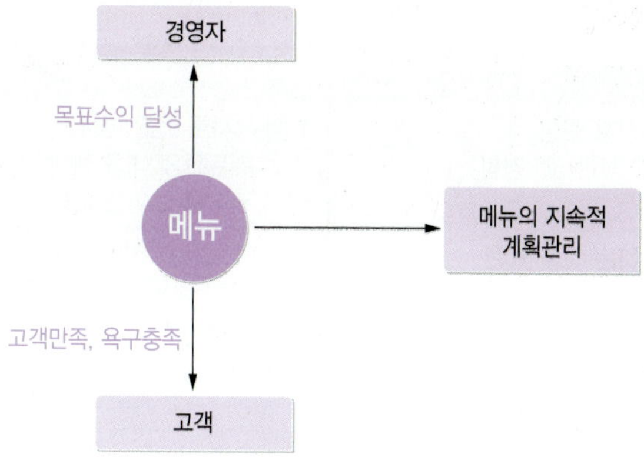

그림 1-3 **지속적인 메뉴 관리의 필요성**

메뉴를 작성할 때에는 조직의 특성과 목표, 시장 현황, 생산 시설과 장비, 직원의 기술 등을 고려하여 계획하여야 하며, 이는 한 번 만들어 놓고 방치하는 것이 아니라 지속적인 관리와 변화를 도모해야 한다.

메뉴의 메시지 전달을 정확하게 하기 위해서는 고객이 알아보기 쉽도록 명확한 목표를 가지고 작성하여야 하며 가독성과 이해성이 용이하도록 만들어야 한다. 또한 너무 많은 메시지를 담고 있으면 고객은 어느 하나 제대로 기억할 수 없기 때문에 중요한 요점을 중심으로 표기되어야 하며, 신축성 있게 변동되고 관리되어야 한다.

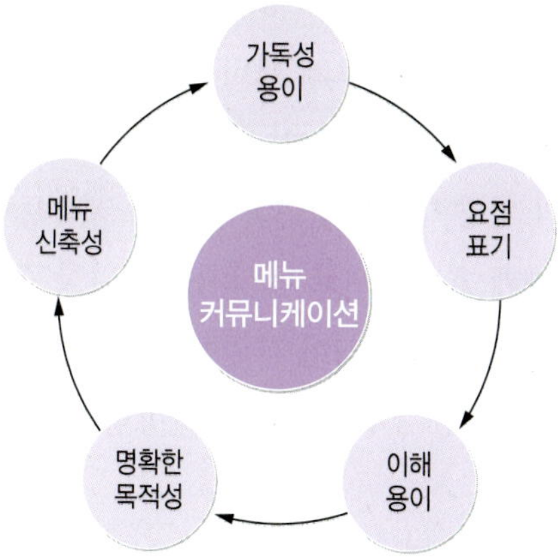

그림 1-4 **메뉴 메시지의 전달 조건**

표 1-5 메뉴의 커뮤니케이션 과정

레스토랑	고객
1. 전달하고자 하는 메시지 선정 ① 개념 ② 정보 ③ 직관 ④ 경험	1. 메시지를 전달 받음 ① 메뉴판의 내용 해석 ② 관심을 보이는 태도
2. 의미를 부여하고자 하는 것을 표현 ① 레스토랑 운영 목표 ② 레스토랑 운영 정책 ③ 레스토랑 콘셉트와 철학 ④ 표현하고자 하는 내용과 방법 고려	2. 글의 내용과 심벌, 사진 등을 해석 ① 글의 내용과 심벌의 이해 ② 기대 ③ 가치 인식
3. 인쇄된 메뉴를 통하여 메시지 전달 ① 표지 : 레스토랑 전체 콘셉트 반영 ② 메뉴 카피 : 메뉴 설명 ③ 인쇄 : 가독성, 실용성 고려 ④ 예술성 : 메뉴 사진, 레이아웃 등 심미성 고려 ⑤ 메뉴의 위치 및 시선 이동 고려	3. 의미를 이해하고 행동함 ① 행동 ② 원하는 것 구매 ③ 이익이 되는 것 구매 ④ 반복 방문 및 재구매

5) 메뉴의 특징

메뉴는 생산과 판매가 동시에 일어나며 시간과 장소의 제약을 받는다는 특징이 있다. 대규모 프랜차이즈 기업인 경우 조리과정의 대부분이 중앙주방(central kitchen)에서 행해지고 매장에서 간편하게 데우는 정도의 조리과정을 거쳐 판매되기도 한다. 음식을 조리하는 데는 물론, 서빙을 하는 데에도 시간이 소요되며 가장 맛있게 먹을 수 있는 시간도 한정되어 있기 때문에 시간과 장소의 제약을 받는다고 할 수 있다.

또 입지 조건에 따라서도 판매가 다르게 나타날 수 있기 때문에 주 대상층과 유동고객의 흐름 등을 고려하여 메뉴가 작성되어야 한다.

메뉴는 레스토랑 전체의 영향력을 반영하고 있으며 레스토랑의 이미지와 가치를 고스란히 담고 있어야 고객에게 효과적으로 메시지를 전달할 수 있다. 즉, 캐주얼한 분위기의 패스트푸드점일 경우, 서비스 방식이 간편한 셀프서비스를 제공한다면 메뉴 또한 셀프서비스에 적합하고 캐주얼한 조리방식과 포장방법, 그에 맞는 가격대를 제안해야 한다는 것이다.

또한 메뉴는 유형의 음식과 무형의 서비스가 조합된 상품으로, 맛있고 보기 좋은 유형의 음식뿐만 아니라 종업원에게 제공받는 무형의 서비스도 중요한 평가 기준이 된다. 무형의 서비스는 한 번 제공하고 나면 다시 취소할 수도 주워 담을 수도 없기 때문

그림 1-5 메뉴의 특징

에 단 한 번으로 최상의 서비스를 제공할 수 있도록 노력해야 할 것이다.

메뉴는 날씨나 계절적 영향뿐 아니라 소비자의 트렌드나 경쟁사의 현황 등에 따라 수시로 그 수요의 편차가 심하므로 경영자 입장에서는 새로운 수요의 창출도 중요하지만 고정수익이 발생할 수 있도록 단골고객의 확보에 힘써야 할 것이다.

음식의 조리는 표준화하기에 어려운 특징이 있는데 그것은 시장현황에 따라 원가의 변동도 심하고 식재료의 상태에 따라서 상품화되는 메뉴에 차질이 생길 수도 있기 때문이다. 예를 들어, 같은 소고기안심으로 스테이크를 만들어서 판매하더라도 소고기의 마블링 상태나 기름을 제거한 정도에 차이가 있을 수 있고, 조리과정에서 손실이 발생할 수도 있기 때문에 정확한 표준화가 어렵다고 할 수 있다.

따라서 메뉴는 음식 조리와 서빙을 하는 종업원 등 인적자원에 대해 높은 의존도를 가지는 특징이 있다.

6) 현대 외식산업과 메뉴의 중요성

외식산업의 트렌드는 고객 선호의 변화, 메뉴의 동향, 식품 장비와 공급의 새로운 기술 가용성 등 다양한 변수에 의해 좌우된다. 이에 따라 지속적인 관리를 통하여 메뉴의 변화를 꾀하여야 한다.

메뉴는 고객의 육체 · 정신적 만족을 높여주기 위해 제공되는 음식의 목록과 가격을 상세하게 적어 놓은 표이며, 주방의 모든 시설, 설비, 인력 등을 유추할 수 있는 자료가 되기도 한다. 단순히 메뉴로 만들어진 책이라기보다는 그 안에 담고 있는 내용을 통하여 전체 식음료 운영 시스템을 엿볼 수 있는 요약본이라고 할 수 있다.

즉, 조직의 목표 달성과 밀접한 관계가 있는 하나하나의 구성요소가 서로 유기적인 관계를 맺고 있는 실체라고 볼 수 있다. 따라서 메뉴는 관리와 마케팅 관점에서 고객과 관리자 양측의 입장을 고려하여 관리되어야 하며 구매, 검수, 저장, 생산, 판매의 전 과정을 시스템화하여 관리되어야 한다. 이와 같이 외식경영에서 메뉴는 아주 중요한 경영도구로 외식산업의 규모가 확대되는 실정에서 점차 그 중요성이 더해지고 있다.

summary

인류의 외식산업은 원시시대 동굴에 살던 사람들이 함께 모여 불을 사용하여 요리하면서부터 시작되었다고 해도 과언이 아닐 것이다. 고대 문화에서는 여행객을 위한 음식, 양육을 위한 음식, 평범한 사람을 위한 일상식 등을 대접하였고, 중세시대에는 수도원에서 대량의 음식을 비밀리에 만들어 행사 때 이를 대접하였다. 레스토랑 산업은 실제로 프랑스 혁명 이후부터 시작하였고 빠르게 전파되었다. 귀족들은 레스토랑과 클럽, 호텔 식당을 위해 후원하였다.

미국의 외식산업은 내전 후에 개발이 시작되었는데 그 이전까지의 외식산업은 전형적인 유럽식의 제한된 규모였다. 그러나 산업화가 이루어지자 사람들의 수입이 늘어나면서 외식을 원하던 시기와 맞물려 외식산업은 급속도로 발전하였다. 또한 광대한 대륙을 가로지르는 철도 건설에 힘입어 식품유통이 원활해지고, 제1차 세계대전 후 공장과 사무실에서 노동자를 위한 음식을 제공하기 시작하였다. 카페와 음식점, 카페테리아는 인기 있는 곳이 되었다. 학교 급식은 연방정부의 도움으로 1946년에 시작되었다.

제2차 세계대전 이후 미국의 외식산업은 가속화되었다. 그 이유 중 하나는 퀵서비스의 도입과 대량생산, 식재료 유통의 발달로 인한 적절한 공급가격이었다. 이들의 정착은 외식산업에 있어 중요한 부분이 되었다. 체인레스토랑과 프랜차이즈 시스템의 계속되는 성장과 함께 외식산업은 미국에서 가장 큰 산업 중 하나가 되었고, 앞으로도 이 거대한 산업의 성장은 계속될 것으로 전망된다.

우리나라의 외식산업은 1986년 아시안게임과 1988년 서울올림픽을 계기로 해외 브랜드를 다양하게 수입하였고, 국내 자체적으로도 다양한 메뉴와 브랜드가 생겨났다. 2000년대에 들어서면서는 건강식에 대한 소비자의 니즈와 다양한 감성에 맞는 차별화 전략을 바탕으로 새로운 메뉴와 브랜드가 생겨나고 있으며, 맞벌이 부부 및 1인가구의 증가 등으로 바쁜 현대인이 늘어나면서 외식업은 그 시장이 더욱 커지고 성장할 것으로 예상된다.

메뉴의 어원은 라틴어로 '작고, 상세한'이라는 뜻의 'minutus'에서 유래되었으며, '상세히 기록하다'의 의미로 현재 'menu'로 통용되고 있다. 메뉴는 레스토랑과 고객과의 커뮤니케이션에 사용되는 정교한 마케팅 도구로 단순히 판매하는 품목과 가격만을 기록한 것이 아니라 레스토랑 전반의 콘셉트와 이미지를 담고 있는 레스토랑 경영의 핵심 역할을 담당한다. 오늘날 외식산업의 성장으로 메뉴는 변화하는 외식산업의 추세에 맞추어 지속적인 관리가 필요하며, 그 역할과 중요성 또한 부각되고 있다.

CHAPTER 02
메뉴의 분류

1. 내용에 따른 분류
2. 제공 시점에 따른 분류
3. 행사 형태에 따른 분류
4. 변화 빈도와 주기에 따른 분류
5. 연령 및 대상에 따른 분류
6. 식문화에 따른 분류(업종별)
7. 서비스 형태에 따른 분류(업태별)
8. 기타 메뉴의 분류

2

메뉴란 '식단' 또는 '차림표'를 일컫는 것으로, 쉽게 말해 요리의 종류나 순서를 적은 일람표이다. 메뉴는 영업장의 목적, 전략, 시장, 서비스, 테마 등을 정의하여 고객에게 여러 가지 아이템을 제공하고, 고객이 다양한 입맛을 즐길 수 있는 선택권을 누리게 한다.

제2장에서는 메뉴의 내용과 제공 시점, 행사 형태, 변화 주기, 고객의 연령과 대상, 식문화 형태 등 다양한 관점에서 메뉴를 분류하고, 각각의 특징이나 장단점에 대하여 사례를 통해 알아보기로 한다. 또한 레스토랑에서 제공되는 서비스 형태에 따른 다양한 메뉴에 대해서도 살펴본다.

1. 내용에 따른 분류

그림 2-1 내용에 따른 메뉴 분류

1) 정식코스요리 메뉴

정식코스요리 메뉴(table d'hôte menu)란 고정된 가격으로 몇 가지 음식 아이템을 함께 구성한 메뉴이다. 이것은 몇 단계의 코스로 구성된 정식 메뉴와 같은 세트 메뉴이다. 수프나 샐러드 혹은 몇 가지 디저트류 중에서 먹고자 하는 것을 선택할 수 있다. 이러한 종류의 메뉴는 레스토랑을 처음 방문하여 어떤 메뉴를 주문하면 좋을지 모르는 고객이 이용하기에 좋다. 레스토랑 입장에서는 자신들이 파는 음식을 새로운 고객들에게 부담 없이 소개할 수 있는 절호의 기회가 되며 제한된 수의 단품요리(앙트레 메뉴)가 제공되기도 한다. 코스별로 와인 주문을 주저하는 고객에게 그들의 식사 경험을 풍부하게 해줄 와인 선택권을 제공할 수도 있다.

표 2-1 정식코스요리 메뉴의 장점과 단점

장점	단점
• 다양한 메뉴 구성으로 고객은 선택 용이 • 대량구매에 의한 상대적으로 저렴한 원가 • 신속한 서비스로 인건비 절감 • 고정된 가격과 제한된 메뉴로 메뉴 관리 용이 • 주방 조리시설 및 식자재 관리, 저장 용이	• 상대적으로 메뉴 선택의 다양성이 줄어듦 • 가격변화의 유연성이 적음 • 창의적으로 메뉴를 신속하게 변화시키기 어려움 • 코스로 제공되는 메뉴 품목 수 제한됨 • 종사원의 창의적인 서비스 능력 개발의 기회가 적음

2) 일품요리 메뉴

일품요리 메뉴(a la carté menu)는 독립적인 메뉴 하나하나에 가격이 매겨진 단품요리로 고객이 원하는 음식을 코스가 아닌 단품으로 선택할 수 있다. 레스토랑이 생겨난 이후부터 일품요리는 중요한 메뉴 형태 중 하나가 되었으며 현대에 와서는 가장 흔하게 접할 수 있는 메뉴 형태이다. 앙트레, 요리, 샐러드, 디저트 등은 모두 철저히 고객 각자의 기호에 따라 개별 주문을 받는다. 일품요리 메뉴는 고객에게 음식에 대한 선택권을 많이 주고 객단가를 높일 수 있으며 이로 인한 높은 수익성을 기대할 수 있다. 또한 다양한 메뉴 개발과 가격 변화에 유연하게 대처할 수 있는 장점이 있는 반면, 메뉴 및 식재료의 관리가 어렵고 높은 인건비와 원가상승 등의 단점이 있을 수 있다.

표 2-2 일품요리 메뉴의 장점과 단점

장점	단점
• 고객의 다양한 욕구에 따른 선택의 폭이 넓음 • 가격변화에 유연하게 조절 가능 • 창의적인 메뉴 개발 가능	• 정식코스요리에 비해 상대적으로 비싼 가격 • 메뉴 관리가 어렵고 식재료, 주방관리가 어려움 (인건비, 식재료 원가 상승) • 고객의 선택이 다양해지면서 수익이 일정하지 않음 • 고객 입장에서 메뉴에 대한 전문지식이 없을 때에는 선택이 어려움

3) 조합 메뉴

조합 메뉴(combination menu)는 정식요리 메뉴와 일품요리 메뉴의 장점만을 혼합한 메뉴로서, 패밀리레스토랑에서 일품요리 메뉴 형태와 더불어 많이 판매되고 있다. 즉, 인기 있고 잘 팔리는 단품메뉴들을 묶어서 하나의 세트 개념으로 판매함으로써 레스토랑 입장에서는 단품메뉴보다 메뉴나 식재료 통제가 쉽고, 고객 입장에서는 비교적 저렴하게 다양한 단품메뉴를 즐길 수 있는 장점이 있다.

2. 제공 시점에 따른 분류

조식 메뉴	브런치 메뉴	점심 메뉴	오후 메뉴	저녁 메뉴	서퍼 메뉴	캘리포니아 메뉴
• 표준화되어 간단하고, 빠르고 저렴하게 구성 • 지역적인 특별식이 일부 구성됨	• 아침과 점심식사의 중간쯤에 있는 식사 메뉴	• 3~4가지 코스로 구성 • 조리가 쉽고 빠르게 제공될 수 있는 메뉴 구성 • 다양성 겸비 • 일일 특선 메뉴 일정 주기별 메뉴 제공	• 오후 2~4시경 차와 커피가 준비되며 간단히 곁들여 먹을 만한 쿠키나 샌드위치 등을 준비한 메뉴	• 하루 중 가장 중요한 식사시간 • 편안한 분위기에서 식사 • 고가의 다양한 메뉴 제공	• 잠들기 2시간 전 오후 10시경 • 밤에 먹는 간식류	• 아침 · 점심 · 저녁 식사가 항상 준비되어 있는 메뉴

제공 시점에 따른 분류

그림 2-2 제공 시점에 따른 메뉴 분류

1) 조식 메뉴

조식 메뉴(breakfast menu)란 아침식사로 오전 7시부터 10시까지 제공되는 경우가 일반적이다. 일부 레스토랑에서는 아침 메뉴를 별도로 표기하기도 하지만 대개는 다른 메뉴와 혼합되어 사용되기도 한다. 일품요리 메뉴와 정식코스요리 메뉴, 아침식사 모두 메뉴에 포함되는데 정식코스요리 메뉴는 주로 콘티넨털 아침식사와 같은 뷔페의 형태로 제공되는 경우가 많다.

정찬식 아침식사는 영양상으로 균형이 잡혀야 하는데 소화하기 쉽고 조리가 간단한 달걀 오믈렛과 베이컨, 햄, 토스트, 와플, 팬케이크 등을 포함하는 경우가 많다. 영업장의 성격에 따라서 저열량식, 저콜레스테롤식과 같은 특별식이 제공되기도 하고, 스테이크와 다양한 육류요리를 포함한 고단백 아침식사 또는 어린이용 아침식사가 제공된다.

일반적으로 아침 메뉴는 과일과 주스–아침 곡류–달걀 오믈렛–육류나 다른 메인요리–팬케이크, 와플, 프렌치토스트, 롤이나 뜨거운 빵–음료의 순으로 제공되며, 곁들임 요리(side orders)는 접근하기 쉬운 공간에 배치하여 손님이 편리하게 이용할 수 있도록 해야 한다.

여유로운 뷔페식 조찬이라면 더욱 정성스럽고 다양한 종류의 음식이 제공된다. 예를 들면, 과일과 주스, 차가운 음식, 치즈, 얇게 썬 구운 고기, 훈제연어와 베이글, 샐러드까지 뜨거운 음식들, 스크램블드에그, 여러 가지의 조찬용 고기, 후추로 양념된 스테이크, 다진 고기, 다양한 오믈렛이 제공된다. 오믈렛, 크레페, 와플의 조합은 개개인의 요구에 맞추어 개별적으로 조리되기도 한다. 메인요리에 곁들이는 음식으로는 감자와 고기를 다진 요리 또는 굵게 빻은 옥수수가 포함될 수 있다. 여러 가지의 따뜻한 빵과 달콤한 롤이 음료와 함께 제공된다. 음료는 뷔페 안에서 고객이 다른 메뉴를 고를 때, 자리에서 레스토랑 직원들이 채워준다. 대부분의 고급 뷔페에서는 디저트가 제공되며, 상황에 맞게 샴페인이나 알코올음료가 제공된다. 와인서비스는 화이트와인 또는 블러시와인이 제공된다.

조식 뷔페는 그 유래에 따라 헌트 브랙퍼스트(hunt breakfast)와 척 왜건(chuck wagon)으로 구분되기도 한다.

헌트 브랙퍼스트(hunt breakfast)는 사냥 전 또는 사냥 후에 식성이 좋은 이들의 활기찬 삶을 위해 의도적으로 하는 식사에서 유래된 조식 뷔페 메뉴이다. 석쇠에 구운 양고기, 스테이크, 소고기구이, 구운 돼지고기, 꿩요리, 사슴고기 또는 다른 메뉴를 제공한다.

척 왜건(chuck wagon)은 목장에서 멀리 떨어진 카우보이들에게 주던 식사에서 유래된 메뉴이다. 사워도우 핫케이크, 스테이크, 달걀, 감자와 고기를 다진 요리, 그리고 갓 만들어낸 도넛이 제공된다. 빵을 대신하여 굵게 빻은 옥수수와 비스킷을 제공하기도 한다.

한편, 패밀리스타일 브랙퍼스트(family-style breakfast)는 음식을 테이블로 가져와 고객이 직접 덜어 먹는다. 임시 수용시설에서 고객에게 가볍고 따뜻한 분위기를 제공하기 위해 사용된 방식으로, 가족이나 단체 모임을 위해서 레스토랑에서도 사용된다.

단체 조찬은 행사인원이나 단체의 특성, 기호도 등을 고려하여야 한다. 특히 대량으로 음식을 조리할 때 음식이 빨리 식을 수 있고 오래 두면 색이 변하기 때문에 조심스럽게 계획되어야 한다.

(1) 대륙식 조식 *continental breakfast*

대륙식 조식 메뉴에는 일반적으로 달걀 요리가 제공되지 않는다. 빵과 음료 등 가장 간단한 조식 형태가 제공된다.

Juice-Toast bread-Beverage

(2) 미국식 조식*American breakfast*

달걀이 제공되며 다른 조식에 비해 음식이 다채롭다. 주스 후 시리얼, 햄이나 소시지, 베이컨 또는 튀긴 감자, 토스트와 음료가 제공되는 조식 형태이다.

Juice-Cereal-Egg(with ham, sausage, bacon, fried potato)-Toast bread-Beverage

(3) 영국식 조식*English breakfast*

미국식 조식에 시리얼이 있다면 영국식에는 오트밀이 있다. 다른 조식에 비해 특이한 것은 생선요리가 제공된다는 점이다.

Juice-Oatmeal-Fish-Egg-Toast bread-Beverage

(4) 비엔나 조식*Vienna breakfast*

토스트에 비해 단맛과 버터맛이 가미된 빵과 반숙 달걀요리, 커피나 우유가 제공된다.

Sweet roll or Danish pastry-Soft boiled egg-Coffee or milk

2) 브런치 메뉴

브런치 메뉴(brunch menu)는 오전 10시에서 12시 사이, 즉 아침과 점심 사이에 간단히 제공된다. 현대에 와서 시간에 구애를 받지 않는 전문직 종사자의 증가, 아침을 먹지 못하고 출근하는 사람들, 특히 휴일에 늦게 기상하여 아침과 점심을 아우르는 형태의 식사를 하는 사람들에게 인기를 더해가고 있다. 특별한 형식은 없으나 디너보다는 가볍게, 아침보다는 무겁게 먹는다. 오믈렛, 크레페, 수플레, 해시드 브라운 포테이토가 곁들여진 적은 양의 스테이크, 닭간과 베이컨 혹은 양고기구이, 소시지, 베이컨, 구운 토마토 조각, 감자, 뜨거운 빵과 음료의 선택이 제공되어야 한다. 과일 샐러드나 구운 채소는 인기가 많다. 새우와 굵게 빻은 옥수수, 브랙퍼스트 브리토, 파스타, 지역 특산물이 이용될 수도 있다.

또한, 메뉴 계획을 할 때 과일이나 주스, 차나 커피 같은 기호식품을 함께 곁들이도록 하면 여유 있게 대화를 나누거나 신문, 인터넷 검색 등을 하면서 먹기에 좋다.

3) 점심 메뉴

점심 메뉴(lunch menu)는 보통 낮 12시부터 오후 2시, 아침과 저녁 사이에 제공된다. 미국에서는 런치(lunch), 유럽에서는 런천(luncheon)으로 불리며, 낮 12시 전후에 먹는 식사이다. 아침식사보다는 가볍고 저녁식사보다는 무겁게 계획한다.

현대에 와서는 그 양과 더불어 테이크아웃(take-out) 형태의 점심 식사가 일반화되면서 샌드위치나 햄버거, 피자 등 테이크아웃이 가능한 음식이 많아졌는데 일본에서는 스시 또한 테이크아웃 형태의 점심식사로 각광받고 있다. 또 도시락의 경우 편의점 등에서 간편한 테이크아웃용으로 상품화되어 상당한 인기가 있는데, 그 종류도 다양하며 품질 또한 수준급이다. 테이크아웃 형태의 점심 식사는 정식요리보다는 단품의 형태가 많다.

The Signature Room at the 95th

Signature Lunch Special

$20.00

Soup or Salad
(please choose one)

Cream of Asparagus Soup

Vegetarian Minestrone

Fried Goat Cheese & Field Greens Salad
candied pecansl raspberry vinaigrette

Potted Duck Rillettes
red onion mamalade, micro herb salad

Market Salad
red wine vinaigrette

Main Course
(please choose one)

Steak Frittes
tarragon butter, French fries

Ham n'Cheese on a Pretzel Roll
housemade chips, pickle

Cavatappi Pasta with Shrimp
sautéed spinach; garlic cream sauce

그림 2-3 시그너처 룸에서 제공하는 점심 특선 메뉴 : 20달러에 다양한 코스요리를 맛볼 수 있다(미국 시카고 존핸콕센터 95층에 위치).

점심 메뉴는 저녁 메뉴에 비하여 비교적 저렴하게 구매할 수 있는 특징이 있다. 많은 레스토랑이 비교적 저렴하게 점심 특선 메뉴를 제공하여 매출을 올리려 하기 때문이다. 점심 특선 메뉴는 다양한 일품요리 중 몇 가지를 묶어서 세트 메뉴로 제안하기도 하고, 저녁 메뉴보다 양을 줄여서 저렴하게 제공하기도 한다. 여기에는 고객에게 레스토랑의 메뉴를 저렴하게 선보이고 저녁에 재방문하도록 하려는 고객 유치 마케팅 전략이 숨어 있다.

또한 점심 특선 메뉴로는 그 날의 요리를 제시할 수도 있는데, 특별 요리는 음식의 유통기한이 지나기 전에 재고로 남아 있는 식재료를 소진하기 위해서 제안되기도 한다.

4) 오후 메뉴와 티타임 메뉴(afternoon menu)

대부분 레스토랑이 점심 이후의 오후 시간에는 거의 운영을 하지 않지만, 간단한 차와 다과 등의 메뉴로 매장을 오픈하기도 한다. 이러한 메뉴들은 퇴직자, 쇼핑객, 기업가, 관광객, 학생, 주부와 같이 늦은 오후에 외식을 많이 하는 사람들이 이용하기에 적합하다. 평상시 판매하는 메뉴와 달리 인건비가 많이 들어가지 않는 간편한 차와 작은 샌드위치, 디저트, 기본 음식, 스무디, 과일, 쿠키, 페스트리 등과 같은 메뉴가 적당하다. 합리적인 가격과 좋은 분위기를 제공한다면 이는 곧 이른 저녁 손님을 유도하는 계기가 될 수도 있다.

(1) 애프터눈 티*afternoon tea*

유럽 상류층에서 즐기기 시작한 애프터눈 티는 간단히 배를 채울 수 있는 샌드위치나 케이크 또는 과일 등을 홍차와 함께 마시는 형태로서, 점심시간이 지난 오후 2~3시경에 많이 이용된다. 배불리 음식을 먹기보다는 간단한 간식 같은 개념으로 음식이 제공되고, 먹는 행위보다는 사교의 목적이 더 큰 메뉴의 형태이다.

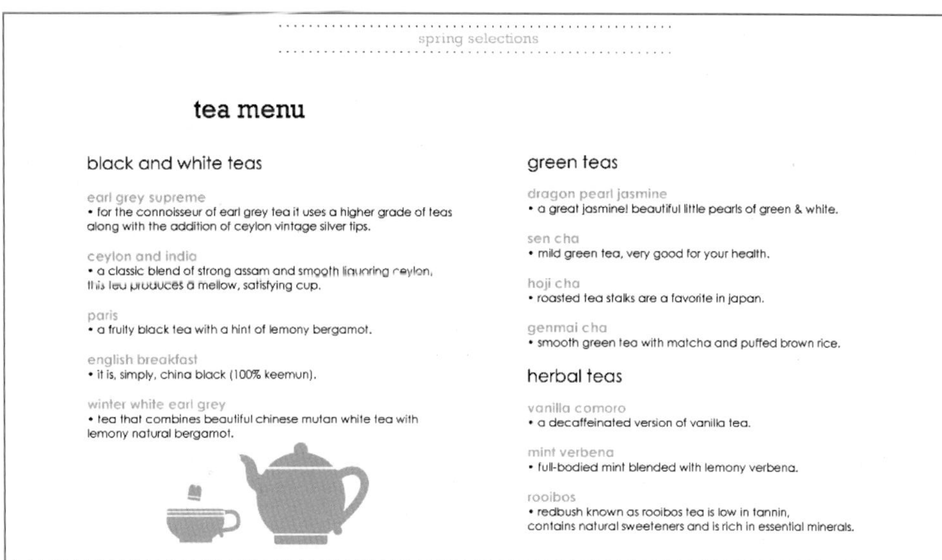
spring selections

tea menu

black and white teas

earl grey supreme
• for the connoisseur of earl grey tea it uses a higher grade of teas along with the addition of ceylon vintage silver tips.

ceylon and india
• a classic blend of strong assam and smooth liquoring ceylon, this tea produces a mellow, satisfying cup.

paris
• a fruity black tea with a hint of lemony bergamot.

english breakfast
• it is, simply, china black (100% keemun).

winter white earl grey
• tea that combines beautiful chinese mutan white tea with lemony natural bergamot.

green teas

dragon pearl jasmine
• a great jasmine! beautiful little pearls of green & white.

sen cha
• mild green tea, very good for your health.

hoji cha
• roasted tea stalks are a favorite in japan.

genmai cha
• smooth green tea with matcha and puffed brown rice.

herbal teas

vanilla comoro
• a decaffeinated version of vanilla tea.

mint verbena
• full-bodied mint blended with lemony verbena.

rooibos
• redbush known as rooibos tea is low in tannin, contains natural sweeteners and is rich in essential minerals.

그림 2-4 차 메뉴

자료 : www.cafe.weekend.com

(2) 하이 티*high tea*

유럽에 금광 붐이 일던 시절 광부들에 의해 형성된 메뉴 형태이다. 광부들이 일을 마치고 집으로 가 저녁을 먹기 전 고된 노동으로 인한 에너지 고갈을 채우고, 칼칼한 목을 적시기 위해 차 한 잔과 팬케이크 등을 먹었던 것에서 유래된 메뉴 형태이다. 식사 대용으로 점심과 늦은 저녁 사이에, 즉 보통 집으로 귀가하기 전 오후 4~5시경에 제공되었다.

(3) 로 티*low tea*

레몬, 우유, 설탕 등과 함께 제공되는 간단한 티이다.

5) 저녁 메뉴

저녁 메뉴(dinner menu)는 종종 다른 메뉴보다 특별한 아이템을 갖고 있다. 독특한 특징을 띤 음식들이 제공되며, 고객들은 하루 중 가장 비싼 가격을 낼 준비가 되어 있으므로 아주 정성스럽게 제공되어야 한다. 최대한 형식을 갖추어 먹는 디너는 일반적으로 정식코스 메뉴 형태로 제공된다. 충분한 시간을 갖고 하루 일에 대한 대화를 나누며 먹는 디너는 레스토랑에서 상품으로 제공될 때에도 가장 비싼 가격에 속하고 준비 시간도 오래 걸린다. 디너는 크게 애피타이저, 생선(fish), 고기(meat), 디저트 순으로 와인과 함께 제공된다. 최근에는 생선이나 고기 중 하나를 고르는 간소화된 형태가 더 많지만, 각 섹션을 더욱 세밀하게 나눈 형태의 디너도 존재한다.

MENU

TO START
Carrot & ginger soup, chili marshmallow
or
Salad of roasted delicata squash, bacon, Tuscan kale, pumpkin seeds, fresh herb dressing

MAIN COURSE
Sweet potato tortellini, arugula & sage butter sauce
or
Whole grilled & stuffed branzino, smoked paprika crust
or
S+P slow roasted turkey, charred lemon-fennel, Armagnac gravy, cranberry-kumquat sauce
or
28 day dry aged NY strip steak, bone marrow béarnaise ($20 supplement)

All served with:
Mustard mashed potatoes
Crispy Brussels sprouts with chili caramel
Pickled beets with spice glazed pecans
Roasted butternut squash with feta and pomegranate seeds
Chorizo cornbread stuffing

DESSERT
Linda Farmerie's pumpkin mousse cheesecake
or
Pecan pie with boozy whipped cream
or
Chocolate pannacotta with marshmallows

Complimentary after-dinner Egg Nog at Madam Geneva

그림 2-5 저녁 메뉴
자료 : www.winedanddined.com

기억에 남을 만한 저녁 메뉴를 만들기 위해서는 음식만큼이나 서비스와 장식이 중요하다. 한 아이디어에 대한 자세한 요소들을 완전히 마무리하는 것은 필수이지만 지나

친 음식 장식이나 복잡한 코스는 자칫 소비자들에게 혼란을 일으키거나 지루함을 느끼게 할 수 있으므로 주의하여야 한다.

정통 코스요리의 메뉴를 계획할 때에는 음식의 양이 너무 많지 않도록 적절히 분배해야 하며, 애피타이저부터 디저트까지 연속되는 맛의 감각이 이어지도록 배려하여야 한다. 식사가 끝날 때까지 식욕을 유지하기 위해서 무거운 단맛은 피해야 한다. 그리고 고객들이 음식의 맛과 서비스를 제대로 음미하고 그것을 유지할 수 있는 시간을 제공해야 한다.

오늘날 대부분의 식사형태는 8코스를 넘지 않는다. 첫째 코스는 반절 껍질 위에 담긴 굴이나 조개, 특정 형태의 해산물 전채요리, 카나페 또는 멜론이나 망고 등의 과일이 될 수 있다. 식사 전에 전채요리가 제공될 경우 이 코스는 생략될 수 있다. 가벼운 콩소메, 미소국 또는 가벼운 크림수프 등의 수프가 다음 코스이다. 생선 코스는 수프 다음에 나오고 닭고기요리와 같은 가금류 코스가 이어서 나온다. 감자와 채소가 함께 나오는 스테이크나 육류요리는 다음이다. 샐러드는 메인요리 이후에 입맛을 정리하기 위해 먹는다. 그리고 치즈와 디저트 코스로 마무리한다. 몇몇 식사형태에서 아이스크림이나 셔벗은 구운 고기 바로 다음에 제공되기도 한다. 디저트로는 식후 커피, 견과류, 민트, 과일, 사탕 등이 제공되며 이로써 식사는 마무리된다.

정통 코스 형태의 식사를 할 때 와인과 주류는 주의 깊게 선택해야 한다. 증류주로 만들어지는 마티니, 맨해튼, 스카치와 소다 같은 칵테일은 미각을 둔하게 하므로 식전주로는 바람직하지 않고, 보통 아페리티프(apéritif)와인이 식사 전에 마시기에 더 좋다. 식전주로 단맛의 와인과 음료는 피해야 한다. 식사 전에 단맛이 강한 음료를 마시면 식사로 제공되는 음식이 상대적으로 맛없게 느껴질 수 있기 때문이다. 단맛의 디저트와인은 니서트나 리큐어와 함께 식후에 제공될 수 있다. 달지 않은 화이트와인은 첫째 코스에 수프와 함께 제공된다. 가벼운 저녁식사의 화이트와인은 생선이나 조류요리와 어울리며, 깊고 풍부한 맛의 드라이하고 달지 않은 레드와인은 주요리 코스와 함께 제공된다. 달지 않은 고급 레드와인은 치즈와 함께 제공되고 뒤이어 가볍고 상쾌한 맛의 달콤한 디저트와인이 제공된다. 포트(port)와인은 때때로 디저트 대신 제공되거나 다크초콜릿과 함께 제공된다. 와인의 수는 식사형태에 따라 제한되어 있는데 대개 한두 개의 와인이면 충분하다.

잘 계획된 저녁식사는 교향곡이나 변주곡과 비슷하다. 음식과 와인은 다른 움직임과 주제를 가지고 있어야 하며, 주제의 진행은 맛의 절정으로 이끌리다가 그 후에 서서히 뒤이어 나오는 다른 음식으로 이어지며 흐려져야 한다. 음식의 어떤 부분에서는 절제되고 잠잠하고 연한 맛일 때가 있고, 다른 부분에서는 음식과 맛이 두드러지며 강할 때가 있다. 각각의 코스는 좋은 교향곡이 계속 음악적 주제를 이어가는 것처럼 맛을 연속으로 이어갈 수 있도록 이끌어야 한다.

전채요리와 수프는 가벼움과 섬세함이 있어야 한다. 둘 다 상쾌하고 다소 풍미가 있어서 식욕을 돋우는 역할을 해야 하고 뒤이어 나오는 음식을 잘 소개해 줄 수 있어야 한다. 생선 코스는 앞선 코스들과 명백한 대조를 이루어야 하며 다음에 나오는 조류 코스는 가볍고 섬세해야 한다. 메인 코스인 구운 고기 요리는 붉은 육류를 주로 이용하며 식사의 정점이 되어야 한다. 이 시점에서 맛의 등급은 더욱 명백해지지만, 과도한 풍부함이나 단맛 또는 날카로운 맛은 없어야 한다. 샐러드는 완화하는 코스가 되어야 한다. 샐러드의 차가운 식감과 미묘한 신맛은 앞에서 제공된 요리의 무거운 맛으로부터 휴식을 줄 수 있도록 섬세하고 독특한 맛의 질을 가져야 한다. 이탈리아인은 '샐러드는 미각과 치아를 청소하는 기능을 가지고 있다'고 말한다. 느끼함이나 날카로운 맛도 피해야 한다. 샐러드 다음에 나오는 쏘는 맛이 있는 치즈 코스는 지친 미각을 새롭게 하고, 달콤한 디저트 코스를 위해 적절히 가교역할을 해주어야 한다. 이것은 가볍고 섬세하면서 너무 달지 않아야 하고 식사를 최종적 형태로 끝내야 하지만 무거운 특징을 가지면 안 된다. 비교적 간단한 저녁식사의 형태는 3~5개의 코스를 거친다. 첫째 코스는 과일, 주스 또는 해산물 전채요리, 멜론, 카나페, 굴 또는 조개가 될 수 있고 다음으

표 2-3 저녁 정찬 메뉴의 제공 순서 및 제공되는 음식의 예

메뉴 코스		제공되는 음식의 예
appetizer	전채요리	smoked salmon, snail
soup	수프	cream soup, consommé
fish	생선요리	halibut, trout, salmon
poultry	가금류	chicken, turkey, duck
main course	육류요리	beef, pork, lamb, veal
salad	샐러드	green salad, tossed salad
dessert	디저트	ice cream, fruits, cake
coffee or tea	커피 또는 홍차	irish, vienna, lemon tea, milk tea

로 수프와 생선요리가 제공된다. 또는 전채요리나 수프가 둘 다 제공되고 생선 코스가 없을 수도 있다. 다음으로는 곡류, 채소 또는 샐러드와 함께 나오는 주요리 코스이다. 보통 빵과 버터가 제공된다.

6) 서퍼 메뉴

서퍼 메뉴(supper menu)는 보통 저녁식사인 디너를 마치고 난 후 잠들기 2시간 전인 저녁 10시경에 이루어진다. 원래는 오페라나 음악회의 쉬는 시간에 사교를 나누면서 허기를 채우기 위해 가볍게 먹던 식사였으나 현재는 밤에 먹는 야식을 의미하는 경우가 더 많다. 수프나 샌드위치 등 위에 부담이 되지 않는 메뉴를 제공한다. 저녁 시간 이후에도 많은 사람은 극장이나 나이트클럽, 바, 운동경기 장소에 모여 오락적인 모임을 갖는 경우가 많은데 이때 간단한 음료와 음식을 제공하는 메뉴이다. 샌드위치, 조각피자, 아이스크림과 파이 같은 스낵류가 대부분이다. 서퍼 메뉴는 저녁 시간 이후 종사원들의 인건비를 줄이기 위해 미리 메뉴 주문을 받고 결재를 선지급하도록 하는 경우도 있다. 메뉴 주문을 미리 받고 결재까지 완료한 이후에는 간단한 음료 정도만 추가로 즐길 수 있도록 하여 주방 종사원들이 미리 퇴근할 수 있도록 근무시간을 조정하기도 한다. 업장이 극장이나 그와 유사한 오락장소에서 가깝다면 적합한 메뉴로는 디저트, 특화된 커피나 가벼운 야식 아이템이 좋다. 야간근무(graveyard shift) 메뉴는 일반적으로 야간근무를 교대하는 직장인을 위한 아침 식사 형태가 포함되어 있다. 서퍼 메뉴는 적절한 종류의 오락을 즐기려는 고객을 위해 계획되어야 하고 서버의 유니폼, 접시, 유리그릇, 식탁장식(초, 꽃병, 꽃), 조명과 오락 등 소도구가 적절히 뒷받침되면 메뉴의 상품 가치를 높일 수 있을 것이다.

7) 캘리포니아 메뉴

캘리포니아 지역에서 먼저 생겨난 캘리포니아 메뉴(California menu)는 하루 중 어떤 시간대에서든 아침, 간식, 점심, 저녁을 제공할 수 있는 메뉴를 말한다. 따라서 어떤 손님이 오후 여섯 시에 핫케이크와 소시지를 주문하고 다른 손님은 아침에 스테이크와 감자튀김, 샐러드를 주문하더라도 식당에서는 이를 제공할 수 있어야 한다. 이러한 식당에서는 주로 무겁고 합판으로 된 메뉴판을 사용함으로써 쉽게 더럽혀지지 않게 한다. 대부분의 호텔 룸서비스 메뉴가 이런 식으로 디자인된다. 전 시간대에 아침 메뉴를 제공하는 캘리포니아 메뉴의 영업장에서는 아침 메뉴를 부가적 패널 혹은 식사 메뉴를 시간에 따라 순차적으로 표기하기도 한다.

3. 행사 형태에 따른 분류

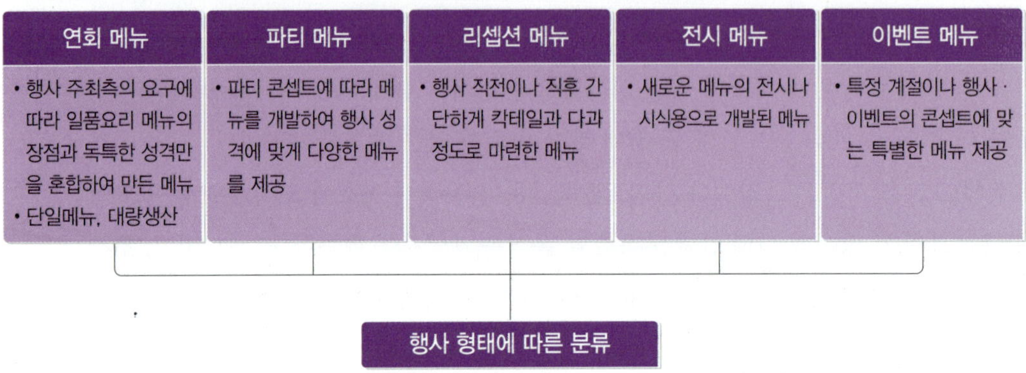

그림 2-6 행사 형태에 따른 메뉴 분류

1) 연회 메뉴

결혼연회, 저녁뷔페, 컨벤션 및 국제회의 등의 연회 행사에 제공되는 메뉴를 연회 메뉴(banquet menu)라고 하는데, 연회 메뉴는 예약에 의해서 대량으로 생산 제공되는 특성이 있다. 몇몇 메뉴는 고정되어 있지만 고객의 요청에 따라 변동이 가능하다. 연회는 음식제공뿐 아니라 패션쇼, 콘서트 등 다양한 행사가 동반되는 경우가 많다. 연회 행사에 따라 메뉴는 다양하게 구성될 수 있으며 계속 변할 수 있다. 예약에 의해 준비되므로 사전에 메뉴를 계획하는데, 이는 상품을 표준화하는 데에 도움을 주고 올바른 원가계산을 할 수 있게 해준다. 특정한 메뉴에서 각각의 계획된 메뉴와 규정된 가격이 개발되어야 한다면 적절한 가격이 청구될 수 있도록 완전한 원가를 알아야 한다. 연회 행사에 참석할 인원수를 정확하게 예측하기는 어려우므로 대략의 참석자를 확정하고 전체 메뉴 양의 10~20% 정도를 여분으로 더 준비할 필요가 있다. 또한, 연회 행사는 단독으로 진행되기보다는 꽃꽂이, 조명, 음향 등 다양한 부서가 공동으로 협업하는 경우가 많으므로 일이 순조롭게 진행되도록 한다.

2) 파티 메뉴

파티 메뉴(party menu)는 연회보다 규모는 작지만 독창성과 창의성이 요구되는 파티에서 제공되는 메뉴이다. 파티의 콘셉트에 맞도록 컬러, 데커레이션 등을 고려하여 음식과 서비스가 제공된다면 소비자의 만족도는 더욱 커질 수 있다. 파티를 위한 메뉴는 서버, 접시나 장비에 있어서 과도한 수요를 만들지 않도록 신중히 분석되어야 한다. 음식은 쉽게 만들고 제공할 수 있는 것으로 선택해야 하며 부득이하게 지연되는 상황에서도 음식의 질과 청결함이 잘 유지될 수 있어야 한다. 특히 요즘 외식업체에서는 고객이 선정한 다양한 파티 장소로 케이터링 서비스(출장연회)를 제공해주기도 한다.

그림 2-7 케이터링 메뉴의 사례

자료 : www.dannyboysrestaurant.com

파티의 성격에 맞게 메뉴를 다양하게 구성하고, 이용하는 고객들이 불편하지 않게 접시, 냅킨, 물, 음료 등 물품을 빠짐없이 제공해 주는 것도 잊어서는 안 된다. 파티플래너가 파티 전반적인 것을 기획하고 메뉴를 제안해 주기도 한다.

3) 리셉션 메뉴

리셉션 메뉴(reception menu)는 음악회나 전시회 등과 같은 행사 직전이나 직후에 간단한 음료와 다과를 대접하며 담화를 나눌 수 있는 행사에 마련되는 메뉴이다. 보통 칵테일과 함께 카나페, 전채요리, 다양한 맛의 음식이 제공된다. 과일주스나 브랜디와 샴페인으로 만든 펀치와 음료가 포함되기도 한다. 장소가 협소할 경우 스탠딩으로 진행되기도 하므로 한입에 간편하게 먹을 수 있는 핑거 푸드류를 준비하는 것이 좋다. 또는 손님들 사이로 음식을 전달하기도 하는데 이러한 것을 '플라잉플래터(flying

RUSTIC LODGE

"Indiana's Established Banquet Facility"

Wedding Reception Menu

Our three generations and over 60 years of experience provide the service you can trust on your special day.

2199 Oakland Avenue
Indiana, PA 15701
724-465-4583
Fax 724-465-6429
WWW.RUSTICLODGE.NET

BUFFET DINNERS

***All buffet dinners include:** Choice of TWO ENTREES, ONE VEGETABLE, and TWO selections from the POTATO, RICE, and PASTA category. Tossed green salad, rolls, coffee/teas are served at the table.*

Buffet entrees from different price categories may be combined to create your menu. The cost of such a combination is the greater priced entrée.

BUFFET I

Filet Mignon	$24.45
Orange Roughy	
Stuffed Flounder	
Veal Scallopini	

BUFFET II

*Steamship of Beef**	$19.25
Beef Bracioli	
Chicken Cordon Bleu	
Italian Chicken Cutlet	
Stuffed Pork Chop	
Roast Pork Loin	
Chicken Kiev	
Chicken Romano	

**Carved on the buffet (minimum of 75 guests required)*

BUFFET III

Baked Cod	$18.25
Swiss Steak	
Stuffed Chicken Breast	
Chicken Marsala	
Baked Ham	
Roast Turkey with Dressing	
Sliced Top Round of Beef	

ADDITIONAL OPTIONS (per person)

**Meatballs*..........$.75
**Stuffed Shells*..........$.95
**Stuffed Cabbage*..........$1.25

ALL RUSTIC LODGE WEDDING MENUS INCLUDE:

Champagne Toast for Head Table
Wedding Punch
Room Charge
Recognition of Wedding on Marquee
Cutting & Serving of Wedding Cake
Traying of Cookies
Skirted Specialty Tables
Linen Tablecloths and Napkins
Fully Licensed Facility with Liquor Liability Insurance
Coordination and Attentive Service of Your Wedding Reception

POTATO, RICE, PASTA

Buffets Select Two or Sit Down Select One

Harvest Blend Rice	*Scalloped Potatoes*
Chefs Pasta	*Baked Potato*
Redskin Potatoes	*Rice Pilaf*
Parsley Potatoes	*Whipped Potatoes*

Twice Baked Potato for an additional $.40

VEGETABLES

Select One

Winter Mix Vegetables	*Herbed Zucchini*
Fresh Vegetable Medley	*Peas/Carrots*
Green Beans Almondine	*Seasoned Corn*
Broccoli & Carrots	*Julienne Vegetables*

Italian Style Green Beans with Carrots

***Specialty Salad Options**-Additional$ .60*

HORS D'OEUVRES

*If you are planning to offer your guests hors d'oeuvres, Rustic Lodge now offers **Chocolate Fountains** for your consideration. We will prepare and artistically present your selections at a price you are sure to appreciate.*

Cloakroom Attendants, Buffet Carvers - $25.00
Decorating Items Available – Prices upon request.

그림 2-8 결혼식 리셉션 메뉴

자료 : www.rusticlodge.net

platters)'라고 하거나 러시아인에 의해 주위에서 옮겨지는 음식이 담긴 쟁반의 이름을 붙인 '플라잉서비스(flying service)'라고도 한다. 이 서비스는 대개 손님 1인당 준비된 메뉴의 2~8조각의 음식을 먹을 것으로 예상하면 된다. 음료는 남자가 평균적으로 한 시간에 2~4종류의 주류음료를, 여자는 1~3종류를 소비한다.

4) 전시 메뉴

전시 메뉴(exhibition menu)는 식품관련 박람회나 전시회에서 새로운 메뉴의 전시나 시식용으로 개발된 것으로, 전시회 참가자들이 간편하게 시식할 수 있도록 개별 접시에 소량의 음식을 준비한다. 메뉴 시식이 짧은 시간에 이루어지므로 간단히 메뉴에 대한 설명을 해주거나 그조차 어려운 경우에는 참고할 수 있는 정보가 요약된 리플렛 등을 준비하면 좋다.

그림 2-9 전시 메뉴의 사례 : 미국 NRA 세계 최대 규모 식품박람회의 전시 메뉴

5) 이벤트 메뉴

이벤트 메뉴(event menu)는 계절적 이벤트나 특별한 행사가 있을 때 마련되는 것으로 각 행사의 콘셉트에 맞추어 메뉴를 제안하는 것이 중요하다. 이때 그 행사를 상징하는 캐릭터나 색채 등 연상되는 것들로 공간을 연출하고 메뉴의 스토리를 만들어낸다면, 특별한 날 이벤트로 식사를 기념하고 싶어하는 고객들에게 더할 나위 없이 좋은 선물이 될 것이다.

밸런타인데이나 크리스마스는 특히 연인들에게 판매하기 좋은 메뉴 상품을 구성할 수 있으며, 커플 세트 메뉴나 와인이 곁들여진 메뉴를 제안하기도 한다.

그림 2-10 밸런타인데이 이벤트 메뉴
자료 : www.mercatobyob.com

계절 식재료를 이용한 이벤트 메뉴도 많이 이용되고 있다. 그 예로는 봄철에 딸기를 이용한 딸기음료나 디저트를 계절 이벤트 메뉴로 구성하기도 하고, 여름철 복날에는 몸보신을 할 수 있는 메뉴를 판매하기도 한다.

4. 변화 빈도와 주기에 따른 분류

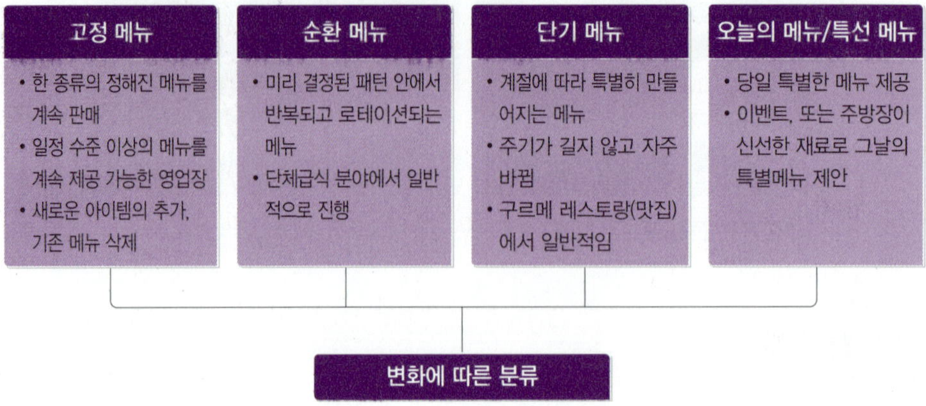

그림 2-11 변화에 따른 메뉴 분류

1) 고정 메뉴

고객에게 상당기간 동안 고정된 메뉴를 제공하는 형태를 의미한다. 고정 메뉴(fixed menu, standardized menu, static menu)를 사용하면 생산성이 높아지므로 원가가 절감되고 구매, 저장, 주방의 관리가 쉬워진다. 일정 기간 메뉴가 변하지 않기 때문에 관리가 쉬워 좌석 회전율에도 긍정적인 영향을 미친다. 그러나 원가와 음식에 대한 유행의 변화에 유연성 있게 대처하기는 어려울 수 있다.

표 2-4 고정 메뉴의 장점과 단점

장점	단점
• 메뉴 관리와 통제가 용이 • 식재료 원가와 인건비 감소 • 식재료 재고 관리와 대량구매 용이	• 메뉴의 변화가 어렵고 시장변화에 따른 유연성 결여 • 고정 단골고객의 경우 메뉴에 싫증을 느끼기 쉬움 • 구매가 경직되고 추가 고객 확보가 어려워 이윤 창출이 제한됨

2) 순환 메뉴

순환 메뉴(cycle menu)란 주기를 두고 메뉴가 변화하는 형태로 사이클 안에서 제공되는 몇 가지의 메뉴를 말한다. 예를 들어, 7일간의 크루즈 여행 동안 날마다 다른 7가지 메뉴가 제공된다면 여행하는 7일 동안 고객들은 다양한 메뉴를 제공받고 다음 탑승객은 똑같은 7일간의 메뉴를 다시 제공받는 것이다. 병원에서는 입원하는 환자의 상태에 따라 순환 메뉴를 적용할 수 있다. 이러한 종류의 메뉴를 제공하는 식당은 계절이 4번 바뀌는 한 해 동안 4개의 사이클 메뉴를 만들어 손님에게 다양성뿐만 아니라 계절음식까지 제공하기도 한다. 초등학교에서는 한 달 단위로 메뉴 사이클을 보여주기도 한다. 오랜 기간 동안 사이클 메뉴를 사용한다면 일요일과 휴일의 사이클 메뉴를 매번 다르게 하는 것이 중요한데, 이는 손님이 토요일이나 휴일의 메뉴를 잘 기억하기 때문이다. 휴일의 메뉴는 그에 맞는 특별한 음식이 제공되어야 한다.

(1) 티피컬 사이클 메뉴*typical cycle menu*

같은 날, 즉 같은 요일, 같은 날짜에 항상 같은 메뉴를 제공하는 형태이다. 예를 들면, 월요일마다 같은 메뉴가 제공된다든지, 매달 1일마다 같은 메뉴를 제공한다. 메뉴를 제공받는 소비자 입장에서는 메뉴에 변화는 있지만 그래도 단조롭다고 느낄 수도 있다.

(2) 티피컬브레이크 사이클 메뉴*typical-break cycle menu*

티피컬 사이클 메뉴의 단조로움을 보완하고자 만들어진 메뉴 형태이다. 일주일이나 한 달처럼 누구든지 분명히 인지할 수 있는 주기를 선택하지 않고 약간의 변화를 주는 형태이다.

예를 들면, 일주일 동안 식사를 지속한다고 예상했을 때, 일주일(7일) 주기보다는 6일이나 5일 주기를 두거나 한 달이 아닌 20일 주기를 두며, 메뉴의 종류는 주기보다 약 10~30% 정도 많이 하여 제공하는 형태이다.

(3) 랜덤 사이클 메뉴*random cycle menu*

임의로 아이템을 배치하는 방식, 즉 정해진 규칙 없이 무작위로 아이템을 배치한다. 이 방법은 여러 가지 시장 변화에 유연하게 대처할 수 있다.

(4) 스플리트 사이클 메뉴*split cycle menu*

아이템을 더욱 다양하게 제공하기 위하여 고안된 메뉴 형태로, 메뉴에 제공되는 개별 아이템에 각각의 주기를 부여하여 배치함으로써 메뉴의 다양성을 높일 수 있는 방법이다. 먼저 선호도가 높은 순서대로 아이템을 배열하고 제공 빈도를 높게 고려한다. 선호도가 높지 않은 경우에는 그 빈도를 낮게 잡는다. 각각의 아이템에 제공되는 주기는 메뉴를 계획하고 제공하는 사람에 의해 여러 가지 영향 요소를 고려하거나 그 외 기준을 적용하여 결정할 수 있고 수정 변화가 가능하며, 지속적인 검토와 연구가 필요하다.

표 2-5 순환 메뉴의 장점과 단점

장점	단점
• 메뉴의 생산예측이 가능하여 효율적 통제 가능 • 주기적인 메뉴 생산으로 조리교육시간 감소와 인건비 절감 • 식재료 재고 관리 용이 • 잔여음식의 효율적 관리	• 주기적 메뉴에 대한 단조로움 • 메뉴 개시에 따른 인쇄비 및 기타비용 소모 • 순환 메뉴를 관리할 전문영양사 인력 필요 • 식재료의 신선도와 맛이 떨어질 수 있음

3) 단기 메뉴

단기 메뉴(short-term menu)는 특정한 단기간이나 시기에 이용 가능한 상품들로 구성하는 메뉴 형태를 말한다. 단기 메뉴는 합리적인 가격으로 제철에 나는 신선한 계절 식재료를 이용할 수 있는 장점이 있다. 그러나 이용의 제한성 때문에 단기적으로 이용될 수밖에 없는 단점이 있다.

표 2-6 단기 메뉴의 장점과 단점

장점	단점
• 합리적인 가격 • 제철의 신선한 계절 식재료 이용 가능 • 새로운 메뉴에 대한 고객반응 확인 가능	• 계절마다 새로운 메뉴 개발에 따른 숙련된 인력 요구 • 순환 메뉴나 고정 메뉴에 비해 메뉴 통제가 어려움 • 고객이 원해도 일정기간이나 시기가 지나면 메뉴 제공에 한계가 있음

4) 오늘의 메뉴

오늘의 메뉴(du jour menu)에서 'du jour'는 프랑스어로 '그날'이란 뜻으로 그날에만 제공되는 메뉴를 말한다. 이 메뉴는 재고가 많이 남았거나 유통기한이 다가오는 식재료를 소진하기 위해 이들 식재료로 음식을 만들어 싼값에 제공함으로써 수익을 증대시키는 방법이다. 이러한 메뉴는 일품요리 메뉴나 코스요리의 한 메뉴로 결합할 수 있다.

5) 특선 메뉴

특선 메뉴(limited menu)란 선택이 제한된 단 하나의 메뉴를 말한다. 특선 메뉴는 운영자로 하여금 훈련이나 계획, 식재료 원가 계산, 다른 메뉴 분석에 집중할 수 있게 해준다. 원가 통제는 특선 메뉴를 통해 얻을 수 있는 가장 큰 이익 중 하나이다. 이 메뉴는 1729년부터 1800년대까지 파리의 한 레스토랑에서 몇 가지 방법으로 닭요리만을 팔았던 것에서 시작되었는데 오늘날 피자나 햄버거, 초밥 등의 메뉴들이 이에 해당한다.

5. 연령 및 대상에 따른 분류

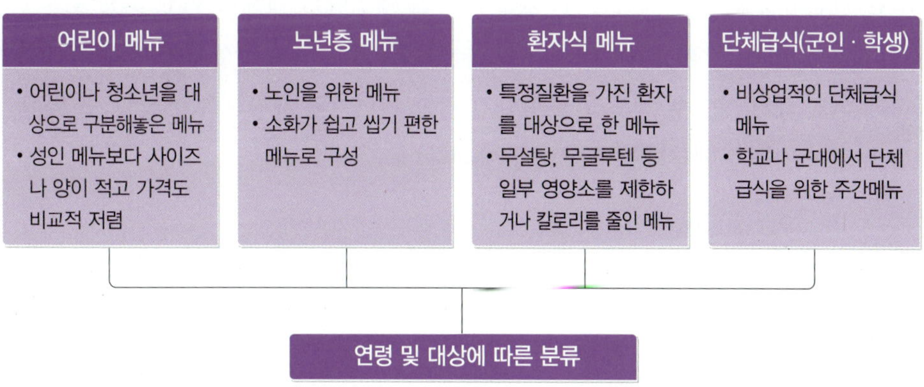

그림 2-12 연령 및 대상에 따른 메뉴 분류

1) 어린이와 청소년 메뉴

어린이 메뉴(어린이와 청소년 메뉴, children's and teenager's menus)의 주 고객인 저연령층은 보통 음식에 대한 경험 부족과 그들이 알고 있고 선호하는 음식 수가 매우 적기 때문에 메뉴 구성이 한정적이라는 특성을 지니고 있다. 어린이를 위한 음식을 선택할 때에는 소량의 음식을 다양하게 구성해야 한다. 청소년은 종종 왕성한 식욕을 가지지만 그것은 일반적으로 충족하기 어려우므로 성장에 필요한 충분한 영양을 공급해주는 것은 물론 먹음직스러워 보이게 외관도 신경을 써야 한다. 특히 아이들은 눈에 잘 띄며 엔터테이닝적인 요소나 만화 캐릭터 등이 함께 기재된 메뉴에 호기심을 가진다. 이것은 메뉴를 선정하기 전에 보는 즐거움을 주거나 퍼즐이나 그림, 만화 등으로 어린이의 주의를 끌어서 가족과 다른 손님들이 조용한 환경에서 식사를 즐길 수 있도록 돕기도 한다. 어린이 메뉴를 적정하게 제공하면 어린이가 성인의 음식을 나누어 먹는 것이 아니라 한 사람의 고객으로서 자신의 몫의 음식을 주문하도록 유도할 수 있어 객단가를 증대시키는 효과가 있다.

그림 2-13 어린이 메뉴

자료 : 1220zy.wordpress.com/restaurant/menu/

또한 어린이에게 집에 가져갈 수 있는 선물을 제공하는 메뉴는 어린 고객을 모으는 데 큰 도움이 된다. 만화영화 캐릭터 같은 아이템을 그룹으로 구성하여 매번 하나씩 제공하게 되면 해당 아이템 세트를 완성하기 위한 어린이의 재방문을 유도할 수 있고 그만큼 어린이 메뉴를 재구매할 확률이 높아진다.

2) 노년층 메뉴

인구의 고령화와 독거노인의 증가는 노인층의 외식빈도를 높이고 있는 실정이다. 비교적 시간이 여유로운 노년층에게는 고객이 뜸한 시간대에 할인을 제공하거나 메뉴를 마케팅 도구로서 활용하는 방법이 특히 큰 성공을 거둘 수 있다. 노년층 메뉴(senior citizens' menus)는 노인이 일반 성인보다 적게 먹으므로 메뉴 아이템에서 음식의 양을 줄여서 구성한다. 그리고 대부분 노년층은 수입이 고정되어 있으므로 가격을 합리적으로 정해야 한다. 많은 노년층은 식이요법을 필요로 하므로 저지방, 저칼로리, 저염식과 같은 메뉴 구성으로 그들의 식이요법 요구를 만족시키는 것도 중요하다. 단골이 될 고객을 대상으로 고향, 좋아하는 음식 등의 배경정보를 파악하는 것도 도움이 된다. 이러한 고객에 대한 이해는 그들을 만족시키기 위한 가장 기초적이면서도 중요한 단계이다.

은퇴자들을 위한 시설에서는 하루에 세끼가 제공되나 일부에서는 그렇지 않을 수도 있다. 은퇴자들은 식사를 준비할 수 있는 시설이 구비된 작은 아파트에 산다. 보통 하루 중 두 끼는 은퇴자 스스로가 식사를 준비한다. 그러므로 푸드서비스 시설은 오직 한 끼만 제공하며, 이것은 주로 낮이나 저녁에 든든한 식사로 제공된다. 고객은 종종 식사를 하는 데 도움을 필요로 한다. 간호 케어가 전적으로 이루어지는 경우나 그들의 방에서만 푸드서비스가 한정되는 경우에는 병원이나 호텔에서의 룸서비스와 유사성을 띤다. 대부분의 은퇴자 시설에서는 아침, 점심, 저녁, 간식이 제공되는 작은 카페가 있는 경우가 많다. 몇몇 곳에서는 은퇴자들과 그들의 손님을 위한 특별 이벤트 연회가 제공되기도 한다. 앞에서 언급한 테마가 있는 식사의 경우에는 이들에게 변화와 다양성을 줌으로써 큰 호응을 얻을 수 있다.

3) 환자식 메뉴

병원이나 요양 센터, 양로원, 퇴직자 센터와 같이 간호와 의료 케어가 제공되는 의료기관의 요구를 충족시키기 위해서는 환자들의 특성을 고려한 다양한 메뉴가 필요하다.

병원에서는 환자식 메뉴(patients' menu)뿐만 아니라 병원에 상주하는 직원, 간호사, 의사, 방문객, 케이터링 행사를 위한 음식이 제공되어야 한다. 병원 종사자들을 위한 메뉴의 경우 기존의 푸드서비스 메뉴와 별다를 것이 없지만, 환자식 메뉴와는 큰 차이점이 있다.

병원의 임상영양사는 먼저 일반적 메뉴와 환자를 위한 메뉴를 준비해야 하는데 여기에는 특정한 날에 특수하게 제공되는 음식이 포함된다. 특히 환자를 위해서 질환별 다양한 식이요법을 고려한 메뉴를 준비하여야 함을 명심해야 한다. 영양사는 일반적인 메뉴에서 선택되는 아이템을 살피고 그것을 변경하거나 대체하는 식으로 환자들의 식이요법 요구사항을 충족시켜야 한다. 이 역할은 경험이 있고 일반식이를 능숙하게 수정할 수 있는 자가 담당해야 한다. 당뇨병 환자식에는 크랜베리 젤리나 드레싱, 감자, 코코넛 크림은 허용되지 않지만 대체당으로 감미된 셔벗이나 구운 사과 등은 허용하기도 한다. 당뇨병 환자들이라도 여전히 약간의 탄수화물을 필요로 하므로 메뉴에 조금씩 포함될 수 있다. 이 경우에도 다른 당뇨병 환자 메뉴처럼 열량의 총량은 고려하여야 한다.

저식이섬유 식단에서 영양사는 통곡물로 된 머핀이나 식이섬유를 포함한 채소나 샐러드를 자세히 관찰하여 식단에서 제거하고, 껍질을 벗긴 구운 감자 등과 같이 이를 대체할 수 있는 아이템을 고려해야 한다. 유동식 식단에서 칠면조나 육류는 다지는 조리단계를 거쳐야 한다. 연어는 살이 잘 부스러지기 때문에 자주 제공되기도 한다. 브로콜리도 잘게 다져야 하며, 토마토는 샐러드가 아닌 조리를 해서 제공하여야 한다.

저지방 식단은 레몬 버터를 플레인 레몬주스로 대체해야 한다. 브로콜리에 으깨서 넣는 버터도 생략해야 한다. 메뉴나 드레싱에 버터는 생략해야 하며 일반적인 프렌치 드레싱을 대신해 저지방 드레싱이 제공되어야 한다. 유지방이 많이 함유된 아이스크림 대신 사과셔벗은 허용될 수도 있다.

다른 의료기관의 메뉴 계획도 일반 메뉴와 이를 수정한 식단으로 제공되는 일반적인 병원의 메뉴 계획에 따른다.

땅콩 알레르기가 있는 사람이나 밀가루의 글루텐 소화능력이 떨어져 밀가루 음식만 먹으면 속이 더부룩한 사람을 위한 특별식이 제공되기도 한다. 이 외에도 땅콩 무첨가(penuts free) 혹은 글루텐 무첨가(gluten free) 메뉴를 제공하기도 하고, 다이어트를 하는 사람을 위한 저지방식 메뉴와 저염식 메뉴를 구성하기도 한다.

4) 비영리성 단체 메뉴

비영리성 단체 메뉴(noncommercial menu)는 군대, 학교 등 비상업적·반상업적 영업장의 메뉴로 완전상업적 영업장의 메뉴와는 구분되는 요건이 필요하다. 만약 영업장이 어떠한 기관(회사, 학교, 병원 등)에 있다면, 주된 고객층은 이 기관에 상주하며 영업장에서 하루에 두 끼 이상의 식사를 하는 전속시장(captive market)의 고객이다. 이러한 경우에 메뉴는 항상 평가를 받게 되므로 고객의 영양적인 요구와 그들의 선호를 동시에 고려해야 한다.

6. 식문화에 따른 분류(업종별)

1) 한국식 메뉴

한식은 쌀을 주식으로 하고 김치, 장류, 다양한 국을 기본으로 한 나물류, 구이, 조림 등을 부식으로 한 상차림이다.

상차림은 그 목적에 따라 일반적인 밥과 반찬으로 이루어진 반상, 국수를 주메뉴로 구성한 면상, 술과 안주로 이루어진 주안상, 한과·약식·식혜 등으로 차려진 다과상 등으로 나눌 수 있다. 특히 반찬의 가짓수를 첩이라 하고 그 수가 몇 개인가에 따라 3첩, 5첩, 7첩, 9첩, 12첩으로 나눌 수 있다. 특히 12첩반상은 임금에게 진상할 수라상을 말한다.

표 2-7 첩에 따른 상차림 구성(유무와 개수)

<table>
<tr><th>구분</th><th colspan="7">첩수에 해당되지 않는 음식</th><th colspan="11">첩수에 해당되는 음식</th></tr>
<tr><th rowspan="2">첩</th><th rowspan="2">밥</th><th rowspan="2">국</th><th rowspan="2">김치</th><th rowspan="2">장</th><th rowspan="2">찌개
조치</th><th rowspan="2">찜
전</th><th rowspan="2">전골</th><th colspan="2">나물</th><th rowspan="2">구이</th><th rowspan="2">조림</th><th rowspan="2">전</th><th rowspan="2">마른
반찬</th><th rowspan="2">장과</th><th rowspan="2">젓갈</th><th rowspan="2">회</th><th rowspan="2">편육</th><th rowspan="2">수란</th></tr>
<tr><th>생채</th><th>숙채</th></tr>
<tr><td>3</td><td>유</td><td>유</td><td>유</td><td>1</td><td>무</td><td>무</td><td>무</td><td colspan="2">택1</td><td colspan="2">택1</td><td>무</td><td colspan="3">택1</td><td>무</td><td>무</td><td>무</td></tr>
<tr><td>5</td><td>유</td><td>유</td><td>2</td><td>2</td><td>1</td><td>무</td><td>무</td><td colspan="2">택1</td><td>1</td><td>1</td><td>1</td><td colspan="3">택1</td><td>무</td><td>무</td><td>무</td></tr>
<tr><td>7</td><td>유</td><td>유</td><td>2</td><td>3</td><td>2</td><td colspan="2">택1</td><td>1</td><td>1</td><td>1</td><td>1</td><td>1</td><td colspan="3">택1</td><td colspan="2">택1</td><td>무</td></tr>
<tr><td>9</td><td>유</td><td>유</td><td>3</td><td>3</td><td>2</td><td>1</td><td>1</td><td>1</td><td>1</td><td>1</td><td>1</td><td>1</td><td>1</td><td>1</td><td>1</td><td colspan="2">택1</td><td>무</td></tr>
<tr><td>12</td><td>유</td><td>유</td><td>3</td><td>3</td><td>2</td><td>1</td><td>1</td><td>1</td><td>1</td><td>2*</td><td>1</td><td>1</td><td>1</td><td>1</td><td>1</td><td>1</td><td>1</td><td>1</td></tr>
</table>

* 찬구이, 더운구이

한식은 음력을 기순으로 절기별로 세시풍속과 그 시기에 먹는 절식이 있다. 특히 추석과 정월 설날은 민족의 대명절로 각 가정에서는 송편과 떡국을 끓여 먹는다.

우리나라는 사계절이 뚜렷하게 구분되며 계절음식이 발달하여 각 계절별로 먹는 음식도 다양하다. 특히 여름철에는 복날이라고 하여 더위에 지친 몸의 기력을 회복하기 위한 보양식이 발달되어 있으며 장어, 삼계탕, 보신탕 등을 챙겨 먹기도 한다.

표 2-8 세시풍속과 절식

월(음력기준)	세시풍속일	메뉴 아이템
1월	설날	떡국, 세찬, 세주, 만두, 식혜
	대보름	귀밝이술, 부럼, 오곡밥, 복쌈, 약식, 진채식, 적두증병, 묵은나물 부꾸미
2월	중화절	노비송편, 시래기떡
	경칩	봄나물, 대구모젓, 고로쇠액
3월	삼짇날	진달래화전, 화면, 청면, 탕평채, 개피떡, 화채
	한식	찬밥, 찬음식, 과일
4월	초파일	느티잎시루떡, 볶은콩
5월	단오	수리치떡, 제호탕, 앵두편, 생실과, 준치만두
6월	유두	밀쌈, 편수, 수교위, 수단, 건단, 유두면, 구절판, 생실과
	삼복	구장, 육개장, 삼계탕, 장어, 잉어구이, 복죽
7월	칠석	깨찰편, 수단, 주악, 규아상, 밀전병
	백중	상어돔배기구이
8월	추석	송편, 숙실과, 누름적, 토란탕, 밤단자, 송이산적, 햇과일
9월	중양절	감국전, 국화주
11월	동지	팥죽, 전약, 동치미, 골동면

표 2-9 계절음식

계절	메뉴 아이템
봄	봄나물, 진달래화전, 탕평채, 서여증식, 재첩국, 생멸치회, 송기떡, 쑥굴레 등
여름	냉면, 화채, 장미화전, 개피떡, 어채, 파전, 백합죽, 미나리요리, 깻국탕, 호박요리, 은어, 옻닭, 어저귀국, 풋고추요리, 여름과일 등
가을	국화주, 토란탕, 추어탕, 밤고물단자, 대추인절미, 집장 등
겨울	팥죽, 동치미, 무시루떡, 연포탕, 연엽주, 유자잎인절미, 굴밥, 갱식, 아귀찜, 고구마죽, 선짓국, 골무명 등

우리나라에서는 태어나서 죽을 때까지 한국 전통의 통과의례가 있으며 각 의례 때마다 특별하게 마련하는 메뉴가 있다. 산모는 산후조리 때 미역국을 먹는데, 미역국은 생일상에 빠지지 않고 등장하는 메뉴이다.

팥이나 수수의 붉은빛은 귀신을 쫓아내는 색으로 삼칠일(三七日), 백일에 먹는 수수팥떡은 잡귀를 물러나게 하여 아이의 건강과 장수를 기원하는 마음이 담겨진 음식이다.

표 2-10 통과의례와 메뉴

통과의례		메뉴 아이템
출생	임신	좋고 귀한 것만 먹도록 함
	출산	흰밥, 미역국, 물김치(딱딱하고 차가운 음식 금기함)
삼칠일		흰밥, 미역국, 나물, 수수팥단자 등
백일		백설기, 수수팥떡, 인절미, 오색송편 등
첫돌		국수, 경단, 편, 대추, 백설기, 찰수수경단 등
생일		흰밥, 미역국, 떡, 잡채, 갈비찜, 전, 과일류 등
관혼상제		떡, 도미찜, 불고기, 갈비탕, 소면(국수), 김치, 닭찜 등

2) 일본식 메뉴

일본음식은 눈으로 먹는 요리라고 할 만큼 아름다운 고급음식으로 세계인의 사랑을 받고 있다. 또 음식을 즐기는 문화가 대중화되어 있어서 음식문화가 상당히 발달했으며, 외국의 음식과 접목하여 카레나 라멘 같은 일본 특유의 음식으로 자리 잡은 경우도 있다.

전통 사시미, 돈가스, 우동 등 한국에서도 대중화된 일본음식을 쉽게 찾아볼 수 있다. 요즘에는 이자카야와 같은 일본식 선술집에서 일본의 술과 안주류를 파는 메뉴가 인기를 끌고 있다.

표 2-11 일본요리의 종류

명칭	내용
혼젠요리[本膳料理]	관혼상제 등에 쓰이는 일본식 정찬요리. 즙(汁, 국)과 채(菜, 반찬)의 수와 종류에 따라 1즙3채, 2즙7채 등의 상차림이 있다.
차가이세키요리[茶懷石料理]	차와 함께 먹는 간단한 접대요리
가이세키요리[會席料理]	혼젠 양식을 간소화한 연회요리
쇼진요리[精進料理]	고기를 전혀 사용하지 않은 담백한 사찰요리
후차요리[普茶料理]	중국식 조리방법인 기름과 전분을 이용한 채식요리

3) 중국식 메뉴

중국음식은 세계 어디에서나 찾아볼 수 있을 만큼 대중화된 요리이다. 중국음식은 기름을 많이 사용하여 볶거나 튀기는 조리법을 많이 사용하고 있어 영양분 파괴가 적은 대신 열량이 높은 특징이 있다.

각 지역별로 식재료나 조리법에 따라 다양한 특징을 가지고 있으며, 한국인이 즐기는 짜장면과 탕수육은 중국요리가 한국에서 현지화 과정을 거쳐 탄생한 메뉴로 중국 본토에서는 비슷한 맛의 요리를 찾을 수 있다.

표 2-12 중국의 대표 요리

<table>
<tr><th colspan="3">구분</th><th>요리명</th><th>지역</th><th>특징과 메뉴</th></tr>
<tr><td rowspan="10">10대 요리</td><td rowspan="8">8대 요리</td><td rowspan="4">4대 요리</td><td>쓰촨요리</td><td>중남부</td><td>다양한 채소 요리, 매운맛이 특징</td></tr>
<tr><td>광둥요리</td><td>남동부</td><td>기름 사용 및 녹말 농도 조절 많음, 희귀한 식재료 사용, 매운맛이 특징</td></tr>
<tr><td>산둥요리</td><td>중동상부</td><td>맛이 부드러움, 향기를 살리는 조리법 많음</td></tr>
<tr><td>장쑤요리</td><td>중동부</td><td>재료 본연의 맛이 특징, 계절식 발달</td></tr>
<tr><td colspan="2">후난요리</td><td>중남부</td><td>고난도의 칼 기술 필요, 시큼하고 매운맛이 특징</td></tr>
<tr><td colspan="2">푸젠요리</td><td>남동하부</td><td>수산자원이 풍부하여 탕요리 발달, 새콤달콤한 맛이 특징, 예) 불도장</td></tr>
<tr><td colspan="2">저장요리</td><td>중동하부</td><td>해물요리가 발달, 신선하고 짠맛이 특징, 예) 동파육</td></tr>
<tr><td colspan="2">안후이요리</td><td>중동내부</td><td>푸짐하게 차려내는 상차림, 진한 맛이 특징</td></tr>
<tr><td colspan="3">베이징요리</td><td>북경주변</td><td>재료 본연의 맛을 살린 화려하고 고급스러운 음식 발달, 예) 베이징덕</td></tr>
<tr><td colspan="3">상하이요리</td><td>상해주변</td><td>외래문화의 영향이 큼, 동서양 요리를 접목한 퓨전이 발달, 간장과 설탕 사용 많고, 달고 농후한 맛 선호</td></tr>
</table>

4) 양식 메뉴

(1) 프랑스식 요리

프랑스 음식은 세계적으로 가장 고급스럽고 공식 만찬행사에서도 주로 이용되는 메뉴이다. 미식의 천국 프랑스는 식재료 본연의 맛을 충분히 살리면서 그에 적합한 소스를 개발하여 곁들이고 있고 달팽이요리인 에스카르고(escargot)나 거위 간 요리인 푸아그라(foie gras) 등이 대표요리로 세계인의 입맛을 사로잡고 있다. 또한 케이크, 디저트류도 발달되어 있으며 크루아상, 바게트 등은 프랑스를 대표하는 빵이다.

(2) 이탈리아식 요리

이탈리아는 삼면이 바다로 둘러싸인 반도국가로 해산물이 풍부하고 지역별 음식이 다양하게 발달되어 있다. 특히 파스타요리는 세계적인 음식으로 다양한 모양과 조리법이 알려져 있다.

이탈리아 음식을 지역적 특성으로 보면 남부 프로방스 지역은 올리브유를 많이 사용하고 마늘과 토마토를 이용한 요리가 발달했고, 북쪽 지역은 버터를 이용한 요리가 발달하였다.

표 2-13 이탈리아 지방별 음식의 분류와 특성

지방		특성
서부	라치오 주, 토스카나 주	로마풍의 신선한 해산물요리 발달
중부	움브리아 주, 몰리세 주 마르케 주, 아브루초 주	해산물과 산나물요리 발달, 다양한 조리법을 이용한 육류요리 발달, 맛이 담백하고 고소한 것이 특징
북부	베네토 주, 피에몬테 주 트렌티노알토아디제 주 프리울리베네치아줄리아 주 롬바르디아 주, 리구리아 주 에밀리아로마냐 주	해산물, 돼지고기, 햄, 치즈 등 풍부한 식재료를 이용한 요리 발달 버터를 이용한 진하고 깊은 맛이 특징
남부	풀리아 주, 시칠리아 주 바실리카타 주, 칼라브리아 주	올리브유와 허브를 이용한 요리 발달 돼지고기, 채소, 소시지를 이용한 요리 발달 예) 쿠스쿠스

5) 에스닉식 메뉴

에스닉식 메뉴는 비기독교적 제3세계의 토종 음식을 소개하고 그들의 독특한 문화를 소개하는 음식을 말한다. 매체가 다양화되고 인터넷과 스마트폰 등의 발달로 우리와 다른 문화를 접할 수 있는 기회가 많아지면서 과거보다 이들 문화에 대해 한층 익숙해지고 있다.

만약 어떤 메뉴가 멕시코나 그리스 음식, 혹은 다른 민속음식을 제공한다면 그 요리는 진짜와 꼭 같게 만든 것이어야 한다. 진정성을 보여주기 위한 연구가 필요하겠지만 외국인의 미각에 맞게 하려면 현지화를 통한 변형이 필요할 수도 있다. 뭄바이 오리고기와 함께 나오는 굉장히 뜨거운 인도 카레와 그 외의 모든 곁들임 요리는 이 음식에 대해 알고 있는 사람에게 맛있을 수 있지만 익숙하지 않은 사람들에게는 실망감을 줄 수 있다.

국제적이고 여러 민속음식이 융합된 음식은 메뉴에 흥미와 다양성을 제공하는 데에 도움을 주고 점차 인기가 많아지는 추세이다. 이러한 음식이 제공될 때에는 양질의 재료를 이용하여 제대로 만들어야 한다. 민속음식을 제공할 때 꼭 알아두어야 할 것은 보통 값비싼 재료를 대신하여 현지의 재료를 사용할 수 있다는 것이다. 그렇기 때문에 이러한 음식을 제공하는 것은 전형적인 자국 음식보다 수익성이 좋을 수 있다. 에스닉식 음식은 사람들이 보통 때에 먹는 음식이 아니라는 점에서 더욱 특별한 음식으로 여겨질 수 있고, 또한 독특한 서비스를 통해 참신함을 경험할 수도 있다.

(1) 인도 및 이슬람식 요리

에스닉 메뉴의 대표적 음식으로 인도요리를 꼽을 수 있는데 인도에서는 힌두교 윤리에 따라 소고기를 먹지 않는 대신 콩과 유제품을 많이 사용한다. 우리에게 익숙한 음식인 카레는 인도음식으로 갖가지 향신료를 섞어 다양한 종류의 메뉴가 있다.

이슬람교에서는 돼지고기 사용을 금하고 있어 양고기로 대신하며 조리법도 주로 굽기를 이용하기 때문에 영양 손실이 적고 열량도 적은 편이다. 최근에는 인도나 이슬람 요리처럼 특이한 음식메뉴를 선보이는 전문음식점이 점차 늘어나는 추세이다.

(2) 태국 및 동남아시아식 요리

태국음식은 동남아시아 음식 중 일본음식과 중국음식 다음으로 세계적으로 잘 알려진 인기 메뉴이다. 태국에서는 정부차원에서 음식문화를 홍보하고 있다. 매콤한 톰양

쿵이나 볶은국수 요리 등은 한국인의 입맛에도 맞아 인기 메뉴에 속한다.

기타 동남아시아 국가에서는 나라마다 독특한 자연환경과 사회적 전통을 바탕으로 그들만의 전통음식을 발전시켜 왔으며, 외국의 지배를 받은 나라가 많아 지배국의 음식문화에도 직·간접적인 영향을 받아 발전하였다.

외국여행과 인터넷 등을 이용한 정보교류가 활발해지면서 독특한 음식문화를 즐기려는 소비자는 계속 늘어나는 추세이다.

7. 서비스 형태에 따른 분류(업태별)

음식을 제공하는 서비스 방식은 메뉴의 성공을 위한 중요한 단계이다. 아무리 맛있는 음식을 제공한다고 하더라도 서비스의 질이 낮다면 고객의 불만족을 유발하며 식사를 망칠 수도 있다. 또한 메뉴가 제공되는 시간도 중요하다. 손님이 느긋한 식사를 원

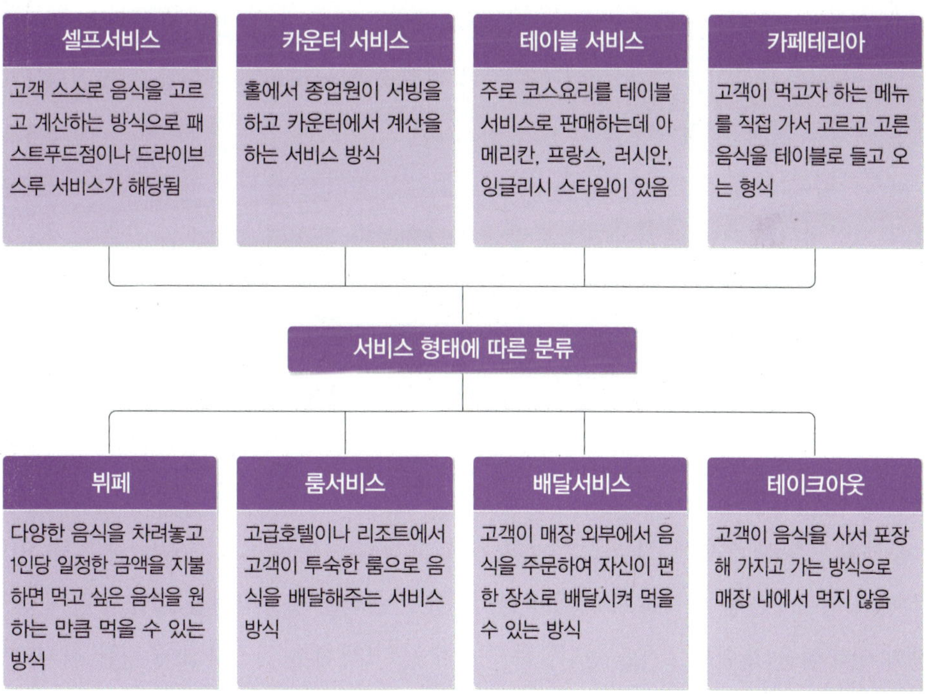

그림 2-14 서비스 형태에 따른 메뉴 분류

하거나 지연 없이 적절하게 음식을 준비하는 상황이라면 뜨거운 음식은 뜨거워야 하고 차가운 음식은 차가워야 한다.

메뉴가 잠재이익을 측정하지 않고 구입 및 생산과정이 효율적으로 보이지 않을 때, 관리자는 서비스가 메뉴의 목표와 일치하는지 여부를 평가해야 한다.

이른바 환대산업에서 손님에게 접대할 때 그들의 요구를 만족시키기 위해 경영자들은 노력한다. 고객들은 거의 기업에서 제공하는 제품을 유형화하지 않는다. 서비스는 무형의 제품이다.

외식산업에서 경영자들은 매우 개인적인 서비스를 제공한다. 그들은 고객의 건강 유지와 영양을 고려해야 할 뿐만 아니라 고객을 기쁘게 할 접대서비스 방식을 찾아야 한다. 외식산업의 고객은 손님이고, 관리자와 직원은 손님을 정중하게 대함으로써 고객에게 행복과 만족감을 제공해야 할 책임이 있다.

고대 아일랜드 풍습에 따르면 손님이 문을 통해 나오면 와인과 약간의 소금을 제공했다고 한다. 오늘날 레스토랑 매니저나 운영자는 손님이 레스토랑에 방문하여 자리에 앉을 때까지 접견하는데, 이 같은 환대의 정신을 우선시해야 한다. 손님이 제대로 접견 받고 있는지 확인해야 하며, 제공하는 음식과 서비스로 고객을 기쁘게 할 수 있다는 큰 만족과 보상이 담겨 있어야 한다. 이 기쁨을 잃어버리면 직원들은 자신의 일에 대한 애정을 잃게 될 것이다.

외식산업이 처음 시작되었을 때, 고객은 주인집에 가는 손님의 느낌이었다. 세계의 많은 지역에서 고객은 여전히 레스토랑에 간다기보다 오히려 초대받은 집으로 가고 있다고 느낀다고 한다.

좋은 서비스를 위해서는 숙련된 기술과 집중력, 지식, 사교성 등이 요구된다. 직원은 뛰어난 서비스 업무를 행해야 하며 끊임없이 그들의 손님을 기쁘게 할 세세한 것까지 관심을 가지고 준비해야 한다. 이러한 고도의 서비스는 고객에게 만족감을 주며 이는 곧 수익과 직결된다.

종사원은 항상 유쾌한 성격을 가져야 하고 고객이나 동료들과 소통을 즐길 수 있어야 하며 업무수행을 완벽하게 해내야 한다. 일부 손님들은 종사원을 힘들게 하여 종사원의 인내심을 시험해보기도 한다. 하지만 모든 고객에게 친절하고 공평한 서비스를 제공하는 것은 종사원이 가져야 할 기본자세이다.

1) 셀프서비스 메뉴(self-service menu)

종사원이 음식을 가져다주는 것이 아니라 고객이 직접 음식을 주문하고 받는 형태의 서비스이다. 공간에 비해 많은 사람에게 서비스를 제공해야 할 때나 인건비를 절약하고자 할 때 유용한 서비스 방법이다.

드라이브 스루는 일반적으로 주차공간이 없어 주차가 곤란하거나 빠른 서비스를 원하는 고객들이 차를 탄 채 차창 밖으로 음식을 주문하여 받아가는 형태의 서비스이다. 특히 바쁜 현대인에게 이런 서비스는 인기가 있으며, 흔히 패스트푸드점에서 제공하고 있다.

셀프서비스는 소비자를 위해서 노동비용과 제품비용 모두 줄일 수 있는 또 다른 방법이며, 비용을 줄이기 위해 선택하기도 한다. 주로 햄버거를 파는 패스트푸드점이나 간편한 점심, 아침식사를 해결하기 위해 외식을 할 때 자주 선택하는 서비스 형태이다.

그림 2-15 차 안에서 직접 메뉴를 주문하여 받아 갈 수 있는 드라이브 스루 서비스 시스템

2) 카운터 서비스 메뉴(counter service menu)

카운터 서비스는 손님이 자리에 앉고 주문하여 식사를 하는 것이 신속하게 이루어지므로 일반적으로 고객 회전율이 높다.

카운터 서비스는 반드시 공간을 절약할 필요는 없다. 카운터 뒤와 서비스 구역, 카운터와 좌석, 통행을 위한 통로 등은 큰 공간이 필요한데, 경우에 따라서 좌석서비스(테이블로 직접 음식을 제공하는 서비스)는 작은 공간으로도 충분하다.

가능한 서버(server)는 모든 작업부분에 쉽게 도달하여 다른 서비스 구역으로 이동하는 거리와 손님에게 가는 거리가 짧아야 한다. 카운터는 빠르게 주문받고 음식을 나르는 등 신속한 서브를 위해 생산 구역에 가까이 있어야 한다. 이를 위해 작업 단순화가 바람직하며 작업공간은 세심하게 계획하여 준비해야 한다. 서비스 직원 없이 주방에서 직접 주문을 받는 커뮤니케이션 시스템은 더 빠르게 서비스할 수 있고 서버는 손님을 더 편리하게 도울 수 있다.

서버는 손님을 위해 몇몇 미리 정해진 위치의 카운터 서비스 운영을 알아둘 필요가 있다. 플레이스 매트(식기 매트), 나이프, 스푼은 손님의 오른쪽에, 포크와 냅킨은 왼쪽으로 배치한다. 물과 메뉴판은 손님이 앉았을 때 제공해야 한다. 또한 메뉴판과 냅킨은 셀프로 이용할 수 있도록 카운터에 배치하거나 플레이스 매트는 메뉴의 두 배로 제공한다. 물은 손님의 오른쪽에 배치하여야 하고, 만약 다른 식기의 배치가 필요한 경우에는 손님이 주문한 후 적절한 위치에 놓아야 한다.

좋은 카운터 서비스는 쉬운 것이 아니다. 이 작업은 빠르게 진행하며 뛰어난 조직력으로 신속하게 이루어져야 한다. 서비스 직원은 거듭 서비스의 세부사항을 주문받고, 또한 고객을 관리하고 기쁘게 하여 고객으로 하여금 환영받는 기분이 들 수 있도록 한다. 카운터 직원과 주방의 조리 담당 직원과의 좋은 팀워크도 요구된다. 서빙하지 않을 때(쉴 때)는 보통 카운터 뒤를 깨끗하게 청소하고 물품을 보충, 공급해 두거나 작업장을 조직화하여야 한다. 소금, 후추, 설탕 등의 양념과 냅킨은 항상 채워져 있어야 한다. 한가한 시간에 이러한 작업을 해놓지 않는다면 손님이 몰리는 피크타임에 신속한 서비스가 이루어지기 어려울 것이다. 일이 밀릴수록 더욱 분주해질 수 있으므로 미리 준비하고 신속한 서비스가 이루어질 수 있도록 점검하는 것이 중요하다.

손님이 계산을 끝내고 떠나면, 사용한 접시들을 신속히 치워야 한다. 카운터는 직원이 식기를 들고 먼 거리를 걷지 않게 식기컨테이너를 사용할 수 있도록 편리하게 배치해야 한다. 보조는 쟁반과 통에 사용한 접시를 담아 치우고 새로운 것으로 교체해야 한다.

3) 테이블 서비스 메뉴(table service menu)

메뉴판에 제시된 메뉴를 보고 주문을 하면 모든 것을 종업원이 서비스해 주는 형태이다. 보통 테이블도트코스 요리를 판매하는 레스토랑에서 많이 사용되는 서비스 방법이다. 고객은 테이블에 앉아 종업원으로부터 모든 서비스를 제공받는다.

(1) 아메리칸 서비스American service

가장 단순하고 비용이 적은 좌석(seated) 서비스로 빠르고 많은 노동량을 요구하지 않는다. 테이블 세팅은 메인 접시를 기준으로 오른쪽에 나이프(칼날의 측면), 수프스푼, 티스푼 순으로 배치한다. 디너 포크와 샐러드 포크는 왼쪽에 배치되며 테이블 중앙에는 서비스 접시를 세팅한다. 물잔은 나이프의 끝과 1인치쯤 떨어뜨려 세팅한다. 커피잔과 컵받침은 티스푼 오른쪽에 놓고, 재떨이는 소금과 후추 사이에 놓는다.

와인잔을 사용한다면 물잔의 오른쪽에 배치한다. 빵과 버터 접시는 포크보다 위쪽에, 그리고 왼쪽에 두어야 한다. 버터나이프는 칼날이 포크 쪽을 향하게 하고, 접시 위에 포크와 직각이 되게 두어야 한다. 보통의 식사 테이블은 먼저 테이블보가 미끄러지지 않도록 사일런스 클로스를 덮은 뒤에 테이블보를 덮어 놓는다. 그러나 단독배치는 비공식적인 식사에 사용된다. 최근 일부 시설은 각각 새로운 파티 테이블에 신선한 고기를 싸는 하얀 종이를 테이프로 붙여놓는다. 식기 및 접시는 테이블의 가장자리로부터 반 인치보다 더 가까이 두면 안 된다. 의자는 테이블보 안으로 넣어 테이블에서 보이지 않도록 해야 한다.

아메리칸 서비스에서 음식은 주방에서 조리된 후 서버(server)가 식사공간으로 요리를 가져간다. 커피는 종종 식사와 함께 제공된다. 커피잔과 컵받침은 빠른 서비스를 위해 테이블에 둘 수 있다.

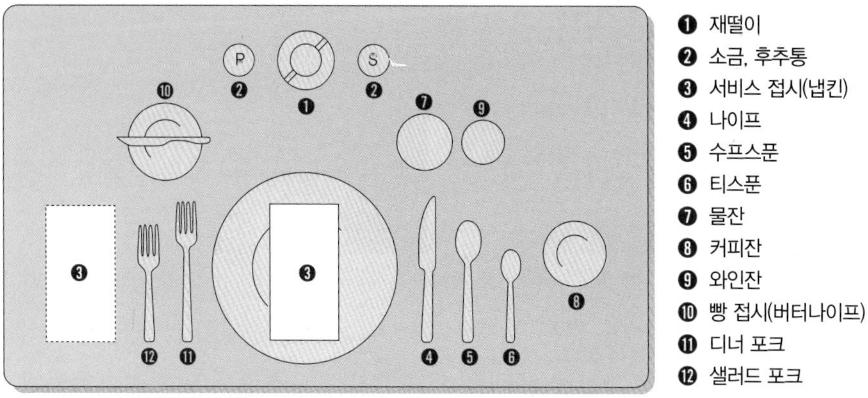

그림 2-16 아메리칸 서비스의 테이블 세팅

아메리칸 서비스와 유사한 서비스 형태는 커피 전문점과 같이 빠른 회전율을 필요로 하는 업장 및 파인다이닝 레스토랑에서 사용된다. 파인다이닝 업장에서 뜨거운 음료는 일반적으로 식사 후에 제공되기 때문에 커피 컵과 커피잔은 테이블에 두지 않는다. 물론 그 절차는 운영에 따라 다르다.

아메리칸 서비스는 왼쪽에서 음식이 제공되고 오른쪽에서 음료가 제공되며, 서버는 오른쪽에서 왼쪽으로 테이블 주위를 움직이는 것이 일반적이나 많은 편차가 있다. 서비스의 일반적인 규칙은 손님의 오른쪽에서 제공할 때는 오른손을 사용하고, 손님의 왼쪽에서 제공할 때는 왼손을 사용한다. 사용방법은 손님을 위한 가장 효율적이고 신속하면서 제공이 용이한 것에 기초한다. 아메리칸 서비스에서는 식사 중인 음식을 치우고 새로운 코스를 제공하는 것은 바람직하지 않다. 따라서 모두가 현재의 코스를 먹는 것을 끝낼 때까지 다른 서비스를 제공하면 안 된다. 일부 손님은 식사를 끝내려고 하지 않고 다음 코스를 준비할 때 남은 음식을 두는 것을 선호한다. 의심이 될 때 서버는 정중하게 물어볼 필요가 있다.

사용한 접시는 테이블 왼쪽의 아이템은 왼손을 이용하여 왼쪽으로, 오른쪽 아이템은 오른손을 이용하여 오른쪽으로 정리한다.

아메리칸 서비스는 제한된 수의 서버로 많은 손님을 신속하게 다룰 수 있기 때문에 연회에서 자주 사용된다. 연회의 헤드서버(head server)는 모든 다이닝룸 서비스에 대한 책임이 있다. 헤드서버는 테이블 세팅을 지시하고, 상석을 배열하며, 식기 세팅, 장식 및 일반적인 모든 서비스를 담당한다. 와인이 서브된다면 헤드서버는 서비스를 계획할 것이다. 평균적으로 서버당 15~25명 정도의 손님을 맡게 되며, 빈 그릇을 치우는 사람이 서버를 도와줄 수도 있다.

(2) 프렌치 서비스 *French service*

테이블 서비스 중 가장 우아한 서비스로, 속도는 매우 느리며 가격은 매우 비싼 서비스 형태이다.

손님이 앉아서 세팅되는 모든 코스를 먹는 동안 많은 인력이 소모되며 음식의 데커레이션이나 분위기 장식에도 많은 정성을 쏟는 메뉴이다. 손님이 많은 양의 음식을 먹는 것보다 다양한 음식을 맛보게 하는 것이 중요하므로 소량의 음식을 다양하게 준비할 필요가 있다.

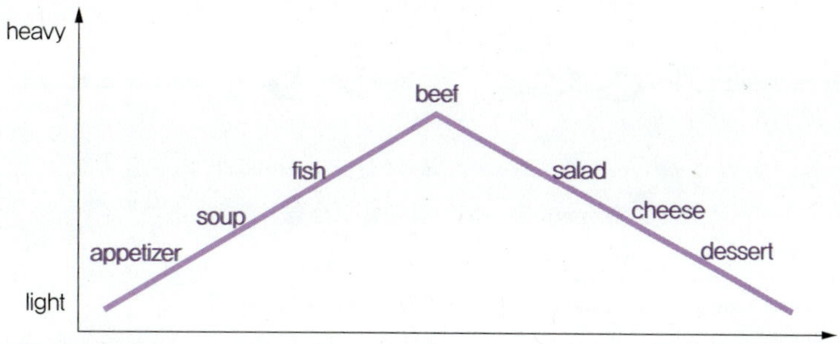

애피타이저 (appetizer)	• 식욕을 촉진하는 식전요리 • 다른 요리와 중복되지 않도록 함 • 종류 : 칵테일, 애피타이저 샐러드, 카나페, 모둠채소 • 계절 감각, 지방색 풍부 • 짠맛 · 신맛 · 매운맛 등의 자극적인 맛 • 음식이 간결하고 색상이 조화로움
수프 (soup)	• 다음에 먹는 주요리와 조화를 이루어야 함 • 맑게 끓인 콩소메, 생크림이 들어간 포타주 등
생선류 (fish)	• 생선살이 연하기 때문에 신선한 식재료의 구입과 관리 중요 • 건강식으로 육류 대신 주요리 경향
육류 (beef)	• 메인 음식 • 육류의 선택에 따라 다른 음식 결정 • 좋은 질의 육류 • 적당한 절차의 조리
샐러드 (salad)	• 4가지 기본요소 : ① body ② base ③ garnish ④ dressing • 시원한 샐러드로 입가심의 의미
치즈 (cheese)	• 까망베르나 브리, 로크포르 등 • 남은 바게트와 포도주와 함께 먹는다.
디저트 (dessert)	• 단맛의 아이스크림이나 케이크류 • 차나 커피 등을 마시면서 오랜 시간 얘기를 할 수 있기 때문에 가장 기억에 남는 메뉴임

그림 2-17 프랑스 정찬 코스요리의 구성

프렌치 서비스는 다른 서비스보다 수행직원 수와 숙련도가 더 많이 요구된다. 서비스는 왼쪽에 제공되는 음식을 제외하고는 오른손으로 오른쪽에 둔다. 접시와 음식의 수거는 일반적으로 오른쪽에서 오른손으로 하지만 이것은 달라질 수 있다. 접시와 음식은 모든 사람이 다 먹을 때까지 치우지 말아야 한다.

손님들이 식사 전에 알코올음료를 원한다면 셰프 드 랭(chef de rang)은 주문을 받아 그들에게 제공할 것이다. 그러나 오늘날 일부 식당은 칵테일 서버가 이를 담당한

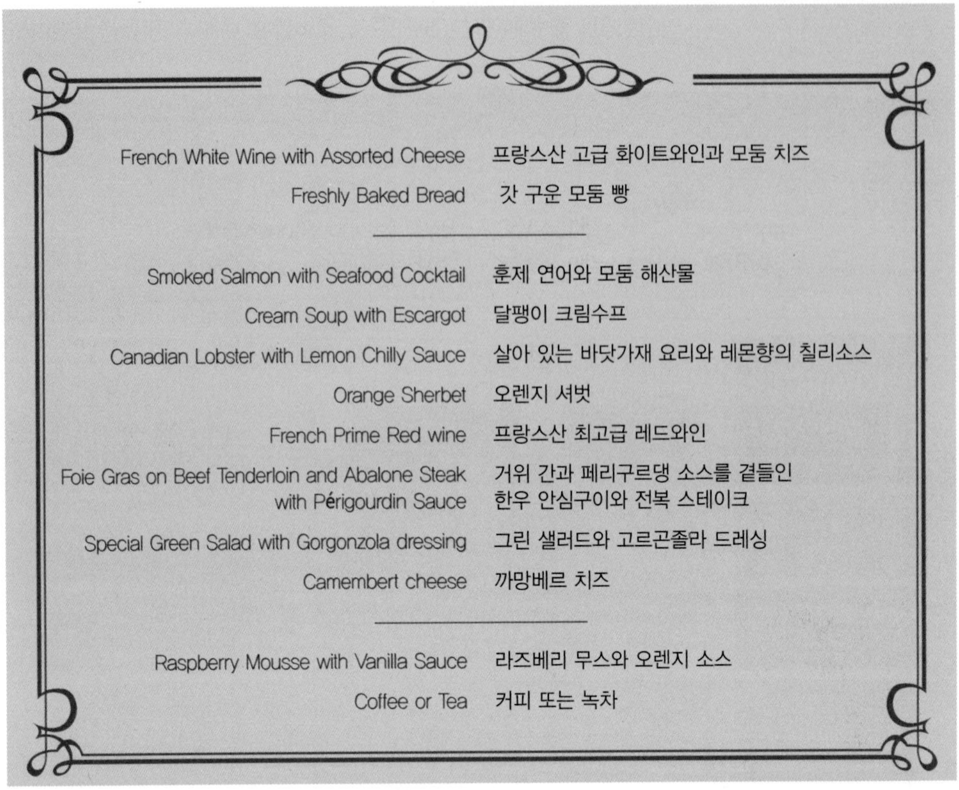

French White Wine with Assorted Cheese	프랑스산 고급 화이트와인과 모둠 치즈
Freshly Baked Bread	갓 구운 모둠 빵
Smoked Salmon with Seafood Cocktail	훈제 연어와 모둠 해산물
Cream Soup with Escargot	달팽이 크림수프
Canadian Lobster with Lemon Chilly Sauce	살아 있는 바닷가재 요리와 레몬향의 칠리소스
Orange Sherbet	오렌지 셔벗
French Prime Red wine	프랑스산 최고급 레드와인
Foie Gras on Beef Tenderloin and Abalone Steak with Périgourdin Sauce	거위 간과 페리구르댕 소스를 곁들인 한우 안심구이와 전복 스테이크
Special Green Salad with Gorgonzola dressing	그린 샐러드와 고르곤졸라 드레싱
Camembert cheese	까망베르 치즈
Raspberry Mousse with Vanilla Sauce	라즈베리 무스와 오렌지 소스
Coffee or Tea	커피 또는 녹차

그림 2-18 프렌치 서비스 메뉴의 사례

다. 와인 담당 웨이터 또는 소믈리에가 와인리스트를 가져가 추천하며 주문을 받은 후 와인을 제공한다. 잔은 테이블 위에 두고 처음 와인을 마실 때는 오른쪽에 있는 잔에 따르도록 해야 한다. 진행은 식기와 같이 안쪽으로 향한다. 그러나 와인잔을 배치하는 데에서 편차가 발생할 수 있다. 손님이 올 때 테이블에 와인잔을 거꾸로 두는 것은 그들을 위한 준비가 되지 않았다는 것이기 때문에 적절하지 않다.

모든 식기가 테이블 위에서 필요하지는 않지만 요청에 따라 제공된다. 한 번에 양쪽에 각각 두는 식기는 3~4개이며 그 이상은 적절하지 않다. 서비스 또는 쇼 플레이트(show plate)는 일반적으로 손님이 앉아 있는 중앙에 두고, 필요한 경우 오르되브르 접시를 그 위에 둘 수 있다. 냅킨으로 뚜껑을 열고 손님에게 건넨다.

디너 포크와 다른 포크는 서비스 접시의 왼쪽에 있어야 한다. 칵테일 포크는 제공되는 음식을 먹는 접시 위에 둘 수 있고, 또 음식을 오른손으로 집을 수 있도록 서비스 접시에 배치할 수 있다.

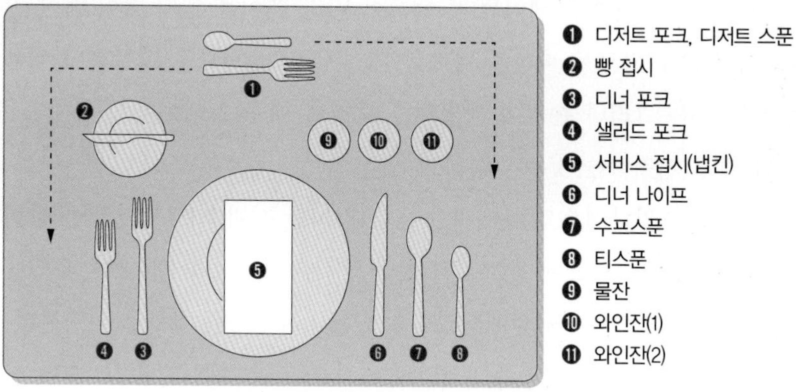

그림 2-19 프렌치 서비스의 테이블 세팅

디너 나이프는 자르는 면이 접시를 향하도록 하여 서비스 접시의 오른쪽에 둔다. 수프 스푼은 일반적으로 칼의 오른쪽에 둔다. 디저트 포크와 스푼은 서비스 접시의 위쪽에 길게 배치된다.

손잡이는 기구가 속하는 쪽 접시의 측면을 가리켜야 한다. 빵과 버터 접시를 사용하는 경우 디너 포크의 왼쪽 위에 두고, 디너 포크와 포크가 마주하는 날의 직각에 버터 나이프를 둔다.

오늘날 프렌치 식사 코스의 수는 제한되는 추세에 있는데 저녁식사는 수프, 메인 코스, 샐러드, 디저트 순으로 구성할 수 있다. 샐러드는 메인코스 후 별도 과정으로 제공된다. 더 많은 코스가 있다면, 전채요리로 식사를 시작할 수 있고 생선요리가 가금류 요리 다음으로 따를 수 있다. 메인코스는 그 다음에 제공된다. 샐러드는 치즈 코스 뒤에 올 수 있다. 작은 찻잔의 커피는 식사 후에 제공되는 것이 적절하다

서비스 섭시는 메인코스가 제공될 때까지 테이블에 남겨둔다. 이것은 샐러드 코스가 제공되었을 때 교체하고 식사가 끝날 때까지 유지한다. 수프는 주방에서 투린 또는 다른 용기에 넣어 레차우드에 두고 컵 또는 볼에 떠서 손님에게 제공한다.

음식이 다르면 먹는 기구, 식기 및 서비스 방법도 달라야 한다. 어떤 지식은 정확하고 적절하게 사용하기 위해 상당한 학습과 교육이 필요하다.

핑거볼(finger bowls)은 각 코스 후나 식사의 끝, 필요할 때에 적절하게 사용한다. 깨끗한 냅킨 또한 식사 중 언제든지 주어질 수 있다. 공식적인 프렌치 서비스에서는 롤과 버터가 제공되지 않으며, 테이블에 소금과 후추가 제공되지 않는다. 물은 오직 와인만

제공되고, 세 개의 와인잔이 세팅된다. 필요에 따라 테이블에 더 많이 배치된다. 재떨이는 손님이 식사가 완료될 때까지 담배를 피우지 않을 것으로 예상하기 때문에 테이블에 두지 않는다. 그러나 손님이 재떨이를 요청할 경우에 테이블에 가져다 준다. 손님에게 에티켓을 지적하는 것은 적절하지 않다.

프렌치 서비스는 일반적으로 아메리칸 또는 러시안 서비스보다 더 많은 장비와 공간이 필요하다. 프렌치 서비스는 최고급의 식당 장식, 서비스, 음식, 대화, 와인을 강조하여 전문적으로 운영하기 위해 설계되었다. 그것은 여유로운 식사를 의미한다. 프렌치 서비스는 오래된 전통이 있으나 현대적인 습관과는 조금 차이가 날 수 있다.

(3) 러시안 서비스*Russian service*

러시안 서비스는 프렌치 서비스보다 적은 노동과 기술을 필요로 하며 정교한 연회 행사나 크루즈에 적합한 서비스 타입이다. 러시안 서비스의 테이블 세팅은 프렌치 서비스와 같지만 물잔이 칼끝보다 위쪽에 놓이며, 빵과 버터 접시와 버터 칼이 사용된다. 금연장소에서는 손님의 선호와 제정법에 따라 다르지만 재떨이가 테이블에 있을 것이다.

러시안 서비스는 프렌치 서비스보다 형식이 간편하기 때문에 세팅하는 방법이 그다지 엄격하지는 않다. 러시안 서비스에서는 손님이 오기 전에 코스요리 접시들을 적절한 위치에 놓는다. 따뜻하게 제공되는 음식은 접시도 따뜻하게 데워야 하며, 차가운 음식은 냉각된 접시에 제공되어야 한다. 샐러드는 차가운 접시에 미리 담아 식탁에 제공한다.

코스 요리에서 서버들은 손님의 오른쪽에서 오른손을 사용하여 접시를 내려놓는다. 다음 순서는 왼쪽의 손님이며 시계방향으로 진행된다. 접시를 테이블 위에 놓을 때 종업원은 쟁반과 큰 접시를 왼쪽 손바닥으로 받치거나 왼쪽 팔과 손바닥으로 받친다. 오른쪽 방향에서 오른손으로 손님 접시에 음식을 제공한다. 수프는 큰 그릇에서 수프 접시로 떠 담거나 작은 테이블에서는 쟁반에 개별적으로 음식을 내오기도 한다. 서버들이 하나씩 제공하며 손님의 수프볼이나 컵에 따뜻한 수프를 제공한다.

좋은 러시안 서비스를 수행하기 위해서는 숙련된 기술이 필요한데 준비된 음식을 담은 은쟁반은 무겁고 매우 뜨거우므로 팔이 데이는 것을 보호하기 위해 재킷을 입기 전에 왼쪽 팔을 타올로 가볍게 감싸야 한다. 또한 오른손으로 큰 스푼과 포크를 다루는 동안 서빙 접시는 안전하고 균형적이어야 한다. 포크와 반대로 스푼은 손님의 접시에 전달하기 위해 스푼의 상단에 음식을 담는 것으로 사용된다.

커피는 식후에 제공된다. 커피잔, 받침, 크림과 설탕은 손님 테이블에 없으며 커피는 뷔페식으로 제공될 것이다.

(4) 잉글리시 서비스English service

포멀 패밀리 서비스(formal family service)라고도 불리는 잉글리시 서비스는 대부분 가족단위 숙박과 다른 음식 서비스 등 특별한 경우에 사용된다. 음식은 주방에서 플래터(platter)와 접시로 제공된다.

호스티스가 채소와 샐러드, 디저트, 음료를 제공하는 동안 식사 테이블의 호스트가 고기를 먹기 좋게 나눈다. 호스트는 고기를 뜨거운 그릇에 담고 다른 음식을 손님에게 제공한 호스티스에게 전달한다. 호스트는 마지막이나 호스티스 다음으로 음식을 받는다. 호스트 앞에는 서비스에 사용될 접시들이 미리 놓여 있을 것이다. 그릇을 최소한으로 다루는 패싱(passing) 패턴을 사용하는 것이 바람직하다. 때로 서버들은 그들이 전달하는 방식 대신 손님에게 직접 접시를 놓아주고 운반하기도 한다. 손님들이 식당에 왔을 때 첫 번째 코스로 적절한 방식이다.

물을 따라주며 버터 그릇에 버터를 놓는다. 커피잔과 받침은 식사 후나 디저트가 제공될 때 주어진다. 식사가 끝난 후 그릇을 놔둘 수 있는 작은 테이블이 호스트와 호스티스 좌우에 놓일 것이고 서버들이 치울 것이다. 세팅 방법이 아메리칸 서비스와 비슷하지만 칼과 스푼이 오른쪽에, 포크가 왼쪽에 놓이는 차이점이 있다. 코스 요리일 때 배치 순서는 바깥쪽에서부터이다. 와인잔은 물컵의 오른쪽, 칼끝 위에 놓인다.

4) 카페테리아 서비스

카페테리아 서비스(cafeteria service)는 고객이 카운터에 직접 가서 음식을 고르고 고른 음식을 테이블로 들고 오는 형식으로 어떤 카페테리아에서는 서비스직원이 쟁반을 들고 줄 끝에 서서 고객의 테이블로 가져다주기도 한다. 숙련된 카페테리아 서비스는 분당 6명의 손님을 카페테리아 줄에 넣어야 하고, 줄이 너무 길게 늘어서지 않도록 해야 한다. 카페테리아 서비스는 보통 단체급식 또는 학교 등에서 매일 식단이 바뀌며 제공되는 경우가 많다. 특별한 장소나 특정한 음식을 찾는 손님들이 가는 곳 중에 하나가 빠른 카페테리아 시스템이다.

SPECIALS

Monday

T-Bone Steak	$ 13.95
New York Steak	$ 13.95
Prime Rib	$ 13.95
BBQ Ribs & Chicken Combo	$ 9.95
Chop Suey	$ 6.25
Stuffed Green Peppers	$ 5.75
Florida Grouper	$ 6.25
Soup of the Day	$ 1.60
Roast Beef.	$ 6.25
Roast Pork.	$ 6.25
Baked Chicken	$ 5.95
BBQ Ribs	$ 11.95
Short Ribs	$ 9.95
BBQ Chicken	$ 6.95
Hamburger Steak with Onions	$ 6.25
Spring Salad	$ 1.90

Tuesday

T-Bone Steak	$ 3.95
New York Steak	$ 13.95
Prime Rib	$ 13.95
Chicken Oreganato	$ 6.25
Florida Grouper	$ 6.25
Roast Pork	$ 6.25
Swiss Steak	$ 6.25
Spring Salad	$ 1.95
Roast Beef	$ 6.25
Baked Chicken	$ 5.95
Baked Pork Chops	$ 6.75
BBQ Beef Tips	$ 6.25
Beef Liver & Onions	$ 5.95
Beef Goulash with Noodles	$ 6.25
Soup of the Day	$ 1.60

Wednesday

T-Bone Steak	$ 13.95
New York Steak	$ 13.95
Prime Rib	$ 13.95
Corned Beef & Cabbage	$ 6.25
Chicken Cacciatore	$ 5.55
Florida Grouper	$ 6.25
Grecian Chicken	$ 6.25
Soup of the Day	$ 1.60
Roast Beef	$ 6.25
Roast Pork	$ 6.25
Baked Chicken	$ 5.95
BBQ Ribs	$ 11.95
Short Ribs	$ 9.95
Beef Tenderloin Tips	$ 6.25
Hamburger Steak with Onions	$ 6.25
Spring Salad	$ 1.90

Thursday

T-Bone Steak	$ 13.95
New York Steak	$ 13.95
Prime Rib	$ 13.95
Baked Ham & Sweet Potatoes	$ 6.25
Beef Stew	$ 6.25
Chicken Pot Pie	$ 5.75
Florida Grouper	$ 6.25
Soup of the Day	$ 1.60
Roast Beef	$ 6.25
Roast Pork	$ 6.25
Baked Chicken	$ 5.95
BBQ Ribs	$ 11.95
Lamb Shank with Spaghetti	$ 9.95
Pasticcio & Peas	$ 5.95
Chicken Alfredo	$ 6.75
Spring Salad	$ 1.90

그림 2-20 요일별로 다른 메뉴를 제공하는 카페테리아의 메뉴 사례 (계속)

Friday

T-Bone Steak	$ 13.95	Roast Beef	$ 6.25
New York Steak	$ 13.95	Roast Pork	$ 6.25
Prime Rib	$ 13.95	Baked Chicken	$ 5.95
BBQ Ribs & Chicken Combo	$ 9.95	BBQ Ribs	$ 11.95
Chicken Oreganato	$ 6.25	Short Ribs	$ 9.95
Meatloaf with Mushroom Sauce	$ 5.95	Swiss Steak with Rice	$ 6.25
Fresh White Fish	$ 7.95	Macaroni & Cheese	$ 4.95
Hamburger Steak w/ Onions	$ 6.25	BBQ Chicken	$ 6.95
Soup of the Day	$ 1.60	Spring Salad	$ 1.90

Saturday

T-Bone Steak	$ 13.95	Roast Beef	$ 6.25
New York Steak	$ 13.95	Roast Pork	$ 6.25
Prime Rib	$ 13.95	Baked Chicken	$ 5.95
Spaghetti with Meat Sauce	$ 4.95	BBQ Ribs	$ 11.95
Chicken Oreganato	$ 6.25	Short Ribs	$ 9.95
Catfish	$ 6.75	Hamburger Steak with Onions	$ 6.25
Soup of the Day	$ 1.60	Spring Salad	$ 1.90

Sunday

T-Bone Steak	$ 13.95	Roast Beef	$ 6.25
New York Steak	$ 13.95	Roast Pork	$ 6.25
Prime Rib	$ 13.95	Baked Chicken & Dressing	$ 6.25
Baked Ham & Sweet Potatoes	$ 6.25	BBQ Ribs	$ 11.95
Beef Tenderloin Tips	$ 6.25	Hamburger Steak with Onions	$ 6.25
Short Ribs	$ 9.95	BBQ Ribs & Chicken	$ 9.95
Fresh Catfish	$ 6.75	BBQ Chicken	$ 6.95
Chicken Pot Pie	$ 5.75	Macaroni & Cheese	$ 4.95
Soup of the Day	$ 1.60	Spring Salad	$ 1.90

그림 2-20 요일별로 다른 메뉴를 제공하는 카페테리아의 메뉴 사례

자료 : 시카고대학 근처 Valas Cafeteria

그림 2-21 카페테리아 서비스

고객은 쟁반을 들고 라인을 따라 쟁반을 밀면서 다음 장소로 이동해야 한다. 고객이 원하는 음식을 판매하는 곳에 가서 줄을 서서 받아올 수 있기 때문에 음식을 받으려는 줄이 길어지는 것을 막고 신속하게 이동할 수 있는 장점이 있다. 따라서 손님은 다른 사람들이 음식을 원하여 선택하는 시간 동안 줄을 서서 기다리지 않아도 된다. 손님은 그들이 테이블로 진행하기 전에 서비스 지역에서 비용을 낸다. 일부 카페테리아 라인에는 트레이에 있는 음식의 비용과 손님의 손에 들린 모든 것을 더하는 계산대 직원이 있다. 손님은 직원이 비용을 확인하고 난 다음 이동한다. 어떤 경우에는 손님이 식사를 마친 후 문 앞에서 계산할 수도 있다.

직원이 트레이를 들고 다니며 식사 중에 정리할 수도 있다. 이것이 완료되면 손님이 사용한 접시를 운반하는 장소에 둔다. 손님들은 사용한 접시를 테이블에 그대로 두고 나가기 때문에 직원은 우선 테이블 정리를 하는 것이 좋다. 많은 카페테리아에는 효율적인 관리를 위해 음식 정리, 테이블 정리, 소금·후추·설탕 및 양념 보충, 냅킨과 잔 제공 및 전체 식사지역의 일을 수행하며 테이블 정리를 담당하는 매장직원이 있다. 이 분야의 매장직원은 고객들이 불편하지 않도록 깨끗한 테이블을 위해 신속하게 일을 처리하는 것이 바람직하다.

5) 뷔페 서비스 메뉴(buffet service menu)

다양하게 차려진 음식을 손님이 원하는 만큼 가져다 먹을 수 있는 서비스 형태로 많은 인원의 손님을 한꺼번에 치러야 하는 연회행사에서 사용되는 서비스 형태이다. 음식의 수는 행사의 특성이나 성격에 맞추어 제안할 수 있으며 주최 측의 요청에 따라 메뉴의 변경이 가능하다. 뷔페의 목적은 손님에게 그들의 욕구대로 스스로 식사를 할 수 있다는 느낌을 주는 것이지만, 식재료의 낭비로 이어질 수 있으므로 자신이 먹을 만큼만 가져가야 한다는 것을 홍보할 필요가 있다.

뷔페 서비스는 음식을 낭비하는 단점이 있지만, 서비스 직원을 줄일 수 있는 장점이 있다. 일반적으로 뷔페는 정가에 제공되고, 손님이 원하는 만큼 먹을 수 있다. 때때로 음식 분량은 서비스 직원이 손님에게 제공하거나 서비스 고객 또는 고기를 자르는 서비스 직원이 제공함으로써 조절할 수 있다.

스모가스보드(smorgasbord)는 뜨거운 음식, 디저트, 음료를 제공한 후 각종 차가운 음식을 포함하는 스웨덴식 뷔페로 절인 청어, 호밀빵, 스웨덴식 미조스트 또는 예토스트 치즈를 포함해야 한다. 마찬가지로 러시안 뷔페는 아름다운 유리그릇(또는 은빛 얼음그릇)에 캐비어, 호밀빵, 그리고 스위트버터를 포함해야 한다. 다른 음식들은 일반적인 뷔페차림과 비슷하다. 러시아 뷔페는 또한 작은 잔에 보드카가 곁들어진다.

뷔페는 다른 서비스와 결합하는 것이 가능하다. 예를 들어, 손님이 차가운 음식만 가지고 가고 나머지 식사는 주문할 수 있다. 샐러드 바는 종종 수프와 앙트레가 추가로 포함된다. 가격은 추가로 음식을 주문하지 않는 손님에 대해 최고가로 책정되는 경우가 많다. 또한, 대개 샐러드 바는 디저트 항목을 포함하는 경우가 많다. 일반적으로 물은 서비스 직원이 따라준다.

뷔페 서비스를 이용할 때 접시류, 물컵, 숟가락과 커트러리류, 냅킨은 일반적으로 테이블에 미리 준비해둔다. 뷔페에서 접시와 집개 등은 필요하면 손님이 가져갈 수 있도록 라인의 앞에 세팅되어 있다. 손님이 추가로 식기, 냅킨, 물이 필요하다면 일반적으로 라인의 끝 또는 별도의 장소에 배치한다. 디저트는 테이블마다 다르게 설정할 수 있다. 테이블을 나누어 사용하면 서비스 속도를 올릴 수 있고, 손님에게 서비스를 제공하는 것보다 손님이 직접 가져다 먹는 편이 빠르다. 별도의 장소에서 고기를 조각내는 것이 좋은 것처럼 와플, 오믈렛, 파스타 제공 장소도 분리될 수 있다.

뷔페에서 제공하는 음식은 화려하고 매력적인 것으로 준비되어야 한다. 그것은 다양한 모양 및 크기를 가진 음식미학이다. 레차우드, 뱅마리(bain-marie) 등 음식 온도유지 기기는 음식이 식지 않도록 하는 데 사용된다. 메뉴 구성은 다양하고 흥미로워야 한다. 뷔페 테이블은 매력적인 요리를 제공하기 위해 촛불, 꽃 또는 더 정교한 장식 조각과 함께 배열될 수 있다. 건강음식을 제공하는 파트에서는 음식의 종류와 온도를 규제하기도 한다.

뷔페 테이블에는 커버를 씌워 커버 아래나 시야에서 테이블 다리가 보이지 않도록 한다. 다양한 색상의 테이블 리넨(table linen) 또는 스냅 드래이프(snap-drapes)는 재미있는 효과나 행사의 성격을 표현해 주기 위해 사용할 수 있다.

테이블 모양은 서로 다를 수 있지만, 일부 형태는 서비스의 속도가 느려지고 동선을 방해할 수 있기 때문에 흐름을 고려해야 한다.

뷔페를 보충하기 위한 좋은 시스템도 개발되어야 한다. 일부 뷔페는 사이드뿐만 아니라 보충하기 어려운 서비스를 하고 있다. 테이블은 음식 준비 지점에서 최대한 가까이 있어야 하지만 이러한 요소는 서비스 고려 사항에 영향을 받는다. 뷔페에 진열된 음식은 음식의 3분의 2가 빌 때 테이블에서 그것을 치우고, 꽉 찬 음식을 새로 넣는 규칙이 있다. 음식이 들어 있는 그릇은 테이블 가장자리로부터 5~8 cm 안쪽에 두어야 하며 식품 안전을 보장하기 위해 위생 상태를 지속적으로 지켜봐야 한다.

뷔페에서 음식 서비스는 손님 스스로 가져다 먹어야 하므로 묽은 소스나 처리하기 어려운 항목은 피해야 한다. 보통 음식을 먹는 순서에 따라 동선을 고려하여 배치하는 것이 효율적이다.

6) 룸서비스 메뉴(room service menu)

룸서비스는 손님의 만족도가 높은 서비스 형태로 호텔의 식음료 부서에서 자주 이용하고 있다. 특별한 조직은 좋은 룸서비스를 제공하는 것을 필요로 하며, 특별한 룸서비스를 제공하는 주방을 가지고 있다. 작은 이동식 테이블을 이용하여 룸서비스에 필요한 소품들과 음식을 손님의 방까지 안전하게 나를 수 있다.

보통 거리가 멀어서 뜨거워야 할 음식은 빨리 식고 차가워야 할 음식은 온도가 올라갈 수 있기 때문에 룸서비스의 적온배식과 신속한 배달을 위한 적절한 준비가 특히 중요하다. 만약 룸서비스를 주문하는 양이 많으면 서비스를 제공할 엘리베이터가 반드시 있어야 하며, 룸서비스를 제공하는 대부분의 호텔과 모텔은 손님이 룸서비스를 시킬 수 있도록 전용 전화번호를 가지고 있다.

주문은 식음료를 제공할 수 있도록 전담 직원에게 주어진다. 항목들을 동시에 준비해야 하기 때문에 타이밍이 중요하다.

ROOM SERVICE CONTROL SHEET
Coffee Shop

Person Receiving Order	Room Number	No. of Guests	Waiter's Name	Time Order Placed	Time Order Leaves	Time Tray Picked up	Check Number

DAY OF WEEK　　　DATE　　　HOTEL

그림 2-22 룸서비스 콘트롤 양식

서비스 제공자는 버터와 빵, 그리고 다른 것들뿐만 아니라 필요한 식기를 다룰 수 있는 훈련이 되어 있어야 하며, 주문을 받을 때, 게스트룸을 떠날 때, 서명한 계산서를 다시 들고 올 때 등의 각 단계별 작업마다 타임스탬프를 확인하는 것을 숙지해야 한다.

7) 배달서비스와 포장서비스(to-go menu, take-out service)

배달서비스(delivery service)는 외식의 내식 개념으로 일에 지쳤거나 여행 중이거나 간단히 요리하거나 밖에 나가는 게 싫은 사람이 집이나 호텔·모텔 방, 사무실에서 밖의 음식을 배달시켜 식사하는 것이다.

대표적인 배달음식으로는 피자가 있으며, 중국음식이나 알맞게 준비된 스테이크, 심지어는 고급식당의 메뉴도 배달할 수 있다.

종종 싱글 서비스는 풀타임 근무 배달자가 없는 협력한 고급식당의 어느 곳에서 음식을 픽업하는 경우도 있다. 큰 건물 주변이나 건물 안에 있는 음식점은 점심을 배달하기 위해 직접 근무자들의 책상과 사무실에 종종 팩스나 메일을 통해 메뉴를 보내기도 한다. 고객과 배달하는 사람의 거리가 멀 경우 종종 고객들이 겪게 될 문제를 발견하지 못하기 때문에 음식을 직접 사가지고 갈지 배달이 가능한지를 확인할 필요가 있다. 대부분의 고객들은 불평하기보다는 다시는 찾지 않고 무수히 많은 경쟁사 중 하나에 새로 접근을 시도하기 때문에 배달서비스에서는 단골고객 확보를 위해 쿠폰을 발행하기도 한다.

배달서비스는 신속하고 음식이 식지 않도록 배송하는 것이 중요하다. 적정온도를 유지할 수 있는 포장재를 개발하고 국물이나 소스가 흐르지 않도록 특별히 주의를 기울여야 할 것이다. 특히 요즘 소규모 외식업체에서는 포장메뉴에 한해 가격할인 정책을 쓰기도 한다.

8. 기타 메뉴의 분류

1) 타파스와 맛보기 메뉴(tapas and tasting menus)

타파(la tapa)는 스페인식 풍습으로 식사와 식사 사이에 허기를 채우기 위해 먹는 음식이다. 이 음식의 유래는 현명한 왕이였던 알폰소 10세가 병약해서 치료를 위해 적은 양의 음식과 함께 와인을 먹으면서 병이 낫자 시작된 것으로 알려져 있다. 그는 치료기간 동안 와인을 제공하는 모든 호텔이나 레스토랑에서 와인에 곁들일 음식을 함께 제공할 것을 명했다고 한다. 타파스(tapas)의 또 다른 유래로는 시에스타 풍습에 따라 정오 점심식사까지 계속 일을 하기 위해 들판이나 적은 양의 음식을 가져갈 수 있는 곳에서 일하는 노동자들에 의해 발달하였다는 설이 있다. 현대 북아메리카 직장에서도 직장 내에 종종 스낵거리를 준비해 놓는다. 와인은 잔 위에 슬라이스된 치즈나 햄을 덮어서 제공되기도 했는데, 이것은 이물질이 와인 위로 떨어지는 것을 막고 공복에 원활한 알코올의 흡수를 돕기 위해서이다. 타파스는 주로 올리브나 견과류, 콜드컷(햄이나 살라미, 소시지 같은 냉육)을 포함하여 기타 레시피를 더해서 애피타이저나 콰이어트 엘리건트(quite elegant)로 제공된다. 타파스는 점심이나 저녁 언제, 어떤 형태로든지 제공될 수 있으며 양으로나 질적으로 입맛을 만족시키기에 충분하다.

중국에서는 청나라 시대에 차문화가 발달하였다. 찻잎의 질과 관련 풍습은 차를 마실 때 곁들이는 딤섬과 같은 다양한 음식들에 영향을 주었다. 층층이 쌓은 대나무찜기나 작은 접시에 다양한 종류로 제공되는 딤섬은 그 예가 될 수 있을 것이다. 이러한 풍습은 역사를 통해서 계속되었다.

아메리칸 메뉴에서도 이러한 타파스나 딤섬을 채택하거나 독특한 '맛보기' 메뉴를 만듦으로써 고객들이 다양한 음식을 즐길 수 있도록 배려하였다. 타파스나 맛보기 메뉴는 오후나 저녁, 늦은 저녁이나 정찬, 언제 어디서든 적용되고 있다.

2) 특별 맞춤식 메뉴(menus for partrons' special needs)

- 특별한 수요를 위한 메뉴

메뉴 기획자는 고객의 요구에 초점을 맞추어 메뉴 계획을 세워야 한다. 스페셜 메뉴는 특정 그룹의 입맛을 맞추는 형태로 개발된다. 레스토랑이나 영업장은 노년층이나 청년층을 고려해서 특정 그룹의 욕구나 필요에 충족하는 기존 메뉴를 구성하거나 새로운 메뉴를 개발하는 것이 필요하다.

특히 동물애호가나 채식주의자를 위한 채식메뉴라든지 다이어트를 하는 사람들을 위한 저열량식 메뉴는 고객의 필요에 의해 특별히 고안된 맞춤식 메뉴의 사례라고 볼 수 있다.

summary

메뉴는 영업장의 목적, 전략, 시장, 서비스, 테마 등을 고려하여 결정되며 고객에게 아이템을 제공하고, 다양한 입맛을 즐길 수 있는 선택권을 누리게 한다. 메뉴는 내용에 따라 일품요리 메뉴(A La Carte menus : 개별 가격이 설정된 개별 음식 제공), 정식코스요리 메뉴(Table d'hôte menus : 여러 품목이 함께 구성되어 하나의 가격을 형성하는 메뉴)로 구성된다. 제공 시간대에 따라 조식 메뉴(8~10시), 브런치 메뉴(10~12시), 점심 메뉴(12~2시), 오후 메뉴(2~4시), 저녁 메뉴(6~8시), 서퍼 메뉴(8시 이후), 캘리포니아 메뉴(모든 시간대)로 분류할 수 있다. 변화 빈도와 주기에 따라서는 고정 메뉴, 순환 메뉴, 변동 메뉴, 오늘의 메뉴, 특선 메뉴로 분류되고 행사 내용에 따라 전시 메뉴, 리셉션 메뉴, 연회 메뉴, 파티 메뉴로 구분된다. 또 소비자의 연령과 대상에 따라 어린이 메뉴, 노년층 메뉴, 환자식 메뉴, 비영리성 단체급식으로 분류할 수 있으며, 식문화별로 한식, 중식, 일식, 양식으로 구분된다.

좋은 서비스는 레스토랑의 영업목적을 달성하기 위한 중요한 요소로 서비스의 형태에 따라서도 메뉴를 분류한다. 대표적인 서비스 종류로는 카운터, 카페테리아, 뷔페, 테이블 서비스 등이 있다.

CHAPTER 03

메뉴 계획 1

3

메뉴는 고객의 욕구와 운영자의 판매 필요성을 모두 충족시키는 방향으로 계획되어야 한다. 메뉴는 매장을 운영하는 요일과 시간에 대한 공지를 제공할 수 있고 식당에서 제공되는 특별 서비스를 고객에게 알리는 역할을 한다. 또 업체의 역사나 현장과 관련된 중요 글귀를 서술할 수 있을 뿐만 아니라 익숙하지 않거나 흥미로운 음식, 음료 혹은 요리 기법 등을 포함한 식사 경험을 즐기는 새로운 방법을 고객에게 알리는 데에도 사용될 수 있다. 이러한 메뉴 계획은 상업적인 레스토랑뿐만 아니라 비상업적·반상업적인 단체급식 업체의 목표이기도 하다.

이 장에서는 메뉴 계획의 중요성과 단계별 과정, 메뉴 계획의 기본원칙과 고려해야 할 사항에 대하여 알아본다.

1. 메뉴 계획의 개념 및 중요성

메뉴 계획이란 경영자가 영업목표를 달성할 수 있도록 전반적인 시장현황이나 내부의 시설, 식자재 유통현황 등을 고려하여 고객에게 제공될 메뉴의 종류와 가격 등을 계획하고 준비하는 과정을 의미한다.

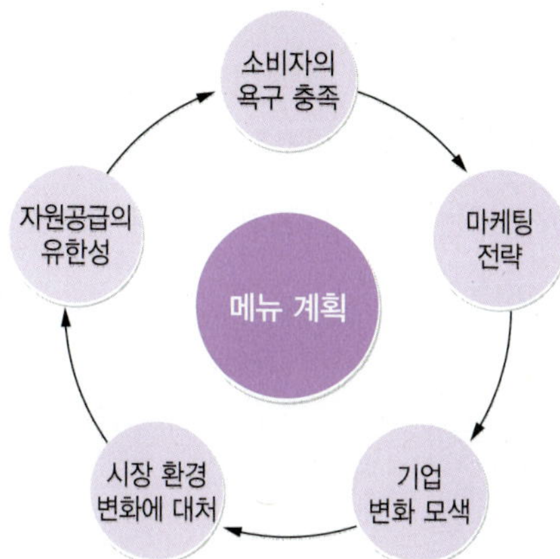

그림 3-1 메뉴 계획의 개념

메뉴 계획은 외식경영의 전반적인 성패를 좌우할 만큼 큰 역할을 하고 있다. 대상이 되는 고객의 요구와 영업장의 현황을 잘 파악하여 경영목표를 달성할 수 있는 최고의 상품을 계획해야 경쟁이 치열한 외식시장에서 살아남을 수 있다.

즉, 메뉴 계획은 소비자의 욕구 충족을 위해 시장 환경에 대처할 수 있도록 기업의 변화를 모색하는 과정으로 효과적인 상품의 구성과 판매를 위한 마케팅 전략이다. 이는 인적, 물적자원 공급이 무한정 제공될 수 없으므로 신중하게 계획되어야 한다.

메뉴 계획은 성공적인 외식경영을 위해 가장 필수적인 전체 콘셉트와 운영목표를 가진 경영자, 음식을 만드는 조리사, 그리고 운영을 책임질 매니저 등 관련된 모든 사람이 힘을 모아 작성해야 한다. 또한, 전체적인 시장의 흐름과 고객의 유행 변화에 민감하게 사전조사가 이루어져야 하며 경쟁사의 현황 등을 살펴보아야 한다.

메뉴 계획자는 운영 시장과 잠재 시장 모두를 파악하고 있어야 하며, 음식의 기원이나 제철음식에 대한 사전지식, 프레젠테이션 및 설명 등을 결합하는 방법 등 음식에 대하여 많은 것을 알고 있어야 한다. 그리고 어떤 식재료를 함께 쓰고, 쓰지 말아야 하는지는 물론 다양한 조리법이 결합되는 방법 또한 숙지하고 있어야 한다.

원가나 사용 가능한 장비, 투입 가능한 노동력 등 최종 메뉴 선택에 영향을 미칠 수 있는 운영상의 제약 또한 알고 있어야 한다. 메뉴가 실질적으로 어떻게 나올 것인지, 어떤 스타일이 좋을지, 특정 분야에서는 어울리지 않는 것 등을 구상할 수 있어야 한다. 또한 메뉴 계획자는 고객과 메뉴를 통해 의사소통하는 것에 숙련되어 있어야 한다.

메뉴 계획은 기업 측면에서는 메뉴를 통해서 자사의 영업 목적을 전달하고 전체 콘셉트를 전달할 수 있다. 마케팅 측면에서는 고객에게 상품을 소개하는 도구이자 수익을 창출한다. 디자인 측면에서는 메뉴를 통하여 효과적으로 고객과 커뮤니케이션할

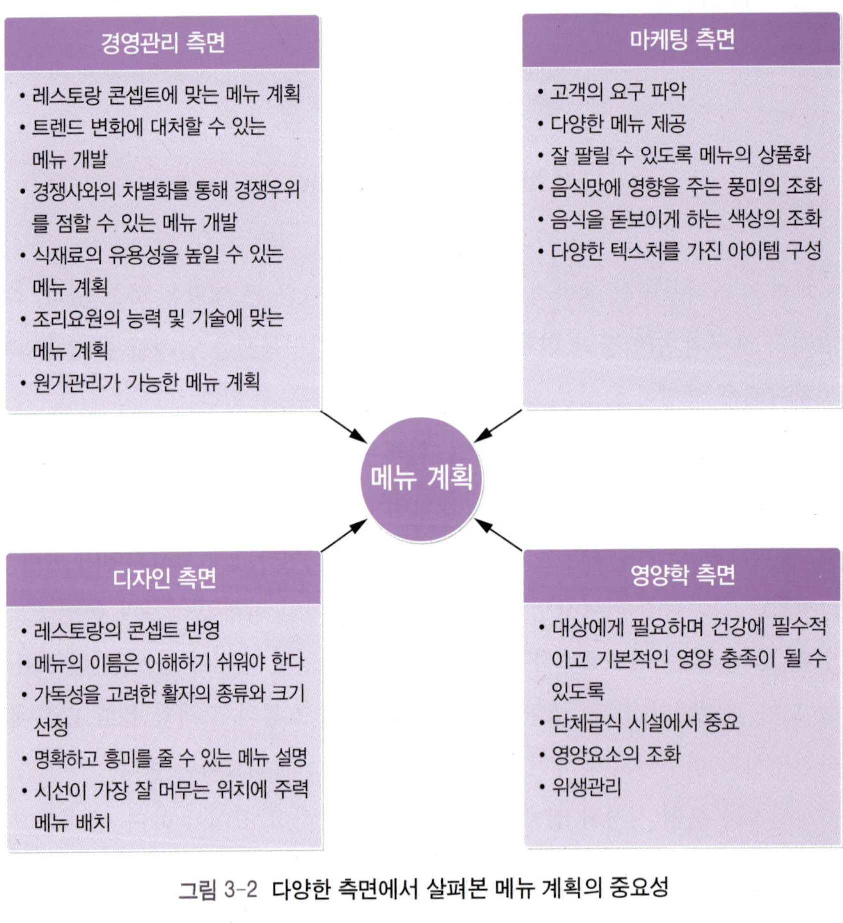

그림 3-2 다양한 측면에서 살펴본 메뉴 계획의 중요성

수 있어야 하므로 메뉴 계획은 다양한 측면에서 그 중요성을 가진다고 할 수 있다. 또한 기본적으로 대상이 되는 고객의 영양을 충족시켜 주어야 하는 면에서도 메뉴 계획은 그 중요성이 크다고 할 수 있다.

이와 같이 메뉴 계획은 시간이 걸리고 세심한 작업이므로 급하게 무계획적으로 끝내서는 안 된다. 레스토랑의 성패를 좌우할 수 있는 중요한 계획 단계로 무엇을 팔 것인가에 대한 메뉴 계획은 운영을 정의하는 가장 중요한 단계라고 할 수 있다.

2. 메뉴 계획 시 기본 요소

1) 메뉴 계획 요소

새로운 메뉴를 계획할 때 기본적으로 고려해야 할 몇 가지 중요 요소들이 있다. 새로운 메뉴는 음식을 제시간에 제공할 수 있도록 필요한 노동력을 배치하고, 메뉴판을 출력할 수 있도록 실제 생산과 서비스를 사전에 충분히 계획하여야 한다. 어떤 메뉴는 고객에게 제공되기 수개월 전부터 계획되기도 한다. 운영의 소요에 따라 새로운 메뉴의 준비기간이 달라질 것이다.

각 업장마다 많은 메뉴를 필요로 한다. 큰 호텔은 각기 다른 식사 장소와 특별 행사를 위해 많은 종류의 메뉴가 필요하다. 다른 곳에서는 그보다 더 많은 수의 메뉴를 필요로 할 수도 있다. 식당은 계절마다 메뉴를 바꾸기도 한다. 분위기, 테마, 고객, 가격구조, 서비스 유형 등은 식당이 필요로 하는 자원과 메뉴를 결정하는 요소가 된다.

2) 메뉴 순서와 품목

메뉴 계획에서 메뉴의 품목과 순서를 정하는 일이 중요한데, 예를 들면 보통 일반인의 전형적인 식사 계획은 하루에 세끼를 먹는 것이다. 사람에 따라 점심과 저녁의 비율을 바꿀 수 있지만 대부분 하루에 필요한 열량 중 1/4을 아침에 섭취하고, 점심에 1/3, 나머지 부분을 저녁에 섭취한다.

하지만 메뉴를 너무 엄격하게 제한하다 보면 단조로울 수 있으므로 카테고리별로 다양성을 갖추는 것이 중요하다. 예를 들면 호텔에서 아침요리로 시리얼과 빵, 과일 등을 제공하더라도 각 품목에 따라 변화를 준다면 고객은 메뉴 선택의 폭이 넓어질 것이다.

표 3-1 메뉴 품목에 따른 선택의 다양성

메뉴	선택 품목
과일 혹은 주스	오렌지, 포도 혹은 토마토주스, 딸기주스 등
시리얼	그래놀라 혹은 오트밀, 우유, 두유 등
주요 요리	달걀 종류 혹은 부리토, 햄 샌드위치 등
빵	머핀 혹은 옥수수빵, 바게트, 핫케이크, 와플 등
음료	티, 커피 혹은 코코아 등

3) 메뉴 구성

보통 코스 메뉴는 전채로 시작해서 디저트로 끝이 난다. 주요리로는 해산물과 생선, 고기(소고기, 양고기, 돼지고기), 조류(닭, 오리 등), 파스타 등이 포함되는데 이 모든 요리를 같은 재료나 조리방법으로 하면 고객이 지루함을 느낄 수 있기 때문에 중복되지 않도록 주의해야 한다. 또한, 메뉴를 코스로 제공하다 보면 중간에 한 번쯤 휴식이 필요하기도 하다. 이런 때 과일 셔벗 종류를 제공하여 코스 사이에 변화를 줄 수 있다.

다양한 조리방법은 요리재료와 마찬가지로 요리의 질감에 많은 영향을 미치고 시각적인 다채로움을 준다. 사람들은 눈으로도 음식을 먹는다고 말할 만큼 시각적인 것을 중요하게 여기는 시대가 되었다. 그러므로 조리사는 색깔뿐만 아니라 질감의 균형까지도 신경 써야 한다. 재료가 잘려 있는지, 다져져 있는지, 얇게 저며져 있는지, 껍질을 벗긴 것인지 등의 요소 전체가 식감을 살리는 것에 영향을 미친다. 가니쉬(garnish, 장식)를 사용하는 것으로도 보통의 음식을 더욱 고급스럽고 화려한 음식으로 변화시킬 수 있다.

4) 단체급식의 메뉴 계획

단체급식을 위한 메뉴 계획에서 특화된 많은 소프트웨어 프로그램이 개발되었다. 예를 들면, 학교 급식 시스템이 식단표와 제품 기록, 제품 브랜드 데이터베이스와 함께 원가와 재고, 원재료의 검색을 포함해 레시피의 수정기능을 통합하고 있다. 캘린더와 사이클 기능에서는 주문과 예측을 통해 구매 목록을 작성하고, 가능한 모든 옵션의 레시피를 프린트할 수 있다.

미국 농무성(USDA)에서 제시한 학교급식 제공 매뉴얼(Healthy School Meals Manual)과 같은 제품 포맷과 위생을 점검하는 해썹(HACCP) 노트를 작성하는 기능은 시간과 비용을 절감할 수 있다.

메뉴는 필요한 영양소를 충족시킬 정도로 균형적인지, 유지 측면에서 비용 제한을 초과하지는 않는지, 인력기술이나 장비 측면에서 문제는 없는지 등의 요소를 복합적으로 점검해야 한다. 만약 식이적인 이유로 일반 메뉴의 수정이 필요하다면, 그것은 영양학에 대한 교육이 이루어진 사람에 의해서 계획되어야 한다. 메뉴 계획 소프트웨어는 영양학적 수정의 기능도 제공된다.

병원이나 요양센터, 양로원, 퇴직자센터와 같이 간호와 의료상의 케어가 제공되는 다양한 의료기관의 요구를 충족시키기 위해서는 환자 개개인의 특성을 고려한 많은 수의 메뉴가 요구된다.

공장이나 사무실 건물 내에서의 단체급식은 매우 다양한 종류의 식사 서비스가 제공되고 있다. 몇몇 곳에서는 간부용 식당이 따로 구비되어 고위 간부들이 식사를 하고, 손님을 초대하거나 식사를 포함한 회의를 열기도 한다. 직원용 식사 서비스나 커피숍을 함께 운영하기도 한다. 식사는 보통 노동자들이 그 비용을 지불하지만, 고용주 측에서 보조금을 지급하는 경우도 있다. 메뉴 사이클을 사용한다면, 대부분의 직원은 정기적으로 식사를 계속하러 오기 때문에 상당히 긴 사이클로 작성해야 한다.

보통 카페테리아의 메뉴에는 제공 음식과 가격이 기재된다. 오직 한 종류의 식사가 제공되는 경우 고객용 메뉴가 준비되지 않을 수 있다. 풀서비스 식당의 경우에는 일반적으로 프린트되거나 손으로 쓴 메뉴를 구비해 놓는다.

대개 대학생은 젊고 활동적이기 때문에 든든한 식사를 원하고 요구 또한 다양하므로 메뉴 계획 시 이러한 다양성을 고려하면서 영양 및 질적인 요구를 충족시키려는 시도가 중요하다. 대부분의 대학에서는 학생회관을 운영한다. 이곳에는 간단한 스낵바나 빠른 서비스를 제공하는 영업장, 착석 서비스 식당, 심지어 연회나 케이터링에 이르기까지 다양한 푸드서비스 사업장이 운영되고 있다. 여기서의 메뉴는 주 이용자인 학생의 입맛을 만족시키면서도 한정된 그들의 구매력을 만족시킬 수 있어야 한다.

현재 한국에서는 초등학교 급식이 무료로 제공되고 있다. 어린이를 위한 메뉴는 그들의 필수 영양에 대하여 충분히 고려하고 계획해야 한다. 왜냐하면 초등생의 대부분은 학교급식으로 식사를 해결하기 때문이다. 또한 초등학교 급식에서 배식되는 음식은 어린이가 좋아할 만한 음식이어야 한다.

많은 초·중등 사립학교에서는 교직원 식당을 운영한다. 대개 음식은 학생이 제공받는 것과 어느 정도 비슷하나 성인의 입맛을 고려하여 약간 수정을 가하는데 다른 항목이 추가되거나 학생과 아예 다른 메뉴가 제공되기도 한다.

이밖에 고아원이나 교도소, 협회, 종교나 자선단체에서 제공하는 다양한 급식 형태가 있다. 종종 이런 기관은 정부 지원이나 모금으로 운영되므로 한정된 예산에서 메뉴 계획이 이루어진다.

3. 메뉴 계획의 단계별 과정

메뉴를 계획하는 단계별 과정을 살펴보면 우선 레스토랑의 전체 콘셉트와 경영목표를 파악하여야 한다. 고객에게 메뉴를 통하여 어떤 메시지를 전달할 것인지를 먼저 고민해야 한다. 또한 타깃 고객의 요구를 파악하여 원하는 상품이 어떠한 것인지 구체적으로 조사할 필요가 있다. 이때 전반적인 시장의 흐름과 경쟁사의 현황 파악을 위해 시행되는 것이 시장조사 과정이다.

시장조사는 일반 소비자와 판매자 사이의 연결선으로 대중의 소비선호도나 판매자가 그 소비선호도를 어떻게 잠재 고객에게 충족시킬 것인가와 관련된 정보로 구성되어 있다. 전형적인 시장조사 형태는 자료를 수집하고, 결과를 분석하며, 결과와 영향을 판매자에게 전달하는 등의 과학적인 과정이다. 누구든 메뉴 계획을 하는 사람이라면 가능한 많은 시장조사를 해야 한다. 예를 들어, 특정 지역의 특정 잠재 고객군에 관한 시장조사와 같이 조사가 구체적일수록 결과는 더욱 신뢰할 수 있다. 메뉴 계획을 하는 사람은 시장조사를 통해 얻을 수 있는 정보의 이점을 잘 활용해야 한다. 정부, 금융기관, 신문이나 잡지, 주식투자 회사 등 큰 기업들은 그들의 시장조사 결과를 제공해줄 수도 있다. 대체로 시장조사에는 비용이 많이 들기 때문에 개별적인 조사가 어렵다면 공식적으로 시장조사를 해서 정보를 제공하는 업체에 의뢰할 수도 있다. 소규모 업체의 운영자가 지역의 단과대학이나 경영학과에 시장조사를 맡기고 수수료를 주는 형태이거나 또는 광고대행사를 통하여 정보를 얻을 수도 있다. 컨벤션 센터나 상공회의소도 관광객이나 지역주민에 대한 정보를 수집하는데 이들의 정보는 저렴할 뿐만 아니라 무료로 이용할 수도 있다. 업체의 매니저나 소유주 또한 개인적인 시장조사가 가능하다.

성공적인 시장조사를 위해서는 우리가 필요로 하는 정보가 무엇인가를 빠르게 파악하는 것이 중요하다. 예를 들어, 메뉴 계획자가 기존 고객들에게 판매 증대를 꾀하는 메뉴를 만들 것이라면, 기존 고객들에 대한 시장조사를 해야 한다. 마찬가지로 메뉴 계획자가 새로운 고객을 대상으로 하는 메뉴를 만들고자 한다면, 새로운 고객의 그룹에 대한 시장조사가 이루어져야 한다.

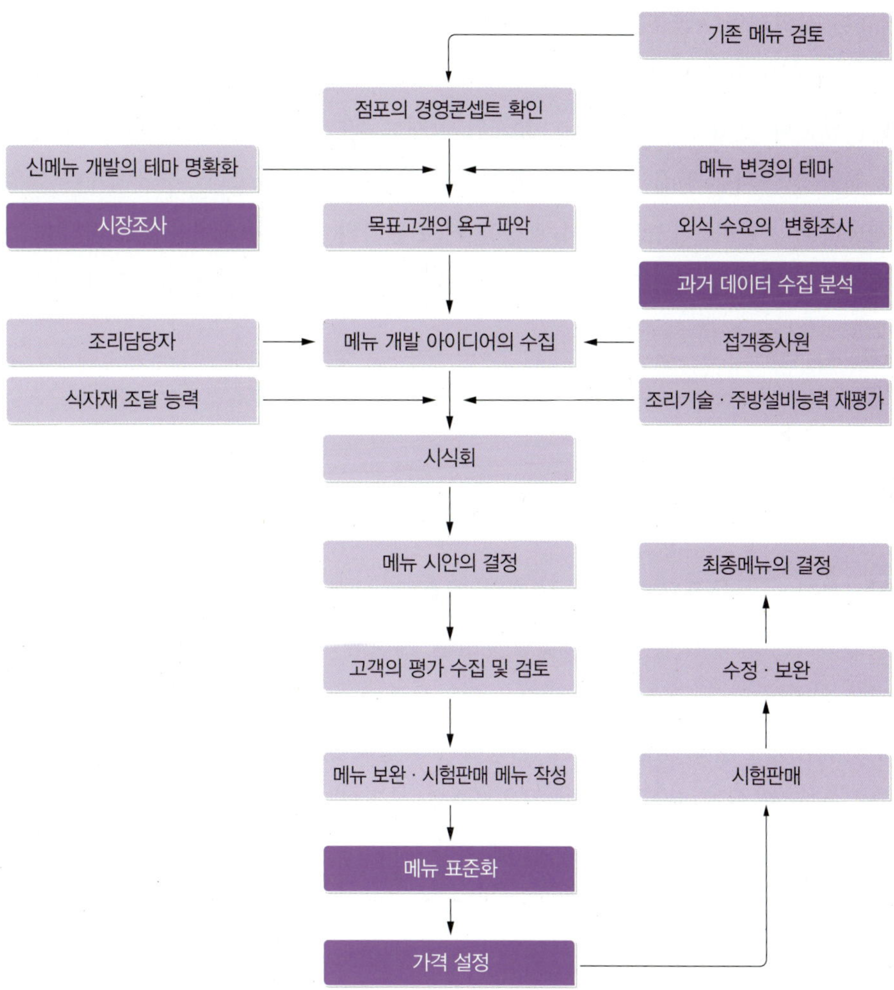

그림 3-3 메뉴 계획의 진행 과정

효과적인 시장조사 방법을 결정하는 것도 중요한데 인터뷰하기, 질문을 편지로 보내기, 고객 관찰 등의 방법 중 자신이 경영하는 레스토랑의 상황에 맞는 방법을 선택한다.

메뉴 계획에 필요한 자료로는 과거의 메뉴 판매 기록 파일, 메뉴 리마인더 목록, 메뉴 아이디어 파일, 운영자가 판매하고자 하는 특별한 것으로부터 손님을 이끌어낼 수 있는 아이템이 무엇인지를 나타내는 판매 믹스 자료 등이다. 특별한 경우나 휴일 메뉴의 판매 리스트를 알고 있으면 좋다. 이처럼 과거의 자료를 바탕으로 메뉴를 분석하고 새로운 메뉴에 대한 아이디어를 수집한다. 이때 조리 담당자와 홀서빙 종사원, 식자재의 조달능력과 조리기술, 주방설비 등의 능력과 레스토랑 전체 규모 등을 고려하여 아이디어를 수집하여야 한다.

메뉴가 계획되었다면 시식회와 고객평가를 통하여 메뉴 상품으로 수정 및 보완을 거쳐 메뉴 표준화 작업과 가격 책정을 하게 된다.

메뉴 표준화 작업이란 1인 메뉴 상품의 식재료, 양, 단가 등을 표준화하여 1인분의 양과 최종 상품의 모양을 결정하는 과정으로, 결정된 메뉴는 고객 누구에게나 동일하게 제공하여야 한다. 메뉴 표준화 과정을 거쳐 원가와 기타 부대비용을 고려하여 가격을 책정하고 계획된 메뉴는 메뉴판에 작성하여 최종적으로 고객에게 상품화되어 판매한다.

4. 메뉴 계획 시 고려해야 할 사항

메뉴 계획은 영양공급과 건강, 고객의 기호도, 사회·경제·문화적 배경, 경영 환경 등을 고려하여 고객이 만족할 수 있는 상품을 계획하여야 하는데, 메뉴 개발을 위해서는 기본 원칙이 있다. 우선 메뉴 계획은 영업목표와 이윤추구를 위해 원가와 수익성을 고려하여 적정한 양의 상품에 적정한 가격이 책정되어야 한다. 또한 메뉴 아이템의 수와 구성을 균형 있게 하여야 하며 기본적으로 식품위생을 고려한 안정적인 유통과 생산을 할 수 있도록 시설을 갖추고 계획하여야 한다.

메뉴 계획에 영향을 미치는 요소를 살펴보면 우선 경쟁사의 현황을 예로 들 수 있다. 경쟁사에서 어떤 메뉴를 얼마의 가격에 판매하고 있느냐는 메뉴 계획자에게 대단히 중요한 기준이므로 경쟁사에 대한 사전 조사는 반드시 이루어져야 한다.

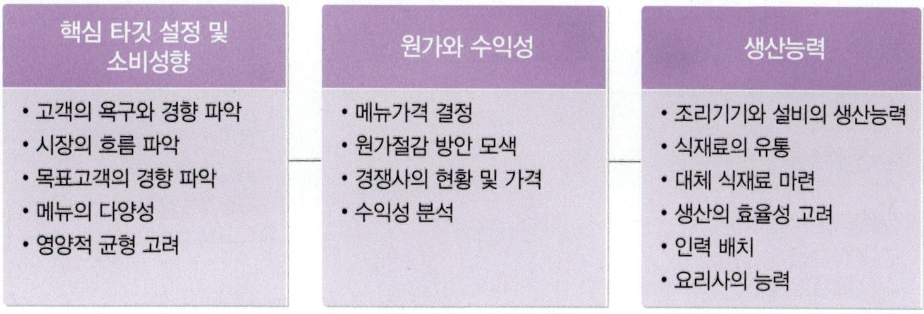

그림 3-4 메뉴 계획 시 고려해야 할 요인

주방설비와 조리사의 능력, 조리시간도 메뉴 계획에 영향을 미치는데 고객이 원하는 음식을 만들기 위해 너무 많은 조리시간이 요구되고 조리사의 능력에도 한계가 있다면 아무리 좋은 메뉴라 할지라도 제품을 만들어서 판매하기에는 무리가 따른다.

레스토랑의 전체 콘셉트와 서비스 형태, 입지, 가격 등이 모두 메뉴 계획에 영향을 미치며 전반적인 시장현황과 영향을 미치는 모든 요소들을 잘 고려하여 소비자의 다양한 욕구를 만족시킬 수 있는 메뉴를 계획하는 것이 중요하다.

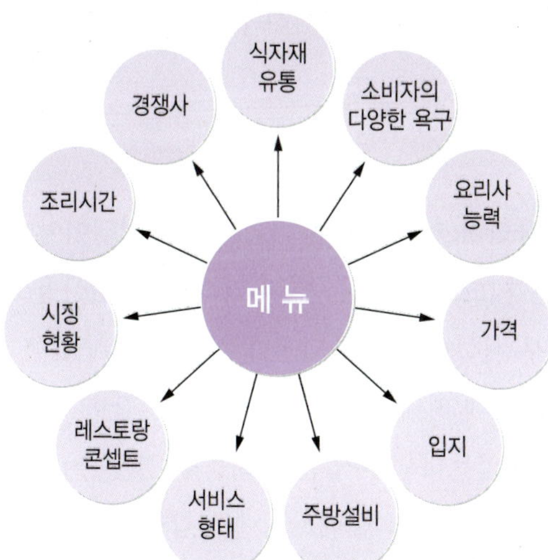

그림 3-5 메뉴에 영향을 미치는 요인

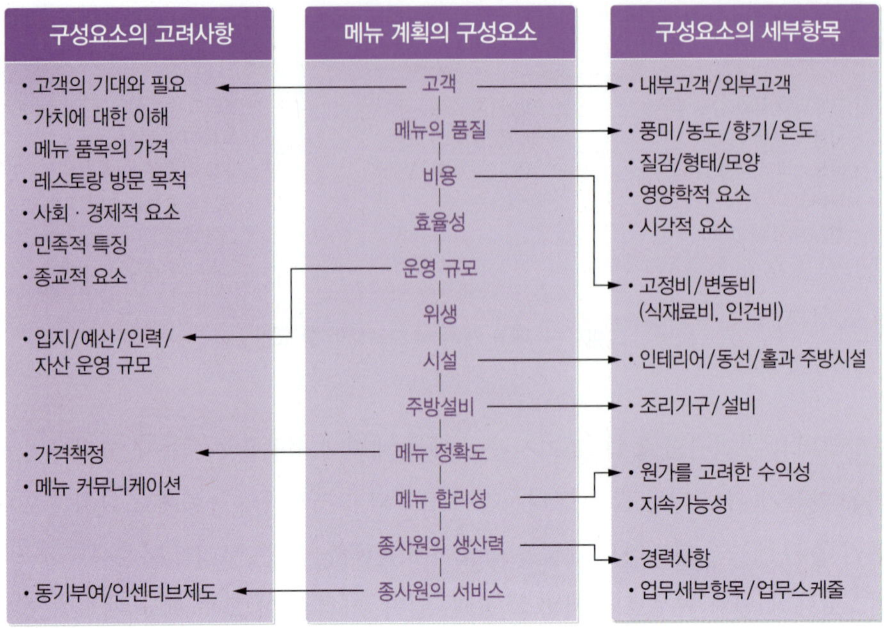

그림 3-6 메뉴 계획의 구성 요소

메뉴를 계획하기 위해서 고려해야 할 여러 가지 사항 중 레스토랑의 물리적인 요소와 인적 자원, 고객의 요구 등에 대해 자세히 살펴보고자 한다.

1) 물리적 환경요소

메뉴는 레스토랑의 물리적 환경요소에 적합하게 작성되어야 한다. 레스토랑의 입지 조건과 주방설비 등 환경요소는 올바른 질과 양의 메뉴 생산을 지원할 수 있어야만 하며, 작성된 메뉴로 일부 시설이 과부하되거나 잘 사용되지 않는 일이 없어야 한다. 예를 들어, 오븐이 과부하됨에 따라 고객이 기다리는 시간이 길어지거나 레스토랑의 물리적 요소들을 고려하지 않는다면 사업은 어려움을 겪을 수 있다. 따라서 어떤 장비가 사용되고 있는지 혹은 어떤 장비를 구매하기에 적합한지 고려해야 한다. 즉, 메뉴는 장비 사양에 적합하도록 계획되어야 한다.

또한 빠른 시간 안에 조리할 수 있는 요리사가 필요하며 작업대, 믹서, 오븐, 싱크, 조리용 레인지, 그 밖의 장비는 주어진 시간 안에 제한된 양의 조리를 할 수 있어야 한다.

메뉴 개발자가 주방에서 조리 가능한 양 이상을 요구하면 직원들은 사용 가능한 장비를 기다려야 하고 이런 상황이 심해지면 시스템 전체는 붕괴되고 말 것이다.

메뉴를 개발할 때 저장기능 또한 고려 대상이다. 냉장, 냉동, 건조, 보관 지역은 준비 전후의 음식을 모두 수용할 수 있어야 한다. 저장 역량을 초과하는 메뉴는 위생 및 비용의 문제를 일으켜 재앙이 된다.

메뉴 개발자는 주방의 조리 담당 직원의 조언을 얻음으로써 장비의 과부하를 막을 수 있다. 장비 사용과 관련된 계획 및 절차의 수정으로 제약을 극복할 수 있고, 대체 조리방법을 사용함으로써 장비 과부하 문제를 해결할 수도 있다. 이것은 메뉴 개발자가 조리방법 및 준비과정에 대해 왜 전문적으로 알아야 하는지를 설명하는 좋은 예라고 할 수 있다. 일반적으로 장비 과부하 문제는 즉석식품을 구매함으로써 감소시킬 수 있다. 다수의 메뉴 개발자들은 즉석식품을 구매함으로써 조리량을 크게 확장시킬 수 있다고 생각한다. 즉석식품은 노동 기술의 부족 문제를 해결할 수 있다는 이점을 가지고 있으나 운영비용을 크게 증가시키며, 또 양질의 음식을 제공하지 못하는 이유가 된다.

물론 장비와 관련된 메뉴 개발자의 관심은 주방에 국한하지 않는다. 서비스 장비 또한 고려 대상이다. 식당의 규모에 따라 정해진 수의 인원에게만 서비스를 제공할 수 있으며, 사람들은 수용인원에 근접할 경우 서비스의 질이 저하된다고 생각한다. 다양한 코스가 포함된 식사나 주문을 받고 실제 식사를 제공하기까지 오랜 시간 지연하기보다는 정해진 수의 인원을 수용해야 한다. 메뉴의 종류가 지나치게 많으면 고객들이 메뉴를 결정하는 시간과 음식을 조리하는 시간이 오래 걸려 결국 서비스의 속도가 둔화될 수 있다. 또한 숙련된 종업원인지 아르바이트생인지, 팀 서빙인지 개인 서빙인지, 그리고 그들의 숙련도에 따라 결과가 달라진다. 메뉴 개발자는 이러한 모든 사항을 고려해야만 한다. 가장 중요한 것은 메뉴 개발자는 어느 정도 지속성을 유지해야 한다. 서비스 지역의 장식은 메뉴의 주제와 일치해야만 한다.

또한 레스토랑의 입지나 주차장 시설의 유무, 전반적인 실내공간의 인테리어나 레이아웃 등을 고려하여 대상이 되는 고객의 요구를 세심하게 살펴서 메뉴를 계획하여야 실패를 줄일 수 있다.

2) 노동

노동은 음식 서비스 사업에서 가장 큰 단일 비용을 차지한다. 장비, 비품, 세간, 재산과 마찬가지로 현명한 매니저는 노동력을 귀중한 자산으로 여길 것이다. 우리가 장비를 용량 이상으로 남용하지 않아야 하는 것처럼, 노동력 또한 해당 능력 이상으로 착취해서는 안 된다. 그러나 장비와는 달리, 인적 자원은 숙련된 기술을 위해 훈련과정을 거쳐야 한다. 좋은 교육 프로그램으로 새로운 기술, 즉 새로운 역량을 직원에게 전수하여야 하며 메뉴 개발자는 현재 보유한 직원의 노동력으로 개발 가능한 메뉴를 개발해야 한다. 특히 직원의 기술을 활용하지 못하는 메뉴를 개발하지 않기 위해서는 직원이 보유한 기술을 숙지해야만 한다. 노동력은 교육을 통해 시간 및 비용을 들여 문제를 해결할 수 있다. 새로운 기술을 전수하기 위해서는 어느 정도 시간이 소요되기 때문에 바쁜 스케줄에 맞춰 시간을 할당한다.

또한 교육은 비용을 필요로 한다. 운영자는 현장실습교육 기간에는 교육생들이 교육과정을 수료했다 할지라도 예상보다 작업속도가 느리다는 것을 알아야만 한다. 메뉴 개발자는 현재 직원이 보유한 기술을 평가함으로써 교육 및 재교육을 최소화할 수 있는 개발을 창출할 수 있다. 따라서 메뉴 개발자는 새로운 메뉴를 도입하는 데 필요한 비용을 절감할 수 있을 것이며, 직원은 새로운 메뉴에 따라 가장 효율적으로 근무할 수 있다. 이와 반대로 직원을 잘 활용하지 못한다면, 직원들은 지루함을 느낄 것이다.

여러 연구 결과에 따르면, 지루함을 느끼는 직원은 도전적이고 흥미로운 위치에서 일하는 직원에 비해 비생산적이고, 결근 횟수가 많으며, 실수를 유발할 가능성이 높다. 많은 운영자들은 손님이 드문 밤에는 직원들이 이러한 문제를 종종 보였으며, 바쁜 날에 비해 집중력이 결여된 것으로 보인다고 언급하였다. 가장 중요한 의문은 왜 기술력이 높은 직원이 더 많은 급여를 받느냐는 것이다.

또한 메뉴 개발자는 반드시 종업원이 시간을 효율적으로 사용할 수 있도록 고려해야 한다. 만약 장비가 불충분하거나 효율적이지 못하면 노동력이 낭비된다. 메뉴 개발자는 메뉴를 구성할 때 메뉴에 있는 음식을 시켰을 때 병목현상이 생기지 않는 방법을 찾아내야 한다. 그리고 음식이 메뉴에 기재되기 전 그 메뉴의 실현 가능성을 알아봐야 한다. 만들 수 없는 음식을 메뉴에 올리는 것은 결국 고객과의 약속을 지키지 못해 신뢰가 깨질 수 있기 때문이다.

3) 예산 및 식재료 현황

메뉴 계획에서 예산이나 식재료 현황은 제품 개발의 가능성 여부에 큰 영향을 끼치는 요인이다. 아무리 좋은 메뉴를 계획할지라도 예산이 부족하거나 식재료를 구할 수 없다면 실제로 상품화할 수가 없기 때문이다.

때때로 계절에 따른 효용성이나 가격변동은 대량 구매로 극복할 수 있다. 예를 들어 소고기는 초겨울에는 목축업자들이 그들의 가축 규모를 줄이려 하므로 평상시보다 더 저렴하다. 그러므로 대량으로 소고기를 구매하여 냉동해 놓으면 비용을 아낄 수 있고 일 년 내내 지속해서 공급이 가능하다.

아무리 강조해도 지나치지 않을 만큼 중요한 요소 중 하나가 음식의 질적인 부분이다. 거의 모든 음식 재료들은 맛, 색깔, 질감에서 제철이 있다. 높은 수준의 질을 기대하는 고객을 상대해야 하는 메뉴 개발자들은 특히 계절적인 부분이나 혹은 질적인 부분에 대해 민감하게 생각해야 한다.

메뉴는 수익을 극대화하고 원가는 최소화해야 한다. 심지어 비영리단체인 학교나 병원의 메뉴 개발자에게도 예산 부분이 메뉴 계획에서 중요한 요소로 손꼽힌다.

4) 고객의 욕구

메뉴는 반드시 고객의 사회적, 생리적 욕구를 충족시켜야 한다. 특히 그 메뉴가 음식으로 제공되었을 때 더욱 그러하다. 메뉴를 적절히 구성하기 위해서는 상당한 지식과 능력이 필요하다.

(1) 영양과 생리적 기대

메뉴를 계획할 때 가장 기본적으로 고려해야 할 사항은 고객의 생리적인 영양에 대한 기대를 만족시키는 것이다. 기본적으로 식품에 대한 안전성과 위생에 대한 고려는 아무리 강조해도 지나치지 않다.

종종 메뉴에서 기대하고자 하는 것을 고객 본인조차도 모를 때가 있다. 마케팅 전문가들은 이런 고객의 기대를 측정하기 위해 많은 기술을 사용한다. 전문가들은 고객(혹은 잠재 고객)에게 전화를 하거나 컴퓨터에 저장되어 있는 양식을 통해 설문조사를 할 수 있다. 또 마케팅 전문가들은 개별적 혹은 그룹별 인터뷰를 할 수도 있다. 어떤 방식의 조사든 간에 목표는 고객의 실제 생각과 욕구를 알기 위함이다. 이러한 과정들은 부정확할 수도 있지만 푸드서비스 매니저가 트렌드를 파악하고 적어도 고객의 요구에 대한 아이디어를 갖는 데 도움을 준다.

고객의 욕구(wants)와 필요(needs)에는 중요한 차이점이 있다. '필요'는 목이 마를 때 물을 찾는 것과 같이 생리적인 필요를 말하는 것이고, '욕구'는 신제품 TV 세트에 대한 필요처럼 인지적인 욕구다. 이렇게 인지된 욕구는 매우 강하며 다방면의 산업이 사람들의 이런 욕구를 해소시켜 주었다. 와인산업을 예로 들면, 와인시장은 계속 성장해왔고 여전히 고급 와인 판매는 증가세를 보이고 있다. 이런 강세는 와인 애호가들이 가지고 있는 인지적인 욕구 때문일지도 모른다. 욕구는 가끔 충동적인 구매를 이끌어내기도 하는데 든든한 식사를 한 고객에게 디저트 카트를 선보이면 이미 포만감을 느끼는 고객일지라도 심리적으로 부족한 부분을 채우기 위해 다시 디저트를 주문한다. 메뉴는 이렇듯 고객의 욕구와 필요를 모두 충족시켜야 한다(배고픔에 시킨 음식 : needs, 디저트를 먹고 싶은 마음 : wants).

최근 미국에서는 레스토랑 업체들이 앞장서서 고객의 건강문제와 비만을 야기한다는 소송을 금지시키는 법률 제정에 압력을 가했다는 점에서 외식산업은 비만에 기여했다는 비난을 받고 있다. 특히 패스트푸드나 퀵서비스 레스토랑은 메뉴 선택에서 건강을 위한 선택의 수치가 부족하다고 말한다.

메뉴 계획자는 고객 스스로 확인하고 선택할 수 있도록 제품마다 열량을 표시하거나 기본적으로 섭취해야 할 영양소 이상의 메뉴를 계획하지 않는 것이 바람직하고 아울러 건강에 좋은 먹거리에 대한 홍보도 게을리해서는 안 될 것이다.

(2) 다양성과 심리적인 요소

메뉴 계획에서 식문화와 기호 또는 전반적인 식품에 대한 유행에 대해서도 고려해보아야 한다.

인간행동에 관한 이론인 쾌락주의에 의하면 사람들은 즐거움을 극대화하고 고통을 최소화하려는 심리가 있다고 설명한다. 음식과 관련된 기쁨을 극대화하는 것은 감각적인 느낌을 극대화한다는 것을 의미한다. 영화 제작자가 정교한 효과를 이용한 새로운 스릴러 영화를 추구하는 것처럼 메뉴 개발자도 고객의 흥미를 유발할 수 있는 다양한 메뉴를 추구한다. 여기에는 심리적인 이유가 있다. 뇌는 비슷하거나 일상적인 상황보다는 새로운 상황에 더 흥미를 느끼고 더 크게 반응한다. 우리가 길을 걷는 것보다 춤을 출 때 스텝에 더 많이 신경을 쓰는 것처럼 평소에 자주 먹는 것보다 새로운 맛에 대해 더 흥미를 느낀다.

너무 많은 종류의 아이스크림처럼 너무 많은 다양성은 오히려 불만을 야기할 수 있다. 고객은 그들에게 친숙한 아이템이 메뉴에 있을 것이라고 예상한다. 특히 변화에 둔한 고객이라면 더욱 그렇다. 그러나 익숙한 메뉴도 평범하지 않고 새로운 방법으로 준비할 수 있다. 시즐러 접시(sizzler platter)를 사용하는 것만으로도 흔한 메뉴 아이템에 새로운 맛을 가미할 수 있다. 하지만 새로운 표현으로 메뉴에 다양성을 불어넣기에는 시간이 오래 걸린다.

음식으로 사람의 욕구를 충족시킬 수 있는 또 다른 방법이 있다. 배고픔은 불안과 동요를 일으키는데 이런 음식의 특성을 음식의 '포만가치'라고 부른다. 어떤 사람들은 그들이 좌절하거나 정신적으로 불안할 때 과식을 한다. 그들은 음식을 통해 포만감과 편안함을 느끼고 다시 차분해지는 경향이 있다.

대학생들은 종종 음식과 좌절감 사이에 분명한 연관관계가 있다는 것을 보여준다. 새 학기가 시작되었을 때 대부분의 학생들은 강한 의욕과 새로운 경험을 즐긴다. 이 시기에 그들에게 음식은 단지 음식일 뿐이다. 이 시기는 실제로 푸드서비스 부서가 예산을 삭감하는 시기이다. 그러나 새 학기의 새로움이 없어졌을 때 학생들은 고향을 그리워하거나 누군가를 그리워하게 된다. 수업, 과제, 시험으로부터 오는 스트레스가 새로운 문제를 만들고 좌절하면서 학생들은 음식으로 스트레스를 풀려고 한다. 심지어 폭식을 하기도 한다. 이런 문제와 대학생활에서의 어려움이 동시에 일어나는 것은 우연이 아니다. 학생들은 이런 식생활이 나중에 큰 문제가 될 수 있다는 것을 깨닫지 못한다. 이 시기에는 좀 더 양질의 음식에 돈을 써야 할 때이다.

음식과 심리적인 욕구와의 관계는 감옥이나 시설기관에서 더욱 명백히 드러난다. 예를 들어, 어떤 감옥에서 일어난 폭동에 대한 조사 결과를 보면 특별 메뉴로 나와야 할 프라이드치킨이 다 떨어져 다른 메뉴로 대체된 것에 기인한 것이라는 사례도 있다.

정상적인 성인에게도 같은 반응이 일어난다. 한 식당에서 다른 사원들은 그 클럽의 음식을 잘 즐기고 있지만 회사 간부 혼자 어떤 불만족을 느끼면 문제는 사무실로 돌아갔을 때 분위기가 좋지 않을 수 있다. 그는 요리사, 웨이터 혹은 식당의 어떤 요소 때문이 아니라 개인적·심리적인 불만족을 가지고 있는 것이다.

보호기관에서는 가족적인 분위기도 아니고 가족, 친구도 없기 때문에 집에서 먹는 음식보다 더 양질의 음식을 제공해야 한다는 문제가 제기되어 왔다. 사람은 친근한 환경에서 먹는 것을 배운다. 집에서 자신이 좋아하고 익숙한 접시에 준비된 음식을 먹으면 편안함과 안락함을 느낀다. 편안함은 몸에 깊이 배이며, 감정 또한 오랜 시간에 걸쳐 생긴 것이다. 그래서 개인적으로 낯선 곳에서 음식을 먹을 때 외로움과 불편함을 느끼며 친근한 음식에 대한 욕망이 생겨난다. 그래서 음식은 음식 그 자체의 질뿐만 아니라 환경적인 요소에도 많은 영향을 받는다. 아파서 입원중인 사람은 입맛이 없다. 게다가 질병으로 인한 스트레스와 익숙하지 않은 주변 환경 때문에 병원식이 환영받지 못하는 것은 당연한 결과일지도 모른다.

어떤 지식이나 사실을 믿는 것으로 인해 음식섭취에 차이를 보일 수도 있는데 특정 질환에 도움이 된다고 생각하는 음식을 섭취하기도 한다. 예를 들어, 아플 때 죽을 먹듯이 건강을 위해 집에서 식사하려는 사람을 들 수 있다. 이들은 밖에서 사서 먹는 음식이 위생적이지 않고 인공조미료를 많이 사용해서 건강에 해롭다고 믿는다. 또 생굴이 성 기능을 촉진한다고 생각하여 먹는 사람도 있고, 과일은 비타민이 풍부해서 감기 예방에 좋다는 사실을 알고 과일을 꾸준히 먹는 사람도 있다.

음식은 종교적 특징도 가진다. 로마 가톨릭 신자는 특정한 시기에 육식을 금하고, 힌두교에서는 소고기를 금기하고 이슬람교도들은 돼지고기를 금기한다. 또한 라마단 기간에 이들은 해가 떠 있는 동안에는 음식을 먹지 않고 기도하는, 이른바 금식하는 기간을 정해놓았다. 음식과 음료가 특정인에게 종교적 의미가 있다면 이는 존중해 주어야 한다.

(3) 메뉴의 오감 만족

인간은 입맛이 아닌 오감을 사용하여 음식을 판단한다. '눈으로 먹는다'는 말이 있듯이 음식의 외관은 그 선호도에 상당한 영향을 미친다.

음식의 냄새를 맡기 전에 담긴 모습을 먼저 볼 때가 많다. 음식의 향은 식욕을 돋운다. 그리고 음식을 먹으면서 온도와 질감, 농도를 느끼고서 음식에 대한 평가를 내린다. 메뉴 개발자의 최종 목적이 고객의 최대 만족을 위한 것이기 때문에 선호도가 높은 음식을 만드는 것은 메뉴를 만드는 데 핵심 요소이다. 외관에는 색감, 모습, 질감이 포함된다. 식품의 선호도를 높이는 색은 빨간색, 빨강-주황색, 버터 노란색, 핑크색, 갈색, 옅거나 투명한 초록색, 흰색, 혹은 옅은 갈색이다. 반면 보라색, 노랑-초록색, 머스

터드 노란색, 회색, 올리브색 등은 선호도를 떨어뜨린다고 한다. 음식에 적합한 색감은 선호도를 높이지만, 음식의 변색과 적합하지 않은 색상은 선호도를 떨어뜨린다. 선호도가 높은 색상의 명암 또한 중요하다. 과일 컵이나 샐러드에서의 밝은 색상의 조합은 관심을 끌고, 색상의 신선함은 또한 중요하다. 하지만 부자연스러운 조합과 너무 진한 색깔은 피해야 한다.

음식의 담음새도 또한 중요하다. 접시에 놓인 음식의 모습이 관심을 끌 수 있도록 조합되어야 한다. 식기를 선택할 때 샐러드는 깊은 그릇에 담거나, 디저트는 파르페 글라스에 담으면 시각적인 다양함을 선사할 수 있을 것이다. 최소한 몇 가지의 음식은 원래의 모양을 유지하는 것도 중요한데, 과도한 퓌레와 썰어놓은 음식은 유아식을 연상시킬 수도 있기 때문이다. 메뉴 개발자는 좋은 음식의 모양과 담음새를 위해 노력해야 하지만 너무 지나치면 안 된다.

음식 표면에 광택이 있는 것은 식욕을 돋우고 시각적 관심을 끌 수 있기 때문에 버터나 다른 기름 코팅, 아스픽과 젤리, 달걀 관련 음식은 반짝거림을 제공하기도 한다.

가니쉬(장식)의 창의적인 사용은 중요한 시각적 요소로 작용한다. 그리고 다른 음식에 다른 장식은 메뉴 개발자가 완벽한 메뉴를 만들게 위해 노력하였다는 성의를 나타낸다.

음식의 맛은 향취와 풍미에 의해 전달된다. 혀의 맛 세포가 네 가지 맛—단맛, 신맛, 쓴맛, 짠맛—을 식별하지 못할 때 코는 서로 다른 아로마에서 정확한 아로마를 찾아낸다. 위대한 쉐프 에스코피에는 오믈렛을 만들 때 약간의 마늘이 묻어 있는 포크로 저었다고 한다. 마늘의 맛은 굉장히 약하였으나 너무도 자극적이었다. 그리하여 그는 이 '금지된 채소'를 고급 식당에 소개하였다.

개인에 따라 어떠한 요리에 만족하고 어떠한 요리에 불쾌감을 느끼는가는 차이가 있다. 일반적으로 우리는 익숙한 맛을 지닌 요리에 더 만족을 느낀다. 맛이 강한 정도 또한 개인적 취향에 포함된다. 강도 혹은 예리함이 필요한 맛일 수도 있다. 어떤 사람은 익숙해질 때까지 톡 쏘는 맛의 치즈를 싫어할 수 있고, 어떤 이는 그 맛을 음미할 수도 있다. 우리의 오감은 20~25세 사이에 가장 강하며 그 이후 서서히 감퇴한다. 사실 혀의 가운데 부분은 맛을 느낄 수 없는데, 나이가 듦에 따라 이 부분이 점차 넓어진다. 아마도 그동안 차갑고 뜨거운 음식의 섭취로 인해 신경계가 기능을 잃어버리는 것으로 보인다. 그래서 나이가 들면서 사람들은 더욱 자극적인 맛의 음식을 찾는 것이다. 달고 짠맛을 느끼는 신경이 가장 먼저 제기능을 못하기 때문에 어르신들은 이 맛에 대한 감각을 가장 먼저 잃어버린다. 맛과 향에 관련된 재미난 현상이 있는데, 사람들은 맛만으로는 어떤 음식을 제대로 판단할 수가 없다고 한다. 맛을 느끼면서 눈으로 음식을 봐야 한다. 그러므로 뷔페나 샐러드 바에서 음식의 디스플레이는 고객의 식욕을 돋우는 데 큰 역할을 하는 셈이다.

맛의 또 다른 측면은 질감과 음식의 농도이다. 음식을 조리하면 음식의 세포벽을 파괴하고 질감을 부드럽게 한다. 주의 깊게 지켜보더라도 오래 익히면 곤죽같이 되는 결과를 초래한다. 질감은 턱의 파쇄과정에 따른 음식의 저항력이다. 질감의 대조적인 면을 잘 활용하면 메뉴의 다양성을 꾀할 수 있다. 바삭하고 짭짤한 크래커는 부드러운 스프와 대조되고, 육즙이 풍부한 칠면조 고기는 부드럽게 으깬 감자와 대조를 이루면 어울린다.

농도는 음식 표면의 질감을 말하는 것으로 충분한 수분 없이 으깬 감자는 거칠고 반죽 같은 농도를 가진다. 수년 전 우리는 철저하게 채소를 익혀 먹었다. 예를 들어, 1900년대 초반에는 아스파라거스는 거의 모든 요리법에서 물에 베이킹 소다를 넣고 40분간 조리하라고 하였지만, 오늘날 대부분 사람들은 아스파라거스를 오래 조리해서 먹지는 않는다.

또한 맛은 온도에 영향을 받는다. 차가운 음식은 차갑게, 따뜻한 음식은 따뜻하게 섭취해야 위생적일 뿐만 아니라 음식의 질을 유지할 수 있다. 또한 식사를 할 때 음식의 적절한 온도는 기쁨을 주기도 한다. 뜨거운 음식과 차가운 음식을 함께 먹으면 온도가 대조를 이루어 다양한 맛을 느낄 수 있다. 차가운 오이샐러드는 뜨거운 인도 카레와 아주 잘 어울린다.

음식을 온도에 맞게 서비스하는 것은 단순히 다양함을 제공하는 것을 넘어 고객을 위해 철저히 준비되어 있다는 것을 보여주는 것이다.

(4) 시기와 계절적 고려사항

메뉴 개발자는 메뉴가 제공되는 시간에 신경을 써야 한다. 전통적인 아침식사 메뉴는 신선함을 제외하고는 별다른 매력을 느끼지 못한다. 대부분의 메뉴는 계절적 특징이나 제공되는 시기와 밀접한 연관이 있다. 어떤 메뉴는 특정한 공휴일과 연관이 있는데, 예를 들어 추수감사절의 칠면조 요리와 부활절의 햄 또는 크리스마스 파티 때의 생크림 케이크나 발렌타인데이의 초콜릿 등을 들 수 있다. 이와 같이 특정 공휴일 전후로 메뉴에 마련한, 계절이나 시기를 반영한 메뉴는 특별한 그 시기만의 메뉴로 고객으로 하여금 구매하고자 하는 동기를 유발할 수 있다.

(5) 음식 선호도

고객의 음식 선호는 메뉴 계획 시기와 밀접하며 사람들의 음식 기호도는 오랜 기간에 걸쳐 생긴 식습관에 영향을 받는다. 그래서 개인적으로 선호하는 음식이 무엇인지 연구되기도 하고, 라이프스타일이 비슷한 그룹으로 나누어 선호음식을 파악하는 시도를 하기도 한다. 그리하여 선정된 음식들이 메뉴 개발자에게 도움이 될 수도 있다. 하지만 사람들이 선호하는 음식은 메뉴를 결정할 때마다 여러 가지 요인으로 인하여 항상 변하기 때문에 일반화하기에는 어려움이 있다.

5. 메뉴 계획의 기본 모델

메뉴 계획에 영향을 미치는 요소에 따라 학자들은 메뉴 계획의 다양한 모델을 제시하고 있다. 여기서는 메뉴의 영향 요소를 레스토랑 콘셉트, 서비스 형태, 종업원의 숙련도, 레스토랑 운영 구조 측면으로 나누어 설명한 쉐칭(Schätzing)의 모형, 메뉴 계획자가 우선 고려해야 할 사항을 중심에 두고 고객과 메뉴 품목 및 품질의 측면을 나누어 설명한 나인마이어 모형, 메뉴를 고객과 관리 측면으로 나누어 설명한 마무드 칸(Mahmood Khan) 모형에 대해서 알아보고자 한다.

표 3-2 메뉴 계획의 기본 모델

모델명	모형	평가
쉐칭(Schätzing)의 모형	메뉴 계획 시 레스토랑 콘셉트, 서비스 형태, 종업원의 숙련도, 레스토랑 운영구조 측면에서 영향을 미치는 요인을 분석한 모형	메뉴 계획 시 고려 사항을 중점적으로 구체화한 모형
마무드 칸(Mahmood Khan)의 모형	메뉴 계획 시 고려되는 요인을 관리자의 관점과 고객의 관점에서 다룬 모형	고객의 관점을 더욱 구체화한 모형
나인마이어(Ninemeier)의 모형	메뉴 계획 시 고객과 상품의 질을 고려하여 메뉴 계획을 세분화한 모형	마케팅 측면을 더욱 구체화한 모형

1) 쉐칭의 모형

쉐칭은 메뉴 계획에 영향을 미치는 요인을 주방설비와 레이아웃, 저장고 규모와 수용 능력, 식기의 종류와 수, 서비스 관련 품목, 종업원의 수, 식재료의 품질관리, 식재료 원가, 서비스 형태, 평균 고객 수, 레스토랑의 물리적 환경, 객단가, 테이블 세팅, 수요예측 고객 수, 좌석 수 및 배치, 가격수준, 종업원의 숙련도, 레스토랑의 운영구조 등으로 보았는데, 그림 3-7과 같은 모형으로 제시하였다.

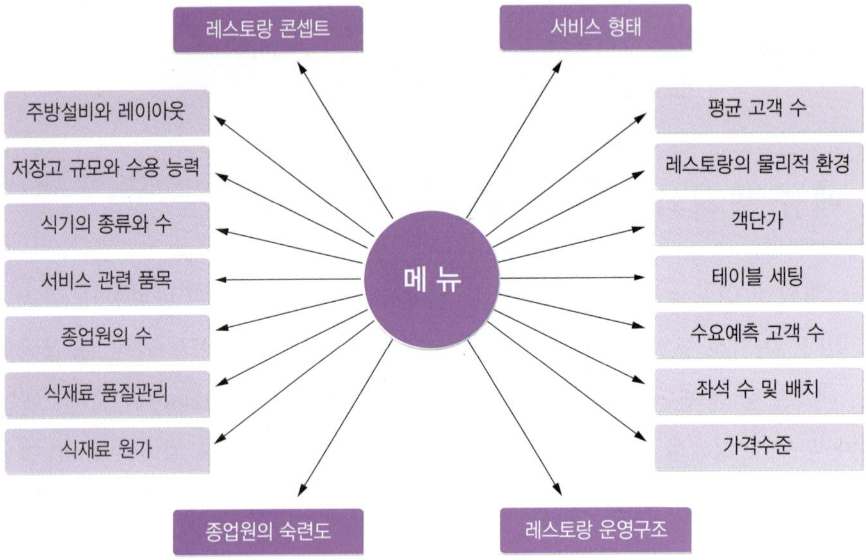

그림 3-7 쉐칭의 메뉴 영향 요소 모형

2) 마무드 칸의 모형

마무드 칸은 그림 3-8과 같이 감각적으로 느끼는 음식 선호도, 개인의 음식습관, 영양적 욕구 외에 관리적 측면인 레스토랑 경영목표, 식자재의 유통경로 및 시장현황, 운영예산과 시설·장비, 종업원의 숙련도, 주방설비와 레이아웃, 생산 서비스 형태를 메뉴 계획에 영향을 미치는 요소의 모형으로 제시하였다.

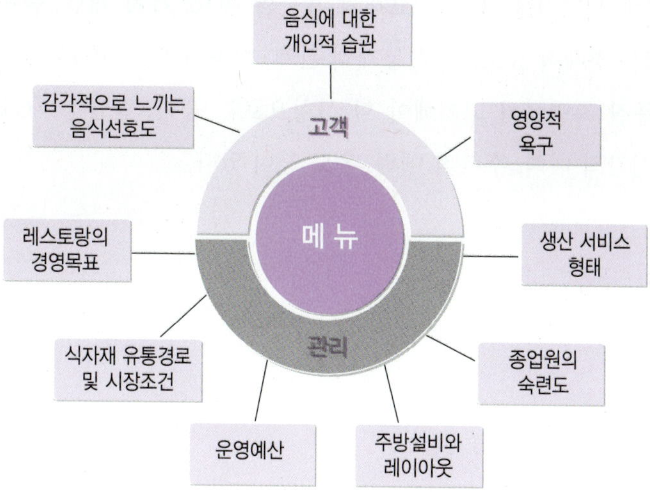

그림 3-8 마무드 칸의 모형

3) 나인마이어의 모형

나인마이어 모형에 따르면 메뉴 계획자가 우선적으로 고려해야 하는 사항으로는 고객, 품목의 품질, 원가, 유효성, 공중보건위생, 레이아웃 관계, 설비 관계, 생산최대량과 경영관계 등이 있다.

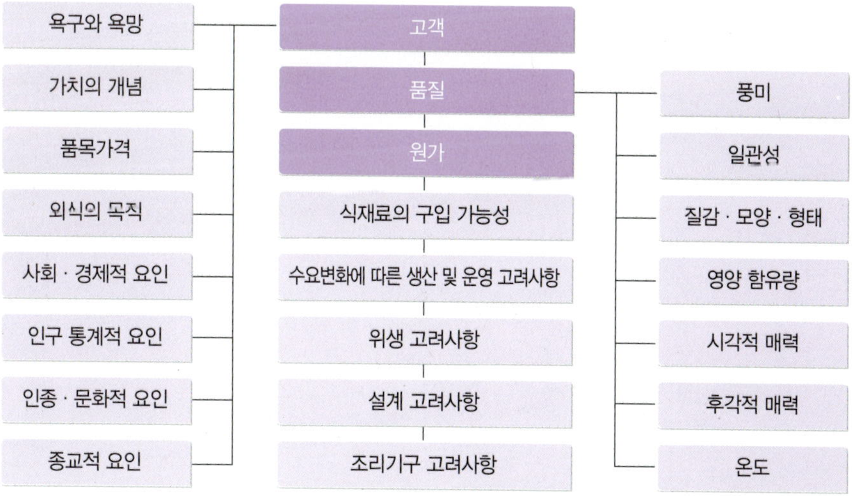

그림 3-9 나인마이어의 모형

고객의 측면에서 고려할 요소는 고객의 욕구와 필요, 가치 개념, 품목가격, 특성을 보는 목적, 사회·경제적 요소, 인구 통계적 관계, 인종적 요소, 종교적 요소 등이 있다. 메뉴 품목의 품질 측면에서 고려해야 할 사항으로는 풍미, 일관성, 구조, 형태, 종류, 영양적 구성, 시각적 매력, 후각적 매력, 온도 등이 있다.

summary

메뉴는 외식산업 소비자를 위해 레스토랑, 카페테리아, 클럽 또는 호텔 등에서 제공되는 음식과 음료를 보여주는 하나의 목차로서 종종 대대적인 광고와 함께 표현되기도 하지만 외식 경영자 입장에서 메뉴는 훨씬 더 많은 의미를 지닌다. 즉, 메뉴는 식당의 목적과 운영의 모든 단계를 정의해주는 전략적인 문서로서 전반적인 운영 계획과 인력을 조직하고 주방을 관리하기 위한 작업 문서로서의 역할을 한다. 또한 고객에게 무엇을 제공하는지 그 내용을 담기도 한다. 내부 운영 메뉴는 식재료 구매를 위한 가이드 역할을 하며, 주방이나 바, 식료품 저장실에 내리는 작업명령서, 그리고 직무를 체계화하고 모든 부서 직원의 요구를 기록하는 서비스 스케줄 등 다양한 기능을 제공한다. 또한 메뉴는 제품 목록, 가격표, 고객에게 제공되는 음식과 음료, 서비스 등을 광고하는 주요 수단이다.

따라서 메뉴 계획은 레스토랑의 성패를 좌우할 만큼 중요한 일이며 관련된 종사자와 경영자 모두가 힘을 합쳐서 계획하여야 한다. 메뉴 계획을 할 때 시장의 현황과 고객의 필요, 욕구를 파악하는 것은 매우 중요한 단계이며, 이를 통하여 고객이 진정으로 원하는 메뉴를 계획할 수 있다.

이 외에도 메뉴 계획에서 고려하여야 할 사항은 레스토랑의 규모나 조리시설의 현황 등 물리적 요인과 종업원의 숙련도나 기술력 등이다. 결국 무엇보다도 고객이 원하는 영양학적 측면과 심리적 오감 만족을 충족시켜 줄 수 있는 메뉴를 계획하는 것이 바람직하다.

영유아 단체급식 사례연구(2012년 5월)

	일자/요일		5/1(화)	5/2(수)	5/3(목)	5/4(금)
첫째주	오전간식		씨리얼/우유	단호박크림스프	새우살야채죽	딸기/우유
	점심		현미찹쌀밥 된장찌개 삼치살구이 얼갈이나물 총각김치	기장밥 콩나물김치국 과일탕수육 돼지고기(후지) 국내산 오이무침/깍두기	흑미밥 달걀국 코북어무조림 느타리버섯당근볶음 열무김치	깐녹두밥 오징어무국 애호박볶음 도토리묵김가루무침 깍두기
	오후간식		짜장밥 돼지고기(후지) 국내산	참치샌드위치/ 검은콩두유	쑥절편/두유	들깨수제비국
	열량 단백질/칼슘		647.1 27.9/241.9	581.1 24.8/255.5	621.6 21.9/266.6	557 19.7/303.3
	일자/요일	5/7(월)	5/8(화)	5/9(수)	5/10(목)	5/11(금)
둘째주	오전간식	당근녹두죽	카스테라/우유	흑임자죽	오렌지/우유	후렌치토스트/ 두유
	점심	기장밥 소고기무국 소고기(한우/전각) 국내산 굴소스오징어 양배추볶음 돌나물/나박김치	검은콩밥 순두부찌개 고등어구이 오이무침 배추김치	찹쌀밥 감자국 돈육떡조림 돼지고기(후지) 국내산 무생채/열무김치	현미밥 두부북어국 치즈달걀말이 청경채나물 배추김치	흑미밥 배추국 닭강정 닭고기(대닭) 국내산 쑥갓나물 깍두기
	오후간식	고구마맛탕/ 우유	부추옥수수전/ 결명자차	머핀/우유	쑥범벅	찐감자/ 포도주스
	열량 단백질/칼슘	613.2 25.5/247.7	408.5 20.6/161	534.1 24.9/225.8	544.3 16.8/250.3	670.4 24/269.5
	일자/요일	5/14(월)	5/15(화)	5/16(수)	5/17(목)	5/18(금)
셋째주	오전간식	호두죽	삶은달걀/ 오렌지주스	치즈시금치죽	키위/우유	꿀떡/두유
	점심	버섯잡채밥 돼지고기(후지) 국내산 달래된장국 오이무침 요구르트/깍두기	찹쌀밥 유부장국 쭈꾸미야채볶음 숙주나물 깍두기	율무밥 콩나물국 닭다리살간장조림 닭고기(다리살) 국내산 새싹무침 배추김치	쌀 밥 동태찌개 어묵파프리카볶음 상추오이겉절이 총각김치	보리밥 연두부간장소스 소고기장조림 브로콜리당근볶음 배추김치
	오후간식	궁중떡볶이/우유	새우야채피자/ 우유	안흥찐빵/우유	유부초밥/보리차	알감자버터구이/ 요구르트
	열량 단백질/칼슘	476.1 22.7/291.5	643.5 31.4/299.1	465.9 21.6/252.3	557.7 29/228.4	643.5 31.4/299.1

	일자/요일	5/21(월)	5/22(화)	5/23(수)	5/24(목)	5/25(금)
넷째주	오전간식	사과/우유	게살야채죽	떠먹는 요구르트	소고기야채죽 소고기(한우/설도) 국내산	바나나/두유
	점심	쌀밥 소고기당면국 소고기(한우/양지) 국내산 대구살생선전 깻잎순나물 깍두기	율무밥 시금치감자된장국 참치김치볶음 두부달걀부침 열무김치	기장밥 어묵김치국 소고기새송이볶음 소고기(한우/설도) 국내산 숙주미나리나물 열무김치	현미찹쌀밥 팽이버섯미소국 치킨가스/소스 닭고기(안심) 국내산 양상추샐러드 깍두기	보리밥 팽이버섯순두부국 돈육케첩조림 돼지고기(후지) 국내산 시금치무침 배추김치
	오후간식	주먹밥/옥수수차	호두과자/우유	군만두/매실차	감자떡/우유	어묵우동
	열량 단백질/칼슘	460.8 19.9/291.6	603.9 49.2/271.2	674.6 33.2/220.3	527.8 23.3/212.8	403.6 20.2/247.7
	일자/요일	5/28(월)	5/29(화)	5/30(수)	5/31(목)	
다섯째주	오전간식	석가탄신일	방울토마토/우유	모닝빵/우유	파인애플/두유	
	점심		흑미밥 버섯국 멸치호두조림 근대나물 배추김치	콩나물야채밥/간장 무채국 메추리알조림 참외 배추김치	수수밥 된장국 메실소스소불고기 소고기(한우/전각) 국내산 참나물무침 깍두기	
	오후간식		쌀국수 소고기(한우/양지) 국내산	야채닭죽 닭고기(대닭) 국내산	애호박잔치국수	
	열량 단백질/칼슘		464.4 20.8/270.2	457.8 23.4/149.5	527.4 21.4/274.4	

CHAPTER 04

메뉴 계획 2

1. 메뉴와 영양
2. 메뉴의 위생관리
3. 메뉴 프레젠테이션
4. 메뉴와 주방설비 및 기물

4

메뉴를 계획할 때 기본적으로 영양공급과 식품의 위생관리는 반드시 고려되어야 할 사항이다. 외식분야에서 전문가로 메뉴를 계획하고 실무를 담당하기 위해서는 영양학적 지식과 위생에 관하여 전문지식이 있어야 하며, 메뉴의 차별화와 고부가가치 상품성을 위해서는 경쟁사와 차별화되는 메뉴 프레젠테이션과 전체적인 레스토랑 콘셉트를 반영한 분위기 있는 식공간과 기물 등을 선택할 수 있는 안목이 있어야 한다.

이 장에서는 메뉴 계획에 영향을 미치는 중요한 요소인 영양, 위생관리, 메뉴 프레젠테이션, 주방설비와 기물에 관하여 구체적인 방향과 전문적인 지식을 알아보며, 이를 바탕으로 시장의 흐름과 고객의 특성을 반영한 메뉴 계획에 대하여 설명한다.

1. 메뉴와 영양

1) 기본 필수영양의 이해

메뉴 계획을 할 때 가장 기본적으로 고려해야 할 요소 중 하나가 영양에 관한 문제이다. 음식을 제공하는 1차적인 목적 또한 필요한 영양을 공급하는 것인 만큼 영양에 관한 기본적인 이해는 필수사항이다. 외식산업에서도 식료수입의 증대, 식생활이나 환경에 관련된 다양한 질환의 증가, 영양의 편중, 가공식품의 범람, 과도한 다이어트 등으로 인한 여러 가지 문제가 발생하고 있으며, 고객은 편리함을 추구하면서도 건강을 지키려는 웰빙(well-being)을 선호하는 경향이 있으므로 올바른 식품에 대한 정보 제공과 지식을 전달하는 것은 메뉴 계획에서 중요한 사항이라고 할 수 있다.

(1) 영양과 영양소

영양(nutrition)이란 음식물을 섭취한 후 음식물 성분이 우리 몸의 일부가 되어 가는 과정이다. 보다 광범위한 의미로는 음식물을 섭취·소화·흡수의 과정에서 영양소를 이용하여 건강을 유지하는 상태라고 할 수 있다. 인간이 섭취하는 음식물을 구성하고 있는 물질 중 신체에 에너지를 공급하고 성장을 비롯한 다양한 생리기능을 하는 데 필요한 성분을 영양소라고 한다.

우리 몸에 꼭 필요한 탄수화물, 지방, 단백질, 무기질, 비타민 등을 5대 영양소라 하며, 물을 포함하여 6대 영양소로 분류하기도 한다.

(2) 영양소의 역할

탄수화물, 지방, 단백질, 무기질, 비타민, 물 등의 영양소는 신체를 구성하는 물질을 공급하며 인체가 생명을 유지하고 활동하는 데 필요한 에너지를 공급한다. 특히 비타민과 무기질은 생리적 기능을 조절하는 역할을 하여 인체의 에너지 대사나 생리기능이 원활하도록 조절하는 역할을 한다.

① 신체 구성 물질 공급

몸을 구성하는 물질이 바로 영양소이며 신체의 성장과 건강 유지 등을 위하여 영양소의 꾸준한 공급이 필요하다. 인체는 물 65%, 단백질 16%, 지질 15%로 구성되어 있으며, 4%의 무기질로 이루어져 있다. 당질이나 비타민은 실제 아주 적은 양을 차지한다.

② 인체의 에너지 공급

당질, 지질, 단백질은 체내에서 연소되어 에너지를 발생하는 유기물질이다. 당질, 단백질은 1 g당 4 kcal, 지질은 1 g당 9 kcal의 에너지를 발생하며 기초대사, 각종 활동, 체온 유지, 뇌와 신경활동 등을 원활하게 하는 데 필요한 에너지로 전환되어 사용된다.

③ 생리적 기능의 조절

인체에 직접적으로 에너지를 공급하는 역할은 하지 않지만 에너지 대사 및 생리기능이 원활히 이루어지도록 하는 영양소가 바로 무기질과 비타민이다.

각 영양소의 역할을 요약하면 당질은 에너지 공급, 단백질과 지질은 성장과 조직의 유지, 물·무기질·비타민은 성장과 조직의 유지 및 대사 과정을 조절하는 기능이 있다고 할 수 있다.

(3) 한국인 영양섭취기준

한국인 영양섭취기준이란 질병이 없는 대다수의 한국 사람들이 건강을 최적 상태로 유지하고 질병을 예방하는 데 도움이 되도록 필요한 영양소 섭취수준을 제시하는 기준이다.

영양섭취기준(Dietary Reference Intakes, DRIs)은 평균필요량(Estimated Average Requirement, EAR), 권장섭취량(Recommended Nutrient Intake, RNI), 충분섭취량(Adequate Intake, AI) 및 상한섭취량(Tolerable Upper Intake Level, UL)의 4가지로 구성되어 있다.

평균필요량은 대상 집단을 구성하는 건강한 사람들의 절반에 해당하는 사람들의 일일 필요량을 충족시키는 값으로 대상 집단의 필요량 분포치 중앙값으로부터 산출한 수치이다. 권장섭취량은 평균필요량에 표준편차의 2배를 더하여 정하였다. 충분섭취량은 영양소 필요량에 대한 정확한 자료가 부족하거나 필요량의 중앙값과 표준편차를 구하기 어려워 권장섭취량을 산출할 수 없는 경우에 제시하였다. 상한섭취량은 인체 건강에 유해영향이 나타나지 않는 최대 영양소 섭취수준으로서 과량 섭취 시 건강에 악영향의 위험이 있다는 자료가 있는 경우에 설정이 가능하다. 탄수화물과 지질의 영양섭취기준은 다른 영양소와 달리 서로간의 균형이 중요하므로 에너지적정비율

표 4-1 한국인 영양섭취기준

성별	연령	에너지(kcal/일)				단백질(g/일)				식이섬유(g/일)				비타민 C(mg/일)				칼슘(mg/일)			
		필요추정량	권장섭취량	충분섭취량	상한섭취량	평균필요량	권장섭취량	충분섭취량	상한섭취량	평균필요량	권장섭취량	충분섭취량	상한섭취량	평균필요량	권장섭취량	충분섭취량	상한섭취량	평균필요량	권장섭취량	충분섭취량	상한섭취량
영아	0~5(개월)	550						9.5								35				200	
	6~11	700				9.8	13.5									45				300	
유아	1~2(세)	1,000				12	15					10		30	40		350	390	500		2,500
	3~5	1,400				15	20					15		30	40		500	470	600		2,500
남자	6~8(세)	1,600				20	25					20		40	60		700	580	700		2,500
	9~11	1,900				30	35					20		55	70		1,000	670	800		2,500
	12~14	2,400				40	50					25		75	100		1,400	800	1,000		2,500
	15~18	2,700				45	55					25		85	110		1,600	750	900		2,500
	19~29	2,600				45	55					25		75	100		2,000	620	750		2,500
	30~49	2,400				45	55					25		75	100		2,000	600	750		2,500
	50~64	2,200				40	50					25		75	100		2,000	570	700		2,500
	65~74	2,000				40	50					25		75	100		2,000	560	700		2,500
	75 이상	2,000				40	50					25		75	100		2,000	560	700		2,500
여자	6~8(세)	1,500				20	25					15		50	60		700	580	700		2,500
	9~11	1,700				30	35					15		60	80		1,000	670	800		2,500
	12~14	2,000				40	45					20		75	100		1,400	740	900		2,500
	15~18	2,000				40	45					20		75	100		1,600	660	800		2,500
	19~29	2,100				40	50					20		75	100		2,000	530	650		2,500
	30~49	1,900				35	45					20		75	100		2,000	510	650		2,500
	50~64	1,800				35	45					20		75	100		2,000	590	700		2,500
	65~74	1,600				35	45					20		75	100		2,000	570	700		2,500
	75 이상	1,600				35	45					20		75	100		2,000	570	700		2,500
임신부*		+0 +340 +450				+0 +12 +25	+0 +15 +30					+5		+10	+10		2,000	+230	+280		2,500
수유부		+320				+20	+25					+5		+35	+35		2,000	+310	+370		2,500

* 에너지, 단백질 : 임신 1, 2, 3분기별 부기량

자료 : (사)한국영양학회, 한국인 영양섭취기준 개정판, 2010

(Acceptable Macronutrient Distribution Ranges, AMDR)을 설정한다.

한국인 영양섭취기준은 2005년에 새로 설정하였고, 2010년에 1차 개정이 이루어졌다.

(4) 올바른 식사계획

올바른 식생활의 실천과 건강한 영양 상태를 유지하기 위해 가장 중요한 것은 균형 잡힌 식사를 하는 것이다. 앞서 설명한 영양섭취기준은 일반인이 따라하기에는 다소 전문적인 경향이 있어 이보다 직접적인 도움이 될 수 있는 방법으로 식사구성안이 제안되었다.

① **여섯 가지 기초식품군**

- 곡류 : 당질식품에 해당하는 곡류나 전분류는 우리 식생활의 주가 된다. 종류로는 곡류, 면류, 빵류, 떡류, 묵류, 시리얼류, 과자류 등이 있고 탄수화물, 단백질(단백가 낮음), 티아민(현미, 잡곡) 등의 영양소를 함유한다.
- 고기·생선·달걀·콩류 : 신체를 구성하고 근육조직을 생성, 유지시켜주는 단백질의 주요 급원 식품으로 고기, 생선, 조개, 잔멸치, 뱅어포, 알 및 콩류(대두), 견과류 등이 여기에 속한다.
- 채소류 : 수분, 무기질, 비타민, 식이섬유소의 주요 급원 식품이다. 녹황색 채소, 담색 채소, 감자, 고구마, 해조류 등이 있다. 녹황색 채소 중에 많이 함유된 카로틴은 체내에서 비타민 A로 전환된다.
- 과일류 : 섬유질과 비타민의 주요 공급원이다. 사과, 배, 딸기, 오렌지 등 제철에 나는 과일류 등이 여기에 속한다.
- 우유·유제품류 : 칼슘 함량이 높은 식품으로 골격과 치아를 구성하는 역할을 한다. 우유, 분유, 치즈, 요구르트, 아이스크림 등의 식품이 있다.
- 유지·당류 : 식물성과 동물성으로 구분되며 열량 공급, 음식의 풍미를 살려주며 지용성 비타민 공급 등의 역할을 한다. 식물성 기름, 버터, 마가린, 마요네즈, 설탕, 초콜릿, 탄산음료 등이 여기에 속한다.

② **식품구성자전거**

그림 4-1은 한국영양학회에서 균형 있는 식생활을 위해서 6가지 식품군을 이해하기 쉽게 그림으로 표현한 식품구성자전거이다.

주로 에너지원으로 사용되는 곡류는 매끼 충분히 섭취해야 하며, 식품구성자전거에서 34%로 가장 큰 면적을 차지하고 있다. 다음으로는 채소류(24%), 고기·생선·달걀·콩류(16%), 우유·유제품(15%), 과일류(10%), 유지·당류(2%) 순이다.

1인 1회 분량을 기준으로 하루 식사량의 1/3 정도는 곡류를 통해서 영양을 흡수하며, 1/4은 채소류, 단백질 식품은 1/5 정도 섭취하는 것이 바람직하다.

그림 4-2는 미국 농무성(USDA)이 일상식사에서 건강한 식생활을 할 수 있도록 식품의 섭취와 선택에 대해 안내하는 정보를 피라미드로 구성한 것이다. 그림에서 보듯이 곡류나 채소, 과일류 등은 많이 섭취하고 유지 등은 적게 섭취하는 것이 바람직하다는 것을 제시하고 있다.

그림 4-1 식품구성자전거

자료 : (사)한국영양학회, 한국인 영양섭취기준 개정판, 2010

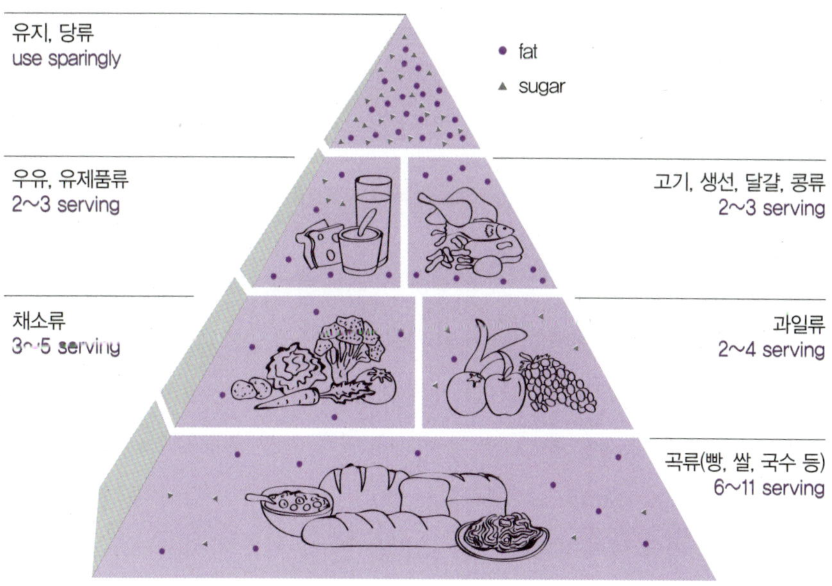

그림 4-2 미국의 식품피라미드

2) 타깃과 연령에 따른 영양

메뉴를 계획할 때 타깃이 되는 고객의 연령과 성별을 고려하여 영양을 공급하는 것 또한 필수적인 요소이다.

예를 들어 어린이를 주 대상으로 하는 어린이 레스토랑은, 성장기 아이들의 필수 영양을 공급해 주기 위해서는 청량음료나 인스턴트식품을 사용한 메뉴보다는 칼슘과 단백질이 풍부한 우유를 음료로 제공하거나 소화하기 쉽고 알레르기 반응도 비교적 적은 두부를 이용한 메뉴를 구성해 보는 것도 좋은 방안이 될 수 있다.

최근 한국은 급속한 노령화 사회로 접어들면서 자녀 양육을 끝낸 노인인구가 소비계층으로 등장하면서 60대 이후 노인을 대상으로 한 메뉴 개발이 요구되는 상황이다.

비교적 시간 여유가 있고 아침 시간의 활용도가 높은 노인층을 타깃으로 한 메뉴 개발은 활동량이 적고 소화력이 떨어지는 계층의 특성을 고려하여 비교적 양이 적으면서도 소화가 잘 되고 성인병 예방에 좋은 영양소를 공급해 줄 수 있도록 작성하는 것이 좋다. 예를 들어, 같은 빵이라도 하얗게 도정한 백밀가루보다는 통밀을 이용하여 칼로리를 낮춘다든지, 천연발효 제품을 이용한다. 그리고 밀가루를 소화하지 못하는 사람을 위하여 글루텐이 포함되지 않은 제품의 빵을 개발하는 것도 노인층을 대상으로 하는 메뉴 개발이 될 수 있다.

3) 다이어트와 영양

최근 들어 서구화된 식생활과 운동부족으로 인한 열량의 과잉공급에 따라 비만 인구가 늘어나고 있다. 그리고 편리함을 추구하는 현대인의 라이프스타일로 외식의 기회가 많아지면서 외식으로 섭취하는 메뉴의 칼로리와 영양성분을 제대로 알고 건강에 좋은 영양소이면서 칼로리는 낮은 메뉴를 개발하는 것이 시급한 과제가 되었다.

표 4-2는 우리가 흔히 접할 수 있는 외식 메뉴의 종류와 열량을 표시하고 있다. 대체로 열량은 한 끼에 700~800 kcal 정도 되는 것이 많고 짠맛이 강하여 나트륨을 과잉섭취하기 쉽다. 칼로리를 줄이기 위해서는 조리를 할 때 기름을 사용하기보다는 물을 사용하여 찌거나 끓이는 방법을 사용하면 좋다. 특히 알코올음료는 단백질이나 탄수화물보다 높은 열량을 가진 것이 많으므로 다이어트를 하는 사람은 주의해서 섭취해야 한다.

읽을거리

한국인을 위한 식사 지침

1. **다양한 식품을 골고루 먹자** 인체의 생명과 건강을 유지하기 위해 필요한 영양소는 50여 가지에 이른다. 다양한 식품을 선택하여 영양소를 고르게 섭취함으로써 영양소의 상호 보완적 효과를 얻는 것이 중요하다.

2. **정상 체중을 유지하자** 과다체중은 성인병 발병률 및 사망률의 증가와 밀접한 관련이 있다. 또한 저체중도 바람직하지 못하므로 적정 체중을 유지하도록 하는 영양관리가 필요하다.

3. **단백질을 충분히 섭취하자** 단백질을 섭취하는 것은 곧 아미노산을 공급받기 위한 것이므로 식물성 단백질은 물론 우유, 달걀 등 동물성 단백질도 섭취하여 아미노산의 균형을 이루도록 한다.

4. **지질은 총 에너지 섭취량의 20% 정도로 제한하자** 필수지방산의 섭취는 중요하므로 동물성·식물성 지질을 균형 있게 섭취하도록 한다. 단, 성인병을 예방하기 위해 지질의 과다 섭취를 주의하는 것이 좋다.

5. **우유를 매일 마시자** 한국인의 전통 식단은 칼슘과 라이보플라빈이 부족한 경우가 많으므로 이 점을 보완하기 위해 우유 1컵 정도를 매일 마시도록 권장하고 있다. 우유뿐 아니라 요구르트나 치즈 등 유제품의 섭취는 같은 효과를 기대할 수 있다.

6. **짜게 먹지 않도록 하자** 국이나 찌개 등을 즐겨 먹는 한국인은 나트륨 섭취가 서구보다 월등히 높은 편이다. 나트륨 섭취를 줄이기 위해 가공식품 및 화학조미료의 사용을 지양하는 것이 바람직하다.

7. **치아의 건강을 유지하자** 설탕 함량이 높은 간식이나 청량음료의 섭취는 충치 발생을 촉진하므로 단순당보다 신선한 과일 등의 섭취를 늘리는 것이 좋다.

8. **술, 담배, 카페인 음료 등을 제한하자** 다른 영양소는 거의 없이 열량만을 제공하는 술은 비타민이나 무기질의 흡수를 방해하는 역할도 한다. 담배는 폐질환은 물론 심혈관질환의 발생률도 높인다. 카페인 음료 또한 혈압의 상승, 철분 흡수를 방해하는 등 인체에 바람직하지 못한 영향을 끼치므로 절제하는 것이 좋다.

9. **규칙적인 식생활, 일상생활을 유지하자** 균형 잡힌 식사, 적당한 운동, 적정한 휴식이 조화를 이루는 규칙적인 생활을 하도록 한다.

10. **즐거운 마음으로 식사하자** 긍정적 사고방식은 영양소 대사를 촉진하고 신체 기능이 원활하도록 하는 역할을 한다.

자료 : 한국영양학회

이와 같이 메뉴 개발자는 메뉴 계획을 세울 때 영양학 관련 기본 지식을 바탕으로 단순히 살을 빼는 것이 아닌, 우리 몸에 필요한 영양소를 골고루 섭취할 수 있도록 하는 도의적인 책임을 가지고 있다.

표 4-2 외식 메뉴의 열량

한식		간식 및 분식		중식 및 양식		기타 음료 및 주류	
음식명	열량 (kcal)	음식명	열량 (kcal)	음식명	열량 (kcal)	음식명	열량 (kcal)
삼계탕	918	빅맥	610	탕수육	1500~1800	생맥주 (500 mL)	190
제육덮밥	782	떡볶이	600	피자	1100~1200	맥주 (500 mL)	240
꼬리곰탕	768	비빔국수	595	잡채밥	886	콜라 (250 mL)	100
김치볶음밥	753	수제비	470	안심 스테이크	860	사이다 (250 mL)	100
비빔밥	705	물냉면	450	간짜장면	825	포도주 (700 mL)	650
불고기덮밥	669	칼국수	460	짜장면	783	소주 (360 mL)	630
순두부백반	580	라면	440	잡탕밥	776	고량주 (250 mL)	690
대구매운탕	520	메밀국수	430	새우볶음밥	775	위스키 (360 mL)	1000
갈비탕	585	떡국	430	오므라이스	730	샴페인 (640 mL)	280
설렁탕	475	우동	410	짬뽕	688	청주 (300 mL)	390
김치찌개 백반	455	김밥 (1줄)	400	군만두	689	막걸리 (750 mL)	410
오징어덮밥	684	고기만두 (3개)	390	돈가스	980	우유 (200 mL)	120
호박죽	295	샌드위치 (3개)	360	스파게티	580	요구르트 (100 mL)	70
참치덮밥	670	햄버거	300	크림수프	145	캔커피 (250 mL)	110
회덮밥	680	치즈버거 세트	680	치킨샐러드	220	오렌지주스 (200 mL)	100

읽을거리

영양 판정 방법

식품 및 영양소의 섭취 상태, 영양 상태와 관련된 건강 지표 등을 측정함으로써 개인 및 집안의 영양 상태를 평가하고 진단할 수 있다. 영양 상태를 판정하는 데는 신체계측법, 생화학적 방법, 임상적 방법, 식사조사법 등 네 가지 방법이 주로 이용된다.

1. 신체계측법

신장, 머리둘레, 체중 등을 이용하는 방법이다. 특히 성장기 어린이의 영양 상태를 판정하는 기준으로 많이 사용되며, 비만도를 판단하기도 한다.

성인의 경우 비만도는 체중과 연령, 신장을 함께 고려하여 평가하는데, 실제 체중/신장(m)×100 또는 체질량 지수[BMI, Body Mass Index, 체중(kg)/신장(m)^2]의 방법이 흔히 이용된다.

체지방량, 복부비만을 반영하는 지표로 사용되는 허리-엉덩이 둘레비(WHR, Waist-Hip circumference Ratio)는 1.0 이상인 경우 대사성 질환의 발생 위험이 증가한다고 판정된다.

신체계측법은 간단하고 안전하며 적은 비용으로 할 수 있다는 장점이 있지만, 각종 질병 등을 정확하게 판단하기는 어려워 보다 자세한 방법이 필요하다.

2. 생화학적 방법

혈액, 소변, 대변 및 조직 등의 검사를 통해 영양 상태를 판정하는 방법이다. 정확하고 객관적인 방법이라고 할 수 있다.

3. 임상적 방법

영양불량과 관련되어 나타나는 임상 징후를 시각적으로 판단하는 방법이다. 영양불량이 진행된 후에 비로소 판정할 수 있다. 여러 가지 영양소의 결핍이 복합적으로 나타나는 경우가 많다.

4. 식사조사법

섭취한 식품의 양과 종류를 조사하여 판정하는 방법이다. 하루 동안 섭취한 것을 기억하여 조사하는 24시간 회상법, 일정 기간 섭취한 식품의 종류와 양을 기록하는 식사기록법, 특정 영양소의 섭취 패턴을 조사하기 위한 식품섭취빈도법, 장기간의 식사 형태를 조사하는 식사력 조사법, 실제 섭취한 식품을 재료별로 구분하여 분량을 측정하는 실측법 등이 있다.

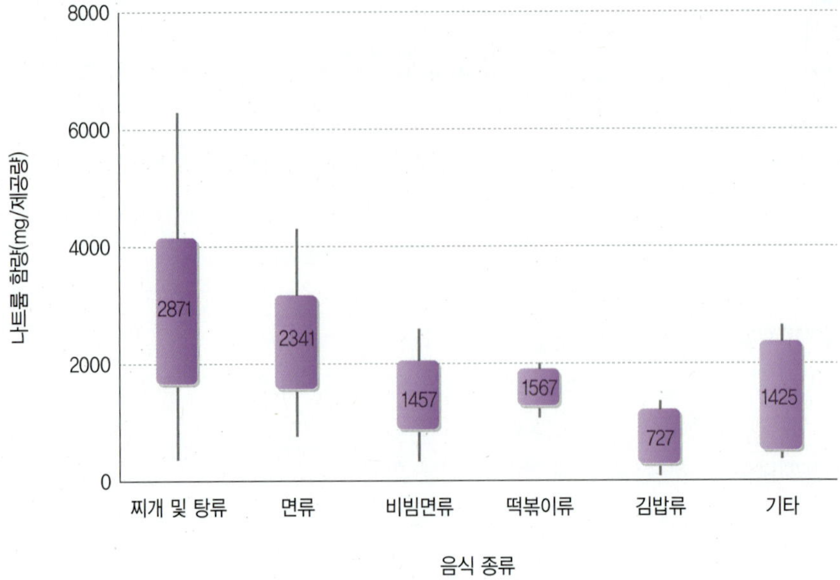

그림 4-3 음식 종류별 나트륨 함량

4) 영양 성분 표시

식품을 취급하는 업체나 외식기업에서는 영양 성분이나 원산지에 관한 내용을 표시해야 한다. 영양 성분에 기재되는 내용에는 1회 제공량의 단위와 1회 기준단위당 함유되어 있는 영양소와 1일 필요량을 기준으로 함유된 % 등이 포함되어야 한다.

이때 주의할 점은 보통 한 끼 식사로 제공되는 1인량이 1회 분량의 기준량과 같은지, 식품으로 포장된 단위가 1회 분량인지 2회 분량인지를 확인할 필요가 있다. 자칫 잘못하여 2회 분량의 내용물을 1인량의 메뉴 표준으로 잡고 영양 성분을 1회 분량으로 기재하였다면, 고객은 2회 분량을 섭취하고도 절반의 영양소와 열량을 섭취한 것으로 착각할 수 있기 때문이다.

또한 일부 라면이나 김치와 같이 염분이 많이 들어간 제품은 나트륨의 함량이나 트랜스 지방의 함량을 표시하기도 한다.

1회 제공량 1개(80 g)
총 2회 제공량(160 g)

이 제품의 총 중량은 160 g이고 1회 제공량인 80 g을 기준으로 영양 성분의 함량을 표시

1회 제공량당 함량

1회 제공량당인지 식품 100 g(mL)당인지에 따라 영양 성분 함량이 크게 달라진다. 영양 성분의 함량 기준 꼭 확인함

열량

체중에 관심이 많으세요? 열량을 확인하세요. 열량은 탄수화물(4 kcal), 단백질(4 kcal), 지방(9 kcal)의 함량으로 결정

칼슘, 철, 비타민

철 풍부, 칼슘 강화와 같은 강조 표시를 한 경우에는 함량을 함께 표시

영양 성분

1회 제공량 1개(80 g)
총 2회 제공량(160 g)

1회 제공량당 함량		%영양소 기준치
열량	285 kcal	
탄수화물	46 g	43%
당류	23 g	
단백질	5 g	8%
지방	9 g	10%
포화지방	2.5 g	17g
트랜스지방	2 g	
콜레스테롤	80 mg	27%
나트륨	150 mg	8%
칼슘	140 mg	20%
철	2 mg	13%
비타민 C	2 mg	2%

%영양소 기준치는 식품에 함유된 영양소 함량이 높은 것인지, 낮은 것인지를 알려줄 뿐만 아니라 하루 식사에서 얼마나 많이 또는 적게 기여하는지를 나타냄

영양 성분

영양 성분 표시에는 열량, 탄수화물, 당류, 단백질, 지방, 포화지방, 트랜스 지방, 콜레스테롤, 나트륨을 의무적으로 표시

%영양소 기준치

%영양소 기준치는 하루에 섭취해야 할 영양 성분인 영양소 기준치를 100%라고 할 때 해당식품의 섭취를 통해 얻는 영양 성분의 비율

단백질

1회 제공량을 먹으면 단백질 5 g을 섭취하게 되고, 1일 단백질 기준치(60 g)의 8%를 섭취하는 것

트랜스 지방

가능한 적게 드세요! WHO에서는 하루 섭취 열량 2,000 kcal 기준으로 2.2 g을 넘지 않도록 권고

그림 4-4 영양 표시

자료 : 식품의약품안전처

Nutrition Facts

Serving Size 2 oz. (56g)
Serving per Container 2

Amount per Serving	
Calories 240 Calories from Fat 70	
	% Daily Value*
Total Fat 8g	12%
Saturated Fat 4g	20%
Trans Fat 0g	
Cholesterol 0mg	0%
Sodium 1050mg	44%
Total Carbohydrate 38g	13%
Dietary Fiber 1g	4%
Sugars 1g	
Protein 5g	
Vitamin A 0% • Vitamin C	0%
Calcium 0% • Iron	2%

* Percent Daily Values are based on 2,000 calorie diet.

그림 4-5 신라면의 영양 성분 라벨표시의 사례

2. 메뉴의 위생관리

메뉴를 계획할 때 위생관리는 고객의 건강을 위해서도 필수적으로 고려되어야 할 사항이며, 경영자 입장에서도 위생관리를 소홀히 하여 식중독이 발생하거나 식품위생 관련법을 위반할 경우 경영 전반에 치명적인 결과를 초래할 수 있으므로 식품위생에 관한 철저한 대비를 하는 것이 중요하다.

1) 위생의 개념 및 중요성

식품위생이란 식품이 제조, 생산되는 시점부터 사람에게 섭취될 때까지의 모든 단계에서 식품의 안전성을 확보하기 위한 수단과 방법을 의미한다. 우리나라에서는 기구, 용기, 식품첨가물, 식품 포장에 이르기까지 식품에 관련된 보다 넓은 범위를 포함하고 있다.

식품위생은 식품으로 인하여 일어날 수 있는 모든 건강 장애 요인을 제거하여 인간의 건강유지와 증진을 도모하는 것으로 식품의 오염이나 변질을 발생시킬 수 있는 원인을 찾아 미리 예방하고, 도덕적으로도 위생적인 식품을 공급하려는 외식경영자의 의지가 반영되어야 한다.

유기농, 친환경 농산물 등 농약의 사용을 줄이는 방식으로 재배된 농산물인지, 육류는 어느 나라에서 수입이 되었고 어떤 방식으로 사육되었는지 등이 위생의 범위에 포함된다고 할 수 있다.

현대 사회는 위생과 건강에 관심이 많은 소비자가 식품의 제조 단계부터 식품의 원산지가 어디이며 어떻게 재배되었는지에 대한 정보를 제공받기를 원하는 경향이 강하므로 식품위생의 중요성은 더욱 커지고 있다.

2) 식재료의 위생관리

식재료를 위생적으로 관리하는 것은 모든 외식업 종사자에게는 필수적으로 요구되는 사항이다. 식품의약품안전처에서 제시한 식품을 안전하게 취급하는 세 가지 원칙은 첫째, 청결, 신속, 가열·냉각으로 식품을 청결하게 취급하며, 둘째, 조리된 음식은 가능한 빨리 섭취해야 하며, 셋째, 보관·저장 시에는 가열 후 보관하거나 냉각해야 한다는 원칙을 세우고 있다.

안전한 식품 섭취를 위한 5가지 방법

가. 청결유지

- 식품을 다루기 전과 조리하는 중간에 손을 자주 씻어야 한다.
- 화장실에 다녀온 후 반드시 손을 씻어야 한다.
- 식품 조리에 사용하는 모든 기구 및 표면을 깨끗이 세척하고 소독해야 한다.
- 조리장소와 식품을 곤충, 해충 및 기타 동물로부터 보호해야 한다.

왜 그럴까요?

대부분의 미생물이 질병을 유발하지는 않지만 일부 유해한 미생물은 토양, 물, 동물 및 사람에게서 발견될 수 있다. 이와 같은 유해한 미생물은 손, 행주, 조리기구, 특히 도마를 통해 옮겨질 수 있으며, 경미한 접촉으로도 쉽게 식품에 옮겨져 식중독을 일으킬 가능성이 있기 때문이다.

나. 익히지 않은 음식과 익힌 음식의 분리

- 익히지 않은 육류, 가금류 및 해산물을 다른 식품과 분리한다.
- 칼이나 도마 등의 조리기구는 가열 식품용과 비가열 식품용으로 구분하여 따로 사용한다.
- 익히지 않은 음식과 익힌 음식 간의 접촉을 피하기 위하여 식품은 별도의 용기에 담아 보관해야 한다.

왜 그럴까요?

가열하지 않은 식품, 특히 육류, 가금류, 해산물 및 그 육즙에는 유해한 미생물이 있을 수 있어 식품 조리 및 보관 중 다른 식품으로 옮겨질 수 있다.

다. 완전히 익히기

- 식품, 특히 육류, 가금류, 달걀 및 해산물은 완전히 익힌다.
- 수프 및 스튜와 같은 식품은 반드시 70℃까지 가열한다. 육류나 가금류는 육즙이 분홍색을 띠지 않고 맑게 될 때까지 가열한다. 온도계를 사용하는 것이 좋다.
- 조리되었던 식품은 완전하게 재가열한다.

왜 그럴까요?

적절하게 가열하면 유해한 미생물은 대부분 죽는다. 연구에 의하면 70℃까지 가열하면 안전하게 식품을 섭취할 수 있다고 한다. 다진 고기, 구이용 고기말이, 뼈가 붙어 있는 고기 및 통째로 조리된 가금류는 특히 주의가 필요하다.

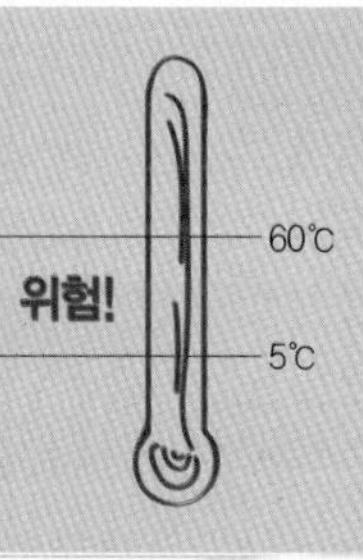

라. 안전한 온도에서 보관하기

- 조리한 식품은 실온에 2시간 이상 방치하지 않는다.
- 조리한 식품 및 부패하기 쉬운 식품은 즉시 냉장고에 보관해야 한다(5℃ 이하).
- 조리한 식품은 먹기 전에 뜨거운 상태(60℃ 이상)로 유지해야 한다.
- 냉장고 안이라도 식품을 장기간 보관하면 안 된다.
- 냉동식품은 실온에서 해동하지 않는다.

왜 그럴까요?

실온에서는 식품 중 미생물이 매우 빨리 증식할 수 있다. 보관온도를 5℃ 이하나 60℃ 이상으로 유지할 경우 미생물의 증식은 둔화되거나 중지된다. 그러나 일부 유해한 미생물은 5℃ 이하에서도 여전히 증식하기 때문이다.

마. 안전한 물과 원재료 사용하기

- 안전한 물을 사용한다.
- 신선하고 질 좋은 식품을 선택한다.
- 살균우유와 같은 안전하게 가공된 식품을 선택한다.
- 특히 과일이나 채소는 가열조리 없이 그대로 먹을 경우 잘 씻는다.
- 유통기한이 지난 식품은 사용하지 않는다.

왜 그럴까요?

물과 얼음 등을 포함한 식품 원재료는 유해한 미생물 및 화학물질에 오염될 수 있다. 이로 인해 손상된 식품이나 곰팡이가 핀 식품에는 유독한 화학물질이 생성될 수 있다. 식품 원재료 선택 시 주의를 기울이거나 세척 및 껍질 벗기기 등과 같은 간단한 처리로 식품으로 인한 위해를 줄일 수 있다.

그림 4-6 안전한 식품섭취방법(WHO 기준)

자료 : 식품의약품안전처, 2012

즉, 식재료를 청결하게 관리하기 위해서는 식재료, 주방, 설비, 기구, 조리사 등 모든관련된 범위의 청결을 의미한다. 식재료 세척에서부터 조리 시 필요한 칼, 도마, 행주, 장갑 등의 기구와 도구의 살균 소독도 위생적으로 관리하여 교차오염을 방지하여야 한다.

식재료는 아무리 청결하게 관리하더라도 조리 시 세균에 감염될 수 있는 조건에 노출되기 쉬우므로 가능한 한 음식은 빨리 조리하고 섭취하는 것이 안전하다.

또한 세균은 종류에 따라서 차이가 있기는 하지만 대부분 사람의 체온과 비슷한 36~37℃에서 가장 잘 증식하고 5℃ 이하나 60℃ 이상의 온도에서는 번식이 힘드므로 가열이나 냉각을 통하여 증식하는 것을 막아야 한다.

(1) 식재료 구매와 검수의 위생관리

식재료의 위생관리를 위해서는 식재료 구매에서 검수, 저장고 보관, 조리, 가열, 판매 등의 과정에서 오염을 방지하고 위생적으로 취급하여야 한다.

식재료를 구매할 때 확인해야 할 사항은 곡류와 과채류 등 1차 농산물은 원산지가 제대로 표시되어 있는지, 어·육류는 도축검사증명서와 등급판정확인서가 있는지, 그리고 냉장, 냉동 상태를 잘 유지하여 유통되었는지 등이다.

달걀이나 유제품 또한 냉장유통을 하여야 하며, 김치류나 가공식품은 포장이 훼손되지 않고 유통기한 등의 표시가 잘 되어 있는지 확인한다.

(2) 식재료의 보관

냉장식품은 5℃ 이하에서 보관하고, 냉동식품은 -18℃ 이하에서 보관해야 한다. 채소류는 상온보관도 가능하지만 더운 여름철이나 장마철에는 냉장상태로 보관해야 오래 보관할 수 있다. 특히 전처리를 하거나 세척한 채소·과일류는 오랜 기간 보관이 어려우므로 주의해야 하며 산소와 접촉된 부분이 산화되어 색이 변하거나 부패가 일어날 수 있다.

냉장·냉동고는 최대한 문을 자주 열지 않도록 주의해야 하며, 조리된 식품은 용기에 넣거나 랩으로 포장하여 공기와의 접촉을 최소한으로 막는 것이 중요하다. 개봉한 통조림류는 개별 용기에 담아서 보관해야 한다. 냉장고나 냉동고에 너무 많은 식품을 수납, 보관하면 냉기를 전달하는 매개체가 원활하게 순환이 되지 않아 본래의 기능이 떨

표 4-3 식품의 검수

식품	검수 저장법
신선과일, 채소류	감염 여부 확인 후 세척하여 보관할 것과 세척하지 않고 포장 보관할 것을 구분한다.
파손방지	• 세척 시 냉장보관 유통기한이 줄어든다. • 산소와의 접촉을 방지하기 위해 종이나 랩에 포장해서 보관한다.
가금류	• 냉장상태로 유통(5℃ 이하로 유지)한다. • 살이 단단하고 탄력이 있는 것이 신선한 제품이다. • 냄새가 나거나 날개 부분의 색이 어둡게 변하거나 끈적이는 것은 부패의 우려가 있으므로 주의해야 한다. • 쉽게 부패가 일어나므로 당일 구매가 바람직하다.
육류	• 검사필 표시를 확인해야 한다. • 냉동된 것은 -15℃ 이하로, 냉장은 5℃ 이하로 온도를 유지하여 유통한다. • 외부뿐 아니라 내부의 온도도 동일하게 유지되어야 한다. • 선홍색에 마블링이 좋은 육류가 최상급 육류이다. • 보라색으로 변한 것은 공기순환이 없는 곳에서 저장했거나 상하고 있는 것이므로 주의해야 한다. • 미생물에 오염되면 밤색, 초록색, 보라색의 반점이 생기며, 냉동상태가 나쁘거나 곰팡이가 생기면 검은색, 하얀색, 초록색 반점이 생긴다. • 돈육은 하얀 비계와 탄력 있는 옅은 분홍색 살코기가 신선육이다.
해산물	• 냉장상태의 생선은 얼음을 채워 5℃로 유통하되 생선살에 직접 얼음이 닿지 않도록 주의한다. • 아가미가 선명한 빨간색으로 촉촉하며, 눈은 깨끗하며 튀어나와 있다. • 살과 배 부분이 단단하고 탄력이 있고 비린내가 심하지 않다. • 냉동 생선은 녹았다가 다시 얼지 않은 것으로 뼈가 살에서 쉽게 분리되지 않으며 비늘이 살에 단단히 붙어 있는 것이 신선한 것이다. • 조개류는 껍데기가 벌어지지 않은 것으로, 비린내가 너무 강하지 않고 껍질이 깨지지 않은 것이 신선한 것이다.
유제품	4℃ 이하에서 보관하고 유통기간이 지나지 않은 것으로 포장상태가 양호하고 부풀거나 신맛, 곰팡이가 생기지 않은 것으로 냉장상태를 유지하면서 유통, 저장해야 한다.
냉동식품	-18℃ 이하의 온도에서 냉동상태가 유지되도록 유통되어야 하며, 해동·재냉동의 절차가 지정된 방법에 의해 준수되어야 한다.
통조림식품	녹슬거나 부푼 것은 내부에 세균이 번식하여 식중독 발생의 위험이 있으므로 주의해야 한다.
달걀	• 4℃ 이하 냉장상태로 유통되어야 하며 껍질이 거칠고 내용물이 단단하고 냄새가 나지 않는 것으로 금이 가지 않도록 주의해서 취급하여야 한다. • 달걀노른자와 흰자의 구분이 뚜렷하고 탄력이 있는 것이 신선하다.
건조식품 및 기타	• 건조식품은 수분이 유지되도록 건조하고 환기가 잘 되는 곳에 보관하며 곰팡이나 해충의 피해가 생기지 않도록 주의해야 한다. • 진공포장된 제품은 거품이 없고 제품과 포장재가 완전히 밀착된 것이 좋은 상태의 제품이다.

어질 수 있으므로 전체 공간의 70% 정도만 수납 보관하는 것이 온도를 유지하는 데 좋다.

뜨거운 것을 수납할 경우에는 중심온도를 10℃ 이하로 식힌 후 냉장보관 해야 하며, 조리된 식품과 원재료의 식재료와는 접촉되지 않도록 따로 보관하는 것이 좋다.

건조식품 등을 보관하는 저장고는 습도와 온도에 주의를 기울여야 하는데, 습도는 대개 50~60% , 온도는 15~21℃ 정도가 적당하다.

또한 바닥의 오염물이 묻지 않고 환기가 잘 되도록 바닥과 벽에서 일정한 간격을 두고 선반을 배치하여 식재료를 저장하는 것이 좋다. 특히 설탕이나 밀가루와 같이 습기를 흡수하는 식재료는 되도록 선반 높은 곳에 보관해야 한다.

환기를 위해 바닥과 천장 사이 30~50 cm 높이에 창을 두고 방충망과 배기후드를 설치해야 한다.

식재료 보관 시 유통기한을 고려하여 선입·선출법으로 사용할 수 있도록 배치해야 잘못 보관함으로써 생기는 오차 발생을 최대한으로 줄일 수 있다.

(3) 식재료 품질관리

식재료의 품질관리를 위해 비가열 조리식품인 과일, 채소는 세척 시 흐르는 물에 충분히 세척해야 하며, 식초나 약품을 이용하여 잔류농약을 제거하는 것이 좋다.

가열된 조리식품을 냉각할 경우에는 냉각기를 이용하거나 청결한 장소에서 위생적인 용기에 나누어 담아 식히고, 냉각 시작시간과 종료시간을 기록하는 것이 좋다.

가열 조리 시에는 조리하는 식품의 중심부 온도가 75℃인 상태에서 1분 이상 가열하고 식품의 중심온도를 재기가 어려울 때에는 조리되고 있는 기구의 중심 부근의 온도를 측정하면 된다.

제품의 내부 온도는 한 곳이 아니라 여러 곳에서 측정하는 것이 정확하며 조리하면서 간을 보거나 맛을 보면서 입에 댄 수저는 조리하는 음식에 다시 넣지 않는 것이 좋다.

재가열 시에는 2시간 내에 74℃로 최소한 15초 이상 재가열해야 한다. 재가열 후 홀딩 장비에 옮긴다면 최소한 60℃를 유지해야 한다. 조금씩 재가열하고 재가열은 한 번만 하는 것이 좋다.

냉동식품은 해동을 한 후 조리하는 것이 좋은데 비닐 포장 그대로 흐르는 찬물에서 해동하거나 냉장고에서 해동하는 방법을 주로 이용한다. 이때 물이 식품 표면에 튀지 않도록 해야 하며 깨끗하고 위생적인 조리기구와 시설을 사용해야 한다.

한 번 해동한 제품을 다시 냉동하면 제품의 세포벽이 파괴되면서 식품 내부의 즙이 유출되거나 세포벽이 파괴되면서 식품의 재질 자체에 변화가 일어나므로 해동 후 재냉동을 하는 것은 식품의 품질 유지를 위해 되도록 하지 않는 것이 좋다. 냉동할 때에는 한 번에 사용할 분량만큼 나누어서 포장하여 그때그때 필요한 양만큼 해동해서 사용하는 것이 바람직하다.

식재료의 온도·시간 관리

식재료의 위생적인 관리를 위해서는 온도와 시간관리가 중요한데, 특히 가열조리 식품은 표면뿐 아니라 중심부의 온도도 74℃ 이상으로 1분 이상 가열하여야 한다. 또한 음식을 보관할 때 뜨거운 음식은 60℃ 이상으로 보온하고, 찬 음식은 냉장온도인 4℃ 이하로 관리한다. 특히 냉장온도에서도 생육과 번식이 가능한 세균 종류가 있으므로 냉장온도에서 장기간 음식을 보관하는 것은 위험하며 주기적인 관리와 점검이 필요하다. 식중독 예방을 위해서 식재료의 온도와 시간관리는 중요하다.

3) HACCP 시스템의 이해

해썹(HACCP, Hazard Analysis Critical Control Point)이란 '식품위해요소중점관리기준', 즉 효율적으로 식품위생을 관리할 수 있는 총체적인 시스템의 기획 및 이행을 의미한다. 특히 HACCP 시스템은 예방적 관리체제로 제품의 제조나 가공 후 검사보다는 위해요소가 발생하지 않도록 사전에 예방하는 데 중점을 두는 것이다. 위해요소란 소비자의 건강에 문제를 일으킬 수 있는 생물학·화학·물리학적 요소로, 외부에서 유입된 이물질이나 소비자의 위생에 직접적인 영향을 미치지 않는 변패 등은 위해로 간주하지 않는다.

다시 말해 HACCP은 식품의 생산, 가공, 유통 단계에서 발생할 수 있는 위해요소에 대하여 사전에 예방할 수 있도록 어떠한 위험요소가 있는지 관리 방법을 분석하며, 각 단계에서 발생할 수 있는 위해요소를 적절히 관리하여 최종 식품의 위생안전을 보장할 수 있도록 하는 과학적인 위생관리 시스템이다.

HACCP의 역사를 살펴보면 1995년 미국의 우주식품 개발에서 최초로 적용되었으며, 1970년대 초부터 학회 등에 보고되었다. 1980년대부터는 일반화되기 시작하여 1985년 미국과학원(National Academy of Science, NAS)에서는 HACCP을 전 식품산업에 활용하도록 권장하였다. 1993년 FAO/WHO의 국제식품규격위원회(Codex Alimenterius Commission, CAC)에서도 공식적으로 식품위생관리지침으로 HACCP 시스템을 채택하였다. 1997년 미국의 식품의약품안전청(Food and Drug Administration, FDA)에서는 HACCP 제도를 미국 내 유통되는 모든 수산식품에 강제적 적용을 결정하였고, 1996년 미국 농림성(USDA)의 식품안전검사국(FSIS)에서는 식육과 가금육에 대하여 HACCP 제도의 적용을 강제조항으로 발표하기도 하였다.

한국에서는 1995년 HACCP의 근거를 마련하였고, 1996년 보건복지부에서 식품위해요소중점관리기준을 확정 고시하여 식육제품에 적용한 것을 시작으로 2000년부터는 식품 전반에 걸쳐 확대 적용하되 강제 적용이 아닌 자율 적용하도록 권장하고 있다.

HACCP 시스템의 단계를 살펴보면 위해분석(Hazard Analysis, HA) 단계와 중요관리점(Critical Control Point, CCP)으로 나눌 수 있다.

위해분석은 크게 식품제조 가공공장의 시설 및 장비와 관련된 일반적 위해요소와 식품의 가공, 제조, 유통 중 식품에 직접 발생할 수 있는 공정 위해요소로 구분한다. 실질적인 위해인자에 따라 병원성 미생물로 인한 생물학적 위해, 조리 가공 과정 중 첨가된 화학물질 등으로 인한 화학적 위해, 식품제조 가공 중 소비자에게 질병이나 상해를 일으킬 수 있는 이물질 등으로 인한 물리적 위해로 구분할 수 있다.

HACCP 시스템의 수행 절차는 크게 준비단계와 실행단계로 나눌 수 있으며 준비단계는 HACCP 팀의 구성, 제품 설명서 작성단계, 용도 확인, 공정흐름도 작성, 공정흐름도 현장 확인의 5단계로 이루어진다. 실행단계는 위해요소 분석과 위해도 평가(Hazard Analysis, HA) 단계, 위해 관리를 위한 중점관리점 관리단계(Critical Control Point, CCP)로 7가지 원칙의 단계적 시행을 포함한다.

HACCP의 실행단계를 자세히 살펴보면 1단계인 위해 분석단계는 소비자의 건강에 위해를 줄 수 있는 생물학·화학·물리학적 위해 요소를 분석 평가하는 단계이다.

2단계인 중요관리점(CCP) 설정단계는 각 단계에서 발생할 수 있는 잠재적, 실제적 위해를 제거하거나 기준치 이하로 감소할 수 있는 관리 방안을 설정한다.

3단계인 허용한계 기준 설정은 위해관리를 위해 적용하는 각 위해에 대한 기준치를 마련하는 단계이다. 즉, 가열처리 식품은 식품위생 안전 확보에 필요한 열처리 온도 및 시간을 지정하고 건조식품은 세균이나 미생물 등의 위해요소 발생을 저지할 수 있는 수분 함유량이나 수분 활성의 정도를 지정하는 단계이다.

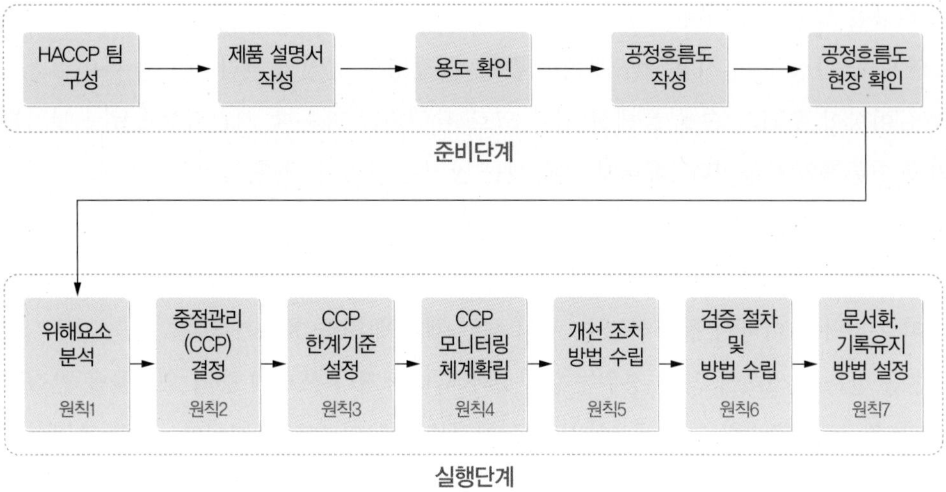

그림 4-7 HACCP 과정과 7가지 원칙(실시단계)

4단계인 모니터링 방법의 설정은 3단계에서 설정한 허용한계기준이 잘 적용되고 있는지 감시하고 모니터링하는 단계이다.

5단계인 시정조치의 설정은 4단계의 모니터링 단계에서 허용한계기준이 준수되지 않을 때 시정에 대한 조치를 취하고 이행 계획을 설정하는 단계이다. 이를 통하여 HACCP 시스템이 효과적으로 잘 운용되고 있는지를 확인하고 검증하는 단계가 6단계이다. 그리고 이를 기록으로 남겨서 유지 보관하는 것이 마지막 7단계인 기록유지(record keeping) 단계이다.

4) 개인위생과 식중독 예방

(1) 개인위생

식품업체나 외식업체에 종사하는 사람은 특히 위생에 주의를 기울여야 한다. 주방에서 종사하는 조리사의 개인위생은 식중독 발생의 원인이 될 수 있으며, 이로 인한 사고는 외식경영 전반에 영향을 미칠 수 있으므로 특별히 주의해야 한다.

한 번의 위생교육으로 끝나는 것이 아니라 수시로 반복적으로 교육하고 점검하여 철저하게 지킬 수 있도록 노력한다.

기본적으로 조리사는 머리카락으로 인한 오염방지를 위해서 청결한 조리복과 조리모 착용은 필수 사항이다.

인체 중 가장 많이 사용하는 부위는 손이며, 질병의 원인이 되는 세균과 바이러스는 70% 이상이 우리의 손을 통해서 입과 코로 감염되기 때문에 개인위생에서 손씻기는 가장 기본적인 사항이다. 바르게 손을 씻는 방법은 다음과 같다.

특히 손을 씻을 때 담아놓은 물보다는 흐르는 수돗물에 씻는 것이 손의 세균을 더 많이 제거할 수 있고, 차가운 물보다는 따뜻한 물을 사용하는 것이 더 좋다. 비누를 사용하여 손가락 사이사이 철저히 씻는 것이 세균 제거에 더욱 효과가 있다.

손을 반드시 씻어야 하는 경우는 화장실에 다녀왔거나 쓰레기 등의 오염물을 만졌을 때, 또한 코를 풀거나 머리를 만지는 등 신체부위를 만지고 나서이다. 특히 조리실에 들어가서 원재료를 세척하거나 다듬는 과정 중에도 오염물질이 손에 묻을 수 있으므로 손을 세척하는 것이 좋다.

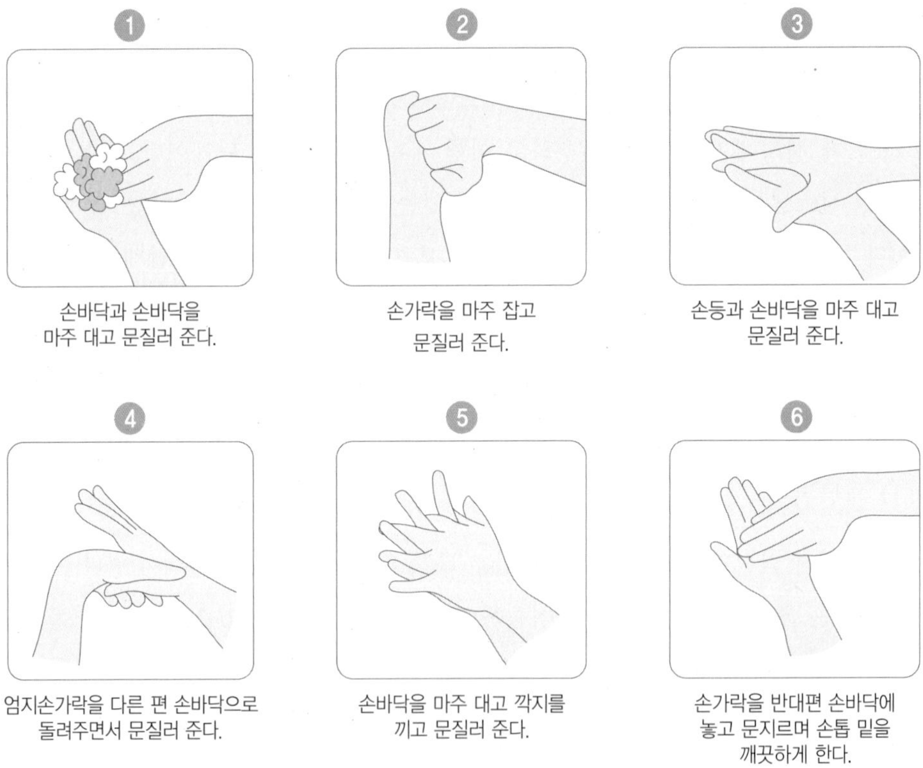

그림 4-8 개인위생을 위한 올바른 손 씻기 방법

자료 : 식품의약품안전처

조리사 위생 관리

- 조리 시에는 매일 세탁과 다림질을 한 청결한 위생복을 입고, 머리카락이 노출되지 않도록 위생모를 착용해야 하며, 특히 앞치마는 전처리용, 조리용, 세척용으로 구분하여 착용한다.
- 조리사는 시계, 반지 등의 장신구를 착용해서는 안 되며, 특히 조리하는 음식에 이물질이 유입될 수 있으므로 손톱에 매니큐어를 칠하거나 인조손톱을 착용해서는 안 된다.
- 조리사는 조리실 전용 작업화를 신어야 하며 외부 출입이나 화장실 출입 시 다른 슬리퍼로 갈아 신어야 한다. 외부 출입 후 다시 조리실로 들어갈 때 소독판에서 작업화를 소독하고 들어간다. 종업원이 조리 중 화장실에 갈 때에는 조리복을 사복으로 갈아입고 가며 용무 후 손과 신발을 소독한 다음 다시 위생복으로 갈아입고 조리실로 들어가야 화장실의 오염물질이 조리실로 유입되는 것을 막을 수 있다.

(2) 식중독 예방

식중독 예방을 위해서는 주방시설과 설비를 위생적으로 관리한다. 식중독의 원인이 되는 균은 고열에서 대부분 활동을 못하거나 박멸되기 때문에 정기적인 살균소독 등을 행해야 한다.

식중독을 예방하기 위한 3대 요건으로는 올바른 손씻기와 음식물 중심부 온도가 74℃ 이상으로 1분 이상 조리하여 익혀 먹으며, 물은 끓여 마시는 것이다.

식중독 예방을 위한 조리 위생수칙

- 세척, 소독된 용기를 사용한다.
- 전처리를 할 때는 비닐, 종이 등을 깔고 작업을 한다.
- 조리장의 비오염구역 및 조리대 위에는 원재료 상자나 바구니를 절대로 두지 않는다.
- 원재료는 위생적으로 취급하고 깨끗이 씻는다.
- 식재료가 상호 오염이 되지 않도록 실내의 정리정돈, 전처리 순서를 명시하고 작업구역을 달리한다.
- 음식을 조리할 때는 충분히 가열한다(75℃ 이상).
- 조리되었거나 냉장 보관했던 위해 발생 가능한 음식은 74℃ 이상에서 15초간 음식 전체를 골고루 재가열한 후 제공하여야 하며, 2회 이상 재가열하지 않는다.
- 레시피에 적힌 양대로 정량해서 사용한다.
- 도마·칼은 용도별로 구분해서 사용한다(전처리용, 조리용, 생선용, 채소용, 육류용 등).
- 음식의 맛을 볼 때는 별도의 그릇과 수저를 사용한다.
- 조리 전 식재료는 바닥에 두지 말고 조리 시 또는 조리 후에는 반드시 뚜껑을 닫는다.
- 차가운 음식을 조리할 때에는 냉장된 재료를 사용하고, 즉시 냉장 보관한다.

식재료 보관관리 요령

가. 저장 시의 원칙

- FIFO(First In First Out) : 먼저 들어온 것은 먼저 사용한다.
- 위험성이 있는 음식물은 5~60℃에서 보관하지 않는다.
- 모든 식품은 청결하게 보관한다.
- 더러운 포장, 개봉되었거나 찢어진 포장 등에 의해 오염될 수 있으므로 포장을 제거하고 밀폐된 용기에 담아 보관한다.
- 저장소는 깨끗하고 건조해야 한다.
- 식품을 옮기는 기구는 청결해야 한다.

나. 저장보관장소의 조건 및 방법

- 깨끗하고 건조한 장소에 보관한다.
- 먼지, 물이 튀는 등 다른 오염원에 노출되지 않는 장소에 보관한다.
- 바닥에서 15 cm 이상 위(단, 조리실은 바닥에서 50 cm 이상 위) 공간에 보관한다.
- 원재료의 혼합 보관실은 칸막이 등에 의해 각각 명확히 구분되어야 한다.
- 식품창고에는 소독제, 세척제, 기타 물품 등을 두지 말고, 매일 정리정돈 청소를 하며 정기적으로 점검한다.
- 장기 저장식품을 식품창고에 보관할 경우 통풍, 채광, 온도, 습도 조절에 유의하며 변질되지 않도록 한다. 반드시 온도·습도계를 창고에 비치한다.
- 식품창고의 창문에는 방충망 시설을 하고, 보관 식품은 항상 종류와 수량을 파악할 수 있도록 현황판을 비치한다.
- 채소류를 보관하는 창고는 환기에 유의하여 가능한 창고 내 온도가 상승하지 않도록 보관한다.
- 곡류, 건어물 보관 창고는 통풍이 잘 되게 하고, 곤충 발생의 유무를 정기적으로 점검한다(쌀 포대 사이에 신문지를 넣는다).
- 공기가 압축되어 있는 음료 용기, 병이나 캔류 등과 같이 방수처리된 용기, 플라스틱으로 된 유리상자는 깨끗하고 습기가 없는 바닥에 보관해도 된다.
- 식품은 사용과 점검이 편리하도록 용기에 표시하거나 저장실에 개별로 구분 표시하여 질서정연하게 보관하여야 하며, 반드시 선입선출하여야 한다.
- 식품은 다음 온도에서 보관하도록 한다.
  - 채소류 : 5~10℃
  - 어패류·식육 및 가금류 : 5℃ 이하
  - 냉동품 : -18℃ 이하
- 냉장고에 식품을 보관할 때에는 반드시 식힌 다음 보관한다(뜨거운 것을 넣으면 내부 온도가 상승하여 다른 식품에 영향을 준다).
- 부패 또는 변질된 식품은 즉시 폐기하고, 보관했던 장소를 깨끗이 청소하여야 한다.
- 식품의 상호오염을 방지하기 위해서는 청결한 포장용기에 밀폐 보관한다.
- 통조림은 개봉한 다음 깨끗한 용기에 담아 냉장고에 보관하되 2일 이내에 소비하도록 한다.

다. 냉장·냉동저장

- 냉장저장은 식품을 0~4.4℃에서 짧은 기간 동안 저장하며, 냉동저장은 -18℃ 이하의 온도에서 저장한다.
- 뜨거운 음식을 제대로 식히지 않은 상태로 또는 차가운 음식을 5℃ 이상의 온도에서 보관할 경우 식중독이 발생할 수 있다.
- 위험성이 있는 음식물을 5℃ 이하로 유지할 때 박테리아 성장을 늦출 수 있다.
- 익히지 않은 음식은 냉장고 하단에 저장한다.

- 조리된 음식이나 조리가 필요하지 않은 음식은 냉장고의 상단에 보관한다.
- 냉장·냉동고에 저장하는 식품은 깨끗하고, 흡습성이 없으며, 뚜껑이 있는 통에 담아 보관하도록 한다.
- 냉동품이나 미리 식힌 음식물만 냉동실에 저장하며 뜨거운 음식을 식힐 목적으로 냉동·냉장실을 이용하지 않는다.
- 가장 이상적인 방법은 식품을 종류별로 각각 다른 냉장고에 보관하는 방법이다(그렇지 못할 때에는 생선과 유제품은 문에서 멀리 떨어진 온도가 가장 낮은 부분에 저장하도록 한다).
- 찬 공기가 잘 순환할 수 있도록 음식물의 양을 적절하게 보관한다(냉장고 용량의 50~60%).
- 온도계로 냉장실 내부의 온도를 자주 측정한다. 온도계는 가장 따뜻한 곳에 설치한다.
- 냉동실에 넣는 음식물은 포장하거나 수분 방지가 되는 통에 보관한다.
- 원재료용 골판지 상자의 식품을 그대로 냉장고에 보관하지 않는다.
- 조리원에게 필요한 때에만 문을 열고 한꺼번에 꺼내도록 훈련시킨다.

라. 건저장

- 상하지 않는 식품은 온도 15.6~21.1℃, 습도 50~60%에서 장기간 저장할 수 있으므로 온도계와 습도계를 잘 보이는 곳에 설치하고 자주 기록한다.
- 적절한 환풍으로 식품의 품질 유지와 해충을 방지한다(곤충 발생의 유무를 정기적으로 확인한다).

식품별 보관관리 요령

- 주식류(쌀, 밀가루, 보리쌀, 식빵, 라면 등) : 건조하면서도 서늘하고 통풍이 잘 되는 용기에 보관한다.
- 유지류 : 직사광선을 피하고 서늘한 곳에 보관한다. 사용한 기름을 재사용하는 경우 깨끗이 여과하여 위생적인 용기에 담아 냉암소에 보관한다.
- 육류·어패류
  - 육류는 도살된 후부터 식용되기까지 모든 단계에서 냉장 또는 냉동상태로 보관한다.
  - 육류를 3~4일 동안 저장하고자 할 때에는 4℃ 이하로, 장기간 저장할 때에는 냉동시켜 보관한다.
  - 생선은 내장을 제거하고 소금물로 깨끗이 씻어 물기를 제거한 후 다른 식품과 분리하여 냉장고에 보관한다.
  - 건어물은 건조하고 서늘한 곳에 보관한다.
  - 패류는 내용물만 모아서 소금물로 깨끗이 씻은 후 냉동·냉장한다.
- 달걀·두부
  - 달걀은 씻지 않은 상태로 달걀판 그대로 저장하지 말고 다른 용기에 담아 냉장고에 보관한다.
  - 두부는 반드시 찬물에 담갔다가 냉장시키거나 찬물에 담가 보관한다.
- 채소류
  - 채소는 반드시 물기를 제거한 후 포장지로 싸서 냉장 보관한다.
  - 씻은 채소와 씻지 않은 채소가 섞이지 않도록 보관한다.
  - 3℃ 이하의 냉장 보관은 냉해를 가져올 수 있다.
  - 양파 및 감자는 껍질째 그늘지고 서늘한 곳에 보관한다.

검식과 보존식 관리

가. 검식 : 검식은 종료 후 빠른 시간 내에 실시하여 급식에 차질이 없도록 한다.

나. 보존식 : 식중독이나 경구 전염병 등 음식물로 인한 사고가 발생할 경우 원인 규명의 자료로 이용한다.

- 검수 후 세척 전의 원재료 약 50 g을 밀봉하여 -20℃ 이하에서 2주간 보존한다.
  - 보존대상식품은 주로 잠정적 위해식품(PHF) 및 비가열 조리식품(과일, 생채식품)을 대상으로 한다.
    ※ 잠정적 위해식품(PHF)이란 증식에 적합한 조건을 가진 식품이다. 즉 수분이 많고 고단백, 저산성 식품으로, 주로 우유 및 유제품, 달걀, 새우, 게, 가재, 굽거나 삶은 감자, 두부, 콩단백 식품 등을 말한다.
- 급식품의 보존 관리
  - 급식 시 1인 분량(4학년 남학생 기준)을 검체하여 밀폐용기에 담아 4℃ 이하의 냉장고에 72시간 보존한다.
  - 보존식 채취 시 손 소독 및 위생장갑을 착용한다.
  - 충분히 식힌 다음 보관한다.
  - 보존식과 함께 기록표를 남긴다.
  - 대규모나 대량으로 조리할 경우 조리하는 한 번의 분량마다 1식을 채취하여 보존하는 것이 바람직하다.

(3) 주방시설 관리

- 바닥 및 배수로 관리 : 내수처리가 되어 있는 미끄럽지 않은 재질로 물이 고이지 않도록 경사를 주어 배수 관리에 유의하며 정기적인 소독을 해주어야 한다.
- 내벽 및 창문 : 내벽은 내수처리를 하여 미생물이 번식하지 않도록 하며 곤충의 침입을 막기 위하여 조리장 내 창문에는 방충망을 설치해야 한다.
- 출입문 : 원료 출입과 종업원 출입구를 따로 구분하여 설치한다. 쥐 등의 설치류가 침입하지 않도록 해야 하며, 신발을 소독하고 출입할 수 있도록 발판 시설과 수세시설을 출입구 앞에 마련해야 한다.
- 천장 : 먼지나 기름때가 생기지 않도록 하며 곤충이나 미생물이 번식하지 못하도록 위생관리한다.
- 환기시설 : 기름기, 냄새, 수증기 등의 배기가 원활하게 이루어질 수 있도록 환기시설을 설치하여 조리장 내 적정 온도와 신선한 공기를 유지한다.
- 조명 : 220럭스(lux) 이상 유지할 수 있도록 전기배선, 조명설비 등을 설치한다.
- 전처리실 : 재료를 세척하거나 다듬을 때 오염물질이 묻지 않도록 충분한 공간을 확보하고 조리실과 구분하여 교차오염을 방지한다.
- 조리실 및 조리설비 : 조리실은 조리하기에 충분한 공간을 확보해야 하며 식기류

보관은 바닥에서 50 cm 이상 위에 설치하여 바닥에서의 오염을 방지해야 한다. 또한 조리시설은 부식성이 없는 스테인리스 재질로 제작해야 한다. 조리사의 개인위생을 철저히 하기 위한 수세시설과 철저한 위생교육이 필요하다.

- 방충, 방서시설 : 조리장은 해충과 설치류의 침입을 막기 위해 방충, 방서 시설을 해야 하며 정기적으로 세척하여 위생관리한다.
- 청소, 소독시설 : 70% 에틸알코올 소독액으로 정기적인 청소와 소독을 하여 위생관리한다.

표 4-4 소독의 종류와 방법

구분	위생관리		소독횟수	유의사항
행주	열탕소독 일광소독	100℃ 이상에서 30분 이상 삶아서 일광 건조	1회/1일 이상	• 재료 : 흰색 목면 • 마른 행주와 젖은 행주 구분해서 사용
도마	약품소독 열탕소독 일광소독	세제와 락스를 섞어서 세척한 후 60℃ 이상의 열탕에서 살균하여 일광건조	1회/1일 이상	• 각 용도별 색깔을 달리하여 전용 도마 마련 예) 육류용 도마는 붉은색, 채소용 도마는 초록색
칼	약품소독 열탕소독	사용 후 세제와 락스 섞은 물에 씻은 후 칼은 물 100℃에 담갔다가 건조하여 사용	1회/1일 이상	
식기		세제로 씻은 후 전기 소독고에서 100℃의 온도로 2시간 이상 충분히 건조시킴	1회/1일 이상	
수저	열탕소독 증기소독	• 세제로 깨끗이 씻은 후 여러 번 헹구고 열탕소독(끓는 물 100℃)한 후 수저 소독고에서 증기 소독 • 100℃ 이상에서 2시간 이상 충분히 건조시키거나 또는 전기 소독고에서 소독	1회/1일 이상	
소쿠리류	약품소독	스테인리스 제품이 아닌 경우 고온소독이 어려우므로 약품소독이나 각각의 모양을 손상시키지 않는 범위 내에서 깨끗이 소독	1회/1일 이상	• 햇빛에 뒤틀리지 않도록 그늘에서 건조
스테인리스 용기/기구	열탕소독	세제로 여러 번 씻어 헹구고 물 100℃에 담갔다가 건조시킴	1회/1일 이상	
고무장갑			1회/1일 이상	• 용도별 구분 • 주방에서 사용하는 고무장갑으로 걸레를 빨거나 쓰레기통을 청소하는 등 다용도로 사용하지 않도록 한다.

3. 메뉴 프레젠테이션

1) 오감 만족과 메뉴 프레젠테이션의 중요성

고객의 니즈가 다양해지면서 메뉴는 단순히 미각만을 중요시하여 계획할 것이 아니라 시각, 청각, 후각, 촉각을 포함한 오감을 모두 만족시킬 수 있는 상품 개발이 필요해졌다. 특히 시각적인 만족도와 관련하여 직접 음식을 먹어보기 전에 메뉴판이나 인터넷, 잡지 등의 매체를 통해서 접할 기회가 많아진 만큼 고객의 구매 행동을 유도하기 위해서라도 중요한 시점의 마케팅 도구로 인식되면서 메뉴 프레젠테이션의 중요성이 더해가고 있다.

음식물이 다채로워질수록 미각뿐만 아니라 촉각, 청각, 시각, 온각, 취각, 통각 등 다른 감각과 융합작용을 하며, 이 중 가장 큰 비중을 차지하는 것이 시각이라고 알려져 있다.

시각은 가시광선의 자극에 의하여 일어나는 감각으로 이것에 의하여 외계의 사물, 현상을 인지한다. 시각은 청각, 미각, 후각 등과 함께 특수감각의 하나로 취급한다. 눈의 통광학(通光學)에 따르면 시각 수용기(受容器) 세포는 안구의 내면을 덮고 있는 망막에 있으며, 망막 속의 시각세포인 추상체에 의하여 빛의 자극을 받아들인다.

미각은 음식물을 먹었을 때 혀 표면에서 느껴지는 감각과 맛을 인식하는 화학적 감각의 하나이다. 미각의 인식 기작을 보면 용해된 물질이 혀의 유두 미뢰 속 미공으로 들어가 신경세포를 거쳐서 대뇌로 전달되어 미각을 느낀다. 미각은 수용액 상태에서 혀의 미각세포가 모여서 형성된 미각 수용기에 맛 물질이 결합하여 반응을 일으키고,

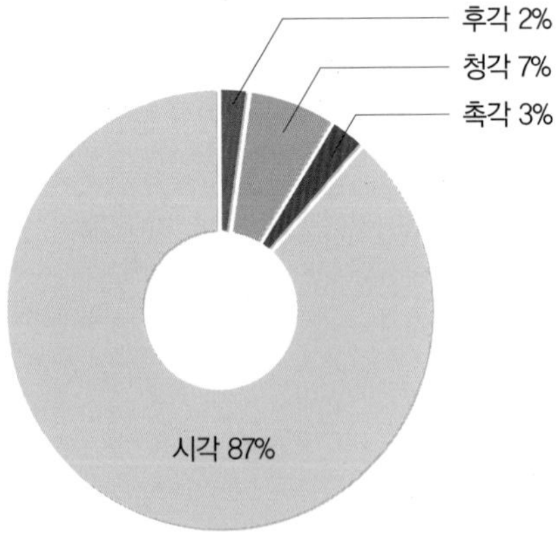

그림 4-9 식욕에 관여하는 오감도

그 결과 화학에너지가 전기에너지로 전환하여 대뇌에서 맛을 인식한다.

또한 식품의 총체적인 맛에 관여하는 요인을 살펴보면 음식의 맛은 온도, 굳기, 점도 등 물리적인 조건뿐만 아니라 형태, 외관, 색, 냄새 등 심리적인 요소에도 영향을 받는다.

표 4-5 식품의 맛에 관여하는 요소

구분	세부 요소		내용설명
감각적 요소	화학적인 맛	미각	혀에서 느끼는 맛
		후각	코로 느끼는 냄새
	물리적인 맛	촉감	치아나 목에서 느끼는 점성, 혀로 느끼는 따뜻함, 차가움
	심리적인 맛	시각	눈으로 느끼는 모양, 색깔, 크기
		청각	귀로 느끼는 소리
환경적 요소	사회적 환경		식습관, 기호, 종교
	자연적 환경		날씨, 밤과 낮, 시간, 계절
	심리상태		개인의 상황에 따른 심리상태
	생리상태		기아상태 또는 포만감을 느끼고 있는 상태

맛의 메커니즘을 살펴보아도 후각을 통해 요리 대상체가 발산하는 냄새를 감지하고, 음식의 모양과 색깔을 통해 시각적인 맛을 처음 발견한다. 또한 다양한 사진이나 영상 매체를 통해서도 우리는 시각적으로 맛의 이미지를 갖게 된다.

이와 같이 시각적 조형요소는 미각 이미지를 갖도록 하는 절대적인 영향력을 미친다고 볼 수 있다.

2) 메뉴 계획과 푸드스타일링

(1) 조형적 요소를 고려한 메뉴

조형이라는 말은 19세기부터 사용하기 시작했는데 이때의 의미는 자연의 대상을 모방하는 예술의 의미로 사용되었다. 그러나 20세기에 들어서면서 자연의 형상을 모방하는 행위가 거부되면서 조형의 독립성이 추구되었다. 따라서 현대적 의미로서 조형이란 결국 독립성과 자율성, 순수성의 추구를 통한 하나의 창조를 뜻하는 것이다.

즉, 조형이란 '인간이 만들어낸 형태가 있는 것'이라고 할 수 있다. 우리는 회화나 건축, 기계, 생활용품, 장신구 등 헤아릴 수 없이 많은 조형 속에서 살고 있다. 주변의 모든 조형물은 분명히 누군가에 의해 그것의 형태에 관한 결정이 있었기 때문에 제작이 가능했다. 그러한 결정은 새로운 것이 창조되는 원동력이며, 변하지 않는 일련의 원칙을 지니고 있다.

인간이 만들어낸 형태가 있는 것을 조형이라고 본다면 우선 형태가 무엇이고 형태를 이루는 요소와 요소 사이에 어떤 원리가 있는지 살펴보아야 할 것이다. 형태(form)란 선형(shape)의 외곽을 규정하는 색상과 명암의 변화, 혹은 둘러싸고 있는 선(line)에 의해 시각적으로 지각되는 영역이다.

형과 형태라는 용어는 대개 동의어로 사용되지만, 형태는 예술적 의미가 있으며, 형(形)을 의미할 뿐만 아니라 제품 전체의 시각 구성을 나타내는 것으로 색상, 질감, 명도, 구성, 균형 등의 의미를 포함한다.

우시우스윙(W. Wong)은 형태를 다음과 같이 개념 요소, 시각 요소, 상관 요소, 구조 요소로 나누어 설명하였다.

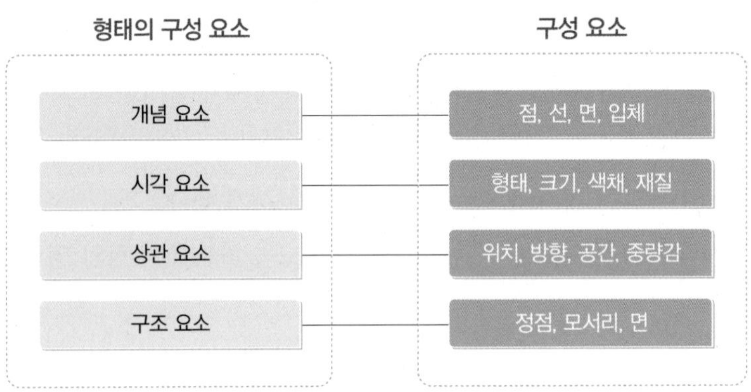

그림 4-10 **형태의 구성 요소**

형태에서 느껴지는 미각 이미지를 살펴보면 다음과 같다. 우선 '순하다'는 미각 이미지의 형태 속성은 외형의 특징이 직선보다는 곡선 형상이 많으며, 딱딱한 형태(hard shape)보다는 부드러운 형태(soft shape)가 많다. '달콤하다'는 속성의 형태는 곡선형과 semi-soft shape를 나타낸다. '시원하다'는 형태 속성은 기다란 곡선 형상과 semi-soft shape를 나타낸다. '짜다'의 형태 속성은 밀집된 외형의 특징과 hard shape보다

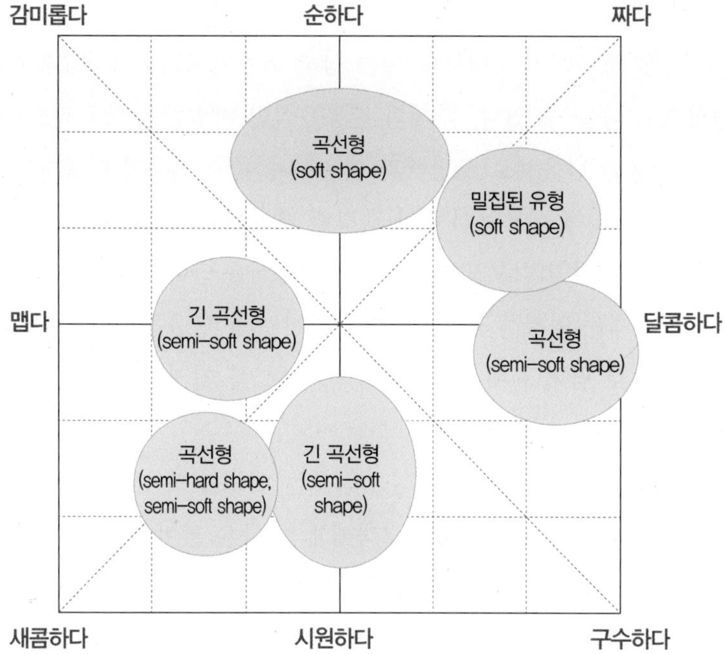

그림 4-11 **형태와 미각 이미지와의 관계**

는 soft shape가 더 많다. '새콤하다'의 형태 속성은 곡선형의 형상을 나타내며, 외형은 semi-hard shape와 semi-soft shape가 고른 분포로 나타난다. '맵다'의 형태 속성은 기다란 곡선 형상과 semi-soft shape를 나타낸다.

이처럼 형태를 이루는 구성요소가 모여 미를 구성하는 원리에 의해 아름답고 개성적인 작품을 창조한다. 메뉴를 하나의 조형예술 작품으로 보고 식재료 하나하나의 형태와 구성요소를 조합하여 미적인 아름다움을 갖춘 메뉴를 계획한다면 고부가가치의 메뉴를 계획할 수 있다.

(2) 메뉴 음식의 담음새

메뉴의 음식을 어떻게 접시에 담아내느냐에 따라 상품의 가치가 달라질 수 있다. 예전에 한국의 식문화는 음식을 푸짐하게 담아내는 것을 미덕으로 여겼으나 현대에는 너무 푸짐하게 담아낸 음식은 고급스럽지 못한 이미지와 먹기도 전에 포만감을 느껴 식욕을 떨어뜨리는 작용을 하는 것으로 알려지고 있다.

음식은 접시나 그릇의 70~80% 정도 담아내는 것이 적당하며, 다양한 디자인의 원리를 적용하여 담아내는 것이 그 아름다움을 전달할 수 있다.

안정성을 느끼게 해주는 대칭형 담음새는 상하 좌우가 같은 대칭형과 상하 좌우가 다른 비대칭형으로 나눌 수 있다. 한국의 전통음식인 비빔밥은 대표적으로 방사형의 디자인 원리를 이용한 담음새로 오방색과 어우러져 한국 전통의 아름다움을 엿볼 수 있다. 또한 강조의 원리를 이용하여 하얀 생크림 케이크에 딸기나 체리를 장식해 포인트를 주어 시선을 집중시키거나 장식을 이용하여 음식을 담아내기도 한다.

리듬 형식의 담음새는 일정한 규칙이 반복되면서 운율과 율동감이 느껴지는 것으로, 초밥을 일정 간격으로 담거나 애피타이저나 핑거푸드를 일정한 규칙으로 담아내면 이러한 아름다움을 느낄 수 있다.

다양한 디자인의 원리를 이용한 음식의 담음새는 메뉴를 더욱 고급스럽고 분위기 있게 연출할 수 있다. 이러한 노력은 결국 고객에게 더 나은 서비스와 분위기를 제공함으로써 수익을 높이는 방안이 된다.

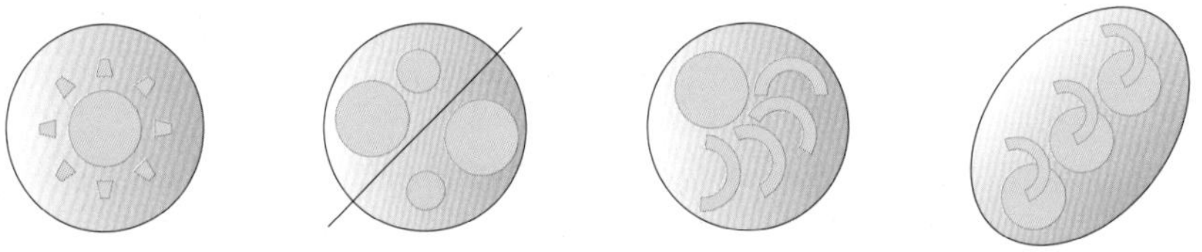

그림 4-12 **디자인의 원리를 이용한 음식의 담음새**

(3) 색채와 메뉴

음식은 고유의 색채를 가지고 있으며 식욕을 돋우는 색은 식재료 본래의 색이 선명하게 드러날 때이다. 즉, 빨간색 토마토는 선명한 빨간색일 때 가장 맛있어 보이며, 노란색 레몬은 선명한 노란색일 때 가장 맛있어 보인다.

음식은 단색으로 존재하기보다는 여러 가지 식재료가 섞여서 조리되며, 다 만들어진 후 그릇에 담겼을 때 그릇의 색채와도 조화를 이루어야 한다. 그러므로 식재료와 음식의 색이 아닌 두 가지 이상의 색이 배색을 이룰 때 어떤 이미지로 고객에게 전달되는지를 고려해야 한다.

색의 공감각(synesthesia)은 색으로 자극을 받은 시각이 청각, 촉각, 후각, 미각 등 다른 감각을 공유하는 현상으로 '듣는 색', '느끼는 색', '맡는 색', '먹는 색'으로 표현할 수 있다. 색의 공감각 효과는 문화적 배경이나 연령층 또는 여러 가지 경험 등에 따라 컬러에 대한 느낌이 다르다. 예를 들어, 한국인은 빨간색을 매운맛으로 느끼지만 일본인은 신맛으로 느낀다고 한다. 이유는 나라마다 음식문화에 영향을 받기 때문인데, 한국인은 고추장이나 김치 등 매운 음식 대부분이 붉은색이므로 이를 접한 경험으로 미루어 매운맛을 느끼고, 일본인은 전통식품의 하나인 우메보시에 대한 이미지가 강하기 때문에 붉은색 음식을 보면 신맛을 느낀다고 한다. 마찬가지로 빨간색을 제시했을 때 나라에 따라 또 다른 맛으로 표현할 가능성이 높다.

그림 4-13 **빨간색에서 느껴지는 맛은 나라마다 다르다.**

또한 '맛있는 색', '시끄러운 색'의 예도 있다. 1990년대 말 히트를 기록한 애플 컴퓨터의 아이맥과 폴크스바겐의 뉴비틀은 새롭고 신선한 색으로 주목을 받았는데 두 제품 모두 색의 공감각 효과를 이용하였다.

이처럼 색의 공감각 효과를 이용하면 조용한 색, 먹고 싶은 색, 만지고 싶은 색처럼 다양한 감각을 빚어내는 색을 만들 수 있다. 분홍색, 노란색, 하늘색처럼 귀엽고 밝은 색상을 일컫는 말인 캔디컬러(candy color)는 인테리어 소품이나 문구류, 주방용품에 쓰이고, 금속은 아니지만 금속처럼 차갑고 단단한 느낌을 내는 메탈릭컬러(metallic color)는 여러 분야에서 광범위하게 응용되고 있다.

그림 4-14 **캔디컬러를 응용한 테이블 세팅의 예**

인간은 누구나 음식을 포함한 모든 개체의 색에 대하여 민감한 반응을 보인다. 어떤 색을 띠느냐에 따라 식욕이 증진하기도 하고 감퇴하기도 한다. 색과 식욕은 불가분의 관계이며, 색 자극에 의한 반응 또한 잘 알려져 있다. 밝고 따뜻한 색(빨강, 주황, 노랑 등의 난색 계열)은 소화를 돕고 자율신경계를 이완시키며, 조류 및 동물에게도 배고픔을 억제하는 효과가 있다. 색채학자 비렌(F. Birren)의 연구에 의하면, '빨간색은 식욕을 돋우며 주황색은 더욱 식욕을 자극하나 노란색부터는 식욕이 현저히 감퇴하여 연두색에서는 거의 식욕을 느끼지 못하다가 초록색이 되면서 다시 식욕이 돋은 후 파란색이 되면 다시 식욕이 감퇴한다'고 한다.

한편 음식물의 색이 대자연의 신선함을 나타내는 초록색이면 식욕을 자극하지만, 파란색은 심미성에도 어떤 음식에 쓰이든 좀처럼 식욕을 자극하지 못한다. 보라색이나 자주색도 식욕을 거의 자극하지 못하는 색이다. 이와 같이 스펙트럼 상으로는 인접한 색 사이에서 식욕의 자극 정도가 가장 큰 차이를 보인다(노란색과 주황색, 노란색과 초록색, 빨강과 보라색 등). 엷은 색을 띤 음식은 순색처럼 거부감을 일으키지도 않고 맛있게 보이지도 않는다.

어두운 색 가운데 주황색 계통이 가장 식욕을 돋우는 색이다. 이 계통의 색 가운데는 잘 익은 고기라든가 빵 또는 곡물류를 연상시키는 고동색도 포함된다. 그러나 어두운 빨간색은 대체로 자주색과 비슷하므로 식욕을 돋우지 못한다. 한편 어두운 연두색은 순수하고 깨끗한 초록색과 닮은 데가 있어서 식욕을 돋운다. 파란색과 어두운 보라색은 음식의 색으로 적합하지 못하다.

파란색은 식욕을 돋우지는 못하지만 다른 색으로 된 음식물이 더 맛있어 보이게 해주는 색이다. 즉, 파란색은 음식 그 자체의 색으로 적합하지 못할지라도 음식의 배경색으로는 좋은 색이므로 파란색 식탁 위의 음식은 깔끔해 보인다.

그림 4-15 파란색을 배경으로 한 푸드스타일링의 사례

식욕과 관련된 식품의 색은 식품 고유의 색이라는 것에서 평가되어야 한다. 과일이든 기타 조리식품이든 식품 원래의 색에 가까울수록 식욕을 돋울 수 있다. 색과 맛의 상관관계는 요즘 들어 더욱 부각되고 있다.

식품에서 접할 수 있는 색은 크게 자연 그대로의 색과 인공적으로 착색한 색으로 나눌 수 있다.

그림 4-16 **빨간색, 주황색, 초록색 식재료**

더욱이 식생활이 다양화, 간편화되고 있는 현대 사회는 더 많은 가공식품을 제조할 것이며 더욱 맛있게 보이기 위한 착색료의 개발에도 힘써야 할 것이다.

결과적으로 기호색은 대략 자연식품의 색으로 우리에게 친숙한 식욕색(食慾色)인데 비해 비기호색은 자연식품에서 자주 접할 수 없고 비식욕색(非食慾色)인 점을 알 수 있었다. 색채의 선호 경향은 인성·심리적 요인과 관계가 있으며 사회·문화적 요인에 영향을 받기도 한다.

① 식욕을 돋우는 색채

식욕을 느끼게 하는 색으로는 빨강, 오렌지, 노랑, 주황 등과 같이 난색 계열의 색이 포함된다. 오렌지나 빨간 사과가 상점 입구에 진열되어 있으면 어쩐지 맛있어 보이는 이유도 색이 식욕을 자극하기 때문이다.

이는 요리에서도 마찬가지다. 요리를 그릇에 담을 때 샐러드에는 래디시나 당근, 삶은 달걀 등을, 생선구이에는 막대 생강과 같이 빨강, 오렌지, 노란색의 식품을 곁들이면 식욕을 자극하여 더욱 맛있어 보인다. 따라서 요리를 담을 때는 뭔가 식욕을 돋울 수 있는 색을 곁들여 더욱 맛있어 보이는 식탁이 되도록 세심하게 배려하는 지혜가 필요하다.

그리고 요리 중에 빨강, 오렌지, 노랑 등의 색을 지닌 식품을 곁들이지 못했을 때에는 그릇에 빨간 리본을 두른다거나 빨간 장미 한 송이를 식탁에 놓는 것만으로도 식욕을 돋우는 효과가 있다. 특히 카레라이스를 식탁에 낼 때 이 방법을 이용하면 매우 효과적이다.

단, 주의할 점은 요리나 테이블보를 온통 난색 계열로 통일하면 오히려 식욕을 떨어뜨리는 역효과를 낼 수도 있다. 빨강이나 오렌지, 노랑 등은 포인트 색으로 사용하여 강조할 때 가장 효과적이라는 점을 명심한다.

② 식욕을 떨어뜨리는 색채

색깔 중에서 황록색이나 보라색은 요리를 특히 맛없어 보이게 하는 색이다. 테이블보가 황록색 체크로 되어 있거나 식당에 보라색 커튼이 쳐져 있으면 식욕은 감퇴하고 만다.

조리 시에는 특별히 색깔의 변화에 주의해야 하는데 푸른 채소를 데치거나 삶을 때는 세심한 신경을 써야 한다. 단시간 내에 가열이 끝난 채소는 선명한 녹색이지만 오랜 시간 가열하거나 조리 후에도 뜨거운 채로 그대로 내버려두면 녹색 식품은 황록색으로 누렇게 변색된다. 또한 한 번 사용한 기름으로 푸른 채소를 튀기면 역시 누렇게 된다.

③ 색의 농도와 맛

간장 등 조미료의 색이 요리에 짙게 배어 있으면 맛이 진하게 느껴진다. 반대로 조미료의 색이 엷으면 맛도 담백하게 느껴진다. 일반적으로 요리나 식품의 색이 짙을수록 맛도 진하게 느껴지는 경향이 있다. 이를테면 빨간색과 노란색 중에서 빨간색 쪽이 더 진한 맛으로 느껴진다.

단맛의 강도가 같은 식품이라도 빨간색 식품 쪽이 노란색 식품보다 단맛이 강하게 느껴진다. 그 좋은 예가 빨간 수박과 노란 수박의 차이다. 빨간 수박이 더 달게 느껴지는 것은 모두 이 때문이다.

이렇듯 색의 종류는 물론 색의 농도도 맛에 영향을 주므로 요리를 할 때는 색감을 어떻게 할 것인지 신중하게 고려해야 한다.

④ 식기의 색과 맛

식기의 색도 요리의 맛에 영향을 끼친다. 특히 굽거나 튀기거나 조린 요리는 대부분 갈색 계열의 색이 많은데, 이들 요리는 엷은 청색 그릇에 담으면 더욱 맛있어 보인다. 한정식 식당이나 일식집에서 옅은 청자 및 비슷한 색의 그릇을 사용하는 것도 이런 이유 때문이다. 샐러드와 같이 채소의 신선한 색깔로 식욕을 돋우는 요리는 유리그릇이나 나무볼 등의 그릇이 적당하다.

냄새는 식사를 즐기는 데 매우 중요한 요소이다. 만일 냄새가 없다면 식생활은 무척 단조로워질 것이다. 감기에 걸려 후각이 둔해졌을 때는 같은 음식을 먹어도 맛없게 느껴진 경험이 있을 것이다. 음식 맛의 상당 부분이 후각의 영향을 받고 있다는 것을 알 수 있다. 인간의 미각은 매우 복잡하고 미묘하지만, 후각은 이를 능가한다. 같은 양에 의한 자극의 정도를 비교해 보면 냄새 성분이 훨씬 웃도는 것을 알 수 있다.

⑤ 미각 이미지와 색

미각 이미지를 나타내는 색채가 있다. 신맛(acid)을 느끼게 하는 색은 노란색을 띤 녹색이나 녹색을 띤 노란색이고, 단맛(sweet)을 느끼게 하는 색은 오렌지색과 빨간색, 빨간색과 노란색, 난색 계열이 이에 해당된다. 또한 단맛(sweetish)을 나타내는 대표적인 색은 핑크색이고, 쓴맛(bitter)을 나타내는 색은 파란색, 갈색, 올리브그린(olive-

표 4-6 색과 미각 이미지

색			미각 이미지
무채색	흰색		영양분 있는, 산뜻한, 청결한, 부드러운, 시원한
	회색		맛없는, 불쾌한
적색 계열	핑크색		달다, 부드러운
	빨간색		달다, 영양분이 있는, 지나치게 진한, 신선한
	적지색		지나치게 진한
	짙은 적자색		달다, 따뜻한, 진한
	어두운 갈색		맛없는, 딱딱한, 따뜻한
오렌지 계열	오렌지색		달다, 영양분 있는, 맛있는
	탁한 오렌지색		오래된, 딱딱한, 따뜻한
노란 계열	크림색		달다, 영양분 있는, 부드러운, 맛있는, 산뜻한
	노란색		영양분 있는, 맛있는
	탁한 노란색		오래된
	어두운 노란색		오래된, 맛없는
	매우 연한 황록색		산뜻한, 시원한
초록 계열	황록색		산뜻한, 시원한
	어두운 황록색		불쾌한
	매우 연한 녹색		산뜻한
	녹색		신선한
청색 계열	매우 연한 청록색		시원한
	청색		시원한

green), 보라색 등 한색 계열이 이에 속한다. 짠맛(salted)을 나타내는 색은 초록색, 파란색을 띤 회색, 연한 녹색과 회색이 대표적이다.

⑥ 음식과 색채 배색

색채는 음식의 일부이다. 식기의 색채도 미각에 작용하므로 식기와 음식의 배색이 맞지 않으면 음식이 맛없게 느껴진다.

그릇의 종류와 색깔에 의해 요리의 맛이 좌우되는 현상을 후광효과(halo effect) 또는 배경효과라고 한다. 즉, 사람이나 사물의 어떤 특징에 대해서 좋거나 나쁜 인상을 받으면 다른 모든 특징에 대해서도 먼저 받은 인상에 편승하여 높거나 낮은 평가를 하는 것을 말한다.

요리를 맛보는 식공간을 100%라고 한다면 요리는 약 5%의 색 면적을 차지하며 강조색이 된다. 그릇과 식탁이 25%의 색 면적을 차지하여 요리를 색채대비로 끌어올리는 보조색이 된다. 식탁의 환경, 좌석, 바닥, 장식품, 정원 등의 주위 분위기는 70%의 색 면적을 차지하는 주조색이 된다. 100% 식공간에는 음식 맛을 보는 사람의 심리, 건강, 교양, 요리사의 태도 등 다양한 요소가 관여한다. 각 요소끼리의 융합이 요리의 후광효과가 되는 것이다.

각 식재료의 고유한 색과 그릇 색의 조화는 먹는 사람의 눈을 즐겁게 하고, 식욕을 불러일으킨다. 이때 식욕을 돋우는 색을 고려하여 전체적인 분위기가 주제에 맞도록 한다.

그리고 색채 조화는 함께 사용된 색의 전체적인 인상, 즉 색채 구성의 전체적인 시각

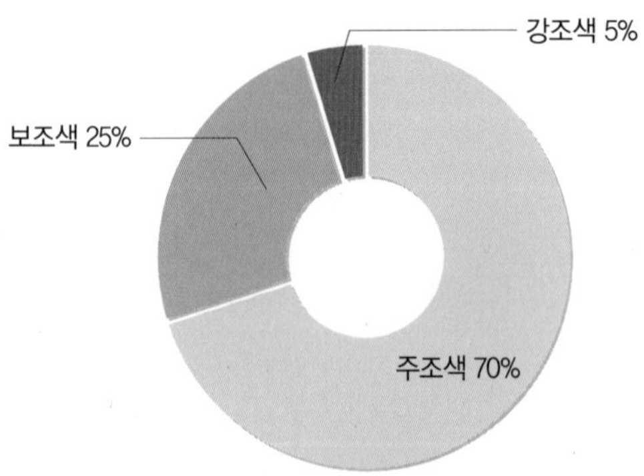

그림 4-17 식공간과 컬러

그림 4-18 **유사색 배색**

그림 4-19 **보색 배색**

효과를 가리키는 것으로 2색 또는 다색의 배색에 질서를 주는 것이다. 통일과 변화, 질서와 다양성과 같은 반대 요소들이 모순과 충돌되지 않도록 조화하는 것을 말한다.

⑦ 조명과 미각 이미지

음식의 색채에서 조명은 마지막 붓 터치와 같이 중요한 역할을 한다. 조명은 색채에 의한 외관적 요소를 보완 또는 증진한다. 조명은 크게 따뜻한 느낌을 주는 난색계 조명과 차가운 느낌을 주는 한색계 조명으로 나눌 수 있다. 난색광(暖色光)은 주로 백열등에서 나타나는 조명으로 눈의 피로가 적고 은은한 느낌을 주어 식욕을 촉진하는 조명이고, 한색광(寒色光)은 형광등에서 얻어지는 광질로 담자색계, 은은한 백색계 등 종류가 다양하고 느낌이 차다. 한색광에서는 긴장감이나 피로를 느끼기 쉽다.

조명 색상과 음식물 색상의 상호작용은 보색효과 및 색상혼합 등에 의해 원래 음식물의 기호적인 색상이 더 맛깔스러운 색으로 변하기도 하고 식욕을 저하하기도 한다. 보고된 실험에 의하면, 만찬 회장에서 조명을 적색과 녹색 필터로 바꾸었더니 스테이크는 회색, 셀러리는 핑크색, 청대콩은 진한 검정, 우유는 핏빛 적색, 커피는 황토색 등으로 바뀌어 손님이 식욕을 느낄 수 없었다고 한다.

백열광은 형광등에 비하여 따뜻하게 보이는 데 비해, 형광등은 적색의 육류 및 생선의 색을 보라색으로 느끼게 하여 색채학적으로 맛있어 보이지 않는다. 특히 음식 사진에서 조명이 부적절하면 맛있어 보이는 시각적 효과가 감소할 수 있다. 피자가게에서 노릇노릇하게 보이고 식욕이 느껴지는 피자를 주문하여 가정의 형광등에서 포장을 열어보면 색의 차이는 물론 식욕의 차이도 느끼는데 가장 큰 원인은 조명이 바뀌었기 때문이다. 전기구이 치킨의 진열장을 떠올려보자. 흔히 전기구이 치킨을 막 구워낸 느낌으로 고객의 눈에 비치게 하려고 백열등 적외선, 램프, 나트륨램프 등 난광색을 사용한다. 또한 색채의 밝기나 어둠의 가감으로 음식 사진의 색채를 보완할 수 있다. 명도가 밝으면 경쾌한 느낌이 나고, 중간 명도는 온화하며, 명도가 낮은 암색은 음침하기도 하고 중후한 느낌을 주기도 한다.

4. 메뉴와 주방설비 및 기물

1) 주방설비와 작업동선

주방설비와 레이아웃은 작업동선에 영향을 주며 이는 곧 작업의 효율성과도 직결되는 문제이다. 메뉴 생산에 적합한 주방의 설비와 레이아웃은 음식의 조리시간을 단축하고 노동력을 절감하기 때문에 원가절감의 효과를 얻을 수 있으므로 메뉴 계획에서 중요 사항 중 하나이다. 능률적으로 잘 배치된 주방설비는 메뉴를 생산하는 시간을 단축해 경제적으로 최대의 이윤을 얻을 수 있는 필수조건이기 때문이다.

주방의 설비는 작업이 원활하게 이루어지며, 작업자의 특정 신체 부위에 무리가 되지 않도록 작업을 중심으로 설치하는 것을 기본으로 한다. 서서 장시간 일하는 종업원에게 부적합한 작업대의 높이나 주방설비는 신체 피로감을 증가시키는 원인이 된다.

주방설비는 메뉴의 성격과 특징에 따라 그 배치가 정해져야 하며, 동선은 시설물의 중복 사용이 되지 않도록, 작업 중심지가 여러 부분으로 분산되지 않도록 해야 한다. 그리하여 식재료의 구매부터 검수 메뉴의 제조 판매, 뒤처리에 이르는 전 과정에 걸친 동작이 유연하게 이루어질 수 있어야 한다.

예를 들어, 성인 남자의 키 170 cm를 기준으로 하면 작업 중심점 공간은 작업자가 좌우로 팔을 뻗어 일하는 데 편안한 접근이 가능한 거리로, 작업자 중심에서 전방 75 cm,

좌우 140 cm까지를 기본으로 한다. 싱크대의 높이는 수도꼭지와의 거리가 60 cm 정도를 넘지 않는 것이 좋다.

$$\text{조리대의 높이} = \text{신장} \times 0.52$$

작업대의 높이는 앉아서 일할 때는 82 cm 정도이고, 서서 일할 때는 85~90 cm 정도가 적합하다. 식기세척기는 문을 여닫는 길이를 고려하여 30~60 cm 정도의 여유 공간이 있어야 한다.

가열 기구는 최소 90 cm 정도의 작업 공간이 필요하며 가스레인지 위의 배기 후드는 조리사의 위생모를 고려하여 190 cm 이상이 되어야 작업하는 데 불편함이 없을 것이다. 배기 후드의 폭은 내부 공기 흡입률을 좋게 하기 위하여 가열 기기보다 60 cm 정도는 돌출되어야 한다.

한 주방 안에서도 작업이 이루어지는 특성과 양에 따라 재료를 처리하거나 다듬는 단위주방, 가열하는 단위주방, 판매를 위해 음식을 담고 제공하는 단위주방 등 다양한 단위주방으로 나눌 수 있으며, 특정 시간 내에 다양하고 많은 재료를 조리하기 위해서는 다양한 설비와 숙련된 조리 인력이 필요하다.

(1) 일렬 배치형

주방의 크기와 상관없이 가장 일반적인 형태로, 보통 벽면에 가열 기기를 배치하고 위쪽에는 배기 후드 시설을 설치하는 방식이다. 작업자의 동선이 짧아서 비교적 경제적인 배치이다.

식기는 좌측에서 우측으로 흐르는 방향으로, 홀에서 사용된 식기는 주방 입구에서 남은 음식물 찌꺼기를 처리하고 싱크대를 거쳐 식기세척기로 세척을 마친 후 수납장으로 들어가는 동선을 가지게 된다.

중앙의 가스레인지 앞에 작업이 편리하도록 보조 작업대를 설치하면 더욱 편리하다.

(2) ㄱ자형 배치

주방 공간이 작을 때 유용한 배치이며 작업 동선을 최소화하기 위한 연구가 필요하다. 구부러진 부분은 보관창고나 수납시설이 설치되고 입구와 접근이 쉬운 부분을 작업 중심점으로 정하여 주방설비를 배치하는 것이 좋다.

(3) 양면 배치형

학교, 단체급식 식당이나 병원에서 많이 사용하는 주방설비로, 제한된 순서에 따라 조리하지 않아도 되는 메뉴에 적합하다. 다양한 메뉴에 따라 작업 중심점을 변형하여야 하므로 비교적 이동 통로는 불편함이 없도록 하는 것이 좋다. 배기 후드는 가열대와 작업대, 식기 수거 테이블 쪽에 다양하게 설치하는 것이 좋다.

(4) 대칭 배치형

가열 기구와 작업대의 배열이 대칭으로 이루어진 구조로 호텔이나 대형 연회행사 메뉴를 만들 수 있는 큰 규모의 주방에 적합하다. 이 형태의 주방에서는 많은 양의 식재료를 취급하므로 용량이 큰 조리 기기와 설비뿐 아니라 대형 냉장·냉동실과 별도의 보관창고가 필요하다.

2) 메뉴 아이템에 따른 기물 선정

메뉴를 계획할 때 기물의 선택은 메뉴를 음식으로써 뿐 아니라 고부가가치의 상품으로 전환하는 하나의 상품 포장이라고 할 수 있다. 같은 음식이라도 일회용 종이 접시에 담아내는 것과 고가의 도자기에 담아내는 것에서 고객이 느끼는 상품으로서의 가치는 차이가 크게 나기 때문이다.

올바른 기물의 선택이란 단순히 값비싼 제품을 사용하는 것이 아니라 레스토랑 전체의 콘셉트를 반영하면서도 종업원이 일하는 데 효율적이고, 합리적인 가격으로 파손 시 손쉽게 다시 구할 수 있는 제품을 선택하는 것이 중요하다. 즉 메뉴의 1인 분량, 메뉴의 수요량, 서비스 형태와 좌석 회전율, 종사원의 기술과 작업자의 인력 수 등에 의해서 결정되어야 하며, 레스토랑 설계와 인테리어 레이아웃 등에도 영향을 받는다.

전반적인 동선이나 작업자의 수가 고려되지 않는다면 인건비나 원가 통제가 어려워진다. 작업동선이 크지 않으면 종사원들은 불필요한 시간 낭비를 하게 되고 조리작업의 흐름과 맞지 않아 작업 중 정체되거나 서로 간에 부딪히는 사고가 발생할 수도 있으며 이 때문에 기물이 파손되거나 고객의 불만사항이 발생할 수 있으므로 주의를 기울여야 한다. 또한 적정량의 기물을 구입하고 보유하고 있어야 하는데, 너무 많은 양의 기물은 예산 낭비이며 기물의 여유분이 없다면 시시각각으로 발생하는 기물 파손 사고에 대하여 빠른 대처를 할 수 없다. 결국 합리적인 가격에서 메뉴의 성격과 특징을 잘 파악하여 기물을 선정하는 것이 중요하다.

경쟁력 있는 메뉴는 기본적으로 음식에 대한 영양과 위생을 고려하여 타깃의 기호를 만족시킬 만한 맛을 낼 수 있어야 하며, 전체적인 레스토랑의 콘셉트와 서비스 형태를 고려한 적절한 기물을 선택하여 상품화하여야 한다.

메뉴 아이템에 따른 기물의 사례를 살펴보면 한국음식 메뉴인 탕과 찌개류를 담는 기물은 국물을 담을 수 있는 오목한 형태에 오랜 시간 따뜻한 상태를 유지할 수 있는 뚝배기나 돌냄비류가 적합하다. 코스로 서비스되는 양식은 코스별로 음식을 담을 수 있는 접시 형태에 메뉴에 따라 다양한 사이즈를 준비해야 하며 격조 있고 클래식한 레스토랑의 분위기라면 금장의 테두리가 장식된 도자기 제품이 적합할 것이다.

테이크아웃 서비스가 성행하면서 포장하여 음식을 가져가는 형태의 메뉴가 개발되었고 테이크아웃용 포장에 대한 것도 메뉴 기물의 한 종류로 레스토랑의 콘셉트를 반영하면서 고객이 들고 다니는 광고판 역할을 할 수 있으므로 신중하게 선택하여야 한다.

summary

메뉴를 계획할 때 기본적으로 고려해야 할 요소인 영양과 위생관리, 메뉴 프레젠테이션과 주방설비 등에 대해 살펴보았다.

영양 측면에서는 고객의 성별, 나이 등을 고려하여 건강에 필요한 영양소를 공급해 주어야 하며, 위생상 안전한 식품을 메뉴로 계획해야 한다.

식품위해요소중점관리기준(HACCP) 시스템의 도입으로 효율적으로 식품위생을 관리하고 개인위생을 준수하며 식재료의 올바른 취급으로 위생적으로도 안전한 메뉴를 공급하는 것은 메뉴 계획자의 기본적인 고려사항이다.

또한 더욱 고급스럽고 가치 있는 메뉴 상품을 계획하기 위하여 메뉴의 프레젠테이션, 기물 등도 세심하게 살펴 고객의 다양한 욕구를 충족시켜 줄 수 있는 메뉴 계획이 레스토랑 사업의 성패를 좌우한다 해도 과언이 아닐 것이다.

CHAPTER 05

메뉴 원가관리와 재무회계

1. 메뉴 원가와 원가관리의 개념 및 중요성
2. 원가의 분류
3. 메뉴 원가관리의 목적
4. 메뉴 원가관리의 과정
5. 메뉴 원가관리의 방법
6. 메뉴와 자금 계획
7. 재무 분석과 메뉴
8. 메뉴 전략과 성공적 재무회계

5

메뉴 원가관리의 목적은 비용 손실을 최소화하고, 표준과 실제 경영상 비용의 오차를 통제하여 이윤을 극대화하는 것에 있다.

이 장에서는 메뉴의 원가관리와 재무회계의 개념 및 중요성을 인식하고 실제 수익을 증대시키기 위한 원가관리 방안에 대하여 살펴본다. 그리고 성공적인 외식 경영을 위한 자본 투자와 사업 타당성 분석 및 평가 방법, 입지 조건과 자금 계획에 대한 내용을 통하여 메뉴 전략의 기초를 다지고자 한다.

1. 메뉴 원가와 원가관리의 개념 및 중요성

1) 원가의 개념

원가란 특정한 기업의 목적을 달성하기 위하여 잠재적으로 소모될 경제적 자원인 상품의 제조·판매·배급 등에 든 각종 재화나 용역을 화폐단위로 표시한 것이다. 넓은 의미로는 상품을 만들어서 판매하고 화폐를 얻기까지의 직·간접적으로 지출되는 총원가를 말하며, 좁은 의미로는 상품 제작만을 위해 투입된 1차적 화폐 원가로 제품 재료비, 인건비 등을 말한다.

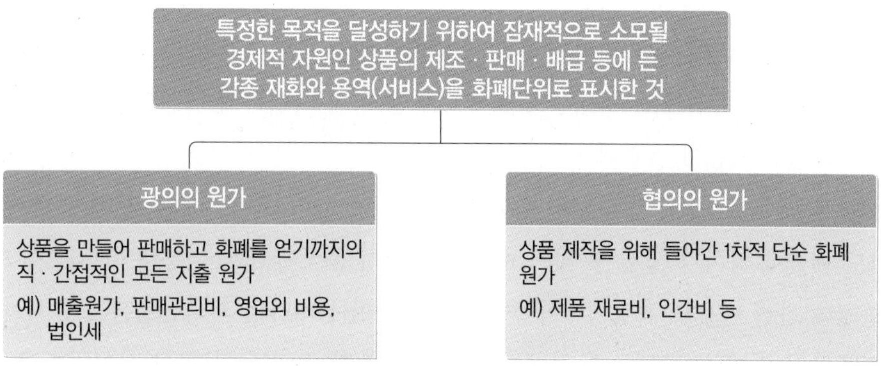

그림 5-1 **원가의 개념**

2) 원가관리의 개념

원가관리(통제)란 '예산(budget)'과 '실제(actual)'의 차이를 극복하기 위한 확인행위로서 외식 경영에 요구되는 모든 업무의 내용을 통제하여 최고 경영자가 사전에 설정한 목표를 보다 효율적으로 달성하도록 하는 경영의사 결정의 집합이다.

즉, 예산으로 책정된 원가와 실제 발생한 원가 사이에는 차이가 생길 수밖에 없으므로 표준으로 책정해 높은 예산 계획을 최소한의 오차로 실행하는 행동으로 그 결과에 대한 정보 제공 및 업적 평가를 통하여 평가와 수정의 단계를 반복하고 여러 대안의 결과를 예측하여 수익을 극대화할 수 있는 가장 이상적인 결과를 얻기 위한 방법을 의미한다.

특히 외식분야에서 원가관리는 생각보다 어려움이 많다. 생산 측면에서는 생산과 판매가 동시에 이루어져 보존상의 한계가 있기 때문에 원가 발생에 대하여 정확하게 산출하는 데에 어려움이 있다.

수요 예측 또한 정확하게 이루어지기 힘들다는 특징이 있다. 이는 계절이나 주 대상층 고객의 기호 등에 따른 변수가 많고 수요예측이 제대로 되지 않을 경우 바로 원가 상승의 요인으로 작용하기 때문에 우리나라와 같이 예약문화가 일반화되지 않은 상태에서는 수요 예측이 더욱 어렵다.

판매 측면에서는 장소와 시간의 제약을 받기 때문에 매출 극대화에 제한을 둘 수밖에 없고, 상품 가치를 극대화하기 위하여 식품유통이나 서비스 상품 등에 각별히 신경을 써야 한다.

또한 조리와 서비스 모두 인력에 대한 의존도가 높은 산업분야로, 요즘과 같이 인건비가 높은 시장현황을 고려하자면 외식업에서 원가를 통제하기는 더욱 어려운 현실이다. 또한 이들의 숙련도도 서비스 품질에 영향을 미치기 때문에 직원의 교육이나 훈련에도 지속적인 비용이 소요된다.

메뉴 상품이란 음식뿐만 아니라 레스토랑의 전체 입지, 구조, 시설, 분위기 등에 따라서도 매출에 차이가 생길 수 있기 때문에 단순히 음식에 대한 비용뿐 아니라 물리적인 환경에 관한 비용도 책정되어야 한다. 다른 산업에 비하여 외식산업은 소요되는 원가의 종류가 다양하며, 표준과 실제에 오차가 발생할 수 있는 상황이 비일비재하므로 원가관리는 무엇보다도 중요하고 어려운 분야이다.

이러한 원가관리(통제) 시스템을 설계할 때 고려해야 할 사항은 정확성과 객관성이다. 정확한 표준예산을 설정하여야 한다. 즉, 단계별로 정확한 표준을 설정하고 실제 측정된 결과를 검토하도록 한다. 그 결과 오차가 발생하였다면 객관적인 데이터와 자료를 바탕으로 발생요인을 정확히 분석하고 찾아내어 객관적인 보완 방법을 제시하여야 한다.

또한 원가관리는 단 한 번만 하면 되는 것이 아니라 일정한 기간을 두고 지속적으로 시행되어야 한다. 이는 가장 적합한 문제해결의 절차와 방법을 모색하기 위해서인데 현 관리 절차에 만족할 수 없고 원 식재료 구매, 생산된 아이템 판매 및 분석을 통해 목표예산의 확인절차에 이르는 모든 과정에서 시도되어야 하기 때문이다. 또 각 지점에서의 통제가 안 되고 구성원이 타성에 젖을 수 있기 때문에 지속적으로 시행되어야 한다.

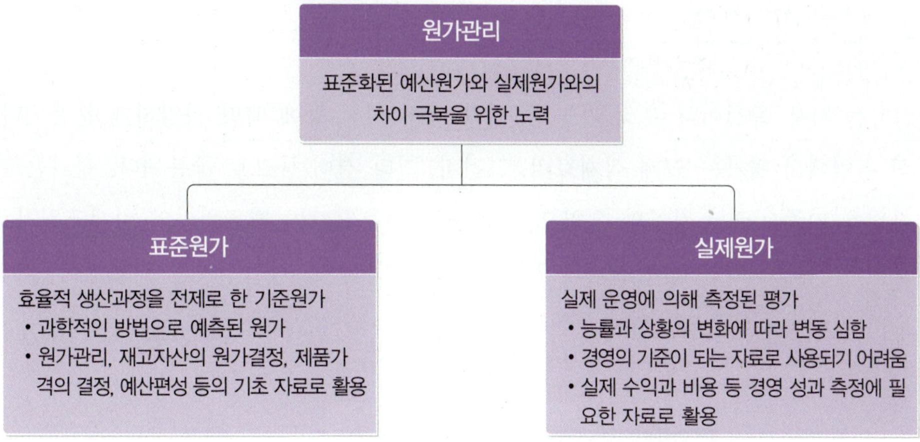

그림 5-2 원가관리의 개념

3) 원가관리의 중요성

원가관리는 표준과 실제의 오차범위를 줄이는 노력을 통하여 현 업무가 효율적으로 잘 진행되고 있는지에 대한 평가를 할 수 있으며, 현재 생산 방식이나 인력 배치 등의 문제점을 파악할 수 있는 좋은 근거자료가 된다.

이를 위한 객관적인 자료는 외식 경영진에게 수익 발생을 위해 어떠한 방법을 모색해야 하는지를 평가할 수 있게 하며, 결국은 이러한 객관적인 자료를 통하여 수익 극대화에 대한 경영 방침과 앞으로의 운영에 대한 방향성과 투자, 예산안 등을 결정하는 정보를 제공하기 때문에 매우 중요한 과정이라고 할 수 있다.

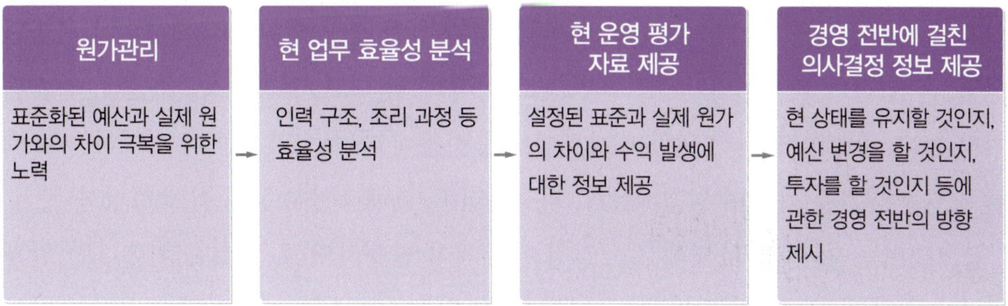

그림 5-3 원가관리의 중요성

2. 원가의 분류

원가는 사용 목적이나 추적 가능성, 원가 측정 시점 등에 따라 다양하게 분류된다. 외식 경영에서 원가는 크게 식재료비, 인건비, 기타 경비 등으로 구분된다. 원가는 판매가격을 기준으로 총원가와 수익으로 구분되고, 총원가는 제조원가와 비제조원가로 구분된다. 제조원가는 간접원가와 직접원가로 구분되며, 직접원가는 직접경비, 직접노무비(인건비), 식재료비로 구성된다.

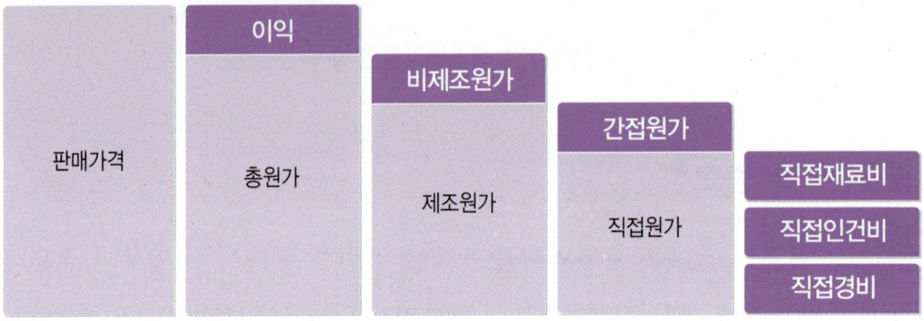

- 직접원가 = 직접재료비 + 직접인건비 + 직접경비
- 제조원가 = 직접원가 + 간접원가
- 비제조원가 = 일반관리비 + 직접판매비 + 간접판매비
- 총원가 = 제조원가 + 일반관리비 + 판매비(직접판매비 + 간접판매비)
- 판매가격 = 총원가 + 이익

그림 5-4 외식산업의 원가 구성

비용은 크게 고정비와 변동비로 나눌 수 있다. 고정비는 조업도의 변동과 관계없이 일정하게 발생하는 원가로 기간에 비례하는 비용이며 경영 계획 단계에서부터 책정된 인적, 물적 설비 비용이다. 예를 들면, 감가상각비, 임대료, 토지비용, 재산세, 일반관리비 등이 이에 해당한다. 변동비는 조업도의 변동에 따라 원가 총액이 비례하는 변화를 가지는 원가를 말하며 직접재료비, 직접인건비, 판매촉진비 등이 이에 해당한다.

준고정비는 일정 범위 내에서는 일정한 금액이 발생하지만, 범위를 벗어나면 원가 발생액이 달라지는 원가를 말한다. 예를 들면, 월급이 고정으로 책정된 정직원의 인건비는 고정비이지만 상황에 따라 투입되는 아르바이트생의 인건비는 변동비로 볼 수 있다. 이런 구조를 가진 외식 경영업체의 인건비는 준고정비로 볼 수 있다.

준변동비는 고정비와 변동비의 성질을 모두 가진 혼합원가라고 할 수 있으며, 전기요금, 수도요금, 수선유지비 등이 이에 해당한다. 이는 대개 일정 부분 기본요금이 정해져 있고 사용량에 따라 추가 요금이 증가한다.

표 5-1 원가의 분류

분류	구분	내용
원가 형태	고정원가 (fixed costs)	• 생산의 변화에 관계없이 총원가가 일정하게 발생하는 원가 • 생산량이 증가할수록 단위당 고정원가는 감소
	변동원가 (variable costs)	• 생산의 변화에 비례하여 총원가가 변하는 원가 • 생산단위당 원가는 일정
원가 측정 시점	표준원가 (standard costs)	• 제품 생산 이전에 표준이 되는 원가를 측정하여 제품원가 결정
	실제원가 (actual costs)	• 제품 생산 이후 실제 발생한 원가를 집계한 것 • 일반적인 제품 원가는 실제원가에 의하여 계산
추적 가능성	직접원가 (direct costs)	• 원가 대상이 직접 추적 가능 • 특정 제품의 각 단위별로 직접 추적 가능 • 제품 원가 계산 시 직접 부과할 수 있는 원가
	간접원가 (indirect costs)	• 특정 제품 하나하나에 직접 추적 불가능 • 제품 생산을 위하여 발생되는 원가 • 공통요인으로 인식되므로 일정한 기준에 의하여 제품별로 배분
	(직접)재료원가 (material costs)	• 물리적 형태로 제품에 투입되는 자원 • 제품 생산에 소요되는 모든 재료(소모성 재료 제외)비 • 직접생산비, 인건비, 재료비 등이 포함된다.
투입 자원의 형태	간접재료원가 (manufacturing overhead costs)	• 전통적으로 '제조경비'라고 함 • 재료원가와 노무원가를 제외하고 생산활동에서 발생되는 모든 원가 - 간접경비 : 감가상각비, 보험료, 수선비, 가스비, 수도광열비 - 간접노무비 : 임금 수당 - 간접재료비 : 보조재료비
	노무원가(labor costs)	제품생산에 직접 투입되는 노동임금

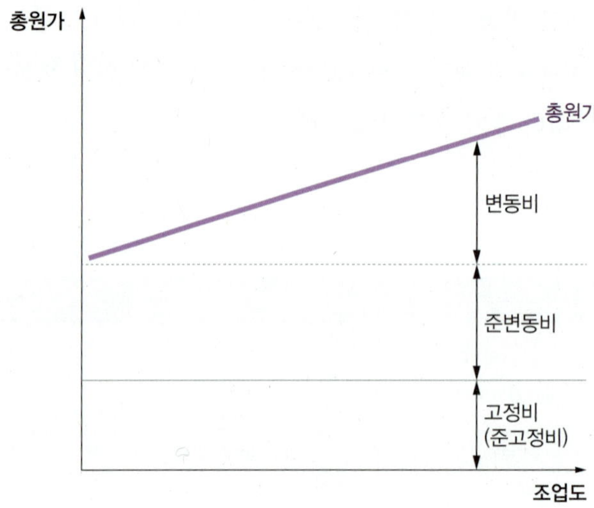

그림 5-5 총원가의 형태

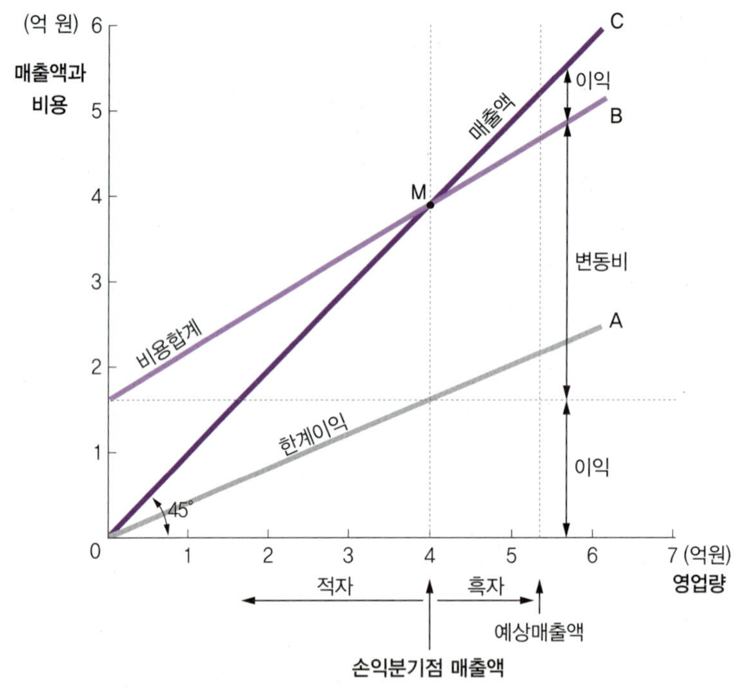

그림 5-6 손익분기점 산출도

손익분기점(M) : 매출과 비용이 일치하는 시점

손익분기점이란 비용과 매출이 일치하는 시점으로 외식 경영에서는 중요한 시점이며 이익이 발생할 것으로 기대되는 시점이기도 하다. 비용과 매출액, 손익분기점을 도식화 해보면 그림 5-6과 같다. 가로축은 영업량이나 조업도를 매출금액의 척도로 나타내고 있고 세로축은 매출액과 비용을 나타낸 것이다. 고정비는 영업량과 관계없이 항상 일정하게 지출되는 비용이고, 변동비는 영업량에 비례하는 직선이므로 손익분기점을 기준으로 비용이 매출보다 많으면 적자가 되고 비용이 매출보다 적으면 흑자가 되는 것이다.

이와 같이 원가는 여러 가지로 분류될 수 있고 고정비용은 매출에 상관없이 항상 일정한 비용이 지출되는 비용으로 통제의 대상이 되지 않지만 변동비는 매출과 비례하여 유동성 있게 변화한다. 그러므로 항상 비용이 발생하는 원천에 대한 철저한 분석과 표준예산과의 비교를 통하여 실제와 표준과의 오차 발생을 줄일 수 있도록 적절한 통제 과정이 필요하다. 이를 통하여 원가절감과 수익의 극대화라는 경영목표를 달성할 수 있는 것이다.

3. 메뉴 원가관리의 목적

메뉴 원가관리의 목적은 비용의 손실을 최대한 막고 표준과 실제 경영상 비용의 오차를 통제하여 결국 외식 기업의 경영방침이나 이윤극대화를 하기 위함이다. 즉, 이러한 원가관리는 적정한 이윤을 발생시키기 위한 판매 가격 결정의 기초자료를 제공하며 원가 통제 및 관리를 위한 기초자료인 원가 자료를 제공한다. 또한 재무제표 작성에 필요한 손익과 재무상태 등을 나타낼 수 있는 자료를 제공하고, 이를 바탕으로 손익계산서와 대차대조표 등을 작성할 수 있다. 메뉴의 제조, 판매, 유통 등의 경로 중 발생되

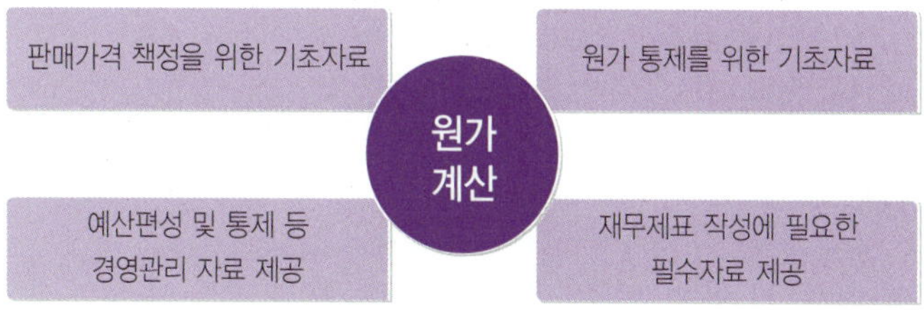

그림 5-7 원가관리의 목적 및 필요성

는 원가에 대한 정확한 파악과 보다 효율적인 관리 방안을 모색하여 경영 수익을 극대화함으로써 앞으로 경영 예산 편성의 경영관리 자료를 제공하며 경영계획을 설정하고 경쟁사와의 경영비교의 자료 제공을 위해서도 메뉴의 원가관리는 필요하다.

4. 메뉴 원가관리의 과정

원가관리의 과정을 살펴보면, 우선 메뉴의 표준구매량, 표준 1인량, 표준 레시피, 표준 근무시간에 따른 인건비 등 메뉴의 생산과 서비스에 관련된 모든 과정에 대한 표준을 마련하는 것으로 첫 단계에서 준비되어야 할 과정이다.

이러한 표준을 설정하고 실제 운영을 하면서 측정된 결과치를 분석하여 실제 표준과 비교하게 되고, 이때 발생하는 오차를 객관적으로 비교 산출하여 받아들일 만한 결과라면 다시 반복적으로 운영한 실제 결과치와의 비교 분석을 통해 오차를 최소화할 방안을 모색하면 된다. 만일 받아들일 수 없는 오차 범위에 해당한다면 과감하게 기준이 되는 표준 자체를 수정하여 절차를 변경할 필요가 있다.

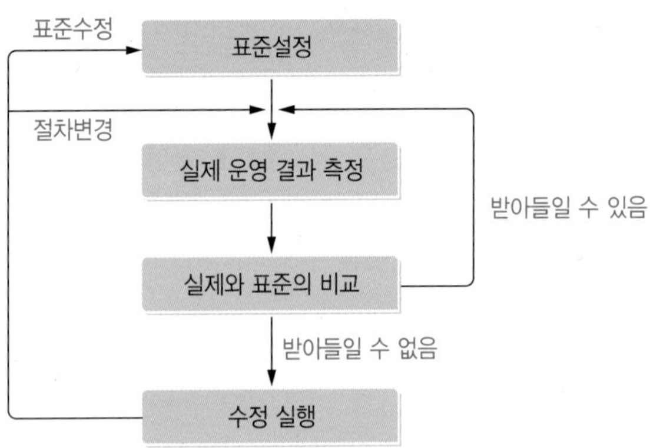

그림 5-8 통제의 기본절차
자료 : 나정기, 식음료 원가관리의 이해, 백산출판사, 2006

1) 표준원가계산

사전에 정해진 표준 가격 및 표준 사용량을 바탕으로 제품의 원가계산을 하는 것으로 제품과 작업 방법, 공정의 표준화를 돕는다. 표준 구매명세서, 표준량 목표, 표준 산출량, 표준 분량 크기, 메뉴 품목별 판매수량 집계표, 메뉴 품목별 판매가, 사용재료의 매입원가 등 각 재료의 소비량과 가격의 표준을 설정하는 단계이다.

2) 실제원가계산

사전에 정해진 표준이 아니라 실제 구입가격 및 실제 사용수량을 기준으로 제품의 원가를 계산하는 방법으로, 실제 식재료를 구입하고 판매하기까지 과정에서 발생한 원가를 계산하는 단계이다. 실제원가는 표준원가보다 많이 발생할 수도 있고 작게 발생할 수도 있다. 이는 여러 가지 원인에 의해서 오차가 발생하는데 예를 들면 고객 수에 대한 예측이 부정확했다든지, 식재료를 표준보다 많이 사용하여 손실이 많았다든지, 판매과정에서 메뉴를 잘못 주문받아 발생한 오차 등 여러 가지 원인이 있을 수 있다.

3) 실제원가계산과 표준원가계산의 비교

이러한 표준과 실제의 경영 원가를 비교하여 경영 성과를 판단하는 근거자료로 사용하며, 표준원가와 실제원가의 차이를 통하여 가격결정 및 경영 계획 수립에 필요한 기초자료를 제공하는 셈이다.

표준과 실제의 오차 발생은 판매량에 의한 차이일 수도 있고 표준가격과의 차이일 수도 있다. 이러한 오차는 표준보다 많은 이익을 발생시킬 수도 있는 긍정적인 오차와

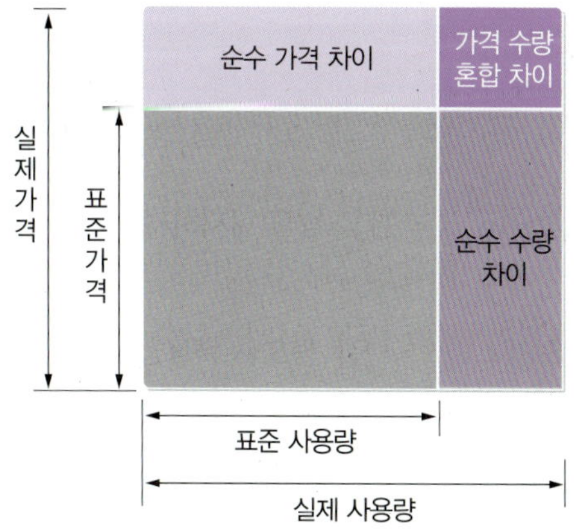

그림 5-9 표준과 실제 사이에 발생한 가격과 수량과의 차이

표준보다 많은 비용을 발생시키는 부정적인 오차가 있을 수 있다. 이것은 모두 판매량과 가격의 오차에 대한 관계이며, 객관적인 비교와 절차를 통하여 비용을 최소화할 수 있는 방안을 모색하여야 한다. 이러한 원가계산 절차 또한 최대한 간소화함으로써 원가계산에 필요한 운영비를 절감할 수 있도록 해야 할 것이다.

원가관리 과정은 크게 정보의 포착, 정보의 수집, 정보의 처리, 정보 작성과 배포 과정을 포함하는 정보의 통제와 물자의 흐름을 파악하여 통제하는 방법으로 나눌 수 있다.

정보통제와 관련된 양식은 사전에 설정된 절차와 그 절차를 구체화하는 양식으로 객관성을 띠고 있어야 하며 외식업체별로 매우 다양하다. 하지만 과다한 양식, 과다 인원 필요, 융통성, 신속성이 결여된 양식은 부서 간의 불화와 조직원의 원가에 대한 관심을 결여시킬 수 있으므로 주의해야 한다. 사용양식은 식음료 원가관리와 통제의 깊이와 폭에 따라 결정해야 하고 식재료의 흐름을 따라 발생하는 정보의 배포 또한 원하는 목표와 일치해야 한다.

정보의 통제 과정

① **정보의 포착 :** 식재료 인수증, 영수증 등 정리

② **정보수집 :** 일정기간 저장고에 출고된 식재료의 전표를 종합하여 식음료 원가관리자에게 전달하는 것

③ **정보의 처리 :** 저장고에서 출고된 식재료 가치의 합이나 소비량을 금액으로 계산하는 것

④ **정보의 작성과 배포**

사전관리	→	실행관리	→	사후관리
• 개념 및 목표 예산 정립 • 메뉴의 계획 • 표준 구매명세서 작성 • 표준 레시피 작성 • 표준 분량 설정 • 표준화된 물자 흐름의 관리 절차 및 방안 작성	→	• 물자 흐름의 관리 • 구매관리 • 검수관리 • 저장고관리 • 생산관리 • 판매관리 • 재고관리	→	• 판매분석 • 원가분석 • 메뉴분석 • 재고분석 • 시장분석 • 판매가격분석 • 수익분석

그림 5-10 원가관리의 단계

자료 : 나정기, 식음료 원가관리의 이해, 백산출판사, 2006

물자관리는 통제방법과 절차를 구체화하는 단계로, 메뉴에 대한 표준화 과정인 사전관리와 구매, 검수, 저장, 생산, 판매 등의 과정을 거친다. 실행하는 시점의 실행관리, 실행한 이후 표준과 실행관리 결과를 분석하는 사후관리 세 과정으로 나눌 수 있다.

5. 메뉴 원가관리의 방법

1) 비상업적 기관의 원가관리

비상업기관인 학교나 군대와 같은 단체급식에서는 대부분 식재료 비용이 전체 매출의 50% 이상을 차지하기도 한다. 이러한 경우 비용의 일부는 기관에서 충당하거나 인건비와 같은 비용이 따로 직원 월급으로 책정되어 있는 경우도 있다.

비상업적 기관에서는 주어진 예산을 일정 기간 동안으로 나누어 운영한다. 보통 한 달, 일 년 정도에 책정된 예산을 하루나 한 끼 식사에 지출할 수 있는 예산으로 나누어 집행하는 경우가 많다.

2) 상업적 외식기업의 원가관리

상업적 외식기업은 보통 식재료비를 전체 매출의 30% 내외로 허용하고 있다. 표 5-2의 손익계산서 예를 보면 전체 식재료비는 28.5%이고 여기에서 식재료 비용은 30%, 음료 비용은 15%로 산출되어 있는 것을 알 수 있다. 전체 비용은 식재료비 28.5%, 인건비와 기타 운영비 40.2%로 수익은 20% 정도로 예산을 잡고 있는 것을 볼 수 있다.

정확한 매출을 예측하기 위해서는 고객에 대한 수요 예측이 필수적으로 선행되어야 한다. 그러나 계절, 날씨, 고객의 기호 등에 따라 많은 변수가 있기 때문에 이를 정확히 예측하기란 불가능하다. 수요 예측은 대부분 과거의 데이터를 기준으로 설정되며, 만일 예약에 의해서만 운영되는 레스토랑이라면 예측은 더욱 쉬워질 것이다. 날씨는 수요 예측의 중요한 변수 중 하나이다. 날씨가 맑고 좋은 날은 고객이 많을 것으로 예측되는 반면, 비가 오거나 추운 날에는 고객 수가 현저히 감소할 수 있다.

표 5-2 상업적 외식기업의 실제 운영 원가 사례

항목		비용(원)	비율(%)
매출(revenue)	식료 매출(food)	115,740,000	90.0
	음료 매출(beverage)	12,860,000	10.0
총매출(total revenue)		128,600,000	100.0
식재료 원가	식료 원가(food)	34,722,000	30.0[1]
	음료 원가(beverage)	1,929,000	15.0[2]
식재료 총원가		36,651,000	28.5
공헌 이익(gross profit)		91,949,000	71.5
비용(expenses)	직원 인건비	29,900,000	23.3
	직접 운영비	3,858,000	3.0
	관리비	6,944,400	5.4
	임대료	10,000,000	7.8
	마케팅	1,028,800	0.8
	총비용	51,731,200	40.2
감가상각비(depreciation)		3,600,800	2.8
수익(부가세 포함)		36,617,000	28.5

[1] 식료원가비율(food cost ratio) 30% = $\frac{\text{food cost}}{\text{food revenue}} \times 100 = \frac{34{,}700{,}000\text{원}}{115{,}740{,}000} \times 100$

[2] 음료원가비율(Beverage cost ratio) 15% = $\frac{\text{beverage cost}}{\text{beverage revenue}} \times 100 = \frac{1{,}929{,}000\text{원}}{12{,}860{,}000} \times 100$

매출을 늘리기 위해서는 레스토랑에 대한 홍보 전략이나 할인정책, 이벤트 또는 쿠폰 발행 등을 통해서 방문객 수를 늘릴 수 있다.

과거의 데이터를 바탕으로 수요 예측을 하고 매출에 대한 표준을 작성하였다면 경영자 입장에서는 홍보 방안이나 비수기의 영업전략 등을 세워 고객 수요가 예측한 표준과 많은 차이가 나지 않도록 해야 할 것이다.

3) 식재료 원가관리

식재료 비용의 원가관리 방법은 식재료를 구매하는 단계에서부터 검수, 저장, 생산, 판매 등의 여러 단계에 걸쳐 세밀하고 객관적으로 진행되어야 한다. 그 중 몇 가지 대표적인 식재료 원가관리 방안에 관하여 알아보기로 하자.

(1) 메뉴 1인분의 양 조절(portion control)

메뉴 1인분의 양과 크기는 메뉴 기획단계에서부터 표준화되어야 하며 표준과 실제의 오차를 줄이기 위해서 조리과정 중 오차가 생기지 않도록 표준 지침서를 마련하여 조리 종사자들은 훈련하여야 한다. 또한 각 메뉴 아이템별로 사용되는 식재료의 품목이나 단가 등을 명시하여 실제 운영 시 표준과의 오차가 발생하지 않도록 노력해야 한다.

표 5-3은 메뉴의 1인량과 레시피 표준량, 각 메뉴 아이템의 원가 등을 표준화한 사례이다. 각 제공되는 메뉴에 대한 사진과 자세한 레시피, 1인량, 각 재료에 대한 원가, 총 아이템별 원가, 특이할 점 등이 명시되어 있다.

표 5-3 메뉴 레시피 표준화 사례

칠리새우			새우아큐밀			베트남스캔핏새우			에스닉갈릭새우		

재료	양	가격	재료	양	가격	재료	양	가격	재료	양	가격
칠리소스	7 Ts	120	감자말이새우	3마리	1800	새우(베트남)	8마리	1500	마늘	10 g	150
피망	80 g	50	코코넛밀크	100 g	150	참기름	1 T	50	크림칠리소스	5 T	300
당근	60 g	30	밀가루	120 g	50	호유소스	1 T	80	감자말이새우	8마리	1800
전분가루	100 g	50	다진마늘	5 g	50	로스소스	1 T	100	당면	1 g	10
튀김기름	100g	100	붉은피망(장식용)	10 g	30	기꼬망두치	1 T	50	쪽파	10 g	20
새우(대하)	8마리	1500	노바시새우꼬치	8개	50	피망	10 g	50			
						체리토마토	1개	50			
Total		1850	Total		2130	Total		1830	Total		2280
새우에 전분가루를 입혀 튀긴 후 피망·당근을 볶아 칠리소스를 넣어 소스를 만들어 뿌린다.			5가지 채소에 감자말이새우를 꼬지에 꽂아 튀기고 코코넛밀크소스를 볶은 채소와 함께 곁들인다.			새우를 튀겨서 준비한다. 각종 채소로 장식한다. 호유, 로스 소스와 기꼬망두치로 소스를 만들어 뿌린다.			감자말이새우를 튀기고 마늘을 슬라이스하여 튀겨서 준비한 후 크림칠리소스를 뿌려낸다. 튀긴 당면과 다진 쪽파로 장식한다.		

(2) 메뉴 산출량(conducting a yield test)

메뉴 산출량은 식재료를 조리하고 가공하는 단계에서 식재료가 메뉴라는 상품으로 조리 가공되면서 버려지거나 손실되고 최종 산출되는 양을 말한다. 예를 들어, 스테이크용 소고기를 구입하였는데 뼈와 기름을 제거하고 최종 1인량 메뉴로 산출되는 양이 표준으로 작성한 양보다 적은 양이라면 이것은 바로 비용의 손실로 이어지게 된다. 채소 또한 마찬가지로 시금치 1박스를 구입하여도 시금치의 가식부가 얼마나 되는지 또는 다듬어서 없어지는 양이 얼마인지에 따라 메뉴 1인분에 제공되는 산출량이 달라질 수 있다. 이러한 각 메뉴의 산출량을 고려하여 표준을 작성하고 실제와의 오차를 파악하는 것이 메뉴 원가관리의 한 방법이 된다.

4) 인건비 원가관리

인건비도 대표적인 제조원가 중 하나로 표준화하기 위해서는 각 직급에 해당되는 사람의 표준 근로 비용이 책정되어야 한다. 표 5-4는 청담동에 있는 한식 레스토랑의 한

표 5-4 직급별 인건비의 표준화 사례

(단위 : 원)

구분	직급	인원	인당 급여액	월 총급여액	연간 총급여액
홀(hall)	매니저(manager)	1	2,500,000	2,500,000	30,000,000
	캡틴(captain)	1	1,700,000	1,700,000	20,400,000
	웨이터(waiter)	3	1,200,000	3,600,000	43,200,000
	웨이트리스(waitress)	3	1,200,000	3,600,000	43,200,000
	아르바이트(part timer)	2	1,000,000	2,000,000	24,000,000
	소계	10		13,400,000	160,800,000
주방(kitchen)	주방장(executive chef)	1	2,500,000	2,500,000	30,000,000
	수석요리사(sou chef)	1	2,200,000	2,200,000	26,400,000
	책임요리사(1st chef)	2	1,800,000	3,600,000	43,200,000
	조리사(2nd chef)	2	1,500,000	3,000,000	36,000,000
	아르바이트(part timer)	2	1,200,000	2,400,000	28,800,000
	주방보조	2	1,400,000	2,800,0 00	33,600,000
	소계	10		16,500,000	198,000,000
total		20		29,900,000	358,800,000

달 기준 직급별 인건비를 표준화한 사례이다. 자세한 표준화를 위해서는 각 직급별 해당 인력의 근무시간과 책임지고 담당할 일의 영역 등이 자세히 명시되어야 한다.

인건비를 표준화하는 데 어려운 점은 인력의 서비스 숙련도나 서비스 품질을 정확한 수치로 표시하기가 어렵다는 것이다. 인력에 대한 직급은 보통 경력이 많을수록 직급이 올라가기 마련이지만 정확한 인력에 대한 효율성을 얻기 위해서는 서비스 마인드와 숙련도에 대한 평가가 선행되어야 한다. 단순히 면접만을 통하여 선발된 인력은 착오가 생길 수 있으므로 경영진은 일정 기간 운영을 해 본 이후 인력을 배치하고 직급을 할당할 필요가 있다.

이상에서 살펴본 바와 같이 외식업체에서는 수익의 배분방법, 생산성 향상을 위한 구체적 대응방안과 인력배치에 대한 효율성 검토, 실제 경영방안을 모색하기 위하여 비용을 통제하고 원가관리를 하는 것이다.

6. 메뉴와 자금 계획

외식산업의 계획과 운영, 그리고 통제를 하는 데 이용되는 가장 기본적인 문서인 메뉴는 마케팅의 도구이며, 외식산업 운영에서의 모든 업무를 시작하고 통제하는 가장 중요한 관리 도구라고 할 수 있다.

만약 상업적 메뉴가 충분한 매출을 올리지 못하거나 보호시설의 메뉴가 적당한 예산 한계에 도달하지 못한다면, 파산은 당연한 결과이다. 그러므로 외식산업을 설립히는 것에 대한 재정적 전망과 메뉴가 필요한 만큼의 투자 대비 수익률이 만족할 만한 결과인지를 평가해 볼 필요가 있다.

운영자는 메뉴에 의해 생겨난 운영 결과에 대하여 평가할 수 있고 메뉴가 세워놓은 재정 계획에 알맞은지 판단해야 한다. 메뉴는 비용이 지출되며 그만큼 효과적인 수익을 창출해야만 한다.

1) 자본 투자

어느 메뉴든 초기 자본 투자가 필요하다. 메뉴는 시설, 장비, 장식, 재고, 그리고 공간 요구를 나타내고 있다. 메뉴는 계획된 업장의 본질을 반영하고, 분위기, 직원 채용 등 여러 가지 요인에 큰 영향력을 갖고 있다.

잘 계획된 메뉴는 많은 자본 비용을 없애거나 줄이는 데 도움을 준다. 즉, 투자자에게 투자를 받든지, 은행에서 대출을 하든지 초기에 자본 투자를 최소화하고 자본 회수율을 최대한으로 올리는 방향으로 계획되어야 한다.

2) 사업 타당성 분석 및 평가

초기 외식업을 시작하면서 사업상 타당성이 있는지를 분석해야 한다. 자본 시장에서는 외식업을 '특별한 경영 경력없이도 쉽게 진입할 수 있으나, 위험성이 크고, 이윤이 적은 산업'이라 칭한다. 그만큼 외식업은 실패할 확률이 높은 사업분야이다.

어떤 업체든지 사업에 드는 비용을 통제하는 것이 가장 중요한 운영 기술이다. 외식업은 비용 관리가 복잡하고 상하기 쉬운 식재료로 인한 원가 상승과 빠르게 변하는 소비자의 욕구에 신속하게 대처하기 어렵기 때문에 쉽게 재정 문제를 겪을 수 있다. 이를 방지하기 위해 대부분 여러 명의 투자자가 함께 투자하여 필요한 자본을 나누어 부담하고 새로운 외식업을 창업하는 데 대한 위험을 분산시키기도 한다. 종종 자신의 의견을 별로 주장하지 않는 투자자들과의 작은 파트너십이 형성되거나 적은 자본을 투자한 많은 소주주가 모여 작은 주식회사가 만들어지기도 한다. 몇몇 외식산업에 대해 잘 아는 사람들이 함께 모여 비용뿐만 아니라 그들의 전문성을 투자하는 것과는 달리, 주로 자본투자만 하는 투자자들은 수동적이다. 대출업자들은 대부분 투자자가 총 필요한 자본에서 30% 이상을 투자했는지를 보고 나서 돈을 빌려준다. 브랜드 가치가 높은 프랜차이즈조차도 가맹자에게 많은 투자 자금을 요구한다.

외식업 매장을 운영하기 위해서는 복잡한 업무인 만큼, 좋은 판촉기술뿐만 아니라 식품 구매, 생산, 서비스에 관한 지식, 능숙한 재무관리 능력이 필요하다. 큰 사업장에서는 이러한 지식에 특화된 관리자를 고용할 능력이 되지만, 대부분의 외식업 매장은 소규모로 창업자나 극히 제한된 동업 관리자들이 대개 업무를 직접 처리하기 때문에 사업을 시작하기 전에 수익 구조가 어떤지 사업 타당성이 있는지 조사해야만 한다. 외식산업은 경쟁이 매우 심하다. 심지어 병원, 항공사, 사회기관의 외식업까지도 경쟁 환경에 있다. 경쟁이란 최고만이 살아남는다는 것을 의미한다.

따라서 외식업을 시작하기 전에는 상업적 운영이 과연 이윤을 낼 수 있을 것인지, 예산에 맞게 운영될 수 있을 것인지 등에 대한 타당성 조사가 반드시 필요하다.

타당성 조사는 투자된 자본이 운영자의 자본 회수를 감당하기 위한 매출 생산 계획에 의해 적절하게 사용될 수 있는지에 대한 상세한 보고서로, 이 조사는 현실적이어야 하고 가장 적용 가능한 사실과 예상으로부터 설계되어야 한다. 또한 이 조사는 프로젝트를 고려한 초기 단계부터 전체적인 예측까지 포함하고 있어야 하며, 실제로 어떠한 것이 디자인되고, 만들어지며, 구매될 것인지에 대한 구체적인 회계 내용을 보여주어야 한다.

전형적인 타당성 조사 항목은 표 5-5와 같다. 이 연구는 근본적으로 미래의 임차인이나 투자자에게 외식업 영업장에 대한 모든 것을 보여준다. 이를테면 콘셉트, 잠재적 시장, 시장을 만족시키는 방법, 목적 달성을 위한 비용의 종류, 어떤 종류의 수익을 기대할 수 있을 것인지에 대해 말해준다.

완벽한 타당성 조사는 대개 몇 백 페이지가 넘는다. 회계업체는 대체적으로 견적상 재무재표를 만드는 것에 관련된 서비스를 제공하고, 주방설비 공급업자들은 어떤 장비가 필요하게 될 것인지 알려준다. 마케팅 컨설턴트는 시장분석과 적당한 광고 비용에 대해 분석하는 데 도움을 줄 수 있다. 이 모든 사람들이 참여할 때 경영자는 수동적인 관찰자가 되어서는 안 되며, 경영자는 모든 것을 이해해야 하고 연구에서 기대할 수 있는 모든 것을 증빙할 수 있어야 한다.

표 5-5 타당성 조사 항목

분류	세부 분류	상세 사항
소개	계획된 외식업장의 간략한 개요	
	• 임무 • 장소 • 자본	• 계획된 외식업장 종류의 간략한 내용 • 영업장 위치에 대한 묘사 • 얼마나 돈이 들 것인지, 돈의 출처에 대한 개요
표적 시장	영업장의 목적	
	• 고객 분석 • 경쟁사 분석 • 트랜드 분석	• 영업장에서 누구를 상대로 할 것인가 • 같은 시장에서 어떤 영업장이 직접 경쟁할 것인가 • 종합적인 시장 경제와 경제 트렌드
장소 선정	위치에 관한 자세한 설명	
	• 지역사회 • 부지 위치 • 교통 흐름 • 대여 vs 구매 분석 • 인가 비용 • 설비 비용	• 지역사회에 대한 설명과 역사, 미래 등등 • 상세한 부지에 대한 설명 • 사람들이 어떻게 방문하는지, 지역의 잠재고객이 얼마나 많은지, 매장의 위치와 교통편 설명 방법 • 부지를 사고 시설을 짓는 것과 빌리는 것의 비용 분석 • 면허, 인가, 요금에 드는 비용설비를 구하는 방법 • 부지에 설비를 공급하는 데 드는 비용
운영의 콘셉트	시장에 공급하는 영업장의 운영 계획과 시장을 만족시킬 방법에 대한 계획	
	• 테마·스타일 • 메뉴 마케팅	• 테마에 대한 설명, 영업장 분위기 • 어떤 음식과 음료가 언제 제공될 것인지, 그리고 지역사회 PR(Public Relations) 관련도와 고객과의 관계
자본 예산	어떤 돈이 개업에 필요한지에 관련된 설명과 어디에서 온 돈이 사용될 것인지	
	• 디자인 • 장비 • 공급품 • 프리-오프닝 • 활용 자본	• 시설 디자인 • 설비 운영에 필요한 장비 • 인벤토리와 운영에 필요한 공급품 • 개업 전에 사용된 상세한 비용 리스트 • 지속적으로 운영하는 데 필요한 자금 목록
재무제표	예상된 수입과 지출, 예상된 5년간의 현금 흐름에 관한 추정 제표	
	• 수입과 지출 제표 • 차액 시트 • 현금 흐름	• 수입과 지출에 대한 예상항목 책정 • 예상된 자산, 채무, 운영자의 소유 자본을 보여줌 • 현금이 어떻게 영업장에 들어오고 나가는지, 얼마가 빚과 투자 대비 수익으로 남을 것인가
직원 계획	영업장 직무 구조 소개	
	• 개별 정책 • 서비스 기준 • 조직도	고용, 교육, 보너스, 복지, 규율, 승진에 관한 정책과 절차 각 직책의 직원에게 요구되는 사항들과 교육, 경험, 다른 필요한 것에 대한 설명 승인 체계와 직원 간의 관계 설명
광고 계획	• 계획된 광고, 판촉, 매장 오픈 시 이루어질 마케팅	

3) 입지 조건과 자금 계획

식음료 산업의 가장 중요한 성공 요소 중 하나는 입지이다. 입지 조건은 사업의 시작 여부를 결정하는 데 결정적일 수 있다. 어떤 업장은 먼 거리에서 고객을 유인하려고 하지만 대부분은 주변의 유동인구에 의존한다. 이는 교통의 편리성 등이 고객 유치에 큰 영향을 미치기 때문이다.

(1) 주변 교통 편리성 및 주차환경

다수의 잠재고객이 레스토랑까지 오는 방법, 즉 도보로 오는지, 차를 타고 오는지의 여부를 아는 것은 중요하다. 또한 그들이 업장으로 들어올지 말지의 가능성을 아는 것도 중요하다. 큰길에서도 한쪽은 성공하고 반대쪽은 실패할 수도 있다. 사람들이 자동차로 오는 지역에서는 주차공간이 있어야 하며, 고속도로에 있는 레스토랑 역시 테이블당 하나의 주차공간을 가지고 있어야 한다. 입지 장소를 선정할 때는 환경 요인에 대해 신중하게 조사해야 한다.

(2) 경쟁업체 입지 분석

경쟁업체의 분석은 여러 방면에서 조사되어야 하며, 특히 입지 조건의 상황이 어떠한지를 조사하는 것도 중요하다. 입지 조건과 주변 상황에 따른 배달, 또는 식품 시장의 테이크아웃 경향 분석, 좋은 품질의 식료품 준비가 용이한 곳은 모두 잠재적 경쟁력이 된다.

(3) 입지 주변 유동인구 및 시장조사

성공적인 경영자는 경쟁을 자기 측정을 위한 도구로 생각한다. 그러나 전략적 방어를 개발하는 데는 반드시 철저한 시장조사가 필요하다. 또한 새로운 시장에 침투하기 위해서는 잠재 고객의 수를 예상하는 것이 중요하다. 또한 타깃이 되는 고객의 소득 수준, 사회 습관, 식사 패턴, 민족적 배경, 연령 수준, 성별 및 잠재 고객에 대한 여러 다른 요인을 가능한 완벽하게 조사해야 한다.

시장조사 및 타깃 분석 조사 항목

- 고객 혹은 잠재 고객은 누구인가?
- 그들이 무엇을 원하는가?
- 왜 그들이 가게에 올까?
- 그들은 누구와 함께 올까?
- 그들의 소득은 얼마인가? 그들은 언제 그것을 지불하는가?
- 그들의 나이 수준은 어느 정도인가?
- 그들의 교육 수준은 어느 정도인가?
- 이 지역에 얼마나 많은 잠재 고객이 있는가?
- 그들이 하루에 찾아올 확률은 어느 정도인가?
- 인근지역에 어떤 외식업이 있으며, 주로 고객들은 어떤 음식을 먹고 있는가?
- 이 시장의 경쟁자는 누구인가?
- 이 시장은 안정적인가?

(4) 임대료

초기 임대료는 외식업을 시작하는 데 많은 자본의 투자를 필요로 하는 항목 중 하나이다. 가게를 설립하는 방법은 푸드서비스 소유자·운영자에 의해 지불된 가격으로 결정할 수 있다. 새로운 건물은 소유자에 속하는 토지, 장비, 가구와 함께 특정 장소에 건립될 수 있다. 또는 토지를 임대하고 토지 주인과 함께 건물, 설비, 가구를 투입하거나 이미 지어진 건물과 장소를 임대하고 건물의 소유주가 그것의 가구와 장비를 정하는 경우도 있고 때때로 가구와 장비를 임대하기도 한다.

건물과 가구를 임대 계약하는 데는 다양한 방법이 있다. 임대기간은 1개월에서 1년 또는 5년과 같은 일정 기간으로 협상할 수 있다. 대여료는 모든 것이 포함된 가격에 따라 총매출의 2~20%를 넘지 않는 선에서 책정하는 것이 좋다. 대부분 외식업은 수입이 불안정하므로 임대는 종종 5년 또는 그 이하의 기간 동안 지속된다. 임대 계약은 일반적으로 가변 임대료가 총매출의 비율을 기준으로 지급되도록 설정할 수 있다. 또 다른 방법은 최소한의 임대료를 더한 총매출의 비율을 지급하는 것이다. 임대료는 매출 증가로 감소 비율의 수치로 총매출의 슬라이딩 비율을 설정할 수 있다. 보통 최종 금액과 큰 차이가 없다. 운영자에 의한 자본 투자에서 3~7%의 반품은 정상이며, 개별 임대차에 대한 이익은 재산 판매 2~5% 정도이다. 임대를 시작할 때 정확한 설립을 위해 협상하는 것은 중요하다. 사업을 시작하기 전에 리모델링이나 건물을 짓는 중에 임대료를 지급했다면 재산은 임대 적자를 없애고 이익을 보이기까지는 시간이 걸릴 것이다.

4) 기타 자본비용

영업 전 비용은 자산이 아닌 영업 전에 지출하는 비용으로 종업원에게 지불하는 급여를 포함하여 예비 오프닝 마케팅 비용, 라이선스 및 기타 선불 비용, 주방기구 및 선입고되는 식재료 등 최초 오픈하기 전에 발생한 기타 비용까지 포함된다.

표 5-6은 레스토랑 오픈 시 시작을 위한 비용 및 자금 이용처에 대한 사례이다.

표 5-6 레스토랑 오픈 시 필요한 창업자본 사례

총창업자본 54억 1460만 원 (단위 : 만 원)

구분	계정	가구 & 설비	초기자본	임대 개선	대여금 & 선불	재고
보증금	4,500				4,500	
건물 임대	6,500		6,500			
건물 유틸리티	1,000		1,000			
주류 자격증	25,000				25,000	
연간 자격증 비용	3,800		3,800			
유틸리티 보증금	2,400				2,400	
보험-선불	5,600				5,600	
광고&프로모션	15,000					
그래픽&인쇄	4,600					
건축가&장식	14,000					
은행 미지급금	4,500					
기타 참고사항						
법률&회계	6,000		6,000			
재고	10,000					10,000
유니폼	2,600		2,600			
계약자	40,000		40,000			
현금	90,500					
가구, 설비, 장비	125,000	125,000				
임대 개선	144,000			144,000		
급여	5,000		5,000			

(계속)

구분	계정	가구 & 설비	초기자본	임대 개선	대여금 & 선불	재고
컨설턴트	5,500		5,500			
연구&개발	1,500		1,500			
조경	2,000		2,000			
차량1	20,000					
회비&구독	460		460			
기타	2,000		2,000			

7. 재무 분석과 메뉴

1) 수익성 산출

사업 실적을 비교하는 가장 흔한 방법은 자산 총액에 대한 순이익의 비율을 계산하는 것이다. 이것은 자산에 대한 수익이라 부르고 관리자에 의해 얼마나 잘 사용되었나를 보여준다. 보통 3~6%의 수익을 정당하다고 본다. 또 다른 방법은 순이익을 측정하는 것이다. 이 경우 순이익은 이자, 기타 영업 외 비용, 비즈니스 세금을 지급하고 남은 이익이다. 그것은 다른 사람이 지급한 후 소유자 및 투자자에게 남은 금액이다. 예를 들어, 자산이 5000만 원이고 이익이 2500만 원이라면 자산에 대한 수익 비율은 5%이다(25,000 ÷ 500,000 ×100 = 5(%).

2) 투자 수익

기업의 투자에 대한 수익(Return On Investment, ROI)을 통하여 재정적인 안정성을 측정할 수 있다. 투자 수익은 회사의 소유자가 투자한 실제 금액과 관련하여 이익으로 얻은 금액으로 투자자는 외식산업의 투자 수익을 계산하고 자신의 자본 투자, 정부 채권, 주식시장 등에서 그들의 자본이 어떻게 투자되었는지 결과를 비교한다. 외식산업은 비교적 투자 위험이 높은 편이므로 투자자는 일반적으로 비교적 안전한 정부 채권 등 보다 투자 수익이 높은 것을 요구한다. 외식산업에 대한 투자의 장점 중 하나는 종종 매우 높은 수익률을 낼 수 있다는 것이다.

3) 현금 흐름

대부분의 산업과는 달리 외식업은 현금 거래가 많은 편이며, 운영을 할 때도 현금이 필요한 경우가 많다. 고객들은 약속어음이나 할부로 결제하기보다는 대부분 현금이나 카드결제로 비용을 지불하고, 운영을 할 때도 비용 결제 대부분이 현금인 때가 많기 때문이다. 이러한 현금의 흐름이 원활하게 유지될 수 있도록 하는 것이 외식산업에서는 중요한 재무 관리의 한 분야이다.

8. 메뉴 전략과 성공적 재무회계

성공적인 재무회계를 위해서는 메뉴를 전략적으로 계획해야 한다. 철저한 시장조사와 타깃 연구를 기초로 하여 메뉴 콘셉트를 정하고 메뉴를 개발해야 하며, 외식업 운영을 하면서도 정확하고 철저한 자료를 축적하여 비용 절감을 위한 원가관리를 지속적으로 실행해야 한다.

레스토랑을 경영할 때 메뉴 전략의 성공 요인을 정리하면 다음과 같다.

메뉴 전략의 성공 요인

- 철저한 시장조사와 독특한 콘셉트를 가지고 있다.
- 모든 결정은 장기간 경제적 계획을 가지고 있다.
- 운영 자료를 축적하고 철저히 분석한다.
- 지속적인 관리자 교육을 한다.
- 엄격한 기록 보관을 포함하는 원가 절감을 위한 객관적 자료를 만든다.
- 한 가지의 테마에 집중하고 잘 개발한다.
- 종업원과의 충분한 커뮤니케이션을 갖는다.
- 일관성 있는 경영을 통해 긍정적인 조직 문화를 구축한다.
- 경영의 유연성을 유지한다.
- 입지 선정을 신중히 한다.

summary

메뉴의 원가관리란 표준예산과 실제 경영 시 발생한 비용과의 비교를 통하여 오차를 발견하고 보다 효율적으로 비용을 절감하면서 수익을 극대화하기 위한 방법이다. 원가는 크게 고정비와 변동비로 나눌 수 있고, 외식산업에서 통제가 가능한 분야는 식재료비와 인건비 등의 변동비 부분이다.

또한 외식산업은 인적 의존도가 높고 비용이 많이 드는 산업분야로 누구나 쉽게 접근할 수 있지만 성공하기는 매우 어렵다. 많은 비용이 오픈 초기에 투자되기 때문에 충분한 검토와 사전 계획을 세워야 한다. 일정기간 수익이 발생하기 전까지는 운영에 필요한 현금을 확보하여야 하므로 초기에 모든 비용을 투자해서는 안 된다.

이와 같이 외식산업은 입지요건, 원가관리, 인건비 관리 등 원가 분석과 수익창출을 위한 꾸준한 통제와 관리가 중요하므로 사업타당성에 관한 철저한 조사와 준비만이 실패를 막을 수 있다.

CHAPTER 06

메뉴의 가격 책정

1. 가격 책정의 개념 및 영향 요인
2. 비용에 근거하지 않는 가격 책정 방법
3. 비용에 근거한 가격 책정 방법
4. 기타 가격 책정 방법
5. 가격 책정 평가 방법
6. 레스토랑 운영의 가격 책정 방법

6

메뉴의 가격 책정은 외식 경영에서의 핵심 전략이며 수익과 직결되는 과정으로 매우 신중하게 결정해야 하므로 여러 가지 내·외부적인 환경과 소비자의 트렌드 등을 분석하여 책정하여야 한다. 이 장에서는 가격 책정의 개념과 가격 책정에 영향을 미치는 요인을 살펴보고 비용에 근거하지 않는 전통적인 가격 책정 방법과 비용에 근거한 가격 책정 방법을 알아보고자 한다.

또한 가격 책정이 잘 되었는지 수정·보완할 수 있는 평가 방법과 레스토랑을 운영하는데 필요한 가격 책정 방법을 통해 외식 경영에서 가격의 중요성과 수익의 극대화를 위한 방안을 모색하고자 한다.

1. 가격 책정의 개념 및 영향 요인

1) 가격의 개념

가격이란 제공되는 상품 및 서비스에 대한 대가로 요구되는 화폐단위로 소비자가 지각하는 가치에 대해 지불하는 것이다.

메뉴의 가격은 고객이 제공하는 상품과 서비스에 대해 관심을 가지고 평가하는 것에 관심을 두어야 한다. 즉, 최적의 상품은 경영자 입장에서 이윤을 남길 수 있어야 하고, 고객의 입장에서는 자신이 받은 상품과 서비스에 대하여 가치를 느끼고 기꺼이 지불할 의사가 있어야 최적의 상품가격이 되는 것이다. 이러한 가격은 공정성과 적정성이 확보되어야 한다.

그림 6-1 가격의 개념

2) 가격의 기능

메뉴의 가격은 레스토랑 경영자 입장에서 수익 창출의 중요한 요소로 매출과 수익에 직접적인 영향을 미친다. 가격 책정으로 인해 시장 수요와 밀접한 관계를 가지게 되는데, 경세적 이론에서는 제품의 가격이 상승하면 수요량은 감소하고 판매량을 늘리기 위해서는 가격을 낮추어야 한다고 주장하지만 무턱대고 가격을 낮출 수는 없는 노릇이다.

메뉴는 최소한의 식재료 원가와 인건비 등 물품을 생산하는 데 드는 원가가 발생하므로 경쟁적으로 가격을 낮추다 보면 결국 원가 이하로는 더 이상 가격을 낮출 수 없는 마지노선에 도달하게 된다.

또한 가격은 고객 입장에서도 메뉴 상품이나 서비스 구매 시 가장 강력하게 고려하는 요인 중 하나이다. 이는 경쟁사 간의 강력한 경제 수단으로 적정하게 책정된 가격으로 인하여 시장 경쟁에서 살아남을 수도 있고, 잘못 책정된 가격으로 고객의 기대 가치에 부응하지 못해 결국 시장에서 사라질 수도 있기 때문이다. 즉, 합리적인 가격 책정은 시장 점유율을 확보하기 위한 도구로, 기업 입장에서는 이윤을 창출하고 고객의 수요를 자극하여 외식 경영의 승패를 좌우하는 중요한 요소인 것이다.

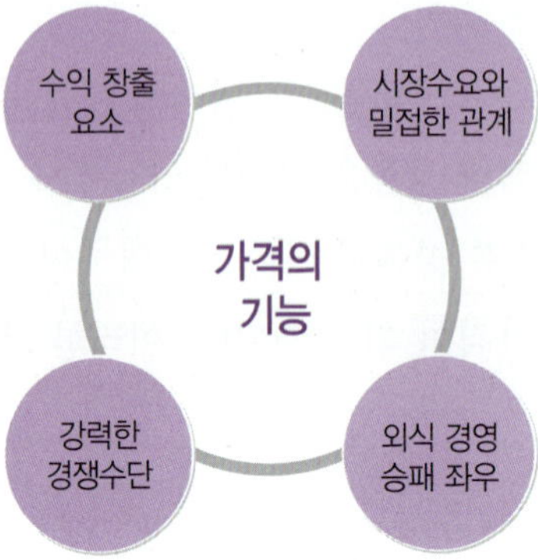

그림 6-2 가격의 기능

3) 가격 책정에 영향을 미치는 요소

모든 외식산업의 경영자는 메뉴 개발을 하면서 오류를 범하는 것에 조심해야 한다. 가격 책정은 식재료 원가와 같이 어느 한 가지의 원가 요소에 의해 전적으로 이루어져서는 안 된다. 다른 여러 가지 비용이 가격에 다방면으로 영향을 미치기 때문에 가격 책정에서 어느 한 가지에만 집중한다면 오류가 발생할 것이다.

외식산업에서의 가격 책정은 수요와 공급의 법칙에서 벗어나서는 안 되며 메뉴 품목의 가치를 가격을 판단하는 고객의 가치 인식 성향에 중요한 요소로 적용해야 한다. 그러므로 철저한 시장 현황과 타깃 분석, 경쟁사의 현황, 시장의 트렌드 등의 정보를 먼저 파악해야 할 것이다.

가격 결정 시 경제적 원리에 근거하여 가격이 인상되면 수요가 줄어든다는 점을 고려해야 한다. 반드시 그런 것은 아니지만 동일한 업종의 동일 메뉴를 판매하는 경쟁사끼리 비교해 보았을 때 상대적으로 가격이 높으면 소비자의 수요는 줄어든다.

음식의 가격은 고객이 인지한 메뉴 상품과 서비스에 대한 가치를 화폐로 지불하는 것인데, 고객이 인지한 가치보다 높은 가격이 책정되었는지 낮은 가격이 책정되었는지는 꼭 집고 넘어가야 할 것이다. 고객이 인지한 가치보다 높은 가격이 책정되었다면 고객은 실망하게 되고 다시 그 상품에 대한 재구매를 하지 않을 것이다. 반대로 고객이 인지한 가치보다 낮은 가격이 책정되었다면 경영자는 원가나 경쟁사 대비 낮은 가격으로 인해 수익이 줄어드는 상황은 아닌지 살펴보아야 한다.

가격 책정에서 가장 주요한 것 중 하나가 경쟁사와 비교해서 가격경쟁에서 우위에 설 수 있는지를 파악하는 것이다. 단순히 경쟁사보다 가격을 낮추는 것이 아니라 차별화된 서비스와 상품을 제공하고 가격면에서도 고객이 느끼는 가치를 높일 수 있는 방법을 찾아 경쟁에서 우위를 점할 수 있는 전략을 세우는 것이 중요하다.

정부의 규제나 법률은 가격 책정에 큰 영향을 끼칠 수 있다. 원산지 표시 의무화, 외국인 인력 채용에 대한 비자발급 관련 규제, FTA 등으로 외국 식재료가 자율적으로 수입되는 등의 현황은 가격 책정의 여러 가지 변수로 작용할 수 있다. 국내산이나 친환경 식재료에 원산지를 표기하여 고객에게 우수한 품질의 좋은 식재료를 사용할 것을 강조한다면 자연히 가격은 높게 책정되기 마련이고, 외국인 근로자를 상대적으로 적은 임금으로 채용하더라도 취업 비자 등의 문제가 해결되지 않는다면 높은 인건비를 지불하고라도 국내 근로자를 채용할 수밖에 없기 때문이다.

또한 레스토랑이 위치하고 있는 입지 조건에 따라 가격이 영향을 받게 된다. 이는 입지 조건에 따라 임대료에 차이가 생기고 유동인구와 대상에 따라 가격이 다르게 책정되기 때문이다.

같은 메뉴 상품에 대해서도 서비스 형식에 따라 가격에 차이가 난다. 같은 햄버거를 판매하는 레스토랑이라도 캐주얼하게 셀프 서비스를 제공하는 곳에서는 인건비가 절약되기 때문에 낮은 가격이 책정되며, 반면 테이블 서비스로 제공되는 곳에서는 종업원의 인건비가 비용에 포함되고, 또한 상대적으로 고급스러운 분위기와 좌석이 차지하는 면적이 높고 회전율이 낮아지기 때문에 객단가를 높일 수밖에 없다. 또한 테이크아웃 서비스는 포장 가격이 비용에 추가될 수 있으나 공간을 차지하는 비용이 줄고, 배달 서비스의 경우에는 배달하는 사람의 인건비가 비용에 추가될 수 있으므로 가격 책정 시 서비스 형태는 중요하게 고려되어야 할 사항 중 하나이다.

메뉴 상품의 맛과 품질은 고객이 느끼는 가치와 비례하여 가격 책정에 영향을 미칠 수 있다. 식자재의 신선도와 품질, 조리 방식이나 직원의 서비스 품질 수준에 따라 가격은 차이가 날 수 있다. 같은 파스타를 판매하는 레스토랑일지라도 호텔 주방장 출신에, 신선한 해산물을 사용하여 대량생산이 아닌 고객 주문에 따른 맞춤 서비스로 조리하여 판매하는 곳과 단순히 면만 삶고 편의식품 소스로 데워서 판매하는 곳의 가격은 다르게 책정될 수밖에 없다.

메뉴 가격 책정에는 식재료의 원가와 기타 인건비를 포함한 상품을 생산하는 데 소요되는 모든 비용이 영향을 미치며 경영자는 비용과 수익을 고려하여 가격 책정을 하여야 한다.

메뉴를 생산하는 방식도 가격 책정에 영향을 미치는데 완제품을 사다가 간단히 데우기만 하는 생산 방식과 모든 조리 과정을 내부에서 생산하는 방식에는 가격 차이가 나기 마련이다. 예를 들어, 냉동만두를 데워서 판매하는 곳과 손으로 직접 제작해서 판매하는 곳은 같은 만두를 판매하는 레스토랑이지만 손으로 직접 만든 만두에 대한 가치를 고객이 더 느끼기 때문에 비싼 가격을 책정할 수 있다.

가격 책정의 중요한 기준 중 하나는 사전에 결정된 가격 정책을 반영해야 한다는 것이다. 이전에 떡볶이를 1인분에 1,000원에 판매했던 레스토랑이라면 기존에 결정된 가격에서 추가되는 가치에 대해, 예를 들어 기존 떡볶이에 라면을 추가하여 라면떡볶이를 만든다든지 만두를 넣어 만두떡볶이를 만든다든지 뭔가 차별화되는 신제품의 생산이 아니라면 기존 가격대로 책정할 수밖에 없다. 또한 경영자 입장에서 박리다매 형식으로 가격을 낮추고 매출을 많이 올리는 정책을 쓸 것인지, 하나를 팔더라도 높은 서비스와 좋은 식재료로 메뉴 품질을 높여서 매출을 올릴 것인지에 대한 정책도 가격에 반영된다.

레스토랑 경영자 입장에서는 레스토랑 영업을 통해서 기대하는 수익의 정도가 있을 것이다. 경영자가 원하는 수익의 정도를 먼저 책정해 놓고 기타 비용을 책정하여 가격을 결정하는 방법도 있다.

가격 책정은 현재 시장에서 형성된 가격 수준과 가격 폭을 조사할 필요가 있다. 예를 들면, 돼지고기는 소고기보다 항상 낮은 가격 수준으로 시장 가격이 형성되어 있기 때문에 돼지고기 메뉴를 판매하는 레스토랑에서는 소고기를 판매하는 레스토랑보다 높은 가격을 책정해서는 안 된다.

식자재 공급 시장의 위치와 조건도 가격 책정에 큰 영향을 미친다. 예를 들면, 같은 라면을 판매하는 곳이라 해도 공급 위치가 좋은 도심보다 산꼭대기에서 등산객을 상대로 판매하는 매점이나 섬에서 판매하는 라면은 그보다 비싼 가격을 책정한다는 것이다. 이는 산이나 섬 지방까지 라면이라는 식자재가 유통되는 데에는 많은 시간과 비용이 소모되기 때문이다. 같은 이치로 한국에서는 한국산 라면을 싼 가격에 구입하여 즐길 수 있으나 외국에 가면 국내산 라면 한 그릇에 비싼 가격을 주고 구입해야 하는 경우를 종종 경험하게 된다.

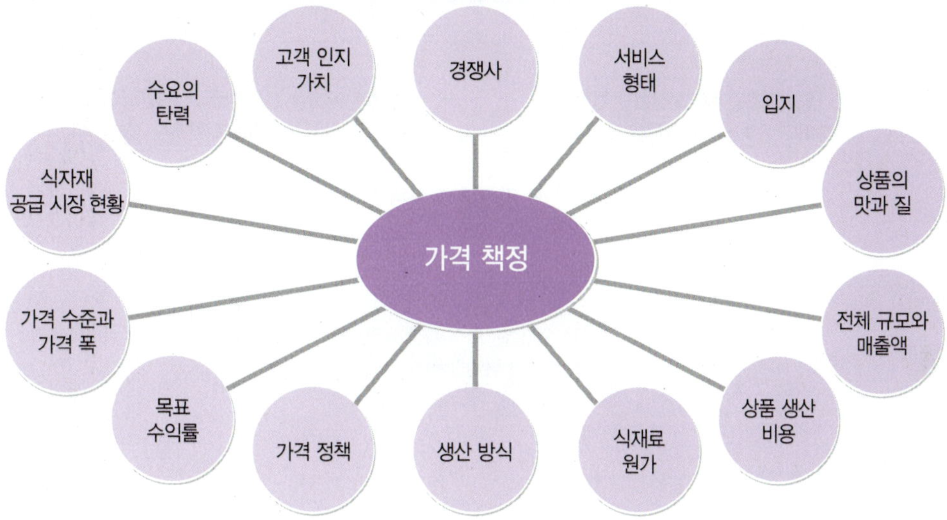

그림 6-3 가격 책정에 영향을 미치는 요소

4) 가격 차별화

가격 차별화란 다른 것과 비교하여 구별되는 차별점을 통해 자신의 특장점을 부각하는 것이며, 두 가지로 나눌 수 있다. 하나는 같은 조건에서 생산된 동질의 재화나 용역을 다른 가격으로 판매하는 것이고, 다른 하나는 같은 재화가 서로 다른 소비자에게 다른 가격으로 판매되는 것이다.

같은 조건에서 생산된 동질의 재화나 용역을 다른 가격에 판매하는 예로는, 치킨을 판매하는 마트에서 영업시간이 마감되기 1시간 전부터 할인판매를 하여 그날의 재고를 남기지 않으려는 경우 소비자는 같은 치킨을 저렴한 가격에 살 수 있다.

같은 재화를 서로 다른 소비자에게 다른 가격으로 판매하는 예는, 같은 뷔페 레스토랑에서 성인보다 청소년이나 아동을 대상으로 더 저렴한 가격을 책정하거나 남자보다 여성에게 더 싼 가격을 책정하는 경우이다.

이러한 가격 차별화 조건을 보다 자세히 살펴보면 시장을 세분화하는 것이 반드시 필요하다. 시장 세분화를 통하여 다양한 소비자의 욕구를 충족시키고 기업의 입장에서는 이윤의 극대화를 위해 가격 차별화 정책이 이루어져야 한다.

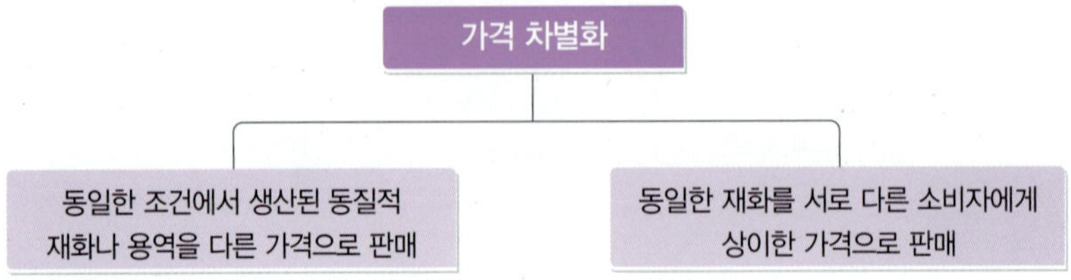

그림 6-4 가격 차별화의 정의

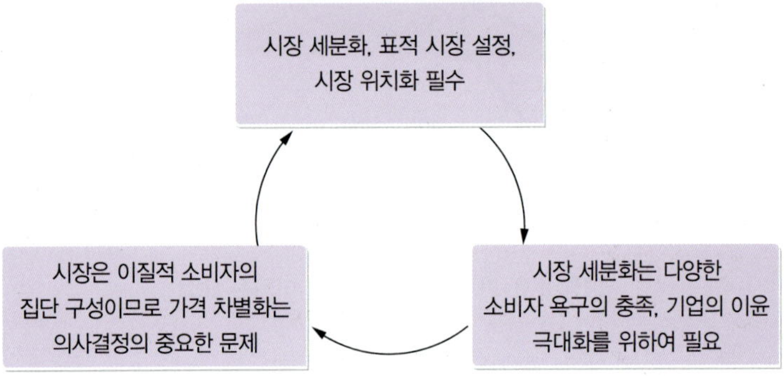

그림 6-4 가격 차별화의 조건

가격 차별화의 종류를 살펴보면 1차 가격 차별화는 기업이 매 단위 기준으로 부과할 수 있는 최고의 가격으로 판매하는 정책으로 구매 단위마다 소비자가 지불할 수 있는 최고의 가격을 파악하고 비용을 제외한 여분의 자원을 모두 기업의 이윤으로 흡수할 수 있는 정책이다. 이는 소비자에 대한 완전한 정보와 니즈를 파악하여 실행할 수 있는데 현실적으로는 실행이 어려운 차별화 정책이다. 예를 들면, 프러포즈를 하는 고객만을 대상으로 최고급 코스 요리를 제공하고 클래식 음악연주와 리무진으로 에스코트해서 집에 데려다주는 이벤트 등을 패키지의 형태로 소비자에게 제공하는 '63빌딩 프러포즈 메뉴'의 경우 99만 원으로 책정이 되어 있다. 이는 특별한 날 이벤트를 하고자 하는 고객의 니즈를 파악하여 맞춤식으로 메뉴를 제안하여 차별화한 가격 책정 방법이나 대중적으로 판매되는 상품으로 보기는 어렵다.

2차 가격 차별화 정책은 구매량별로 서로 다른 가격을 책정하는 방식으로, 예를 들면 하나를 구입하는 것보다 대량이나 묶음 구매, 단체 예약의 경우 메뉴 할인 정책 등이 이에 해당한다.

3차 가격 차별화 정책은 소비자를 세분화하여 분리된 시장에 서로 다른 가격을 책정하는 것으로 소비자를 세분화 변수에 의해 집단으로 구분할 수 있는 경우 사용하며 소비자 잉여 부분의 일부만을 기업의 이윤으로 흡수하는 가격 정책이다. 예를 들면, 이용 시간대별로 고객을 구분하여 주말에 이용하는 고객보다 주중 점심에 이용하는 고객에게 더 저렴한 가격을 책정하여 비수기에 레스토랑 운영을 원활하게 할 수 있도록 하는 정책이다. 특히 주중 점심에 많은 시간을 할애해서 식사를 즐길 수 있는 전업주부를 타깃으로 하는 레스토랑은 이러한 가격 차별화 정책이 많은 실효성을 거두고 있다.

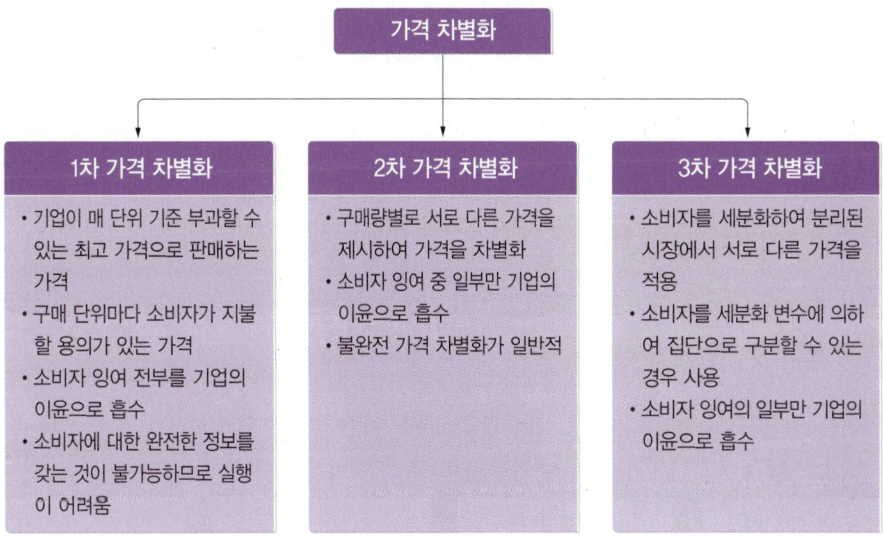

그림 6-5 가격 차별화의 종류

5) 가격 책정 과정 및 관리 방법

메뉴 가격 책정을 하기 위해서는 우선 메뉴 품목의 표준 레시피와 표준 1인량에 근거하여 식재료 원가를 파악해야 한다. 이후 인건비와 관리비를 포함한 간접비용을 산출하여 총 메뉴 품목을 생산하기 위하여 소요되는 비용에 대한 근거를 마련하는 것이 좋다.

보통 식재료 원가를 가지고 비율로 나타내어 사용한다. 예를 들면, 식재료 원가 비율이 판매가격 대비 높을수록 캐주얼한 형태의 레스토랑으로 보고, 식재료 원가 비율이 낮을수록 숙련된 서비스와 높은 인건비를 제공하는 고급 레스토랑일 경우가 많다. 즉, 식재료비를 제외하고도 서비스나 공간에 대한 임대료, 기타 부대비용이 많이 들어가기 때문에 식재료 원가 비율을 고려할 때에는 레스토랑의 서비스 형식이나 기타 고객에게 제공하는 서비스나 이벤트가 무엇인지 그 가치를 얼마의 가격으로 책정할 것인지를 고민해야 한다.

이후 3단계에서는 경쟁사의 시장 현황을 조사하고 경쟁사의 가격과 비교하여 경쟁우위를 가지기 위해서 어떤 전략을 세워야 할지를 고민해야 한다. 이와 같은 단계를 거쳐 가격을 책정하고 나면 레스토랑을 오픈한 후에 적어도 한 달까지 메뉴 분석을 하고 그 후에는 매 분기별로 메뉴를 분석하여 관리해야 한다.

메뉴 관리 이후 수익성이 좋고 인기가 좋은 메뉴는 더욱 잘 팔릴 수 있도록 해야 한다. 수익성이 나쁘고 인기가 없는 메뉴는 과감하게 삭제하는 과정을 거쳐 다각도에서 메뉴에 대한 평가와 분석을 통하여 메뉴 가격을 조절하게 된다.

표 6-1 메뉴 가격 책정 및 관리 방법

단계	내용
1단계	메뉴 품목별 식재료 원가 파악
2단계	메뉴 품목에 대한 비용 산정
3단계	원가, 비용, 경쟁사 가격 등을 고려한 가격 책정
4단계	메뉴 분석 및 평가
5단계	메뉴 가격 조절

2. 비용에 근거하지 않는 가격 책정 방법

메뉴가 계획되면 원가 비용, 시장 현황, 경쟁사 현황 등 여러 가지를 고려하여 가격을 책정하여야 한다. 기본적으로 가격은 비용을 충당해야 하는데 이는 상업적 외식 경영 업체뿐 아니라 비상업적 단체급식에서도 모두에게 필수적이지만 비용에 근거하지 않고도 적정한 가격 책정을 할 수 있는 여러 가지 방법이 있다.

1) 전통적인 방법을 이용한 가격 책정

비용에 근거하지 않는 방법의 가격 책정은 가격 메뉴에 역사적으로 많이 사용되어 왔다. 이러한 전통, 경쟁 또는 어떤 시장 기간을 기준으로 하는 가격 책정과 같은 일부는 이 범주에 있는데 더욱 놀랍게도 비용에 근거하지 않는 가격 책정 방법으로 성공한 경우가 많다. 시장 현황이나 소비자 조사에 기초하여 가격을 찾는 것은 테스트 및 관찰 조사를 하는데 많은 시간이 소요되지만 전통적인 가격 정책이나 경쟁에 대한 가격 정책은 비교적 간단하다.

이러한 경우 대부분의 작업은 특정 틈새시장에서 선두에 의해 결정된 전통적인 가격에 따르는 경우가 많다. 예를 들면, 캘리포니아 와인이 유럽 와인에 비해 비교적 저렴한 가격으로 책정된 경우 기존의 관례대로 전통적인 가격을 고수하는 방법이다.

또한, 소비자는 오랜 기간 동안 변동되지 않는 가격에 대해서 관습적으로 당연하게 인지하고 있는 경우가 많다. 관습적으로 인지한 가격을 낮추면 불량이나 제품의 하자로 인식하는 경우가 많아 판매량이 떨어질 수 있으므로 관습화된 가격이 형성된 아이템은 가격의 조정보다는 품질이나 사이즈를 변경하는 방법이 적합하다. 예를 들면, 1인분의 떡볶이는 2천 원 정도 하는 것이 관습적으로 인지된 가격이라면 가격을 인상하기보다는 떡볶이의 양을 조금 줄여서 판매하는 것이 더 좋은 방법이다.

2) 경쟁사의 가격 비교를 통한 가격 책정

가장 일반적인 가격 책정 방법의 하나는 어떤 경쟁사의 가격을 기반으로 가격을 책정하는 방법이다. 단순히 제품의 차별화나 경쟁우위를 갖지 못하면서 경쟁사의 가격을 모방하는 것은 대단히 위험할 수 있으며 경쟁사의 가격뿐 아니라 경쟁사의 특장점을 조사하여 고객이 느끼는 가치 대비 경쟁사보다 자사가 더욱 많은 가치를 부여할 수 있다면 더 높은 가격을 책정할 수 있을 것이다. 비용에 근거하기보다는 경쟁사의 가격에 근거하는 만큼 추후 비용이나 이익에 대한 부분에 대한 점검도 필요하다.

경쟁사와의 바교를 통한 다양한 가격 책정 방법

- **가격 선도제** : 맥도날드와 같은 햄버거 패스트푸드 업계의 리더가 제시하는 가격은 종종 유사한 브랜드인 버거킹이나 롯데리아의 햄버거 가격 책정의 전통이 될 수 있다.
- **최고 가격** : 경쟁사와 비교하여 고객이 지불할 수 있는 가장 높은 가격을 책정한 가격이다.
- **적정 가격** : 경쟁사와 비교하여 별 차이가 없이 적정하게 책정한 가격이다.
- **특매 가격** : 주요 메뉴 품목의 가격을 경쟁사보다 인하하여 소비자를 유인한 다음 다른 메뉴의 가격을 높게 책정하는 가격 정책이다.

3) 시장조사를 통한 가격 책정

타깃에 대한 조사, 시장의 현황, 트렌드 분석 등의 시장조사를 통하여 가격을 책정하는 방법이다. 대중의 마음을 읽고 대중이 현금을 가지고 어디로 가고 있는지에 대한 흐름을 읽는 것이 중요하다. 특히 시장 점유율 확보 가격 결정법은 기존업체가 존재하는 시장 원리에서 처음으로 자사 제품을 소비자에게 출시할 때 어느 정도의 가격이면 소비자가 제품을 구입할지를 예측하여 침투 가격을 결정하는 방법이다.

일부 기업에서 사용하는 가격 책정 방식은 주어진 판매 가격에서 다음 제품 및 시험 시장을 설계하는 것으로 신제품은 서로 다른 가격으로 여러 시장에 침투할 수 있고 세분화된 고객에 따라 적정가격일 수도 있고 불만족스러운 가격일 수도 있다.

성공한 메뉴 상품은 시장이 원하는 제품을 개발하고 건강한 이익이 이루어질 수 있도록 하는 것인데 그에 합당한 가격을 책정하는 것이 마케팅 전문가의 과제이다. 적절한 가격과 수요를 통해 성공적인 시장 개발의 높은 기회를 제공할 수 있으며 이를 통한 단골 고객 확보로 지속적인 매출을 올릴 수 있다. 단골 고객의 마음에 흡족한 제품의 가치를 연구하고 이를 충족시킬 수 있도록 메뉴를 개발해야 하며, 경우에 따라서는 일반 시장보다 높은 비용을 책정하고 그에 해당되는 가치를 제공함으로써 높은 수익을 기대할 수도 있다.

4) 가치 인식을 이용한 가격 책정

가격은 주로 메뉴 항목의 가치에 대한 고객의 평가로 이루어지는데 개별 고객에게 경쟁사와 차별화된 맞춤형 서비스가 제공되는 레스토랑이라면 경쟁사보다 높은 가격을 책정하더라도 개개인 고객의 만족도는 커질 수도 있을 것이다.

어떤 고객은 고급스러운 분위기와 아름다운 음식에 가치를 두는가 하면, 값싸고 양이 많고 맛있는 음식에 가치를 두는 고객이 있을 것이다. 같은 고객이라도 상황에 따라 가치를 느끼는 정도에 차이가 생길 수 있다. 예를 들면, 매일 먹는 점심은 양이 많고 싼 메뉴에 가치를 두는 반면, 결혼기념이라든지 생일과 같은 특별한 날에는 분위기 있는 레스토랑에 가치를 둘 수도 있을 것이다. 레스토랑을 기획하여 메뉴를 계획할 때 이를 고려하여 어떤 상황에서 어떤 고객이 음식을 먹는지에 대한 사전조사를 통하여 고객이 가치를 둘 수 있는 요인에 중점을 두고 가격을 책정한다면 실패 확률을 줄일 수 있을 것이다. 또한, 소비자 필요와 가치를 적시에 자극하는 광고나 홍보를 통해 구매자는 경쟁 제품보다 어떤 면에서 나은지를 설득할 수 있다.

5) 심리적 가격 책정

어떤 가격의 문턱을 넘어서면 판매량이 급격히 떨어지는 지점이 있는데 그 가격보다 조금 낮게 측정함으로써 고객으로 하여금 싸다고 믿게 하는 심리적 효과를 이용한 가격 정책이다.

예를 들면, 10,000원보다는 9,900원이 싸게 느껴지는 원리이다. 100원의 차이이지만 9,000원대와 10,000원대는 수의 단위가 달라지는 경계에 있으면서 9,000원대의 가격이 훨씬 싸게 느껴지는 원리를 이용한 것이다.

또한, 위신 가격이라고 하여 비싼 가격이라도 그 서비스나 재화를 소유함으로써 권위나 지위가 높아져 보일 것이라는 소비자의 심리를 이용하여 가격을 결정하는 방법이 있다. 요즘 유행하고 있는 연예인 도시락 같은 경우 연예인이 먹는다는 것 자체가 소비자에게는 가치를 느끼게 하여 비싼 가격을 주고서라도 먹고 싶고 구매하게 하는 판매 가격 전략이다. 이런 경우 경쟁사보다 비싼 가격을 책정하더라도 소비자의 심리를 이용하여 많은 매출을 올릴 수 있다.

3. 비용에 근거한 가격 책정 방법

외식 경영자는 경제상황과 상업에 관련된 법률사항을 잘 알고 있어야 피해를 최소화할 수 있다. 특히 경제적인 상황이, 공급이 제한될 때 가격이 상승하는지 공급이 풍부해서 가격이 내려가고 있는지를 고려하여 메뉴의 가격을 책정해야 한다. 수요가 많아지면 가격 상승을 도모해 볼 수 있지만 수요가 낮아지고 있는 상황에서는 가격을 올릴 수 없을 것이다.

메뉴의 가격을 정하는 사람은 시장에 변화가 있는지 없는지 또는 일정한지, 얼마나 손님이 가격 변화에 반응할 것 같은지를 알 필요가 있으며, 고객의 반응을 알아보기 위해서 간단히 가격 변화에 대해 테스트를 해 볼 수도 있을 것이다. 그러므로 메뉴의 가격 책정은 반드시 경제법칙의 영향을 반영해야 하며 고객이 원하는 메뉴를 적정가격에 공급하여 수요를 늘리고, 공급 흐름을 원활하게 하여 이윤을 창출하는 데 힘써야 할 것이다.

1) 원가에 기초한 가격 책정

가격 책정의 가장 일반적인 방법의 하나는 식재료 원가를 고려하여 책정하는 것이다. 예를 들어, 만약 일품 메뉴 항목이 식재료비가 2,000원이고, 기업이 30% 식료 원가율을 원한다면, 기본 판매가는 6,666원이 될 것이다[2,000÷0.30=6,666원]. 가격 책정은 심리적인 숫자를 고려해서 6,750원이나 6,950원 정도로 책정할 수 있다. 만약 경영자가 식재료비를 30%로 유지하기를 원한다면, 식재료비를 식료 원가율로 나눔으로써 모든 메뉴에 대한 가격을 책정할 수도 있다. 하지만 이 방법의 단점은 준비된 메뉴 상품과 같은 노동이나 에너지가 소요된다고 가정하는 것인데 엄밀하게 따지면 메뉴별로 필요한 노동, 에너지, 다른 요소의 비용에 차이가 날 수 있다.

그러므로 원가가 다른 각각의 메뉴 품목에 대해서 단지 식재료비에 비례하여 같은 원가라 가정하는 것은 여러 가지 오차가 발생할 수 있다. 즉, 원가는 가격 책정의 중요한 요소이지만 단지 식재료 원가 하나만을 고려해서는 안 된다.

또한 식재료비는 표준화된 1인량 이외에 부패나 손실을 통해 오차가 발생할 수 있고 이는 비용에 포함되므로 표준화된 1인 식재료비보다 더 드는 경우가 훨씬 많다. 이러한 모든 상황을 고려하여 원가를 책정하고 이에 따른 가격이 책정되어야 할 것이다.

(1) 파생된 음식 원가 비율

가장 일반적인 방법은 파생된 음식 원가 비율을 사용하는 것이다. 간단하게 식재료비를 희망하는 백분율로 나눈다[식재료비÷식료 원가율]. 만약 메뉴 품목의 총원가가

2,730원이고 경영자가 35%의 식료 원가율을 원한다면, 2,730÷0.35=7,800이므로 판매가는 7,800원이 된다.

(2) 원가 책정 계수·배율

때로 운영자는 식료 원가율을 원가 책정 계수 또는 배율로 전환할 수도 있다. 여기서 하나는 100%를 희망하는 식료 원가율로 나눈다. 이렇게 하면 판매가를 얻기 위해 곱하는 식재료비 계수를 얻을 수 있다. 예를 들어, 식재료비가 2,730원이고, 희망하는 식료 원가율이 35%라고 가정해보자. 식재료비 원가 계수는 100%÷35%=2.86이 되어 2.86이고, 2.86×2,730원=7,808원이므로 판매가는 7,810원이다. 다른 계수 또한 100을 희망하는 식료 원가율로 나누어 결정할 수 있다. 그 다음 계수는 판매가를 계산하는데 사용된다. 그러므로 만약 운영자가 식재료비와 인건비를 합쳐서 65%를 기초로 하여 계수를 구하고자 한다면, 그 식은 100%÷65%=1.54가 된다. 만약 식재료비와 인건비를 합친 값이 5,200원이라면, 판매가는 1.54×5,200원=8,008원이 된다. 그러면 실제 판매가격은 8,000원이나 7,950원으로 설정될 것이다.

표 6-2 원가 계수(factor)를 이용하는 방법

고려해야 할 변수	계산 절차	장점	단점	비고
• 식재료 원가율 • 식재료 원가	① 식재료 원가율 설정 (원하는 원가율) ② 원가 계수를 구한다. ③ 식재료 원가에 원가 계수를 구하여 판매 가격 결정	간편한 판매가 계산	식재료 원가율만 고려	판매가를 100% 기준으로 한다.
사례	① 식재료 원가율 : 25% ② 100/25 = 4(원가 계수) ③ 만약 식재료 원가가 5,000원일 경우, 판매가는 다음과 같다. 5,000원(식재료 원가) × 4(원가 계수) = 20,000원(판매가)			

(3) 변동비 책정

변동이 심한 식재료비를 책정하는 방법은 보통 일품 메뉴 항목에서 사용된다. 예를 들어, 운영자가 표 6-3과 같이 메뉴 항목에 대해 식재료비 인상을 부과할 수도 있다. 변동이 심한 가격 책정은 또한 정식요리 가격에 사용될 수 있다.

표 6-3 변동비 책정

(단위 : %)

항목	변동비율	항목	변동비율
애피타이저	25	음료	40
샐러드	40	디저트	35
엔트리	35	빵과 버터	30
채소	40		

표 6-4 변동비에 따른 가격 책정

(단위 : 원)

항목	식재료 원가	판매 가격
애피타이저	1,350	5,400
샐러드	1,780	4,450
엔트리	4,840	13,830
채소	1,120	2,800
빵과 버터	470	1,570
디저트	1,960	5,600
음료	570	1,430
총가격	12,090	35,080

인건비 또한 메뉴 품목에 따라 서로 다를 수 있다. 이런 상황에서 메뉴 품목은 높음·중간·낮음의 인건비로 나누고 다른 식료 원가율은 그 다음에 나눈다. 예를 들어, 고가의 인건비 메뉴 항목에서는 25%의 원가율로 나누어진다. 중간 인건비에서는 35%, 낮은 인건비에서는 40%인데 33.3% 식료 원가율 계산에 기초하여 전체적인 가격과 비교한 표 6-5는 세 가지 상품의 가격 책정 방법을 나타낸다. 이 방법은 식재료비를 측정하고 원가로써 노동의 영향을 반영한다.

표 6-5 인건비의 차이를 고려한 가격 책정 방법

항목	요구 인력	원가율(%)	식재료 원가 (원)	인건비와 식재료비를 고려한 판매가(원)	33.3% 식료원가율에 기초한 판매가(원)
수프	높음	25	2,330	9,320	7,060
스테이크	중간	35	4,200	12,000	12,720
카푸치노	낮음	40	320	800	970

(4) 기초 원가 책정

판매 가격은 식재료 원가율이나 계수에 의해 나누어진 기초 원가에 기초할 수 있다. 기초 원가는 그날 음식 비용에 직접인건비나 그 품목을 준비하는 데 사용되는 인건비를 더하는 것이다. 그러므로 만약 식재료 원가가 1,000원이고 직접인건비가 1,250원이라면 기초 원가는 2,250원이다. 35%의 식재료비와 25%의 직접인건비를 원하는 운영자는 60%의 기초 원가율을 갖는다.

직접 근무시간은 보통 적정 근무시간에 의해 구해진다. 기초 원가에 기초한 판매가는 희망하는 식재료 원가율과 직접인건비의 백분율 합을 설정함에 의해 구해진다. 60%가 희망하는 기초 원가 백분율이고 요리는 30인분을 만드는 요리법으로 만들기 위해서 1.5시간이 소요된다고 가정해보자. 요리법의 식재료비는 126,560원이다. 요리는 매 시간당 8,750원이 지불된다. 1.5시간×8,750원으로 계산하면 직접인건비는 13,120원이 된다. 여기에 126,560원을 더하여 기초 원가는 139,680원이 된다. 1인분당 기초 원가는 139,680원÷30인분=4,656원이다. 따라서 판매 가격은 4,656원÷0.60=7,760원이 된다.

이 방법은 주로 카페테리아에서 판매 가격을 결정할 때 많이 사용된다. 단점은 조리사의 기술 수준에 따른 인건비의 차이와 메뉴 품목을 생산하는 데 필요한 시간을 고려하지 않는다는 것이다.

전체 식재료 원가율	25%
전체 인건비율	30%
식재료 원가	1,000원(35%)
직접인건비	1,250원(25%)
기초원가 = 식재료 원가 + 직접인건비	1,000원 + 1,250원 = 2,250원
기초 원가율	35% + 25% = 60%
30인분 식재료비	126,560원
30인분 인건비	시간당 8,750원이므로 1.5 × 8,750 = 13,120원(직접인건비)
30인분 식재료비 + 인건비	126,560 + 13,120 = 139,680원
1인분당 기초 원가	139,680 ÷ 30 = 4,656원
판매가격	4,656 ÷ 0.60 = 7,760원

(5) 식재료 원가와 인건비의 합

가격 책정은 식재료 원가율과 인건비의 백분율 합에 기초한다. 예를 들어 35%의 식재료비와 30%의 인건비가 비용으로 들었다면 비용의 합은 65%가 될 것이다. 만약 한 상품에 대해서 식재료비가 3,940원이고, 총 인건비가 4,600원이라면 판매가는 (3,940원+4,600원)÷0.65=13,140원이 될 것이다.

(6) 실제원가 책정

실제원가 또는 pay-yourself-first로 불리는 방법은 세심하고, 정확한 원가 기록을 유지하는 기업에서 주로 사용한다. 원가는 식재료비, 인건비, 운영비로 나눈다. 달러 가치와 희망하는 식재료비, 인건비는 각 상품에 대해서 결정된다. 원하는 이익 백분율 또한 설정된다. 표 6-6은 이 방법이 메뉴의 정식 가격 책정에 어떻게 사용되는지를 설명해준다.

표 6-6 실제원가 책정을 통한 가격 책정 방법

원가 항목	구성 비율(%)		비용 금액(원)	
식재료비	35		3,120	
인건비	30		2,440	
운영 경비	25		1,810	
수익	10		740	
	총 매출액	100	판매가격	8,110

판매가는 100%와 같고, 희망하는 이익이 10%라면 식재료비는 35%인 3,120원, 인건비는 30%인 2,440원이 된다. 운영비가 25%인 1,810원이라면 식재료비+인건비+운영비+10% 이익=100%이며 8,110원의 판매가를 얻는다. 다시 말해, 실제원가의 수치는 사용되어야 하며, 백분율은 판매나 판매가에 기초하지 않는다. 이 방법은 앞선 방법보다 구체적이지만 계산에 필요한 정보의 정확도에 따라 판매가의 정확도가 결정되기 때문에 어려운 점이 있다. 즉, 한 아이템마다 인건비나 운영 경비를 일일이 산출하는 것이 현실적으로는 어렵기 때문이다.

표 6-7 실제원가 비용을 이용하는 방법

고려해야 할 변수	계산 절차	장점	단점	비고
- 식재료 원가 - 인건비 - 변동비율 - 고정비율 - 이익률	① 식재료 원가가 인건비를 산출한다. ② 변동비율, 고정비율, 이윤율을 결정한다. ③ 식재료 원가와 인건비가 차지하는 비율을 계산한다. ④ 판매가를 계산한다.	모든 원가 요소와 이윤을 포함한 계산 방식	계산에 필요한 정보에 따라 정확도에 차이가 있음	비율은 매출액을 기준으로 한다.
사례	① 식재료 원가 3,500원, 인건비 2,000원 ② 변동비율 8%, 고정비율 10%, 이윤 15% ③ 판매가(100%) = 식재료 원가(3,500원) + 인건비(2,000원) + [변동비율(8%) + 고정비율(10%) + 이윤(15%)]이므로 식재료 원가와 인건비가 차지하는 비율은 67%(100% - 33%)이다. ④ 5,500원(3,500 + 2,000) = 67% × 판매가이므로 판매가는 8,208원이 된다.			

2) 공헌 이익 책정

이 방법은 보통 일정 기간 손익계산서로부터 총매출에서 식재료 원가를 빼서 공헌 이익이 얻어진다. 고객당 총이익의 평균 금액을 얻기 위해서 그때 제공된 손님의 수로 나누면 1인당 평균 고객의 공헌 이익을 알 수 있다. 이는 메뉴 한 품목당 일일이 인건비나 기타 고정 비용을 산출하기 어려우므로 추적 가능한 식재료 원가의 비용만을 매출에서 차감하여 이익과 고정비, 기타 비용을 합산한 공헌 이익의 개념으로 가격을 책정하는 방법이다.

예를 들어, 매출 총액이 9000만 원이고 식재료 원가가 6000만 원, 고객 수가 3,000명인 경우 고객 1인당 공헌 이익은 10,000원이 된다. 이 10,000원은 식재료 원가를 뺀 금액이며 여기에 1인당 식재료 비용을 합산하여 판매 가격을 설정하는 방법이다.

매출액 - 총식재료 원가 = 총공헌 이익
90,000,000원 - 60,000,000원 = 30,000,000원

총공헌 이익 ÷ 총고객 수 = 고객 1인당 공헌 이익
30,000,000원 ÷ 3,000명 = 10,000원

코스 요리를 판매하는 레스토랑의 경우, 먼저 메인 메뉴의 식재료 원가를 구하고 나머지 항목의 메뉴는 원가를 합산하여 계산한다. 예를 들어, 애피타이저, 샐러드, 디저

트의 판매 가격을 계산하면 다음과 같다.

애피타이저 + 샐러드 + 디저트 = 2,000원 + 3,000원 + 3,000원 = 8,000원

메인 메뉴의 원가를 A메뉴는 9,000원, B메뉴는 6,000원, C메뉴는 12,000원이라고 가정한다면 메뉴의 판매 가격은 다음과 같다.

(단위 : 원)

메인 메뉴	메인 메뉴 식재료 원가	메인 메뉴 제외 항목 원가	공헌 이익	판매 가격
A	9,000	8,000	10,000	27,000
B	6,000	8,000	10,000	24,000
C	12,000	8,000	10,000	30,000

모든 메뉴의 공헌 이익은 일괄적으로 10,000원으로 잡히기 때문에 원가가 낮은 메뉴는 판매 가격이 높게 책정되고 원가가 높은 메뉴는 판매 가격이 비교적 낮게 책정된다. 결국 낮은 원가의 메뉴를 주문하는 고객은 상대적으로 많은 가격을 내는 경우가 생길 수 있고 이는 고객이 느끼는 가치에 비해 가격이 높아 불만사항이 생길 수도 있으니 주의해야 한다.

그러므로 이러한 방법은 패스트푸드점이나 카페, 단체급식소 같이 메뉴의 수가 적고 메뉴 간의 원가 차이가 적은 업장에서 가격을 책정할 때 적합한 방법이다.

3) 단일 가격 책정 방법(one-price method)

매장의 규모나 고객의 수에 상관없이 메뉴 품목에 대하여 일정한 가격을 책정하는 방법으로 운영자로서 매출을 계산하거나 가격을 책정할 때 매우 편리한 방법이다.

예를 들어, 어떤 바에서 판매하는 모든 술을 한 잔에 5,000원으로 판매한다고 하자. 자세히 보면 원가에 따라 조금씩 차이가 생길 수도 있지만 술을 마시며 모임을 즐기려는 사람에게는 원가의 차이가 크게 작용하지 않을 때 이 같은 방법으로 가격을 책정한다.

라스베이거스의 도박장이나 어느 지역의 호텔에서 판매하는 술이나 커피가 모두 같은 가격으로 일정하게 책정된 경우를 흔히 볼 수 있다. 이는 주로 고객 측면에서는 음식을 먹기 위한 것이기보다는 유흥이나 음식, 분위기 등에 가치를 두기 때문에 가격에 대해 관대한 경우가 많기 때문이다.

4) 한계분석 가격 책정

경우에 따라 외식업체에서는 한계분석 가격 책정(minimum charge price) 방법을 사용하기도 한다. 이것은 책정된 판매 가격으로 최대의 매출을 창출하기 위해 사용된다.

예를 들면 퀵서비스 레스토랑의 경우 이익을 최대화하기 위해서 오렌지주스를 가장 합리적인 가격으로 판매하고자 하는데, 표 6-8에 보이는 것처럼 다양한 가격에서 많은 오렌지주스를 팔 것으로 추정된다. 가격을 낮출수록 수요공급의 법칙에 따라 판매량이 점차 늘어나는 것을 볼 수 있다. 그림 6-7의 그래프를 보면, 오렌지주스가 수익이 가장 높게 판매된 때는 가격은 1,100원에 410개를 팔았을 때이다. 이렇게 해서 오렌지주스의 가격을 1,100원으로 결정 짓는 방법이 한계분석 가격 책정법이다.

표 6-8 한계분석 가격 책정 방법

판매 가격(원)	판매 수(개)	총매출(원)	총비용(원)	수익(원)
1,500	100	150,000	120,000	30,000
1,400	190	266,000	156,000	100,000
1,300	275	357,500	190,000	167,500
1,200	340	408,000	216,000	192,000
1,100	410	451,000	244,000	207,000
1,000	450	450,000	260,000	190,000
900	525	472,500	290,000	182,500

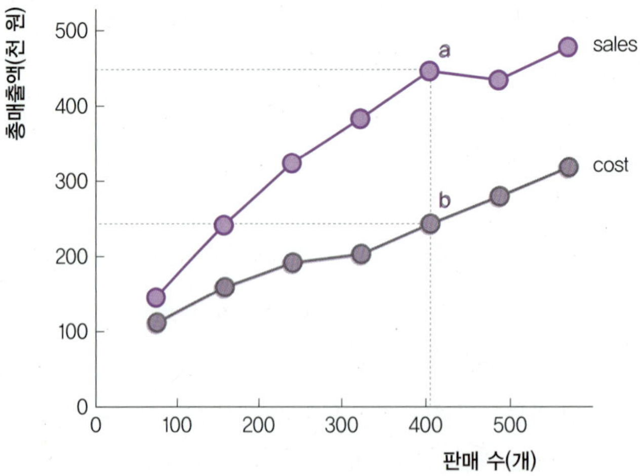

그림 6-6 판매 가격에 따른 판매 개수

5) 원가 가산법

각 메뉴 품목당 발생되는 식재료비, 인건비, 운영 비용과 품목당 수익을 모두 합하여 판매 가격을 결정하는 방법이다.

표 6-9 원가 가산 가격 책정법

(단위 : 원)

품목	식재료비	인건비	운영비용	수익	판매 가격
A	2,100	970	610	1,500	5,180
B	3,130	970	610	1,500	6,210
C	2,850	970	610	1,500	5,930
D	4,000	970	610	1,500	7,080

이는 품목당 인건비와 운영비용 등의 정확한 산출이 어렵고 모든 품목에 관한 수익이 일정하다는 조건하에 판매 가격을 산출하는 방법이다. 그러므로 메뉴 품목별로 식재료의 차이가 있는 것처럼 소요되는 비용이나 수익의 차이가 있을 수 있다는 사항이 고려되지 않는 비용 산출 방법이라는 단점이 있다.

6) 최저요금 가격 책정

비용을 고려하여 이윤을 최소화한 가격을 기준으로 책정하는 방법이다. 이 방법 역시 비용에 근거한다. 특히 비상업적인 단체급식을 하는 병원이나 요양원에서 이와 같은 가격 책정법을 사용하고 있다. 또한 상업적 외식업체에서는 자신의 레스토랑의 최소 가격을 책정하여 그 이하로 가격을 낮추지 않으면서 전체적인 레스토랑의 품격을 가지려고 노력하기도 한다. 예를 들어, 뉴욕의 포시즌 레스토랑은 점심 가격이 최소 25,000원 이하로 떨어지는 것을 원치 않을 것이다.

또한 최소한의 기본요금(cover charge)을 책정해 놓은 레스토랑도 있다. 이것은 고객이 음식을 주문하지 않더라도 레스토랑의 공간이나 음악, 분위기를 즐기는 비용으로 책정되는 경우가 많다. 예를 들면, 나이트클럽에서 음료를 주문하지 않더라도 제공되는 무대나 유흥에 대한 기본요금이 입장료처럼 청구되기도 하고, 재즈나 블루스 바에서도 공연을 관람하는 조건으로 최소한의 기본요금이 정해져 있는 경우가 많다.

7) 매출 잠재력에 의한 가격 책정

어떤 메뉴 계획자에 따르면 가격 책정은 식재료비와 인건비뿐만 아니라 아이템이 어떻게 판매될지 예상되는 것도 포함해야 한다고 한다. 그들은 아이템을 높은 가격(HC), 낮은 가격(LC), 높은 위험(HR), 낮은 위험(LR), 많은 양(HV), 적은 양(LV)으로 나눈다.

따라서 어떤 메뉴 품목은 HC-LR-HV, 반대로 어떤 메뉴 품목은 LC-HR-HV로 분류될 것이다. 비용이 낮고(LC) 많은 양(HV)에 위험률이 적은(LR) 메뉴는 매우 긍정적인 기대를 가질 수 있는 반면에, 높은 위험(HR), 높은 가격(HC), 적은 양(LV)은 부정적인 메뉴로 생각된다. 다음과 같이 8개의 조합이 가능하다.

HR-LC-HV	HR-HC-LV	
HR-LC-LV	HC-LR-LV	HV-LR-LC
HR-HC-HV	HC-HV-LR	LR-LC-LV

만약 긍정적인 기대가 되는 메뉴를 (+)로 표시하고, 부정적인 기대가 되는 메뉴를 (-)로 표시한다면 이전의 결합을 근거로 다음과 같은 조합이 이루어진다.

(-) (+) (+)　　(-) (-) (-)
(-) (+) (-)　　(-) (+) (-)　　(+) (+) (+)
(-) (-) (+)　　(-) (+) (+)　　(+) (+) (-)

만약 이 공식이 가격 책정에 이용된다면, 가장 높은 가격 인상은 3개의 (-) 또는 두 개의 (-), 한 개의 (+)에 책정된다. 낮은 가격 인상은 하나의 (-), 두 개의 (+)에 책정되고 가장 낮은 가격 인상은 3개의 (+)에 책정된다. 아마도 가장 높은 가격 인상은 25% 정도의 식재료 원가비를 근거로 할 것이고, 그 다음은 30%, 그 다음은 40% 정도를 기반으로 할 것이다.

이와 같은 가격 책정 방법은 적은 양과 높은 가격의 메뉴 품목에 대한 이익을 보장할 것이다. 표 6-10은 영업장의 메뉴 품목 분류와 원하는 음식 가격 인상의 사례를 보여준다.

표 6-10 메뉴 품목과 가격 인상

메뉴 품목	위험(risk)		가격(cost)		양(volume)		식재료원가율(%)에 기초한 가격인상
	high	low	high	low	high	low	
스테이크	-		-		+		30
사과파이		+	-			-	30
치킨 볶음밥		+		+	+		40
초콜릿 아이스크림		+		+	+		40
랍스터 구이	-		-			-	25
샐러드		+		+		-	35
생선조림	-			+	+		35
두부구이		+		+		-	35

자료 : Lendal H. Kotschevar, Diane Winthrow, ***Management by menu***, 4th ed., Wiley, 2007

8) 미국 텍사스 레스토랑 협회 방식을 이용하는 방법

이 방법을 사용하기 위해서는 식재료 원가, 인건비율, 변동비율, 고정비율, 이윤율 등의 계산이 필요하다. 이 방법은 이윤을 중요시하는데 수익률과 선호도의 높고 낮음에 따라 이윤의 폭을 제시할 수 있는 장점은 있지만, 매출량에 따른 선호도의 판단 기준을 확실히 제시하지 못하는 단점이 있다.

표 6-11 미국 텍사스 레스토랑 협회 방식

고려해야 할 변수	계산 절차	장점	단점	비고
• 식재료 원가 • 식재료 원가율 • 인건비율 • 변동비율 • 고정비율 • 이윤율	① 인건비와 고정비, 변동비를 산정한다. ② 이윤을 산정한다. ③ 식재료 원가율을 계산한다. ④ 판매가를 계산한다.	이윤을 중요시하여 선호도와 수익률에 따라 이윤 폭을 제시한다.	선호도의 판단 기준을 제시하지 못한다.	• 판매가를 100% 기준으로 한다. • 소수점 둘째 자리에서 반올림하여 계산한다.
사례	① 인건비율(20%), 고정비율(10%), 변동비율(5%)로 산정한다. ② 이윤율(15%)로 산정한다. ③ 식재료 원가율(50%) = 판매가(100%) - [인건비율(20%) + 고정비율(10%) + 변동비율(5%) + 이윤율(15%)] ④ 만약 식재료 원가가 5,000원이라면 판매가는 10,000원이 된다. 5,000×(100÷50) = 10,000원			

4. 기타 가격 책정 방법

1) 출장연회 및 이벤트 연회의 가격 책정 방법

출장연회(catering)나 이벤트 연회의 가격 책정 방법은 일반적으로 레스토랑의 고정 메뉴의 가격 책정과는 차이가 있다.

대규모 연회 및 출장연회 사업을 할 경우에는 공헌 이익(CM) 가격 책정 방법이 좋다. 즉 출장연회 서비스 시 발생하는 고정비용(인건비, 종이생산, 광고 등)을 고려하여 총체적 고정비용을 일 년 동안 기대하는 손님의 최소수로 나누어주면 전체 비용에 대한 평균 한 사람당 비용을 측정할 수 있다. 이렇게 산출된 한 사람당 드는 총체적 변수에 대한 비용과 고정비용 산출 후 각 메뉴에 이윤을 더하는 방법으로 가격 책정을 한다.

또 다른 방법은 다음 세 가지를 포함하도록 가격을 책정하는 방법이다. 음식, 음료, 기타 비용(리넨, 댄스홀 등)을 책정한 후 인건비와 직원의 편익, 홀 오픈 시 드는 비용(난방비, 전기료 등)을 산출한다. 이후 적정이윤을 고려하여 가격을 책정하는 방법이다.

출장연회 사업의 경우 예상하지 못한 비용이 발생하는 경우가 많으므로 식재료비를 제외한 공헌 이익(CM)이 최소한 75% 이상 되어야 한다.

2) 특별메뉴와 음료의 가격 책정 방법

메뉴의 전체적인 수정 없이 고객에게 다양함을 제공할 수 있는 방법 중 하나인 특별메뉴(special menu)는 다른 정규 메뉴와 같은 방식으로 가격을 책정할 수 있다.

특별메뉴로 인하여 기존 메뉴의 기준 가격대를 낮출 수 있는데 이때 주의해야 할 사항은 스타메뉴(star menu)의 잠식 상황, 즉 스타메뉴를 선호하던 고객이 특별메뉴를 선택하게 된다면 스타메뉴는 잠식될 것이고 전반적인 이윤은 특별메뉴의 가격대에 맞추어질 것이다. 공헌 이익 폭을 줄이더라도 스타메뉴의 잠식 상황을 고려하여 스타메뉴에서 특별메뉴로 바꾸어 이윤 차를 극복하는 것이 중요하다.

3) 뷔페 레스토랑의 가격 책정 방법

고객이 원하는 양만큼 먹을 수 있는 뷔페 레스토랑은 정확하나 1인의 식재료 원가를 산출하기가 어렵다. 이런 경우 정확한 비용 대신 1인당 평균비용을 감안해서 식재료 원가를 산출해야 한다.

뷔페의 1인당 평균 식재료 비용은 사용한 식음료비용에서 재고비용을 제함으로써 1일 동안 소모된 총식재료의 원가를 구하고 이를 방문한 총고객 수로 나누면 평균 1인당 고객의 식음료 원가를 구할 수 있다.

사용한 음식, 음료값 - 재고비용 ÷ 총고객 수 = 고객 평균 1인당 식음료 원가

이 수치는 날마다, 계절별로 여러 변수에 의해서 차이가 날 수 있지만 한 달간, 1년간 지속적으로 수치를 계산하다 보면 어느 정도 범위에서 1인 고객의 식음료원가를 구할 수 있게 될 것이다. 이를 바탕으로 수익비율과 경쟁사의 가격 현황을 고려하여 가격을 매기게 된다.

메뉴의 일부분을 비싸지 않은 소프트드링크와 같은 것을 제공하여 식재료 원가를 낮출 수 있도록 노력해야 하고 소프트드링크의 리필은 무제한 가능하도록 하더라도 일부 단가가 높은 음식을 통제할 필요가 있다. 씨푸드 뷔페(seafood buffet)의 경우 식재료 원가가 높은 대게는 일부 시간대에만 제공한다든지 종업원이 배치되어 손님에게 배식하는 형태로 통제하기도 한다. 하루 종일 음식이 진열되어 있는 푸드바(food bar)는 특별히 신선도 유지를 위해서나 아이템 순환을 위한 체크 등의 관리가 필요하다.

4) 특별 사은품 및 기념품의 가격 책정 방법

하드락 카페의 로고 티셔츠나 던킨 도넛의 자사 로고가 새겨진 가방 등 일부 레스토랑에서는 음식 메뉴뿐 아니라 각종 기념품이나 레스토랑의 로고가 새겨진 특별 사은품을 제공할 때가 있다. 이때 가격 책정은 사은품이나 기념품의 제작비를 고려하여 따로 책정되거나 주메뉴 상품 가격에 포함되어 책정되기도 한다.

자사의 로고 제품을 개발하기 위해서는 초기 제품 개발비용이 들고 일정 기간이 지나면 사용하기 어려우므로 최소한의 양을 갖추어 재고가 남지 않고 잘 팔릴 수 있도록 홍보해야 한다. 주요 메뉴에 사은품이나 기념품 가격이 포함되면 고객 입장에서도 꼭 필요하고 갖고 싶은 물품이라면 가격을 더 주고라도 그 메뉴를 선택하여 사은품을 받으려는 욕구가 생길 수 있다. 그러나 경쟁사보다 높은 가격이 책정되면 고객의 불만이 쌓일 수 있으므로 주의하며, 따로 가격이 책정되어 고객의 개인적 취향에 맞추어 구매하도록 하려면 고객이 얼마나 제품을 선호하고 가격을 지급할 것인지 등을 고려하여 가격을 책정한다.

5) 판매 촉진에 대한 가격 책정 방법

레스토랑 경영자는 판매 촉진을 위하여 가격할인 정책이나 홍보 행사를 마련하는 경우가 많다. 가격 하락 방법으로 경쟁할 경우 일시적으로 더 많은 고객을 유치할 수 있으나, 단골로서가 아니라 다만 낮은 가격대를 찾아다니는 고객만 모일 우려가 있으므로 신중해야 한다. 쿠폰을 제공할 때 쿠폰만 사용하러 오는 고객이라면 쿠폰의 유효기간이 지났거나 해피아워(특별 할인 시간대)가 끝났을 때 이로 인해 고객과 다툼이 발생할 수도 있으므로 주의해야 한다.

가격 프로모션 제공 시 무조건 가격을 낮추기보다는 상대적으로 손님이 몰리지 않는 시간을 정해서 홍보가 가능한 시간대의 아이템을 개발하여 아주 적은 양의 이윤을 얻는 방법(marginal pricing)으로 가격을 할인하여 많은 사람이 이용할 수 있는 정책으로 매출을 극대화하는 방법이 있다. 자신이 비용을 들여가면서 판매를 촉진하는 방법(lost leader)이나 경쟁적인 가격할인은 결국 이윤이 줄어드는 결과를 가져올 수 있으므로 부가적인 사업을 고려하거나 판매 촉진을 미끼로 다른 스타상품을 판매할 수 있도록 해야 한다.

또한 미끼 상품으로 고객을 유인하는 판매 전략이 있다. 예를 들면, 10년 전 가격으로 몇 가지 메뉴를 판매하는 이벤트 메뉴가 이에 속한다.

6) 비상업적 단체급식의 가격 책정 방법

비상업적 단체급식에서도 1인당 메뉴의 가격을 책정하는 데 상업적 외식업체와는 달리 인건비와 관리·유지비 등 식재료비를 제외한 비용의 일부를 국가나 단체 또는 후원으로 지급되는 경우가 있다.

다수의 기관업체는 기간에 대한 비용을 측정하고 이를 충족시키려면 총예산에서 비용을 충당한다. 미래기간에 대한 비용을 측정하여 예산을 잡아야 할 경우 경제지수, 가격 변화 등의 경제적 가격을 예상하여 편성할 수 있다.

비상업적인 기관은 일반적으로 예정된 한 끼, 하루, 주당, 월당, 어떤 기간 동안을 기반으로 가격을 책정하는데 해당 기관의 비용 예산은 음식과 노동 운영지출에 대한 현금 유입을 허용하기도 한다. 단체급식은 예상되는 식수 인원을 고려하여 식사를 마련하지만 예상 인원보다 많거나 적게 고객이 올 경우 오차가 발생할 확률이 크다. 또한 자율배식으로 하면 개인별 편차가 심해서 준비한 재료보다 식사량이 많아지면 처음 계획과 달라져 오차가 발생할 수 있다. 그러므로 여러 상황을 고려하여 1인당 평균 식재료 비용을 산출할 필요가 있다. 이를 바탕으로 식재료비 이외의 비용을 어디에서 충당하느냐에 따라 가격 책정을 하면 된다.

7) 기타 가격 책정 시 주의사항

① 오늘의 스페셜*daily specials* **메뉴**

오늘의 스페셜 메뉴를 제공할 때에는 가격을 명시하고 일반 메뉴보다 저렴하게 책정하여 그날 준비한 음식을 모두 판매할 수 있도록 한다.

② 곁들이는 요리*side dishes*

고객은 곁들이는 요리에 따로 가격을 책정하는 것을 원하지 않기 때문에 본 메뉴의 가격에 포함시켜 적절한 가격을 책정한다.

③ **가격 분포***price spread*

제공하는 모든 메뉴의 범위에서 가장 비싼 것부터 가장 싼 것까지 골고루 분포하도록 한다. 이때 주의할 점은 가격 비교가 쉽도록 가격이 비싼 순서대로 배치하거나 저렴한 순서대로 배열하게 되면 고객은 다른 메뉴를 보기도 전에 싼 메뉴를 선택하는 경향이 있으므로 가격 비교가 쉽지 않도록 골고루 섞어서 배치해야 한다.

④ **테이크아웃***take-out items*

정규 레스토랑에서 테이크아웃을 원할 경우 포장이나 인건비를 고려하여 해당 메뉴의 가격을 적절히 높이는 경우도 있고 매장의 임대료가 비싸고 장소가 좁을 경우 테이크아웃 메뉴는 가격을 할인해 주는 경우도 있다.

⑤ **배달 서비스***delivery service*

주문 계획, 배달지역 제한, 품질관리를 고려하여 메뉴가 맛있는 상태로 정확하게 적온 배식될 수 있도록 해야 하며 이를 위한 포장, 배송에 따르는 인건비 등을 고려해야 한다.

⑥ **라이브***live entertainment*

라이브 음악을 제공할 때에 드는 총비용을 고객 수로 나누어 평균 라이브 제공 가격을 포함한 가격을 책정한다.

⑦ **코키지 비***corkage fee*

코키지 비용(손님이 가져간 음료 등에 술잔을 제공하는 서비스 비용)을 높게 책정할 수 없는 대신 음식 가격에 조금 더하는 정도로 가격을 책정한다.

5. 가격 책정 평가 방법

몇몇 레스토랑은 한 가지 가격 책정 방법만 사용한다. 그러나 대다수의 업장에서는 레스토랑 측과 이를 찾는 고객의 요구를 위해 최상의 조합을 찾기 위해 노력한다. 한 가지 경쟁을 기반으로 한 가격 책정은 일반적으로 좋은 방법이 아니다.

가격 책정은 고객이 가격에 어떻게 반응하고, 가격 측정을 위한 가격 정보를 모으는 데 끊임없는 노력이 뒤따라야 한다. 너무 잦은 가격 변동은 고객에게 혼돈을 주고 신뢰를 잃을 수 있으므로 주의하여야 하며 일정 기간을 두고 자료의 수집, 분석, 고객의 가격에 대한 호응도나 반응을 주의 깊게 살펴 가격 책정이 잘 되었는지, 수정해야 하는지를 결정해야 한다.

고객의 만족을 유도할 수 있는 적정한 가격 책정은 매출을 극대화하고 높은 수익을 올릴 수 있는 절호의 기회를 제공한다.

6. 레스토랑 운영의 가격 책정 방법

1) 직원 식사의 가격 책정 방법

공장이나 회사의 푸드서비스는 직원이 식사비용을 내든지 회사가 보조해주든지 간에 그들이 감당할 수준으로 가격이 책정되어야 한다. 직원 식사는 때때로 혜택으로 지원되며, 운영 경비에 포함된다. 그러므로 직원 식사 비용이 포함된 식비는 공제되어야 한다. 공제된 직원 식사 비용은 실제 식사 비용, 경험, 표준 식사 비용, 임의적 요금 등에 근거하여 산출하여야 한다. 실제 비용은 직원에게 표준 메뉴 가격에서 할인된 가격으로 제공할 수 있다. 어떤 지역에서 이는 예정된 직원 식사 비용을 공제하는 것이 관례인 곳도 있다. 임의적인 비용은 단지 명목상의 가격일 수 있으나 외식 산업에서는 이를 충분히 상회하거나 적어도 상당 부분을 차지한다.

대부분의 기업에서는 평균 식재료 원가 비율을 급식에 활용한다. 이를테면 식재료 원가비가 전체 가격 80,019원의 35%일 때, 식재료비는 80,019원×0.35 = 28,007원이다.

직원 식사의 가격 책정은 우선 식수 인원을 계산하고 각각의 식사비용을 계산하여 평균 1인당 식사 비용을 산출한다. 직원 식사의 식재료비는 식사 비용의 50% 정도로 책정하고 식수 인원을 직원 식사당 식사 비용으로 곱한다.

이에 기초하면 명목상 가격을 산출하는 것은 간단하다. 이 정보는 또한 식사 공제 가격에 관한 자료 제공에 사용된다. 경영자는 공제된 식사가 제공되지 않아서 발생하는 법적·윤리적 문제점을 염두해 두어야 한다.

2) 메뉴 가격의 변동

필요에 따라 메뉴 가격의 변경은 필수적이다. 만약 어떤 아이템이 잘 팔리거나 반응이 좋다면 가격을 재설정하는 것이 어려울 수 있다. 가격이 바뀌면 고객이 오지 않거나 불만을 표시하며 주문을 하지 않을 수 있기 때문이다. 이런 현상은 그리 오래 가지는 않으며 곧 제자리를 찾는다.

식재료 가격이 급격하게 오르면 식당도 이를 반영하여 메뉴 가격을 올리므로 고객은 식사 비용이 오르는 것을 이해하고 받아들인다. 반면 식재료 원가 비용은 안정되었는데 다른 요소에 의해 가격이 오른다면 고객은 이를 쉽게 받아들이지 못하는 경향이 있다.

어떤 경영자는 한 메뉴 품목을 잠시 뺐다가 다시 가격을 책정해서 올리는 방법을 사용한다. 또는 기존과 다른 새로운 형태로 바꾸든지 새로운 서빙 방법으로 제공하든지 메뉴 이름을 살짝 바꾸는 등의 방법을 사용하기도 한다. 또는 음식량을 줄이기도 한다.

가격은 새로운 메뉴판이 나왔을 때 자주 바뀐다. 실제로 메뉴 가격의 변경은 아이템이 바뀌었을 때보다 메뉴판이 바뀔 때 더 영향을 받지만, 전문가들은 포맷 변경과 가격 변화를 동시에 하지 말 것을 조언한다. 고객은 가격이 바뀐 것이 변경된 포맷 때문인 것을 알아채기 때문이다.

메뉴판 형식 중 클립-온 메뉴는 메뉴를 새로 뽑을 필요가 없고 새 가격을 끼워 넣기만 하면 되므로 가격 변동 시 편리하게 사용할 수 있다. 새로운 가격을 기입할 때 주의할 점은 이전 가격에 줄을 긋고 다시 쓰는 것은 하지 않도록 한다. 이는 고객에게 안 좋은 인상을 주기 때문이다.

일반적으로 메뉴 가격이 오르는 경우 몇몇 아이템을 500원이나 1,000원 정도로 조금씩 올린 다음 다른 아이템도 슬금슬금 가격을 올리기 시작하면 고객에게 가격이 불안정하다는 인상을 주는 단점이 있다. 어떤 연구에서는 클립-온 방식의 메뉴판은 고객에게 왜 음식의 가격이 올랐는지에 대한 설명을 하는 데에 효과적이라고 하기도 하지만 가격이 오른지 몰랐던 고객까지도 알게 된다는 단점이 있다.

고객은 자신이 선호하는 대표 메뉴의 가격이 변동된 경우, 그 이유를 알고 싶어 한다. 객관적인 가격 변동의 이유를 제시해주어 고객의 이해를 돕는 것은 고객과의 신뢰를 쌓을 수 있는 좋은 방법이며 한꺼번에 너무 많은 가격을 인상하기보다는 조금씩 인상하는 것이 현명한 방법이다.

가격 변동이 자주 있다면 대상이 되는 아이템의 수는 적어야 하고, 적다면 해당하는 아이템의 수는 다소 많아도 무방하다. 혹자는 1년에 두 번 정도 가격 변동을 해야 한다고 하고 한 번이면 충분하다고 하는 이도 있다. 바닷가재나 바위게와 같이 계절별로 가격 변동이 자주 있는 아이템은 가격 리스트를 계절 가격이나 시가로 표시하는 것이 바람직하다.

인쇄 후 이미 제공된 것은 칠판이나 패널에 손으로 직접 쓰는 메뉴판처럼 가격 변경이 쉽지 않다. 컴퓨터로 매일 그날그날 입력하는 메뉴는 매일 바뀌는 아이템을 메뉴에 입력시키기만 하면 되므로 하드커버 메뉴와 같은 영구적 매체보다 가격 변경이 더 쉽다.

특별메뉴나 프로모션 메뉴일 경우 고객이 주목하고 있으므로 가격 변경이 어렵다. 변경하려면 프로모션을 중지했다가 가격을 변경하고 다시 게시하는 것이 좋다. 어떤 경우든 가격 변경은 결국 고객의 예상 범위 내에서 이루어지도록 해야 한다.

summary

메뉴의 가격이란 제공되는 상품 및 서비스에 대한 대가로 요구되는 화폐단위이며 소비자가 지각하는 가치에 대해 지급하는 것이다. 메뉴 가격의 책정 방법은 매우 복잡한 과정으로 단순히 식재료 원가나 기타 비용만을 근거로 산출하는 것이 아니라 전체적인 시장 현황이나 고객의 욕구에 대한 심층적인 연구와 조사가 선행되어야 한다.

가격 책정 방법은 비용에 근거를 두느냐 두지 않느냐에 따라 크게 두 가지로 나눌 수 있는데, 비용에 근거하지 않는 가격 책정은 전통적으로 책정된 가격 정책에 따라가거나 경쟁사의 조사를 통해 가격을 책정하는 방법 등이 있다. 또한 소비자가 가치가 있다고 생각되는 것에 비싼 가격을 책정하는 경우가 있으나 심리적으로 비싸게 느끼는 가격이 있으므로 주의하여 책정해야 한다.

비용에 따른 가격 책정 방법은 식재료 원가에 근거해서 가격을 책정하거나 실제비용이나 공헌 이익에 의한 책정 방법이 있다. 기존 데이터를 바탕으로 가장 잘 팔리는 가격대를 조사하여 가격을 책정하거나 판매에 대한 잠재력을 평가하여 책정하기도 한다. 또한 출장연회(케이터링)나 특별식의 가격 책정 방법과 사은품이나 기념품을 마련할 때 그 비용을 고려한 가격 책정 등의 방법도 있다.

이와 같이 다양한 가격 책정 방법은 각 레스토랑의 상황과 고객의 욕구를 반영하여 적정한 방법을 취해야 한다. 한 번 정해진 가격은 바꾸기 어렵기 때문에 지속적인 관리를 해야 하며 수익을 극대화하기 위한 방안도 모색해야 한다.

CHAPTER 07

메뉴 디자인

1. 메뉴 디자인의 개념 및 중요성
2. 메뉴 디자인 시 고려사항
3. 메뉴 디자인의 과정
4. 메뉴 디자인의 전략
5. 메뉴 디자인의 구성요소

7

메뉴를 계획할 때 꼭 고려해야 할 디자인 요소가 있는데 이러한 요소가 메뉴판 디자인에 잘 적용된다면 고객에게 레스토랑의 이미지와 콘셉트, 목적 등이 잘 전달되어 궁극적으로 메뉴의 판매가 잘 되도록 할 수 있다. 고객과 커뮤니케이션이 잘 이루어지고 판매가 원활하게 진행되기 위해서는 메뉴판의 전반적인 내용의 기획과 심미성이 조화를 이루어야 할 것이다. 이 장에서는 기본적으로 메뉴 디자인의 개념과 고려사항을 비롯하여 구체적인 디자인을 위한 글자체와 색채, 배열, 레이아웃 등에 대해 살펴보고자 한다.

1. 메뉴 디자인의 개념 및 중요성

디자인의 라틴어 어원은 'de-signare'로 de가 의미하는 것은 'out from'으로 '~로부터'의 의미이고, 'signare'는 'to make', 즉 '만들어내다'를 의미한다. 쉽게 말해 디자인은 '~로부터 만들어내다(to make out from)'라는 의미이다. 메뉴 디자인이란 레스토랑 전체의 콘셉트와 공급자의 관리, 영업적으로 전달하고자 하는 메시지를 고객에게 효과적이고 아름답게 전달할 수 있도록 고객의 특성이나 심리상태 등을 고려하여 마케팅 전략 등 유기적인 요소를 기반으로 창의적으로 만들어내는 과정이라고 할 수 있다.

이러한 과정은 메뉴 품목을 매체상에 단순히 옮기는 과정이 아니라 디자인의 개념과 원리를 적용하여 고객과의 대화 도구로서 완성도를 높여 공급자의 의도가 고객에게 잘 전달되도록 해야 한다. 메뉴 디자인은 단순히 메뉴판을 디자인하는 것이 아니라 전체적인 음식 담음새인 메뉴 프레젠테이션과 식기, 전반적인 식공간의 연출에 이르기까지 폭넓은 영역을 포함하고 있다.

메뉴 프레젠테이션과 식기, 식공간에 대한 제안은 식공간 연출이나 푸드스타일링 영역에서 자세히 다루고 있으므로 이 장에서는 메뉴판을 중심으로 한 내용에 대해 살펴보도록 한다.

메뉴판은 레스토랑에서 중요한 판매도구이자 고객과의 커뮤니케이션 수단으로 사용된다. 즉, 고객은 메뉴판을 통하여 주문할 음식의 가격, 정보, 레스토랑 전반의 사항을 파악하고 색채나 재질, 글자체와 레이아웃 등의 디자인을 통하여 감성적으로 기대감을

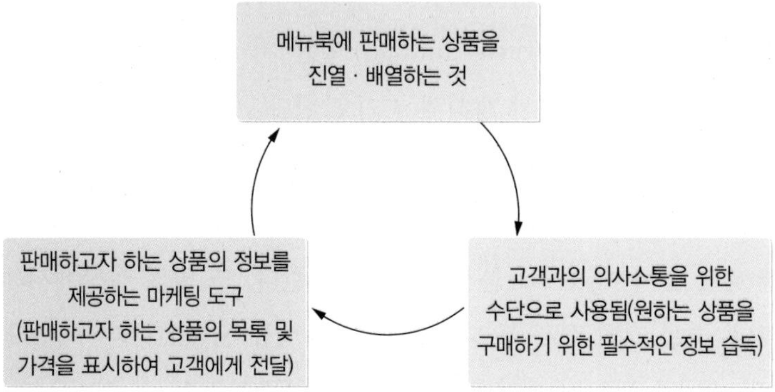

그림 7-1 메뉴 디자인의 개념 및 중요성

갖는다. 메뉴판은 고객에게 구매 욕구를 자극하여 상품 구매를 유도하고 재구매할 수 있도록 하는 데 도움을 주기도 한다.

즉, 메뉴 디자인은 고객의 시선을 집중시키고 필요한 정보를 제공함으로써 음식을 주문하는 고객의 욕구를 만족시켜야 한다. 이를 위해서는 고객이 필요로 하는 정보를 합리적인 제작비로 제작하고 기능성과 경제성이 만족될 수 있도록 디자인되어야 하는데, 이는 곧 레스토랑의 수익이 발생할 수 있는 마케팅 도구로 사용되기 때문이다.

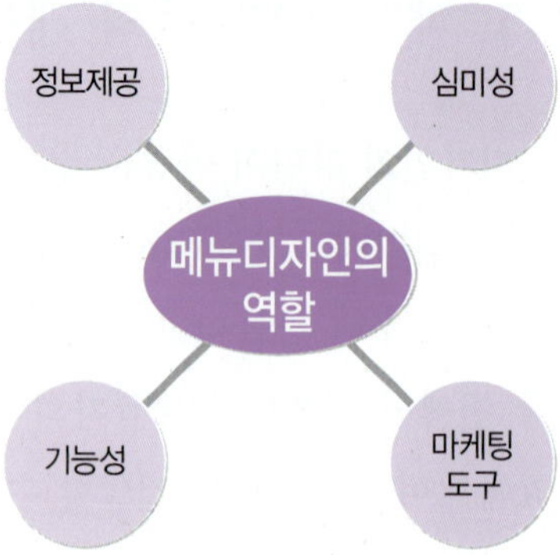

그림 7-2 메뉴 디자인의 역할

2. 메뉴 디자인 시 고려사항

메뉴를 디자인하여 고객에게 알리는 것은 레스토랑 경영 전략 중 가장 중요한 작업이라고 해도 과언이 아닐 것이다. 메뉴는 고객에게 레스토랑의 업종과 어떠한 서비스를 제공하는지 전달한다. 만약 훌륭한 디자인과 잘 구성된 레이아웃을 통해 원하는 정보가 고객에게 정확하게 전달되었다면 그것은 곧장 판매로 이어진다.

우리가 접하는 대부분의 메뉴는 종이에 인쇄되지만 카페테리아나 병원, 호텔, 컨트리클럽 같은 곳에서는 다른 방식으로 제공하기도 한다. 카페테리아는 고객이 주문하기 위해 기다리면서 메뉴를 미리 선택할 수 있도록 메뉴 이름과 가격을 제시하기도 하며 맥도날드의 드라이브 스루(drive through) 같은 서비스를 제공하는 곳에서는 그림과 함께 메뉴에 조명을 비추어서 게시해 놓기도 한다. 병원에서는 스태프가 포켓용 컴퓨터를 가지고 다니면서 병실을 방문하며 직접 주문을 받거나 환자가 궁금한 점이 있으면 즉각적인 대답을 해주기도 한다. 또 호텔에서는 사람들의 흥미를 끄는 특별한 기능을 마련한 메뉴 선택 패키지나 룸서비스를 준비한다. 또 몇몇 업장에서는 조식, 브런치, 런치, 디너, 늦은 저녁 식사 등 다양한 종류의 메뉴가 필요하다. 예를 들면, 스테이크, 샌드위치, 스낵류 등을 바에서 제공하는 컨트리클럽을 들 수 있다. 그 외에 길거리에서 흔히 볼 수 있는 손글씨로 쓰인 메뉴는 집같이 편안한 느낌을 주고 고객에게 친근

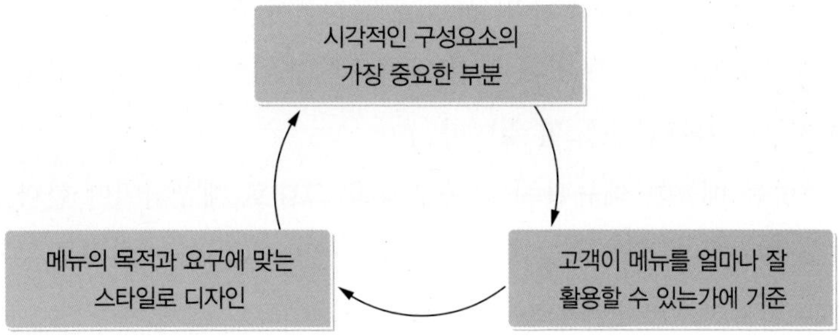

그림 7-3 메뉴판 디자인의 중요성 및 기준점

감을 느끼게 한다.

이와 같이 메뉴 디자인은 목적과 고객의 요구에 따라 달라지며 그에 따라 표현하는 방법도 다르다. 메뉴에는 기본적으로 레스토랑에 대한 전체적인 콘셉트뿐 아니라 제공되는 음식의 목록과 서비스, 분위기, 가격, 기술 및 인력, 계절 등에 대한 감각이 포함되어야 하며 고객의 욕구를 충족시켜 줄 수 있도록 심미적 아름다움과 가독성 등을 지니고 있어야 한다.

전략적으로 계획된 메뉴판 디자인은 레스토랑의 수익을 증대시킬 수 있는 좋은 수단이 된다. 이러한 메뉴판을 디자인할 때 고려해야 할 사항이 있는데 이에 따라 제작한다면 더욱 효과적으로 고객에게 레스토랑 경영자의 의사를 전달할 수 있다. 나아가 이를 통하여 고객 만족을 이끌어냄으로써 결국 수익을 증대시킬 수 있다.

메뉴판을 제작할 때 고려해야 할 사항은 먼저 타깃이 되는 고객에 대한 분석을 철저히 해야 한다. 타깃 고객이 좋아하는 색채나 이미지를 파악할 수 있다면 메뉴 디자인에 좋은 전략을 제시할 수 있다. 또한 여성 고객이 타깃이라면 여성 취향의 소품이나 부드럽고 우아한 느낌의 글자체를 이용하면 더욱 효과적이다. 아이들을 타깃으로 어린이 메뉴를 제안하는 레스토랑이라면 아이의 시선을 끌 수 있도록 원색 위주의 색채와 만화 캐릭터를 사용하여 메뉴판을 구성하는 것도 좋은 예가 될 수 있을 것이다.

레스토랑 전체의 콘셉트, 분위기와 메뉴판은 조화를 이루어야 한다. 예를 들어, 프로방스풍의 전원적이고 꽃의 형태와 소품이 많이 사용되는 레스토랑이라면 메뉴판을 사이버 느낌이 나는 금속 소재로 제작한다면 고객은 메뉴판을 접하면서 전체적인 레스토랑의 콘셉트를 파악하기 힘들 것이다. 레스토랑의 전체적인 인테리어와 메뉴 콘셉트를 반영하여 메뉴판의 패턴, 소재, 글자체 등을 조화롭게 사용할 전략이 필요하다. 또한 전체적인 레스토랑 분위기나 조명 상황을 고려해야 하는데 조명이 너무 어두워서 가독성이 떨어진다든지 메뉴가 벽에 걸려 있어서 눈높이에 맞지 않아 보기가 어렵다면 고객은 메뉴 주문에 불편함을 느낄 것이다.

고객이 주문하는 메뉴는 메뉴판에 기재된 내용 그대로 제공되어야 한다. 이는 고객과의 약속이고 메뉴판을 통해서 고객은 주문한 상품에 대하여 기대치를 갖게 된다. 만일 메뉴판에는 먹음직스럽고 푸짐한 음식 사진을 실어놓고 실제 제공되는 메뉴는 이와 달리 볼품없고 양도 적은 상품이 나온다면 고객은 음식을 먹어보기도 전에 속은 느낌을 받을 것이며 레스토랑에 대한 불신이 생기게 된다.

메뉴판은 음식이 놓이는 테이블에 음식과 함께 놓이므로 물이 묻거나 손때가 묻는 경우가 흔하다. 그러므로 너무 얇은 종이나 물이 묻어 찢어지기 쉬운 재질로 메뉴판을 제작한다면 얼마 사용하지 못하고 다시 제작해야 하는 상황이 발생할 수 있기 때문에 메뉴판은 특히 실용성을 고려해서 제작해야 한다.

메뉴판의 크기나 무게는 전체적인 테이블 사이즈와 서비스 형태를 고려하여 제작해야 한다. 테이블에 비해서 너무 큰 메뉴판은 테이블에 놓기가 어려울 뿐만 아니라 고객이 비좁은 공간에서 메뉴판을 봐야 하기 때문에 불편함을 느낄 것이다. 상대적으로 너무 작은 메뉴판은 글씨를 읽기에 불편해 가독성이 떨어질 수 있고, 레스토랑 경영자 입장에서 전달하고자 하는 메시지를 모두 전달할 수 없다. 그렇기 때문에 메뉴판은 적정한 전체 공간과 테이블 사이즈와의 조화를 생각해서 크기와 무게를 결정해야 한다.

메뉴판의 중요한 역할 중 하나는 고객이 필요로 하는 정보를 정확하게 전달하는 것이다. 이를 위해서는 내용 인식이 편리하도록 글자 크기나 요점 정리가 잘된 콘텐츠가 필요하다.

또한 너무 어려운 외래어 사용을 피하여 고객이 메뉴를 주문하는 데 불편함이 없도록 해야 한다. 영어나 일본어로 메뉴를 적더라도 한글을 병기하여 고객이 내용을 인지하는데 어려움이 없도록 해야 하며 전체적인 내용의 수준은 초등학생이 보고 이해할 수 있는 정도의 용어를 사용하는 것이 좋다.

카페테리아의 경우 따로 메뉴판이 있기보다는 대기하면서 벽면이나 안내판에 게시된 메뉴를 보며 어떠한 음식이 나올지 기대하는 경우가 많다. 어떤 곳에서는 차가운 음식을 먼저 제공하고, 따뜻한 음식을 나중에 제공하기도 하는데 이것은 고객이 찬 음식을 고르는 동안 따뜻한 음식이 식는 것을 방지하기 위해서이다. 몇몇 메뉴는 테이크아웃을 하기도 하고, 어떤 음식은 카운터에서 계산하고 받아가기도 하는데 이런 경우에 메뉴판은 대기 번호가 적혀 있거나 어디에서 음식을 찾아야 하는지 보여주는 다이어그램을 사용하는 것이 고객에게 정확한 정보를 제공하는 데 도움을 준다.

메뉴판에는 여러 품목의 아이템이 배치되는데 아무렇게나 배치하는 것이 아니라 수익이 높은 주력 상품은 고객의 눈에 잘 띄는 곳에 배치하는 전략이 필요하다.

레스토랑 경영자의 입장에서 수익이 높은 잘 팔리는 메뉴는 더욱 잘 팔리도록 전략적으로 배치하는 것이 필요하며, 이에 대해서는 메뉴 배치에 대한 항목에서 자세히 다루도록 한다.

메뉴판은 마케팅 도구로서 판매하는 메뉴 상품뿐만 아니라 레스토랑의 브랜드에 대한 소개와 역사, 전반적인 레스토랑의 경영철학 등의 정보가 삽입되면 보다 효과적으로 고객과 소통할 수 있을 것이다. 예를 들면, 친환경 식재료를 사용하는 레스토랑이라면 이에 대한 설명은 전혀 없이 메뉴 품목만을 나열하고 높은 가격을 책정한다면 고객은 왜 메뉴의 가격이 다른 레스토랑보다 비싼지 쉽게 이해할 수 없을 것이다. 식재료의 원산지나 친환경 식재료라는 것을 표기해주고 레스토랑 경영자가 고객에게 건강한 식품을 제공하겠다는 의지를 메뉴판에 기입해 놓는다면 고객은 높은 가격을 지불하더라도 기꺼이 상품을 구매할 의사가 있을 것이다. 또한 레스토랑의 로고, 주소, 전화번호, 이메일 주소도 기입하는 것이 좋다.

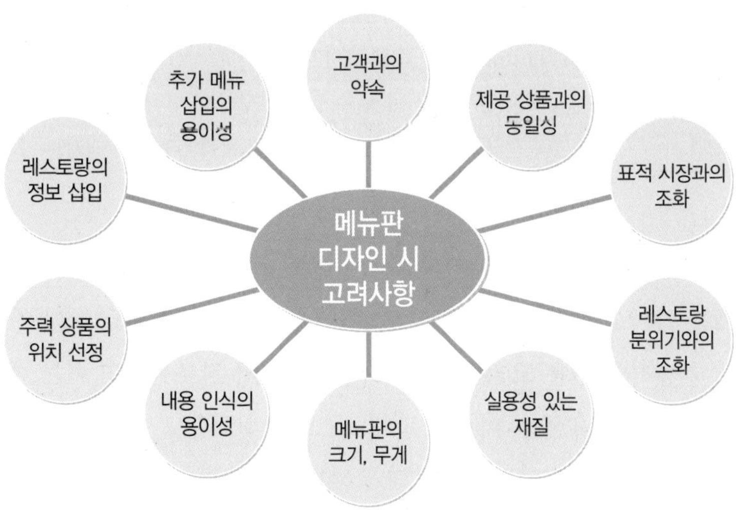

그림 7-4 **메뉴판 디자인 시 고려사항**

메뉴판의 메뉴는 한 번 작성하면 끝나는 것이 아니라 지속적인 관리를 통하여 시장 현황과 고객의 필요를 충족시켜 줄 수 있도록 해야 한다. 이와 같은 지속적인 관리 과정을 거치다 보면 불필요한 메뉴는 삭제되고 새로운 메뉴가 추가되거나 계절 메뉴, 이벤트 메뉴 등이 생기는데 이때마다 메뉴판을 새로 제작해야 한다면 경제적 손실이 커질 것이다. 그러므로 메뉴판을 제작할 때에는 추가로 메뉴를 삽입하거나 수정하기에 편리하도록 제작해야 한다.

이상의 내용을 보면 메뉴판을 디자인할 때 충족되어야 할 요소가 있다. 우선 메뉴는 레스토랑 경영자의 경영 목적에 합당한 목적성을 가져야 한다. 그리고 추가 메뉴의 삽입이나 실용성을 고려하여 메뉴판의 재질이나 소재를 선택해야 하는 경제성, 고객의 시선을 집중시키고 메뉴 상품을 구매하고자 하는 욕구가 생길 수 있도록 심미성을 지니고 있어야 할 것이다.

또한 메뉴는 질서를 가지고 주력 상품이 좋은 위치에 배열되도록 메뉴 카테고리별로 구분이 쉽도록 질서성을 가져야 할 것이며, 무엇보다도 경쟁사와는 차별화되는 레스토랑의 특성을 담은 독창적인 메뉴판이어야 할 것이다.

표 7-1 **메뉴판 디자인 시 충족 조건**

구분	내용
질서성	메뉴의 배치 및 메뉴 카테고리별 구분 등
독창성	경쟁사와 차별되는 레스토랑만의 고유한 개성과 특성 반영
경제성	실용성이나 추가 상품 등을 고려한 디자인
심미성	고객의 오감 만족, 시선을 끌 수 있는 미적인 아름다움
합목적성	레스토랑 전체 콘셉트를 반영하면서 경영 목적에 합당한 디자인

성공적으로 메뉴판을 디자인하기 위해서는 메뉴 기획자와 메뉴판 디자이너가 서로 긴밀한 관계를 가지고 충분한 대화를 통하여 전략을 모색해야 좋은 작품을 만들어낼 수 있다. 즉, 기능적인 면을 고려하지 않고 미적인 면만 강조한다면 이는 메뉴 기획자의 의도를 반영할 수 없을 뿐만 아니라 판매도구로서의 역할도 수행하지 못하게 된다.

또한 미적인 면이 전혀 고려되지 않으면 고객은 레스토랑 전반의 콘셉트를 이해하기 힘들어 감성적인 만족을 얻지 못하므로 구매 욕구가 생기지 않을 수도 있다.

이와 같이 메뉴판은 고객과 경영자 간의 중요한 커뮤니케이션 수단이 되며 고객이 의사결정을 하는 최종단계의 마케팅 수단이 된다. 따라서 메뉴 경영자 및 기획자와 디자이너가 서로 충분한 협의를 통해서 기능적이면서 미적인 아름다움을 가진 메뉴판을 제작하도록 힘써야 할 것이다.

3. 메뉴 디자인의 과정

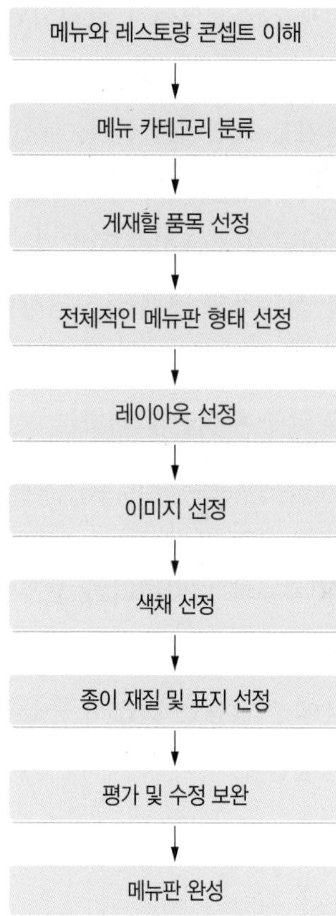

그림 7-5 **메뉴판 디자인의 과정**

메뉴 디자인을 하기 위해서는 가장 먼저 메뉴와 레스토랑 콘셉트의 전반적인 이해가 필요하다. 메뉴판은 레스토랑의 경영철학과 전반적인 분위기, 타깃이 되는 고객의 욕구 등을 파악하고 경쟁사와 차별화되는 특징을 반영하여 디자인되어야 한다.

다음 과정은 판매할 메뉴 아이템의 카테고리별 분류로 음료 메뉴인지 디저트 메뉴인지, 테이크아웃 메뉴인지 등 카테고리별로 구분할 필요가 있다. 아침·점심·저녁 시간대별로 구분할 수도 있고, 점심 특선 메뉴, 오늘의 메뉴, 이벤트 메뉴와 같이 특정 상품에 대한 구분일 수도 있다. 어린이 메뉴를 특별히 구분해서 디자인할 것인지 음료 메뉴판을 따로 만들 것인지 등에 대한 계획도 이 단계에서 이루어진다. 카테고리별로 나누는 카피에 대해서는 글자 크기를 크게 한다든지 색채를 다르게 하여 소비자가 메뉴를 선정하는 데 혼돈하지 않도록 계획하여야 한다.

메뉴의 카테고리를 나누고 나면 각 카테고리별로 게재할 메뉴 품목을 선정하는 과정을 거쳐야 한다. 이때 메뉴 품목의 수와 어떤 순서로 배치할 것인가에 대해서도 전략적으로 디자인하여야 한다. 무리하게 많은 수의 품목을 기재하면 메뉴를 주문하는 고객도 선택에 어려움을 겪을 것이고 메뉴를 준비하는 경영자 입장에서도 식재료의 관리나 원가 관리가 힘들 수 있다. 만일 메뉴 품목만 많이 나열해 놓고 실제 준비된 메뉴가 없으면 고객에게 신뢰를 줄 수 없으므로 주의해야 한다.

게재할 메뉴 아이템이 선정되고 나면 테이블 사이즈와 전체적인 인테리어 콘셉트와 조화를 이룰 만한 메뉴판의 형태를 선정하게 된다. 대부분 사각형의 형태를 많이 사용하지만 경우에 따라서는 레스토랑의 전반적인 콘셉트를 반영하는 형태를 선정하기도 한다. 예를 들면, 새우를 주요 재료로 구성한 메뉴 항목을 구성한 레스토랑에서는 새우 모양의 메뉴판을 디자인할 수도 있고, 한국 전통 막걸리를 판매하는 곳에서는 대나무 부채나 주걱 모양으로 디자인한 메뉴판을 만들기도 한다.

메뉴판의 형태가 결정되면 게재할 메뉴 아이템을 배치시키는 레이아웃을 선정해야 한다. 여백은 얼마나 둘 것이고 전체적인 글과 그림, 사진의 위치를 어떻게 배치할 것인지를 고민해야 한다. 사진이나 이미지가 눈에 띈다고 해서 너무 많은 것을 메뉴판에 담다 보면 오히려 시선이 분산되고 소비자에게 혼란을 줄 수 있으므로 주의해야 한다.

전반적인 레이아웃이 결정되면 세부적으로 강조할 메뉴에 대한 사진이나 이미지 등을 선정하고 배색을 고려하여 색채를 선정한다. 레스토랑의 전체 이미지와 인테리어, 테이블 색상과 공간연출을 고려하여 색채를 선정하고 음식이나 메뉴의 사진이 돋보일 수 있는 배색을 고려하는 것이 중요하다.

메뉴의 실용성과 경제성을 고려하여 종이와 표지를 선정해야 하며 대량 제작에 들어가기 전에 마지막으로 레스토랑 경영자와 서비스 종업원, 주방에서 일하는 요리사, 전문 메뉴판 디자이너가 모두 모여 메뉴판이 전체적인 레스토랑 목표와 콘셉트를 담고 있는지, 고객이나 종업원 입장에서 사용하는 데 불편함은 없는지, 가독성이나 내용 파악에 어려움은 없는지 등을 평가하고 부족한 부분이 있다면 수정·보완하여 메뉴판을 완성한다.

4. 메뉴 디자인의 전략

1) 차별화 전략

메뉴판 디자인에서 간과할 수 없는 부분이 차별화 전략이다. 아무리 기능적·심미적 아름다움을 만족하게 하더라도 경쟁사와 차별화되는 메뉴판이 되지 못한다면 고객의 시선을 끌기가 어려울 것이다.

메뉴 디자인을 차별화하기 위해서는 먼저 경쟁사의 메뉴 디자인을 조사하고 타깃을 분석하여 타깃이 선호하는 색채나 재질, 분위기, 이미지 등을 파악하는 일이 선행되어야 한다. 차별화된 서비스나 조리방법 등이 반영된 새로운 메뉴가 계획되고 이것을 마케팅할 수 있는 개성 있고 독특한 메뉴판이 디자인된다면 더욱 전략적으로 고객에게 접근할 수 있을 것이다.

결국 레스토랑 전체 브랜드의 개성과 콘셉트를 반영하여 고객의 욕구를 파악한 개성 있고 차별화된 메뉴는 고객의 시선을 끌기에 충분하며 이를 통하여 매출을 올릴 수 있는 마케팅 도구가 될 수 있을 것이다.

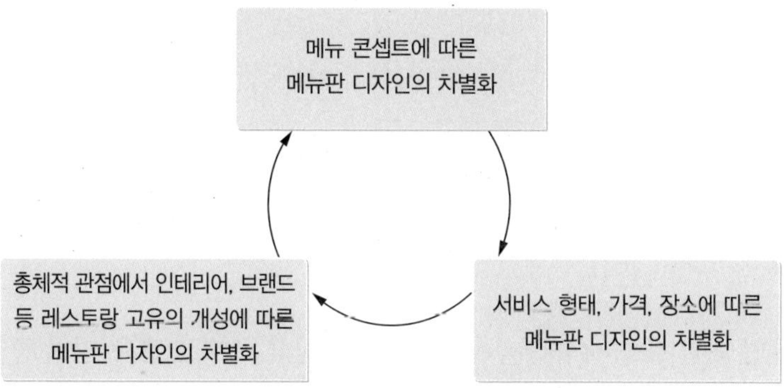

그림 7-6 메뉴판 디자인의 차별화 전략

2) 마케팅 전략

레스토랑 경영자 입장에서는 선별된 메뉴 상품을 가장 합리적으로 고객에게 표현하기 위한 마케팅 도구로 메뉴판을 사용하기 때문에 수익성 좋고 잘 팔리는 메뉴를 더욱 잘 팔리도록 배치하는 전략이 필요하다.

메뉴판의 프로모션 기능 중 시선이 집중되어 흐르는 위치에 관하여 연구된 바가 있는데 이에 따르면 공급자로서 고객에게 판매하고자 하는 메뉴를 보다 효과적으로 판매할 수 있을 것이다.

무의식중에 사람의 시선은 일정 부분에 먼저 시선을 주고 분산되는데 경영자는 이를 메뉴판에 응용하여 판매하고자 하는 주메뉴에 고객의 시선이 집중되도록 하면 그만큼 선택의 가능성을 높일 수 있다. 결국 메뉴를 메뉴판의 어느 곳에 배치하느냐에 따라 메뉴 프로모션이 성공하는 것이다.

그림 7-7은 고객이 메뉴판을 볼 때 시선이 집중되는 위치를 표시한 것인데 한 면으로 된 메뉴판에서는 중앙 상단부를 중심으로 시선이 집중되고 있으며, 양면 패널 폴드 메뉴판에서는 우측 중앙 상단에, 3면짜리에서는 가운데 중앙 상단에 시선이 집중되고 있다. 따라서 수익도 높고 고객이 선호하는 메뉴를 시선이 집중되는 위치에 배치하면 고객은 자연스럽게 그 메뉴에 시선이 가고 바로 주문으로 이어질 수 있다.

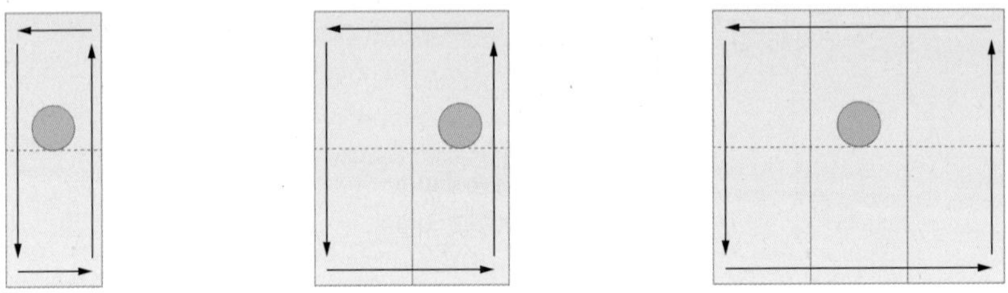

그림 7-7 메뉴북 페이지별 시선이 집중되는 위치

고객이 양면 패널 폴드 메뉴판을 열었을 때, 시선은 주로 오른쪽 면의 중앙으로 가거나 메뉴판을 잡고 있는 오른손 위쪽에서 시계 반대방향으로 움직인다. 만약 메뉴판이 한 장짜리라면 고객의 시선은 페이지의 중앙으로 갔다가 오른쪽 위, 왼쪽, 그리고 아래쪽, 그러고 나서 오른쪽 밑을 가로질러 갔다가 다시 올라온다.

이와 같이 메뉴를 읽는 고객 시선의 움직임에 따라 경영자는 고객이 메뉴를 볼 때 맨 처음 시선이 머무는 곳, 이른바 '강조 공간'이라고 알려진 곳에 추천 메뉴를 배치하는 것이 중요하다. 예외적으로 특별할인가로 판매하는 메뉴는 레스토랑을 방문하는 고객이라면 으레 특별할인 중인 메뉴를 찾으려고 노력하기 때문에 굳이 잘 보이는 위치에 배치할 필요는 없다. 오히려 그곳에는 경영자가 가장 팔기 원하는 것, 즉 고가의 상품을 배치하는 것이 더 효과적일 것이다.

메뉴판의 쪽수에 따른 시선의 흐름을 살펴보면 시선이 집중되는 강조 공간에 처음 시선을 두었다가 1면 패널에서는 메뉴의 가운데를 중심으로 상하로 시선의 방향이 이동하며, 2면 패널에서는 오른쪽 가운데에서 왼쪽 위로 해서 오른쪽 아래로 시선이 이

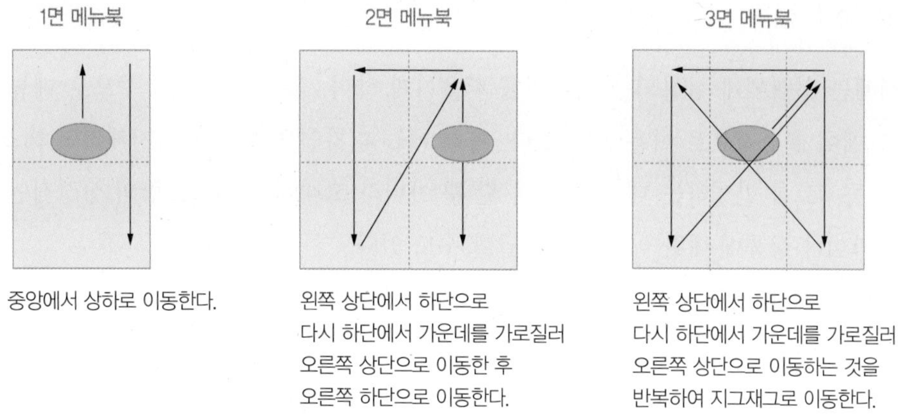

그림 7-8 메뉴북의 쪽수에 따른 시선 이동의 흐름

동한다. 3면 패널에서도 시선의 흐름은 왼쪽 위에서부터 왼쪽 아래로 이동한 후 다시 오른쪽 위에서 아래로 이동하므로 시선 이동의 흐름을 고려하여 메뉴를 배치하여야 한다.

고객이 메뉴를 고를 때 첫 번째와 두 번째 또는 맨 마지막에 위치한 메뉴를 다른 아이템에 비해 많이 선택한다는 연구결과가 있다. 이를 바탕으로 가장 수익이 좋은 메뉴를 첫 번째나 두 번째 혹은 마지막에 배치하는 것도 수익 극대화를 위한 메뉴 배치의 한 방법이 될 수 있다.

또한 메뉴판 페이지별 메뉴 검토시간을 조사해본 결과, 제1면의 메뉴 검토시간이 전체 메뉴 검토시간의 41% 정도를 차지하였고 2, 3면으로 넘어갈수록 검토시간은 점차 줄어드는 것으로 나타났다. 이는 판매하고자 하는 주요 메뉴를 첫 페이지에 위치하여 고객이 보다 자세히 정보를 읽고 검토할 수 있도록 전략을 세워야 한다는 의미이다.

이와 같이 메뉴 디자인을 할 때에도 어떤 상품을 어떤 가격에 팔 것이냐에 대한 전략적인 마케팅 접근이 필요하다.

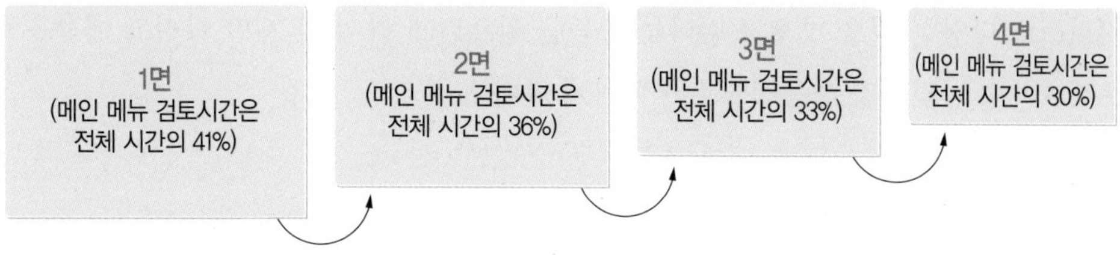

그림 7-9 메뉴판의 면별 검토시간

3) 색채 전략

색채는 고객에게 상징되는 이미지를 떠올리게 하며, 식욕을 돋우어 주므로 메뉴 상품 판매에 효과적으로 이용할 수 있다. 특히 메뉴 디자인에서 색채는 전체적인 레스토랑의 콘셉트를 반영하는 데 큰 역할을 할 뿐 아니라 고객에게 레스토랑의 상징적인 경영철학이나 상품에 대한 이미지를 전달할 수도 있다.

예를 들어, 대표적인 아이스크림 브랜드인 배스킨라빈스는 로고에 사용된 분홍색과 파란색 이미지를 통일하여 사용하고 있는데 이는 건물 외관뿐 아니라 간판, POP는 물론 인테리어, 테이블, 포장, 숟가락, 메뉴판, 광고, 홍보물까지 같은 색채 이미지를 반복적으로 사용하여 소비자에게 브랜드에 관한 통일감을 강하게 심어주고 있다. 또한 핑크색에 대한 느낌을 부드럽고 달콤한 이미지로 가시화하였으며, 이는 아이스크림의 이미지와도 일맥상통하여 멀리서도 소비자가 핑크색의 배스킨라빈스 브랜드를 보면 아이스크림을 연상하고 부드럽고 달콤한 이미지를 느끼게 된다.

그림 7-10 배스킨라빈스의 색채 이미지 통일
자료 : www.baskinrobbins.com

또한 색채를 이용하여 다양한 메뉴를 만들 수도 있다. 던킨도너츠는 링 모양의 동일한 도너츠에 다양한 색채의 재료를 코팅하여 메뉴를 다양화하였다. 이것은 고객이 심리적으로 다양한 색을 맛보고 싶다는 충동을 일으키게 하여 한 개만 사려고 매장을 방문했다가도 이것저것 충동적으로 구매하게 한다.

그림 7-11 **다양한 색상의 제품으로 다양성과 전문성을 더하는 던킨도너츠와 배스킨라빈스**

자료 : www.baskinrobbins.com; www.dunkindonuts.com

색채 전략으로 배색을 조화롭게 하는 것도 필요하다. 전체적으로 매장 회전율이 빠른 패스트푸드점은 역동적이고 활기찬 보색대비 배색으로 구성된 메뉴 디자인이 어울리고, 앉아서 음식을 먹는 데 오랜 시간을 투자하는 정찬 코스 메뉴를 판매하는 레스토랑이라면 온화하고 안정감이 느껴지는 유사배색의 색채 전략이 필요하다.

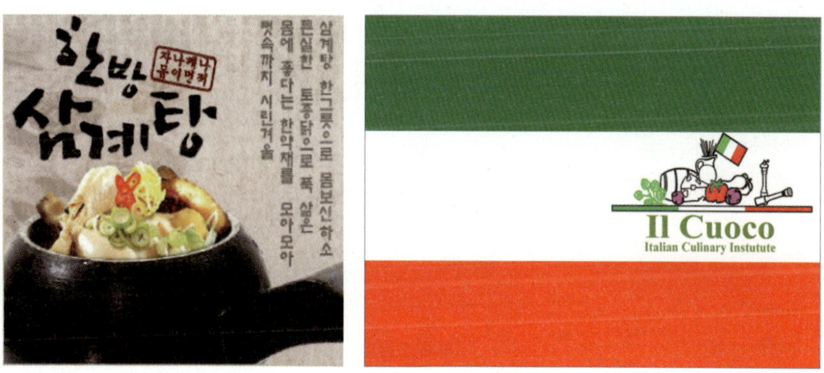

그림 7-12 **메뉴 디자인의 사례**

무채색의 배색으로 동양적인 안정감과 온화한 느낌이 드는 색채 전략과 보색의 배색을 이용해 캐주얼하고 활동적인 이미지를 주는 색채 전략의 메뉴판 표지 디자인 사례

자료 : www.menufactory.co.kr

그리고 앞의 표 4-6에서처럼 미각 이미지를 나타내는 색채를 고려하여 전략적으로 메뉴의 글자나 내용을 디자인한다면 보다 효과적으로 고객과의 소통이 가능할 것이다. 예를 들면, 신맛(acid)을 느끼게 하는 색으로는 노란색을 띤 녹색, 녹색을 띤 노란

색이 있고, 단맛(sweet)을 느끼게 하는 색으로는 주황색과 적색, 적색과 황색, 난색 계열이 해당한다. 또한, 달콤한 맛(sweetish)을 나타내는 대표적인 색은 핑크색이고 쓴맛(bitter)을 나타내는 색은 청색, 갈색, 올리브그린(olive-green), 보라색(한색 계열)이 속한다. 짠맛(salted)을 나타내는 색은 초록, 청색을 띤 회색, 연한 녹색과 회색이 대표적이다.

배스킨라빈스에서 핑크색을 메인 칼라로 하여 매장과 메뉴를 전체적으로 통일감 있게 디자인한 것도 핑크색에서 연상되는 부드럽고 달콤한 이미지를 부각시키는 전략의 사례로 볼 수 있다.

4) 페이지 구성 전략

(1) 포맷

포맷은 메뉴판의 전체적인 크기나 형태, 구성될 패널의 쪽수를 계획하는 것으로, 메뉴판을 어떠한 형태와 형식으로 만들지에 대한 전략을 세우는 것이다.

메뉴판의 크기는 테이블의 사이즈와 전체적인 매장의 규모를 고려해서 제작하는 것이 좋다. 패널의 쪽수는 메뉴 아이템의 수나 서비스 형태를 고려해서 디자인해야 한다.

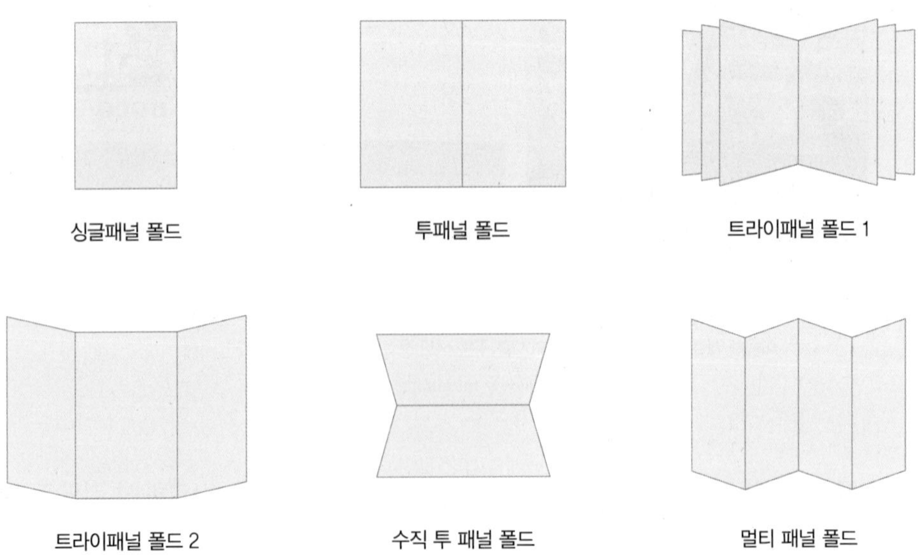

그림 7-13 나인마이어가 제안한 패널 쪽수에 따른 다양한 메뉴판의 형태

캐주얼한 패스트푸드점에서는 테이블 회전율이 높고 테이크아웃 서비스와 셀프서비스를 함께 제공하면서 테이블 사이즈가 비교적 작기 때문에 싱글패널 형태의 메뉴판이 적합하다. 메뉴 아이템의 수가 많은 경우 앞뒷면을 모두 사용하기도 한다. 정찬코스를 제공하는 파인다이닝(fine dining, 고급 정찬) 레스토랑에서는 투패널 폴드 메뉴판을 주로 사용하며, 다양한 메뉴 아이템을 제공하는 패밀리레스토랑에서는 트라이패널 폴드 메뉴판을 주로 사용하고 있다.

(2) 배열 및 레이아웃

메뉴를 배열하는 데에도 디자인 전략이 필요하다. 단순히 메뉴 아이템을 나열할 것이 아니라 메뉴 공급자의 의도에 맞도록 배치해야 한다. 레스토랑의 콘셉트와 메뉴의 수, 카피의 양 등을 고려하여 배열하는 것이 좋다. 이때 강조하고자 하는 메뉴 아이템의 사진이나 삽화를 넣을 것인지도 결정하여야 전체적인 배열과 레이아웃을 완성할 수 있다.

일반적으로 정찬 코스 요리는 가운데로 정렬하는 트리(tree)형으로, 메뉴가 제공되는 순서대로 배열하는 경우가 많다. 일품요리 메뉴는 메뉴 카테고리별 특징을 구분하

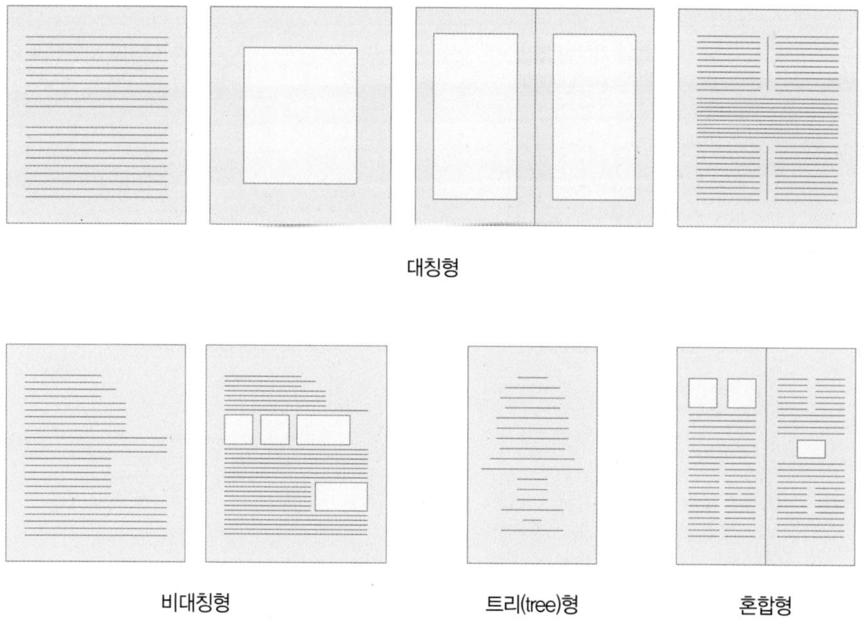

그림 7-14 **메뉴판 레이아웃의 유형**

여 그룹별로 배열하고 가볍게 먹을 수 있는 메뉴부터 무거운 메뉴의 순으로 배치하는 것이 좋다. 또한, 해산물, 육류, 채소류 등 식재료를 기준으로 카테고리를 나누고 배열하거나 국물류, 찜류, 튀김류 등 조리방법에 따라 카테고리를 나누기도 하는데 이 또한 카테고리별로 구분하여 배열하는 것이 좋다.

가격에 따른 메뉴 배열 시 최고가부터 최저가로 혹은 최저가부터 최고가의 아이템으로 순서대로 정리하는 것보다는 적절하게 섞어서 배치하는 것이 좋다. 왜냐하면, 가격을 기대하는 고객은 최저가의 아이템을 먼저 본 다음 다른 아이템에는 눈길을 주지 않

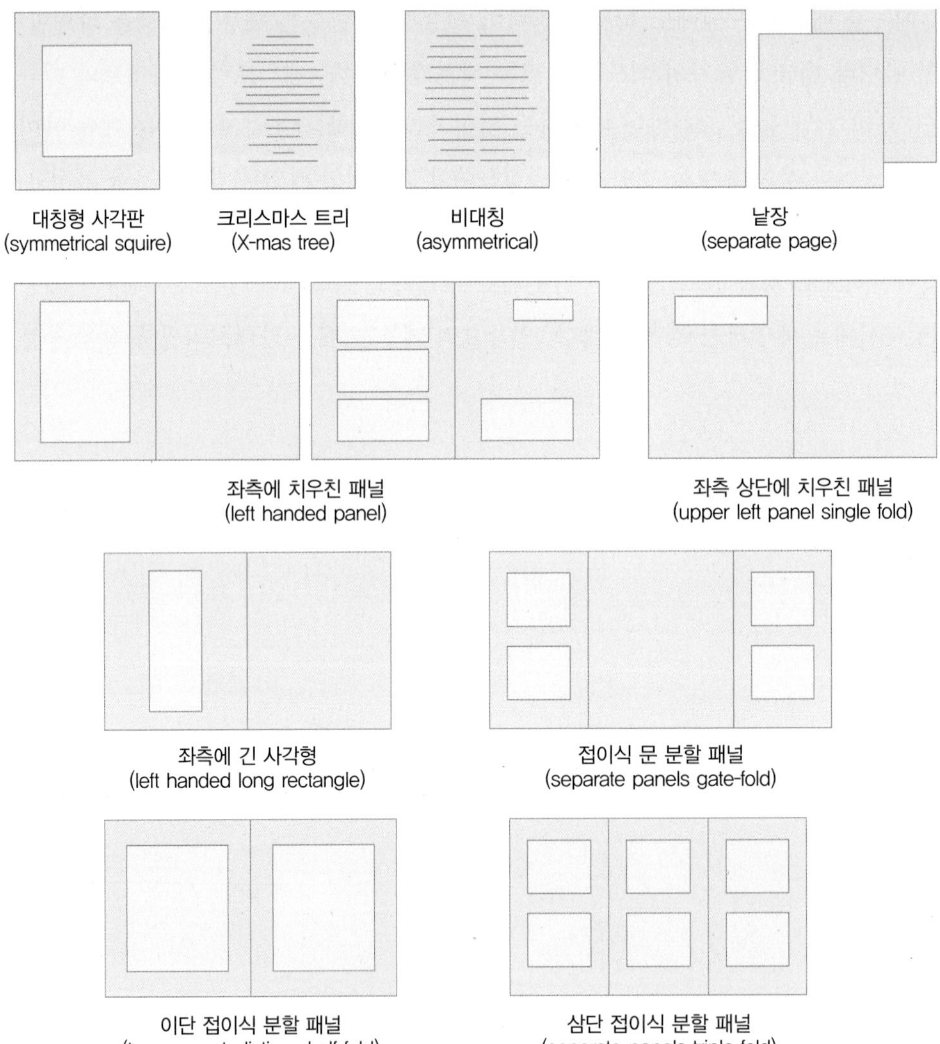

그림 7-15 **패널 쪽수에 따른 메뉴 레이아웃의 종류**

는 경향이 있기 때문이다. 가격을 뒤죽박죽 섞어놓으면 고객이 거기에 뭐가 있는지, 또 가격대는 얼마인지를 보기 위해 모든 아이템을 훑어보게 한다. 이것은 심지어 가격을 의식하는 구매자가 가치 있다고 여기는 것을 보게 하기 쉬우며, 더불어 그들이 가격에 의해서가 아니라 상품의 가치를 보고 구매할 기회를 제공하는 것이기도 하다.

또한, 시선이 집중하는 곳이 어디인지도 메뉴 디자인에서 중요하다.

레이아웃은 편집을 위해 메뉴 아이템을 적절하게 배치하고 전체 페이지의 구성을 잡는 과정으로 전체적으로 잘 조화된 레이아웃은 정보의 전달이 용이하고 전체적으로 아름다움과 안정감을 줌으로써 고객의 심미적인 만족감을 높일 수 있다.

레이아웃을 구성하는 글자의 크기, 자간, 행간 등에 따라서도 메뉴판의 느낌이 달라지므로 전체 레이아웃을 정한 후 구성하는 글자나 크기 등은 레스토랑의 콘셉트를 반영하여 조화롭게 구성하도록 해야 한다.

5. 메뉴 디자인의 구성요소

외식 소비자, 즉 고객은 매장의 메뉴판이나 메뉴 보드, POP나 진열대를 보고 고급스러운지 캐주얼한지, 어떠한 음식과 서비스를 판매하는지에 대한 기대를 하고 매장을 찾는다. 기대감이 이미지가 되는 셈이지만 레스토랑을 소개받았다거나 안내책자나 인터넷으로 예약 후 방문하는 손님은 이미 브랜드에 대하여 어느 정도의 이미지를 알고 기대하고 있다. 그래서 기대했던 대로 매장에 대하여 만족하였다면 입소문 마케팅의 발신원이 되어 지인에게 추천한다. 그러나 기대했던 이미지에 미치지 못한다면 레스토랑에 대한 평가는 저하되고 이 때문에 손님이 줄어들어 실패의 원인이 될 수도 있다. 고객이 갖는 기대치나 이미지를 어느 정도로 설정하는가도 중요한 마케팅 전략 중 하나이다.

인간은 시각에서 얻어지는 정보로 80% 정도를 평가한다고 한다. 처음 대면한 경우에도 상대에 대한 인상은 최초의 3초로 결정된다고 한다. 기업의 CI 중에서도 비주얼 아이덴티티(VI)가 중시되고 있는 것은 이러한 인간의 지각능력에서 기인한 것이며, 외식산업에서도 시각에 호소하는 이미지는 요리 내용이나 서비스의 질에 대하여 알리는 중요한 마케팅 요소이다. 특히 색채는 시각적 요소를 통해 심리 상태와 상징성을 전달

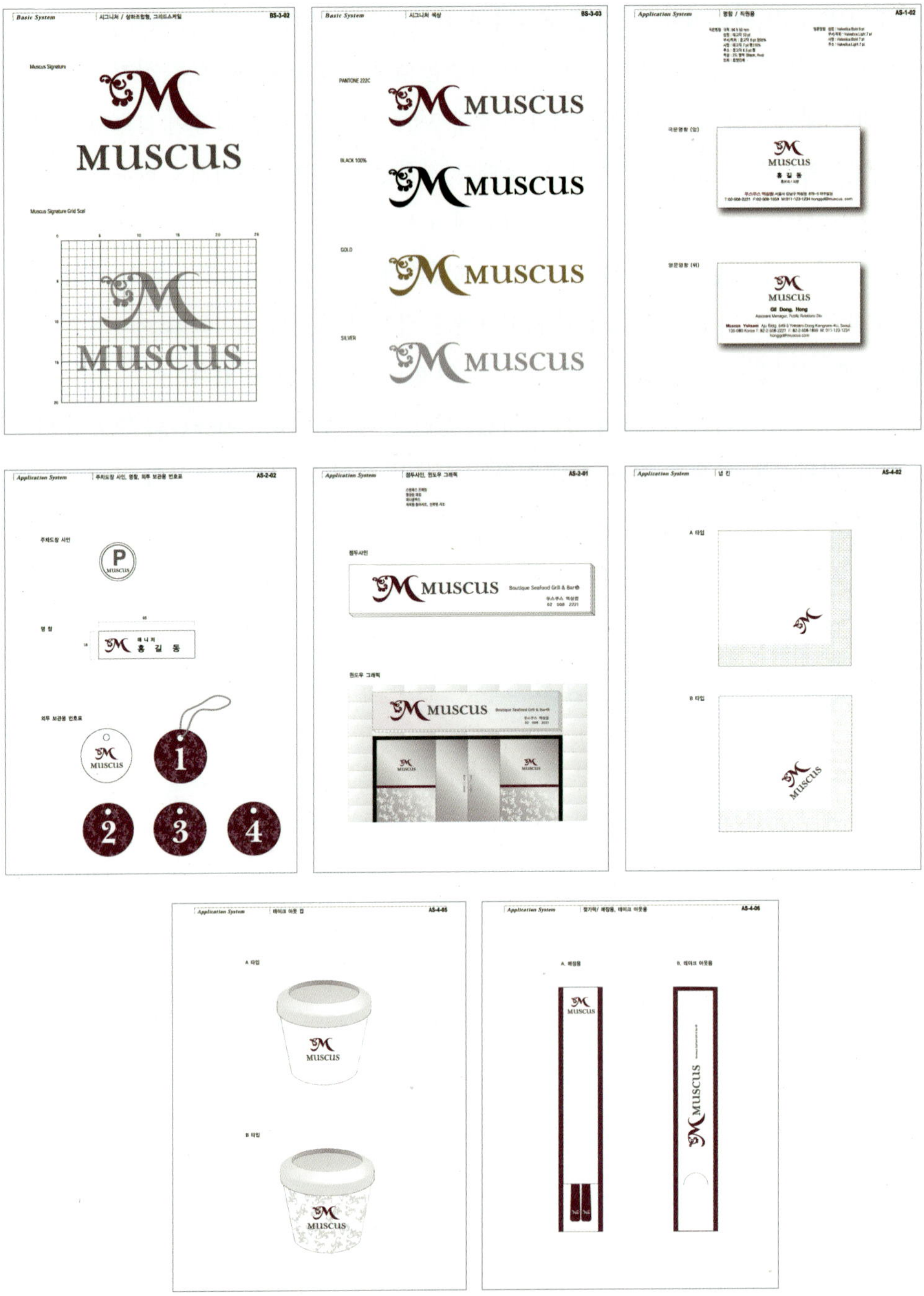

그림 7-16 **브랜드 이미지 통합 작업** : 해산물 뷔페 전문점 무스쿠스

할 수 있기 때문에 매장 콘셉트에 맞는 주요 색채의 선정은 매우 중요하다.

이미지 전달에서 가장 중요한 것은 기업명이나 로고 타입, 서체, 마크, 기본 컬러 등인데, 이들은 일단 결정되면 변경이 쉽지 않다. 재고가 없을 때에 내용을 변경하는 일이 가능한 팸플릿이나 소품류와는 달리 한 번 정한 브랜드의 로고나 색채 이미지는 지속적으로 유지해야 할 정체성이다. 로고 타입, 마크, 기본 컬러는 전문가가 제시한 몇 가지에서 적용범위를 갖는 것이 좋다. 너무 광범위한 색채를 사용하거나 브랜드 디자인을 적용하는 것은 자칫 이미지 통일에 혼돈을 초래할 수 있기 때문이다. 브랜드 로고의 통일된 이미지는 간판, 서식, 인테리어, 매장 직원의 유니폼, 테이블매트, 수저, 포장재 등에 이르기까지 모든 요소에 적용해야 통일된 이미지를 전달할 수 있다.

이와 같이 메뉴의 디자인은 전체 레스토랑의 브랜드 정체성에 기반을 두고 계획되어야 한다. 위의 사례에서 본 메뉴 디자인과 같이 레스토랑의 로고와 브랜드 전체 테마와 컬러, 서체 등의 구성요소는 서로 유기적으로 맞물려 소비자에게 통일된 이미지를 전달하는 하나의 수단인 것이다.

이어서 레스토랑의 브랜드와 전체적인 이미지를 고려하여 메뉴를 구성하는 서체와 색채, 재질 등을 디자인하는 방법 및 각각의 메뉴 디자인을 구성하는 요소에 대해서 자세히 알아보도록 한다.

1) 글자

메뉴 디자인의 요소 중 글자는 가독성을 고려하여 디자인되어야 한다. 고객이 메뉴를 봤을 때 내용을 이해하기 쉽도록 글자의 크기나 모양은 물론, 메뉴 내용과 활자의 적합성, 행간의 공백, 여백 등을 고려해야 한다.

메뉴판에 사용된 글자가 많을수록 고객은 혼란에 빠질 수 있으므로 요점을 간단명료하게 전체적인 균형과 조화를 고려하여 공간의 레이아웃에 맞게 배치하여 레스토랑 경영자가 전하고자 하는 내용이 고객에게 잘 전달될 수 있도록 메뉴판을 디자인하도록 해야 할 것이다.

(1) 카피*copy*

카피는 판매하고자 하는 메뉴에 대한 설명으로 같은 메뉴 아이템이라도 잘 기획된 카피는 고객에게 구매동기를 불러일으킬 수 있다. 메뉴명은 알기 쉽고 친숙한 것이 좋으며 너무 어려운 전문용어나 외래어는 사용하지 않는 것이 좋다. 간략하면서도 고객이 이해하기 쉽도록 객관적인 상품 정보의 메시지를 담는 것이 중요하다.

메뉴를 설명하는 내용으로 조리법을 명시하거나 식재료를 설명하기도 하고 원산지나 식재료의 부위, 제공되는 메뉴의 분량, 크기 등을 표현하기도 한다. 이때 주의할 점은 과장된 표현이나 거짓 정보로 고객을 속여서는 절대로 안 된다. 고객이 메뉴판에 적힌 카피를 보고 메뉴를 기대하며 음식을 주문하였으나 조리되어 나온 음식이 기대에 미치지 못하였다면 이는 곧장 고객 불만을 초래할 수 있기 때문이다.

메뉴의 카피는 헤드카피(head copy), 서술적 카피(descriptive copy), 판매정보 카피(supplemental merchandising copy), 기업이미지 카피(institutional copy) 등으로 나눌 수 있다.

헤드카피는 주로 카테고리를 나누거나 코스를 구분할 때 사용하거나 구체화된 메뉴의 명칭을 기재할 때도 사용된다. 서술적 카피는 고객에게 메뉴에 대한 세부적인 재료와 조리법 등을 설명하고, 판매정보 카피는 주로 영업장의 영업시간이나 봉사료, 세금 등의 판매와 관련된 세부적인 정보를 기재할 때 사용된다. 헤드카피보다 글자 크기가 작고 단조롭게 디자인하는 것이 좋다. 기업이미지 카피는 메뉴의 품질, 영업장의 역사 등 어떤 사실에 관련된 내용을 강조하여 메뉴에 가치를 부여하고 만족감을 높이기 위해 사용된다. 예를 들면, 스타벅스 1호점 매장의 메뉴판에 스타벅스에 대한 역사와 1호점으로서의 의미를 부여한 카피를 넣음으로써 고객에게 자사의 메뉴에 대한 보다 깊은 신뢰와 의미를 담을 수 있도록 돕는다.

메뉴의 카피는 일관된 주제를 가지고 간단명료하게 요점을 전달해야 하며 신뢰성을 바탕으로 거짓 없이 사실만을 설명해야 한다.

(2) 글자체*typo*

메뉴의 목적을 달성하는 중요한 요소 중 하나는 글자의 스타일이나 서체이다. 다양한 서체의 종류 중에서 레스토랑의 전체 콘셉트에 어울리는 글자체를 선정하는 것이 중요하다. 즉 양식 메뉴는 세리프 타입이나 살짝 곡선으로 이루어진 글자가 어울리며, 캐주얼한 패스트푸드점에서는 모던한 이미지의 굵은 고딕체가 어울린다.

메뉴에 사용될 글자체는 최대 세 종류로 제한되어야 하며, 그 이상의 서체가 사용되

Appetizers

SHRIMP 6.75
TARAMOSALATA (Greek Caviar) 3.75
SPANAKOPITA (Spinach Pie) 3.75
FETA CHEESE 2.50
KALAMATA OLIVES 3.25
BOWL OF SOUP (Served in the Winter Only) 3.25

Athenian Dinners

SKIRT STEAK ALEXANDROS STYLE 14.75
CHICKEN KALAMATA STYLE 9.50
CHICKEN WITH BAR-B-QUE SAUCE 9.50
SHRIMP 9.50

The above include Tossed Salad, Greek Fries, French Bread and Butter.
The above Dinners .50 cents extra for Carry Outs.

Kalamata Dinners

CHICKEN BREAST ON PITA 8.75
CHICKEN BREAST (SHISH KEBOB) 9.25
PORK TENDERLOIN (SHISH KEBOB) 9.50
GYROS DINNER 9.00
GREEK FETA CHARBURGER on Pita Bread 9.25

The above include Greek Fries, Pita Bread, Tomatoes, Onions, Tzatziki Sauce

Salads

LARGE GREEK SALAD 6.75
SMALL GREEK SALAD 5.75
GREEK VILLAGER'S SALAD 6.75
VEGETARIAN SALAD with Pita, Tzatziki & Greek Fries 6.75
LARGE SALAD WITH TUNA with Pita and Tzatziki 8.75
LARGE SALAD WITH CHICKEN BREAST SHISH KEBOB
with Pita and Tzatziki 8.75
LARGE SALAD WITH GYROS with Pita & Tzatziki 8.75
TOSSED SALAD 4.75
CUCUMBER SALAD 4.75

Dressing is: Olive Oil with Wine Vinegar,
Pita Bread .50 cents Extra
Tzatziki .50 cents Extra

Spartan Sandwiches

GYROS 6.00
CHEESE GYROS 6.75
KING SIZE GYROS 7.25
CHICKEN BREAST SHISH KEBOB 6.00
CHEESE CHICKEN BREAST SHISH KEBOB 6.75
PORK TENDERLOIN SHISH KEBOB 6.00
CHEESE PORK TENDERLOIN SHISH KEBOB 6.75
FETA PITA 5.25
CHEESE PITA with American Cheese 4.25
GREEK FRIES 2.50
FRENCH FRIES 2.50

Charburgers

CHARBURGER 8.50
CHARBURGER with American Cheese 9.00
CHARBURGER with Feta Cheese 9.25

Half Pound 100% Pure Fresh Beef, Includes Greek Fries.
Served with Lettuce, Tomatoes, Onion and a Pickle.

Beverages

COKE, DIET COKE, SPRITE,
DIET SPRITE OR ORANGE (NO FREE REFILLS) 1.50
COFFEE, DECAF. or TEA 1.75
ICED TEA (NO FREE REFILLS) 1.50
BOTTLED WATER EVIAN 2.00
PERRIER WATER 2.00
BOTTLED FRUIT JUICES 2.00

Dessert

BAKLAVA 2.50

No Substitutions Please

FOR PAYMENT WE PLEASANTLY ACCEPT GOLD COINS!!!
CASH AND PLASTIC MONEY (MASTERCARD AND VISA)
THANK YOU AND GOD BLESS YOU

MINIMUM CHARGE PER PERSON $5.00
MINIMUM CHARGE FOR CREDIT CARD $10.00
MANAGEMENT IS NOT RESPONSIBLE FOR ANYTHING LOST OR STOLEN

그림 7-17 **메뉴에 사용된 서체의 예**

그림 7-18 **레스토랑 콘셉트와 글자체 이미지맵**

면 메뉴판이 어수선해 보여 가독성이 떨어질 수도 있다.

파인다이닝(고급 정찬) 레스토랑에서는 이탤릭체나 필기체 중에서 특정 서체를 선호하는데 이는 격조 높은 레스토랑으로 보이려는 전략의 일환이다. 메뉴에 외래어를 사용할 경우 그 나라의 전통이 살아 있는 글자체로 바꾸어서 특수효과를 낼 수도 있다. 러시아어나 그리스어, 일본어 등으로 메뉴판을 꾸미면 레스토랑의 전체 분위기를 반영할 수 있다.

그림 7-17과 같이 메뉴의 카테고리를 나누는 항목에 대한 헤드카피의 경우 글자체를 다르게 하여 구분하는 경우가 많다. 이때 헤드카피에 사용된 글씨체는 이탤릭체로 가독성은 조금 떨어지지만 글씨체를 달리함으로써 내용 구분을 더욱 명확히 하고 전체적으로 부드러운 느낌을 줄 수 있다.

(3) 글자 크기(장평과 자간, 대문자와 소문자)

단어와 단어 사이의 간격과 글자 사이의 간격 또한 메뉴판을 읽기 쉽고 이해하기 쉽게 하는 요인 중 하나이다. 글자 사이의 간격이 너무 가깝거나 너무 멀면 읽기가 어려워지는데 알파벳 자체의 너비는 가로 치수와 연관이 있다. 그 치수는 작거나 보통이거나 크며, 이런 차이는 독해력과 읽는 속도에도 영향을 미친다.

특히 아침 메뉴는 다른 시간대의 식사에 비해 메뉴판에서 적은 공간을 차지하지만 이를 보는 사람들이 아직 잠에서 완전히 깨어 있는 상태가 아니므로 대개 글자 크기를 크게 하는 경우가 많다.

일반적으로 메뉴판에서 사용하는 글자의 크기는 8~12포인트가 주를 이룬다. 헤드카피는 12포인트 이상의 큰 글씨를 사용하고, 메뉴에 대한 설명은 10포인트 정도, 레스토랑에 대한 부가적인 설명이나 영업시간, 주소, 연락처와 같은 정보는 8포인트 정도의 크기를 주로 사용한다.

영어로 작성된 메뉴일 때에는 쉽게 읽고 이해할 수 있도록 대문자와 소문자를 효과적으로 사용한다. 대문자는 강조하거나 단어가 질서정연하게 보이도록 하고, 소문자는 대부분 읽기에 편하다. 대문자는 문장을 시작할 때 소문자와 같이 사용되거나 고유명사에 주로 사용되는데 고유명사나 메뉴판에서 아이템 타이틀은 대문자로 시작하는 것이 바람직하다. 대부분의 메뉴는 대문자로 시작하여 쓰고 메뉴 아이템에 대한 설명은 고유명사나 문장을 시작할 때를 제외하고 소문자로 적는다. 설명하는 글의 크기를 줄이는 것만으로도 아이템의 타이틀을 돋보이게 하는 효과를 얻을 수 있다.

메뉴에 대한 묘사는 테마에 맞게 적용되고 메뉴판 전체에 동일하게 적용할 수 있는 활자체여야 하며 원하는 정보를 잘 찾을 수 있도록 유인해야 한다. 이 모든 요소가 조화를 이룰 때 최고의 효과를 얻을 수 있다.

(4) 무게감

무게감은 활자의 무거움이나 가벼움을 가리키는 것으로 검정색보다는 회색이, 두껍고 투박한 선보다는 얇은 선이 가볍게 느껴진다. 굵은 서체가 고객의 시선을 집중시키기에는 바람직하지만 너무 자주 사용하면 오히려 산만해질 수 있다.

무게감을 고려할 때에는 레스토랑에 설치된 전체 조명도 고려해야 한다. 조도가 낮은 식당이라면 크고 두꺼운 서체를 사용하여 메뉴의 가독성을 높여야 하며 조도가 평균이거나 그 이상인 곳에서 얇은 서체를 사용하는 것이 좋다.

2) 이미지

최근 메뉴판에 일러스트나 사진 등의 이미지를 넣는 경우가 많아졌다. 같은 정보라도 이미지를 삽입하면 고객은 메뉴가 글로만 적혀 있는 것보다 보다 구체적으로 메뉴에 대하여 이해할 수 있을 것이다. 메뉴판의 이미지나 페이지 수, 담고 있는 내용이 많을수록 고객은 메뉴를 고르는 데 어려움을 느낄 수 있다. 그러므로 너무 많은 이미지를 삽입하는 것은 삼가는 게 좋다.

글보다 이미지로 보여주는 것이 구체적이기 때문에 상품으로 제공되는 메뉴의 이미지와 메뉴판에 제시된 이미지가 동일하게 표현되어야 한다. 메뉴에 게재된 사진 속의 음식은 양도 많고 맛도 좋아 보여서 주문했는데 실제 나온 음식이 기대에 미치지 못하면 고객과의 약속을 저버리는 것이며, 고객은 레스토랑에 대한 신뢰를 잃어버릴 수가 있기 때문에 주의해야 한다. 음식 사진은 최대한 맛있어 보이도록 연출해야 하는데 이를 위해 전문 푸드스타일리스트와 사진가를 동원하여 메뉴에 실을 사진을 작업하기도 한다. 또는 스톡포토(stock photos)와 같이 음식 사진을 전문으로 빌려주는 곳에 의뢰하여 필요한 음식 이미지를 구입할 수도 있다.

사진이 일반화된 이미지라면 일러스트는 생소할 수 있다. 하지만 특별한 경우 메뉴판을 차별화할 목적으로 메뉴의 이미지를 일러스트로 표현하기도 한다. 사진에 비해서 자세하고 구체적인 내용을 전달하는 것은 어렵지만 일러스트만이 가지고 있는 독특한 분위기가 있으므로 디자인을 계획할 때 매장의 전체적인 분위기와 어울린다면 한 번쯤 시도해도 좋을 것이다.

3) 페이지 디자인

(1) 여백

메뉴판의 여백은 해당 쪽에 있는 모든 요소가 메뉴를 얼마나 빠르게 읽고 이해하는지에 영향을 미친다. 연구결과에 따르면, 메뉴판을 읽는 사람은 여백이 많은 메뉴판을 원하고 내용이 메뉴판 모서리 쪽을 채울수록, 즉 내용으로 빼곡히 채워진 메뉴판을 싫어한다고 한다.

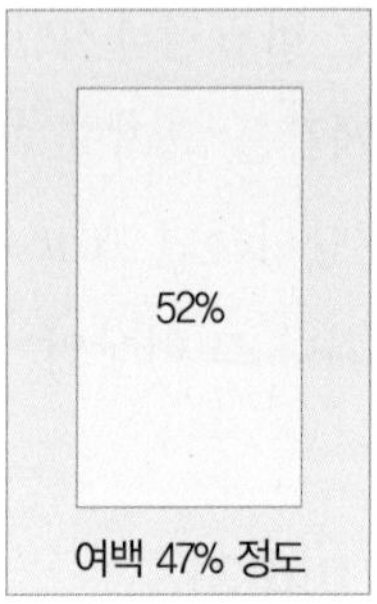

그림 7-19 **메뉴판의 여백 예**

보통 전체 면의 52% 정도를 사용하고 47% 정도는 여백으로 남겨둔다. 대부분 사람들은 흰색의 여백이 한 면의 반을 차지할 것이라고는 생각지도 못하지만 실제로는 흰 여백 부분이 한 면의 반 이상을 차지하는 경우를 종종 볼 수 있다.

여백 없이 빽빽한 한 장의 메뉴판보다는 여유 있는 여러 장의 메뉴판이 낫다. 또한 여백을 둘 때 전체적으로 상하좌우가 균형 있게 배분되어야 한다.

(2) 메뉴 아이템의 강조

메뉴 아이템을 강조하기 위한 몇 가지 방법이 있다. 글자체를 이탤릭체나 독특한 글자체로 사용한다든지 대문자를 쓰거나 글자체의 두께를 두껍게 표기하거나 또는 메뉴 아이템에 대한 자세한 설명을 덧붙이는 것도 강조하는 방법이 된다.

글자 크기가 큰 제목이나 선은 메뉴 아이템을 나누거나 카테고리별로 구분하기 위해 사용될 수 있다.

고객이 메뉴판을 읽다가 아이템을 지나치는 경향이 있는데 메뉴 아이템마다 점을 찍어 표시하면 제시된 아이템을 고객이 빠뜨리지 않고 모두 볼 수 있도록 하는 데 도움을 준다.

(3) 선 폭

메뉴판에 사용한 선의 폭도 독해에 영향을 주는데 너무 길게 늘어선 선은 읽는 사람이 정보를 습득하다가 집중력을 떨어뜨릴 우려가 있다. 대부분은 5~6 cm 정도가 적당한데 너무 긴 줄은 읽던 부분을 놓치고 줄이 끝난 뒤 줄이 시작되는 부분이 어디인지 찾지 못할 수도 있다. 이를 방지하기 위해서 메뉴 가격은 메뉴 바로 옆에 붙여서 적는 것이 고객이 메뉴에 대한 정보를 습득하는 데 혼란을 방지할 수 있다.

다음 예를 보면, 쉬림프 칵테일(shrimp cocktail)의 메뉴명과 가격 사이를 연결하는 선이 너무 길어 가격을 인지하기까지 오랜 시간이 걸릴 수 있으므로 되도록 연결선은 길지 않게 쓰는 것이 좋다.

Shrimp cocktail ·· 9,500원
Chicken salad ·· 7,800원

4) 종이와 재질

메뉴를 감싸는 표지로 사용되는 종이는 메뉴가 얼마나 자주 바뀔 것인지를 고려하여 선택해야 한다. 일회용으로 디자인된 메뉴라면, 비교적 가벼운 재료로 된 종이를 사용하여 본 메뉴판에 끼워서 사용하고, 주기적으로 사용할 것이라면 물기나 기름이 스며들지 않도록 코팅하여 사용하는 것이 좋다. 종이의 질감 또한 고려할 요소인데, 메뉴는 이용객의 손때가 묻을 수도 있고 음식으로 인해 오염될 수도 있기 때문이다. 또한 종이의 재질로 레스토랑의 콘셉트를 나타낼 수도 있다. 예를 들면, 한식 전문점으로 한국의 전통적인 이미지를 강조하기 위하여 종이를 한지 재질로 디자인할 수도 있다.

일반적으로 메뉴의 표지는 손에 쥐어도 구부러지지 않을 정도의 두껍고 견고한 종이 재질을 이용하며 플라스틱이나 비닐같이 더럽혀지는 것에 저항력을 가진 재료로 한 겹 씌워서 사용해도 좋다. 표지 재료는 표면이 반짝거리거나 부드러운 것 등 다양한 질감을 사용할 수 있다. 막을 씌운 표지는 오물이 묻었을 때 쉽게 닦이기 때문에 막을 씌우지 않은 것보다 오랜 기간 형태를 지속할 수 있다. 몇몇 레스토랑에서는 표지 안에 메뉴가 적힌 두꺼운 재질의 폴드를 사용하기도 하며, 많은 비용을 들여 열과 압력을 이용해 표지에 다양한 문양과 레스토랑의 로고나 패턴 등을 새기는 장식을 하기도 한다. 어떤 경우에는 손에 부드러운 감촉을 주기 위해서 속을 채워 넣어 푹신하게 하기도

하며, 강도가 센 플라스틱이나 실크, 면 혹은 가죽 느낌의 다른 재료로 덮어씌우기도 한다.

메뉴판이 견고한 표지로 디자인될 경우 속지는 비교적 저렴한 종이를 써도 좋다. 이럴 경우 직접 메뉴 내지를 출력해서 쓰면 추가되는 메뉴나 이벤트 메뉴 등을 첨가하거나 수정하기에 용이하다.

메뉴의 내지는 표지보다는 얇은 재질의 종류를 주로 사용하지만 색다르거나 파격적인 효과를 원한다면 특수재질의 종이를 사용할 수도 있고 더러움을 방지하기 위해 코팅을 해서 사용하기도 한다. 특별한 경우 비닐 재질로 된 클리어 파일에 메뉴 속지를 넣어 사용하기도 하는데 이는 메뉴를 수시로 바꾸기에도 편리하고 물이나 음식물로부터의 오염을 방지하는 데에도 매우 편리하다. 종이의 질감은 나뭇결에 따라 약간 매끈한 것부터 거칠거칠한 것까지 다양하다. 요즘에는 종이에 원하는 질감을 더할 수 있는데 심지어 벨벳과 스웨이드 같은 질감도 가능하다.

종이의 불투명함은 잉크의 세기나 어떤 색깔을 사용하느냐에 따라 좌우된다. 무겁고 진한 잉크를 사용할 때에는 불투명한 종이를 사용해야 뒷면에 내용이 비치지 않는다. 투명하게 비치는 재질을 쓰면 앞뒷면의 내용이 서로 비쳐 메뉴의 가독성이 떨어질 수 있기 때문이다.

5) 형태와 크기

메뉴의 형태와 모양은 고객의 관심을 유발하거나 구매욕을 불러일으키는 요인이 될 수 있다. 예를 들면, 와인 메뉴판을 병 모양으로 하거나 해산물 전문식당이라면 게나 바닷가재, 생선 모양으로 만들 수도 있다.

하지만 메뉴판 디자인에 음식의 모양을 사용할 때에는 모양만으로도 주메뉴의 내용을 알아볼 수 있도록 제작하는 것이 좋다. 스테이크 하우스의 차림표라면 메뉴의 사진이나 소고기 부위표를 색깔로 표시하는 방법이 있고, 어린이 메뉴는 광대모양의 표지를 쓴다거나 팬케이크 업체에서는 팬케이크나 와플 모양의 표지를 사용할 수 있다.

메뉴판의 크기가 너무 크면 고객이 메뉴판을 잡고 읽는 데 불편하므로 피해야 한다. 몇몇 기업은 고급스러운 느낌을 주기 위해 메뉴판을 크게 만드는데 고객이 메뉴를 다루는 데 어려움을 느낀다면 메뉴판의 기능을 제대로 할 수 없다. 그러므로 적절한 크기

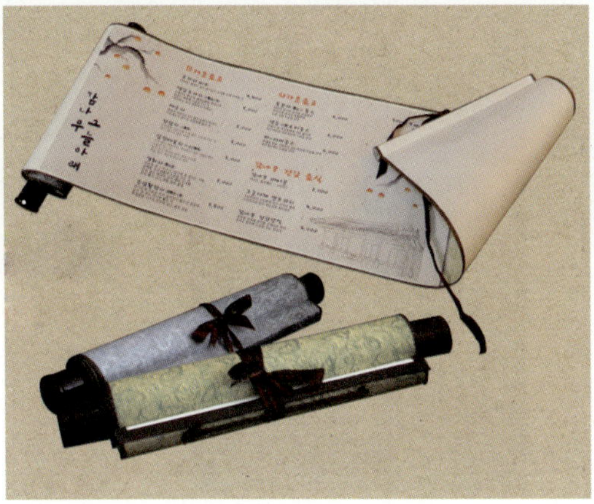

그림 7-20 메뉴 디자인 사례
한국의 전통적인 이미지를 강조하기 위해 한자와 천을 이용하여 두루마리 모양으로 만들었다.
자료 : www.menufactory.co.kr

의 메뉴판을 만드는 것이 중요하다. 큰 메뉴판을 사용하고 싶다면 여러 번 접을 수 있다든지 추가 패널 같은 것을 만들어서 매장 내에 비치하는 것도 방법이 될 수 있다. 경우에 따라서는 페이지가 다르게 분산된 메뉴판도 사용할 수 있다. 예를 들어, 저녁 코스에 디저트가 제공되지 않는다든가 또는 개별 디저트 메뉴가 있다면 디저트 메뉴판을 만들어서 사용할 수 있다. 이러한 메뉴는 테이블이나 카운터에 비치해 두어서 고객이 언제든지 쉽게 찾아볼 수 있도록 한다.

6) 색채와 배색

메뉴 디자인에서 색채는 글자와 배경의 배색으로 가독성에 영향을 줄 수 있다. 예를 들면, 검은 배경에 하얀색으로 글자를 쓰는 것은 하얀 배경에 검정색으로 글자를 쓰는 것보다 더 많은 주목을 끌지 모르지만 읽기에 어렵다. 하얀 배경에 검은색으로 글자를 쓰는 것은 회색 배경에 흰색 글자로 쓴 것보다 42% 더 빨리 읽을 수 있고 몇몇 다른 색깔 위에 검은색으로 글자를 입력한 것은 흰색 배경에 검은색 글자를 쓴 것보다 읽기가 힘들다.

메뉴에 너무 많은 색깔을 사용하면 고객이 메뉴 정보를 습득하는 데 집중하는 것을 방해하기도 한다. 독특한 효과가 요구되지 않는 이상 강렬한 색깔은 피하는 것이 좋다. 특별한 경우 리본이나 부드러운 끈, 장식으로 매다는 술을 사용함으로써 추가적인 색채 효과를 줄 수 있지만 실용성을 고려하여 많이 사용하지는 않는다.

강조하기 위해 사용된 특별한 색의 글자는 이벤트 메뉴나 특별 메뉴에 사용하여 고

그림 7-21 **할로윈 이벤트 메뉴**
자료 : www.stasera.co.kr

그림 7-22 **크리스마스 특별 메뉴**
자료 : www.schoolfood.co.kr

객의 시선을 끌 수 있다. 특히 이벤트나 기념일에는 색채가 상징하는 의미를 담는 것이 중요하다. 할로윈 메뉴에는 오렌지색이나 검은색을 사용하는 것이 좋고, 빨간색과 초록색의 배색은 크리스마스에 어울리는 색채이다.

7) 인쇄 및 제작

과거 700년대 무렵 중국인은 나무블록 조각마다 한 글자씩 깎아서 잉크를 발라 직물이나 종이에 찍어냈고, 유럽에서는 1400년대 초 구텐베르크(J. Gutenberg)가 이동식 활자 프레스를 개발한 것이 인쇄의 시작이라고 볼 수 있다. 글자는 금속으로 주조되었고 낱글자를 조합하여 단어를 만들었다. 조각된 글자를 합체하는 것은 중국인의 나무활자와 거의 비슷하였다. 하지만 이런 수작업은 기간이 오래 걸리고 번거로운 작업이었다. 현대에 이르러 컴퓨터화되어 실제로 많은 인쇄 제작이 컴퓨터를 통해 이루어진다.

오늘날의 인쇄 방식으로는 오프셋 방식과 실크스크린 방식이 있다. 실크스크린 인쇄는 국내에서는 수작업으로 섬세하게 진행되는데, 실크판을 통해 종이에 인쇄되는 방식으로 매우 선명하고 조밀한 이미지를 만들고 때때로 금색이나 은색 잉크를 사용한다. 실크스크린 인쇄는 가격이 비싸므로 주로 표지를 제작할 때에 사용한다. 이 밖에도 열전사 방법, 엠보싱 방법이 있고 인쇄 후 재단된 것을 타발기에 걸어서 필요한 형태로 따내는 방법인 다이커팅은 메뉴를 강조하는 인쇄 방법으로 실크스크린 인쇄만큼 비싸다.

요즘 외식업체에서는 메뉴를 직접 인쇄하기도 한다. 이렇게 하는 것은 메뉴를 수정하기 쉽고 비용 또한 저렴하여서 많이 사용한다.

인쇄 후 메뉴판에 물기나 오염물이 묻지 않도록 코팅하는 가공과정을 거치기도 한다. 코팅은 무광 코팅, 유광 코팅, 라미네이트 코팅, UV 코팅 등이 있으며, 레스토랑의 콘셉트에 맞는 가공형태를 선택하면 된다. 예를 들어, 캐주얼 레스토랑과 같이 밝고 경쾌한 분위기일 경우에는 유광 코팅이 어울릴 것이고, 정적이고 한적한 풀코스 레스토랑에서는 무광 코팅이 좋다. 경우에 따라서 책받침처럼 두껍게 코팅하는 라미네이트 코팅이나 코팅 기름을 인쇄물에 엷게 입히는 UV 코팅도 사용할 수 있다.

summary

레스토랑 경영에서 메뉴판 디자인은 고객과 효과적인 커뮤니케이션을 할 수 있는 마케팅 도구로서 중요한 요소 중 하나이다.

메뉴 디자인은 단순히 미를 창조하는 것이기보다는 마케팅 도구로서 효과적인 메시지를 전달하기 위해서 고도의 마케팅 전략과 색채 전략, 차별화 전략을 세워야 하며 페이지의 레이아웃과 상품의 배열 위치 등이 고려되어야 한다.

메뉴 디자인의 과정은 레스토랑의 전반적인 콘셉트 이해, 메뉴 카테고리의 분류, 아이템 선정, 레이아웃 선정, 이미지 선정, 색채 선정, 종이 재질 및 표지 선정, 평가 및 수정보완을 거쳐 완성된다.

메뉴 디자인을 구성하는 글자와 사진, 일러스트 등을 배치할 때 너무 많은 내용이 들어가지 않도록 하는 것이 중요하며, 일정 부분 여백을 두는 것이 메뉴판을 읽는 고객에게 가독성을 높일 수 있는 방법이 된다.

글자 크기나 글자체도 신중히 고려해서 결정하여야 하며 최종 인쇄와 제작은 전문가와 상의하여 레스토랑의 콘셉트, 경제상황, 메뉴 주기 등을 파악하여 적합한 방법을 선택해야 한다.

레스토랑 콘셉트에 따른 메뉴 디자인의 사례 연구

사례 1) 일식 라면 전문점 "더멘"

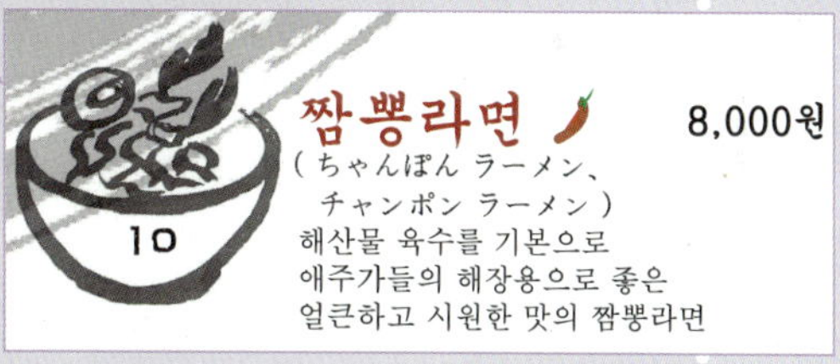

- 메뉴 콘셉트 : 일본 라면
- 서비스 형태 : 카운터 서비스
- 가격 : 객단가 8,000원
- 장소 : 인천 연수동
- 인테리어 : 일본의 옛 거리 모습을 재연한 복고풍 스타일
- 브랜드 : 일본 라면 전문점 "더멘"

1900년대 초반 일본의 옛 골목을 콘셉트로 하는 인테리어와 걸맞게 세련된 사진보다 대대로 이어지는 전통적인 맛을 강조하는 디자인으로, 붓으로 그림을 그려 표현하였고 일본 전통 라면 전문점이라는 것을 강조하기 위하여 메뉴명을 일본어로 표기하여 덧붙였다.

전체적인 이미지 색상도 먹의 농담을 이용한 수묵화 스타일로 나타냄으로써 고전적이고 동양적인 이미지를 강조하였고, 브랜드 명도 일본어를 사용하여 일식 라면 전문점인 것을 강조하였다.

사례 2) 디저트 전문점 "Sarah's pastries & candies"

"Sarah's pastries & candies" 외부 모습

디저트 전문점 "Sarah's pastries & candies" 메뉴판

- 메뉴 콘셉트 : 디저트
- 서비스 형태 : 테이크아웃
- 가격 : 객단가 10,000원(개당)
- 장소 : 미국 시카고
- 인테리어 : 우아하고 여성스러운 유럽 스타일
- 브랜드 : 디저트 전문점 "Sarah's pastries & candies"

유럽풍의 건물 외관과 우아하고 여성스러운 스타일로 전체적으로 분홍색 컬러를 사용하여 디저트 전문점인 것을 강조하였다. 메뉴판은 카테고리별로 진한 분홍색으로 강조하여 구분함으로써 가독성을 높였다.

사례 3) 메뉴 디자인 사례(학생 작품)

자료 : 최상현 · 오성민 · 이영수 · 조제희(세종대)

누구나 쉽게 찾고 즐길 수 있는 분위기와 이국적인 느낌을 연출한 브런치 카페의 메뉴판을 디자인하였다. 메뉴판의 콘셉트는 매일 찾아도 질리지 않고 부담 없는 곳이라는 의미로, '매일'과 '일간지'를 뜻하는 'Daily'를 브랜드명으로 설정하고 'Daily'를 중심으로 편안한 느낌의 일간지 형식의 레이아웃을 사용한 메뉴북이다. 메뉴북이 일간지 형식이므로 당일 메뉴를 일간지 형식으로 제작하여 고객에게 무료로 나누어주며 홍보하는 방식을 취할 수 있다.

사례 4) 오리엔탈 비스트로 “란콰이” 메뉴판

“란콰이”의 매장 내부 및 음식

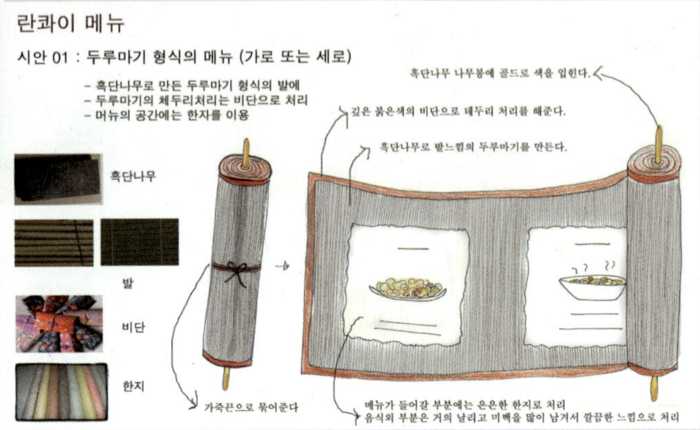

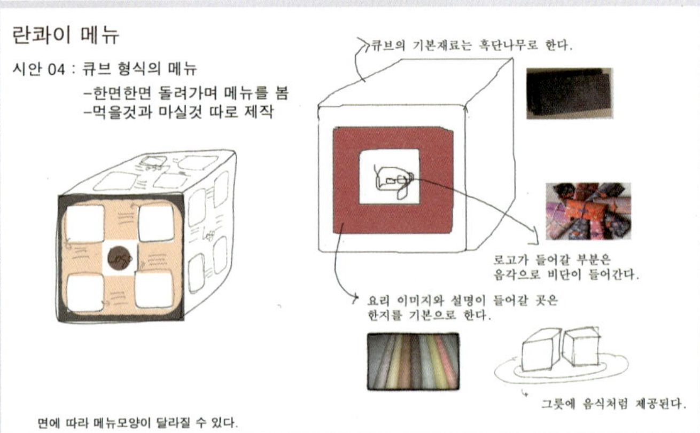

“란콰이” 메뉴 디자인 시안

"란콰이"의 메뉴판

CHAPTER 08

메뉴 분석

1. 메뉴 분석의 개념 및 목적
2. 메뉴 분석 절차와 고려사항
3. 메뉴 분석의 기법
4. 메뉴 평가

8

메뉴 분석은 판매하고 있는 메뉴의 내용을 평가하고, 나아가 미래의 메뉴를 효율적으로 설계하기 위해 필요한 과정이다. 이는 외식 경영의 매출과 수익에 직접적인 영향을 미치기 때문에 지속적인 분석과 관리가 필요하다.

이 장에서는 메뉴 분석의 필요성을 인식하고 필요한 기준과 평가, 분석 방법에 대해 살펴본다. 다양한 메뉴 분석 기법의 개념과 특징, 장단점을 알아보고 실질적인 메뉴 엔지니어링 사례를 통하여 메뉴 분석과 평가를 설명한다.

즉, 메뉴를 계획하고, 가격을 책정하고, 제공 형태를 갖춘 후 몇 가지 사항을 확인하기 위해 메뉴 분석이 필요하다. 이를테면 제공되는 메뉴의 종류와 가격이 실행 가능한지, 고객의 필요와 요구를 만족하게 하는지, 수익을 창출해야 하는 운영자의 필요와 요구를 만족하게 하며 운영자의 목적과 일치하는지에 대해서 분석 평가한다.

1. 메뉴 분석의 개념 및 목적

메뉴 분석이란 현재 판매되고 있는 메뉴의 내용을 평가하고 미래의 메뉴를 효율적으로 설계하기 위한 일련의 과정이다. 이는 고객의 욕구와 시장의 흐름을 반영하여 외식경영의 매출과 수익에 영향을 미치는 것으로 지속적인 분석과 관리가 필요하다.

메뉴 분석을 통하여 지속해서 메뉴의 판매가격은 적당한지, 이윤 창출을 위한 메뉴 아이템의 수와 가격이 적당한지, 삭제할 메뉴는 없는지, 가격을 변동할 메뉴는 무엇인지, 어떤 메뉴를 개발해야 성공할 수 있는지, 고객의 취향 변화를 고려하여 어떻게 메뉴를 변경할 것인지 등을 고민해야 한다.

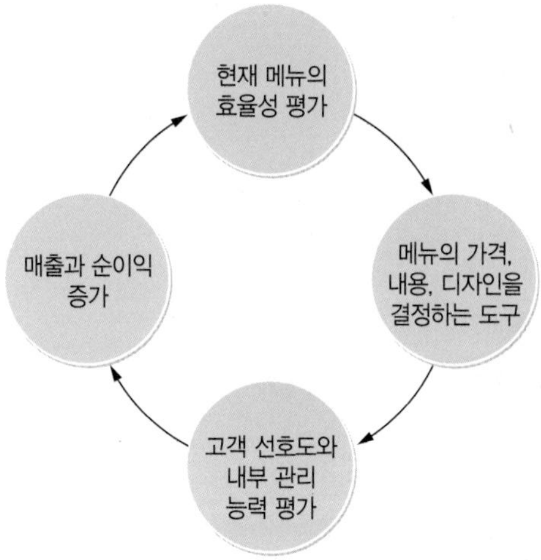

그림 8-1 **메뉴 분석의 개념**

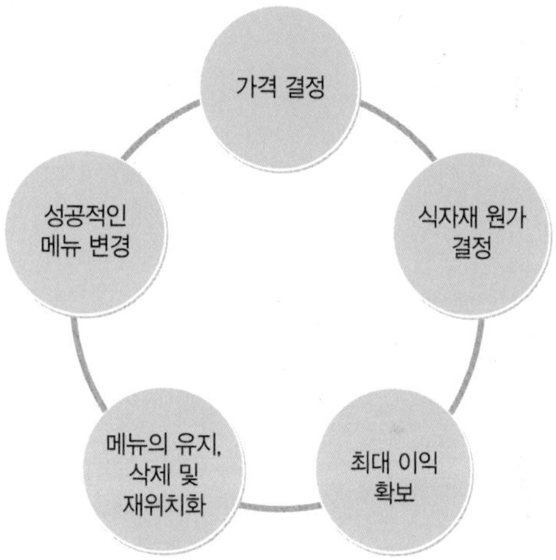

그림 8-2 **메뉴 분석의 목표**

2. 메뉴 분석 절차와 고려사항

시장 현황과 고객의 욕구를 파악하여 철저히 메뉴를 계획하고 디자인한 후 메뉴 상품을 제작하여 판매함으로써 전반적인 메뉴 평가와 분석 과정을 거쳐 지속적인 수정 보완 작업을 해야 한다.

메뉴 분석에 필요한 자료를 자세히 살펴보면, 메뉴별 매출 현황을 파악하여 어떤 메뉴가 잘 팔리는지 메뉴별 판매 혼합 현황을 파악해야 한다. 메뉴별 식재료 원가와 현재

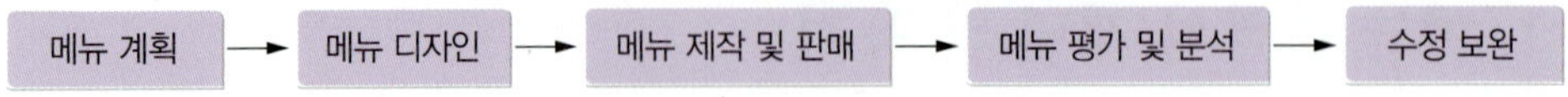

그림 8-3 메뉴 분석 절차

판매 가격에 대한 정보를 확인하고 총매출 원가에서 메뉴별 식재료 원가를 제하여 메뉴별 공헌 이익을 산출한다. 이후 메뉴 품목별 원가 총계를 계산하고 총메뉴의 수익 현황을 살펴본다.

메뉴 분석과 경쟁 메뉴를 검토함으로써 어떤 메뉴가 잘 팔리고 수익성이 높은지를 조사하여 판매 촉진 방안과 과감하게 삭제해야 할 메뉴 등을 선정하고 고객의 취향과 시장 현황에 맞도록 수정 보완하는 절차를 거친다.

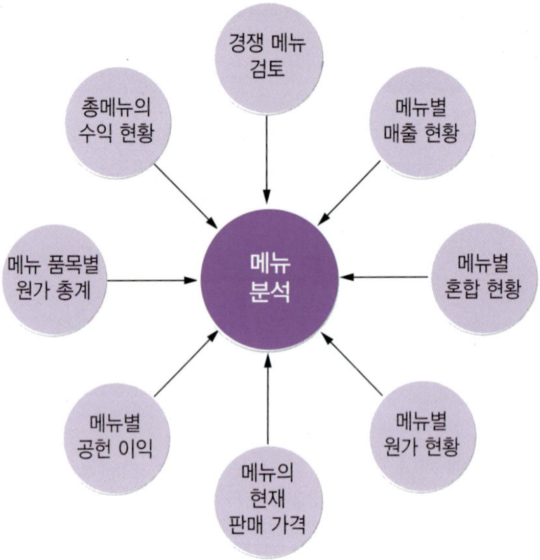

그림 8-4 메뉴 분석에 필요한 자료

메뉴 분석 시 고려해야 할 사항은 영업장의 규모 및 서비스 형태, 조리시설 및 조리원의 실력이 어느 정도인지 등을 살펴야 한다. 아무리 인기가 있고 수익성이 좋은 메뉴라 할지라도 업장의 규모나 조리원의 실력으로 더 이상의 매출을 올리기 힘들다면, 굳이 판매를 극대화하기 위한 방안보다는 가격을 인상하는 방안을 모색할 필요가 있다. 또한 전반적인 시장의 흐름과 고객의 욕구, 고객의 영양적 추구 현황 등을 고려하여 메

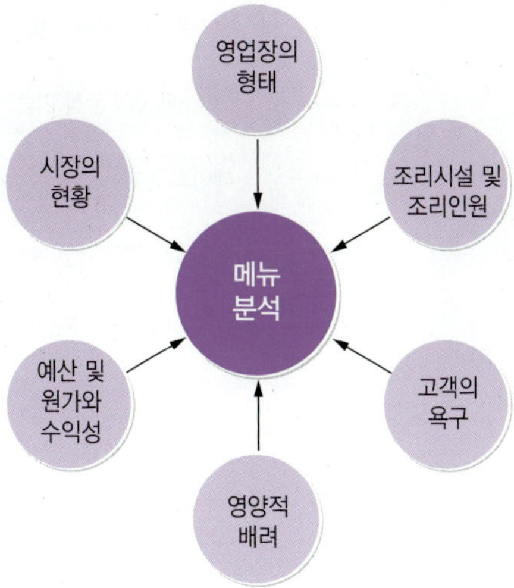

그림 8-5 메뉴 분석 시 고려사항

뉴를 수정 보완하고, 마지막으로 레스토랑 경영자의 전반적인 예산과 수익성을 고려하여 메뉴를 분석하고 보완해 나가야 한다.

메뉴 분석의 요인으로는 통제 가능한 메뉴 품목의 수, 가격 수준, 상품 품질과 서비스 품질 등이 있고, 통제할 수 없는 요소로는 정치·법률적 상황이나 시대적 흐름과 같은 외부 요인이 있을 수 있다. 메뉴 분석은 단지 식재료비만의 통제가 아니라 업체의 수익 창출을 위해 수익성과 인기도를 여러모로 분석해야 한다.

3. 메뉴 분석의 기법

1) 밀러 법

1980년『메뉴 가격과 전략(Menu : Pricing & Strategy)』이라는 책에서 밀러(J.E. Miller)가 주장한 메뉴 분석 기법으로, 일정 기간 동안 모든 메뉴 항목의 식재료 비율과 판매량을 전체 메뉴 항목에서 차지하는 비율로 산정하여 네 그룹으로 나누어 분석하는 것이다. 밀러 법은 원가율과 판매량을 이용해서 가장 낮은 원가의 메뉴와 가장 높은 판매량의 메뉴가 최고의 영업 성과를 가져오는 메뉴라는 접근 방식이다.

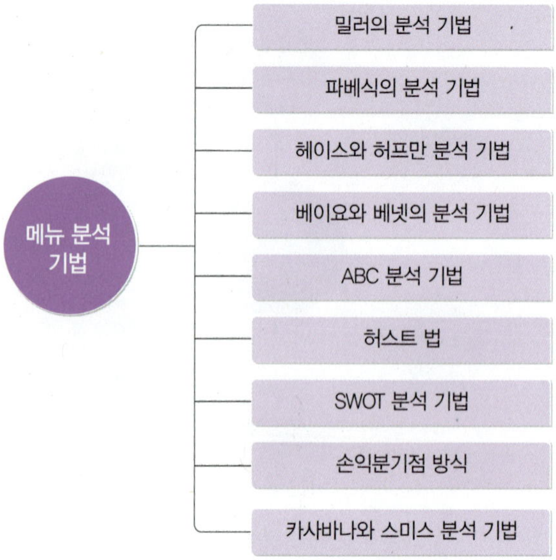

그림 8-6 메뉴 분석의 다양한 기법

이 방법에 의하면 판매량이 높고 원가가 낮은 메뉴는 위너스(승리자)이고, 판매량은 높지만 원가가 높은 것을 유지 그룹 1(마지널스 1)이라고 한다. 또한 원가가 낮고 판매량도 낮은 것을 유지 그룹 2(마지널스 2), 마지막으로 원가가 높고 판매는 잘 안 되는 그룹을 패배자(루저)로 구분하였다. 이는 매출액이나 공헌 이익은 고려하지 않고 단지 식음료 원가 비율만으로 메뉴 품목을 나눈 것으로 식음료 원가 비율로 메뉴를 구분하는 데는 도움이 되지만, 원가율이 낮은 품목은 판매 가격이 낮아도 수익성이 없는 그룹으로 구분되어 수익성을 높이기 위해 판매 가격을 높이면 고객의 선택이 현저히 줄어들어 매출도 줄어들 수 있다는 단점이 있다.

밀러 법은 샐러드, 디저트 등 카테고리별로 메뉴를 구성하는 패밀리레스토랑의 메뉴 분석에 적합한 방법이다.

2) 파베식 법

파베식(David V. Pavesic) 분석 기법은 밀러 분석 기법과 카사바나 스미스 법의 단점을 보완한 것으로 식음료 원가율이 낮으면서 판매량으로 평가된 공헌 이익이 높은 아이템을 최고의 그룹으로 분류하였으며, CMA(Cost Margin Analysis)라고도 한다.

파베식 법은 식음료 원가율과 선호도를 고려한 공헌 이익을 혼합한 분석 방법을 제안하였다. 즉, 공헌 이익이 높고 낮음은 가중된 전체 이익을 품목의 수로 나누어 평가한다.

파베식 법의 장점은 CMA를 실행함으로써 각 품목의 비용과 이윤 및 고객의 선호도를 파악한 후 원가 관리와 마케팅 활동을 효과적으로 할 수 있다는 것이며, 단점으로는 가중 공헌 이익을 적용하였으나 선호도나 수익성, 원가율의 계산에 의한 품목의 구분이 이루어지지 않았다는 것이다.

파베식 법은 돈가스, 설렁탕 등 단일 품목의 메뉴를 판매하는 전문점 메뉴 분석에 적합하다.

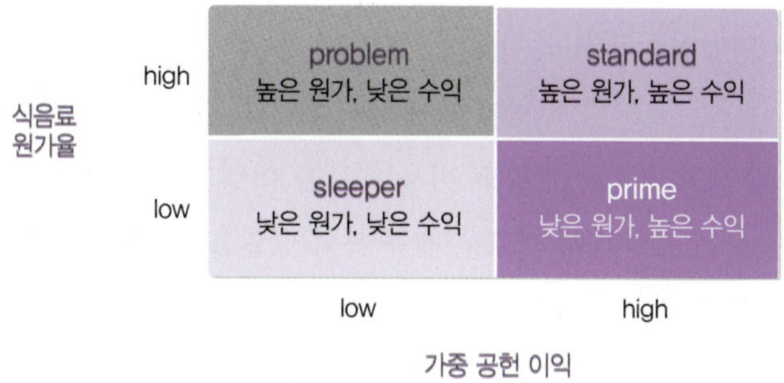

그림 8-7 파베식 메뉴 분석 방법

3) 헤이스와 허프만 법

식재료 원가뿐만 아니라 품목마다 고정비용과 변동비용을 고려하여 순수익을 기준으로 품목에 대한 수익성을 평가하였고, 이를 기준으로 손익계산서를 만들었으며, 순수익이 높은 순서대로 서열을 정한 후 목표 이익과 비교 분석하였다.

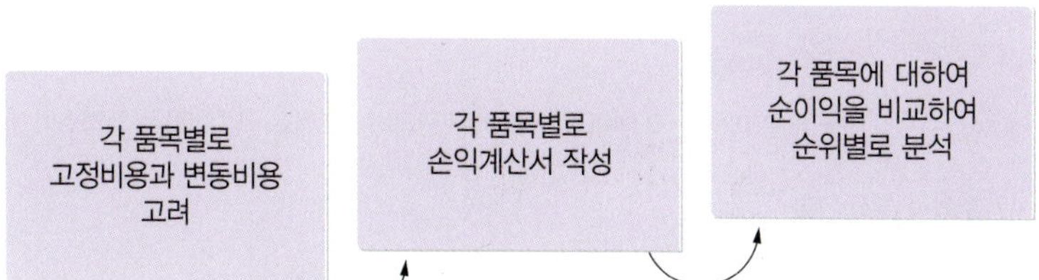

그림 8-8 헤이스와 허프만의 메뉴 분석 방법

새로운 변수인 고정비용과 변동비용을 분석에 포함한 것이 장점이기는 하지만, 식재료를 제외한 고정비와 변동비의 계산과 분배는 쉽지 않기 때문에 어떠한 방법으로 이들 비용을 메뉴에 분배하느냐의 문제가 있어 실제 적용하는 데 어려움이 있다.

헤이스와 허프만(D. Hayes & L. Huffman) 법은 뷔페 레스토랑의 메뉴 분석에 적합한 방법이다.

4) 베이요와 베넷 법

베이요와 베넷(M.E.Bayou & C.B. Bennett)은 파베식 분석 방법을 제외하고는 기존 메뉴 분석 방법들이 수익성 등에 서로 상관관계가 있는 메뉴를 분류하지 않았다는 것을 지적하고, 각 영업장의 크기와 서비스 형태는 직·간접 비용에 많은 영향을 미치기 때문에 서비스 시간대와 서비스 형태를 구별하여 분석해야 한다고 주장하였다. 또한 수익성을 단기·장기로 구별하지 않고 비용 배분을 어떻게 하는지 등을 제시하지 않은 기존 방법들의 단점을 보완하여 새로운 메뉴 분석 방법을 제안하였다.

베이요와 베넷 법은 레시피의 표준화, 업무의 전산화 및 세분화, 회계의 표준화 등이 선행되어야 분석이 가능한 방법이다.

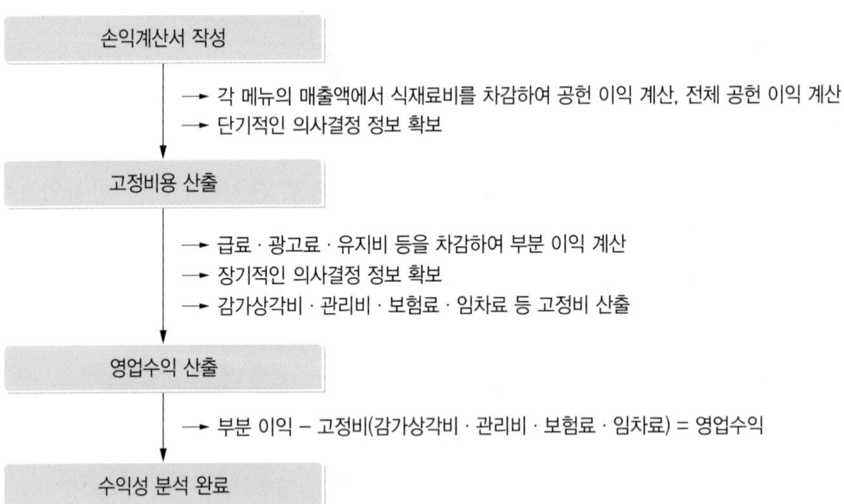

그림 8-9 베이요와 베넷 법

5) ABC 분석

ABC 분석 기법은 비싼 그룹의 메뉴 상품 20%가 전체 매출의 80%를 차지한다는 20:80의 파레토 법칙을 이용한 분석 방법으로, 패스트푸드점에서 가장 많이 이용하고 있는 분석 방법이다. 이 방법은 잘 팔리는 메뉴와 고객 선호 메뉴를 알 수 있어서 제공 시간이나 신제품 발매와 홍보는 쉽지만, 인건비가 산정되어 있지 않다는 단점이 있다.

ABC 분석 방법은 일정 기간이나 판매된 메뉴의 수와 매출액을 계산한 후 매출이 많이 발생한 순서대로 모든 메뉴를 나열하여 매출 총액을 합산한다. 이후 각 메뉴의 매출액을 총합계로 나누어 전체에서 차지하는 비율을 %로 계산한다.

비율(%)의 누계를 계산하여 나열된 메뉴의 순서별로 누계치의 75~80%를 A그룹으로, 80~90%를 B그룹으로, 나머지 90~100%를 C그룹으로 분류하여 분석한다.

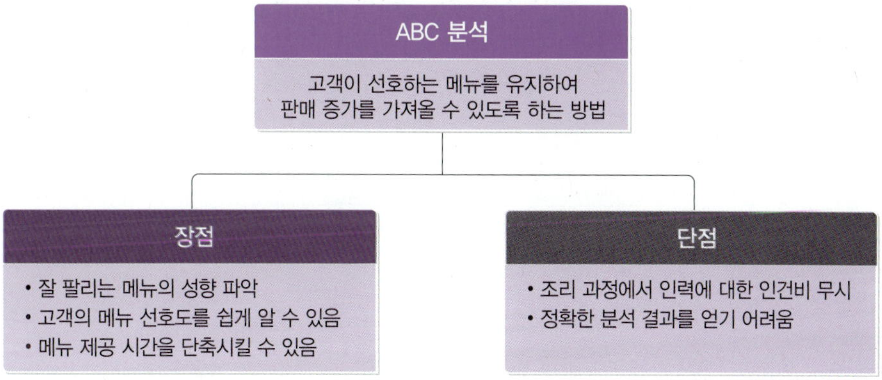

그림 8-10 ABC 메뉴 분석 방법의 장단점

6) 허스트 법

1960년 허스트(Michael Hurst)라는 학자에 의해 제안된 메뉴 분석 기법으로 원가, 가격의 변화, 이익 공헌도, 인기도 등이 판매에 미치는 영향을 계산한다. 메뉴의 추가나 삭제, 가격 조절 등의 변화를 확인하기 쉬운 분석 방법이다.

즉, 메뉴 품목별로 메뉴 점수를 매긴 것을 확인하는데, 메뉴 점수가 높을수록 수익성이 높다는 것을 의미한다. 하지만 메뉴 점수만으로 원가나 판매량, 가격 변화, 메뉴 변화 등의 요소를 파악할 수 없다는 단점이 있다. 따라서 변수끼리의 상호작용을 잘 파악하고 산정된 메뉴 점수를 비교하는 추가 작업이 필요하다.

허스트 메뉴 분석의 단계

① 일정 기간 판매된 메뉴 품목과 수량을 자료로 수집하여 표에 기록한다.
② 칼럼 1에 메뉴 품목을 입력한다.
③ 칼럼 2에 조사 메뉴의 메뉴별 판매량을 입력한다.
④ 칼럼 2의 값을 모두 더하면 조사 메뉴의 총판매량이 나온다.
⑤ 조사 메뉴의 총판매량과 조사 메뉴가 아닌 메뉴의 판매량을 더하여 총판매량을 구한다. 이 값을 입력하고 같은 값을 11에 입력한다.
⑥ 칼럼 3에 메뉴별 판매 가격을 기록한다.
⑦ 메뉴별 판매량(칼럼 2)과 판매 가격(칼럼 3)을 곱하여 총판매 가격을 구한 뒤 칼럼 4에 입력한다.
⑧ 칼럼 4의 메뉴별 총판매 가격을 더하면 조사 메뉴의 전체 판매액이 나온다.
⑨ 칼럼 5에 각 메뉴별 식재료 원가를 입력한다.
⑩ 칼럼 2의 판매량과 칼럼 5의 원가를 곱하여 총식재료 원가를 구하고 칼럼 6에 입력한다.
⑪ 칼럼 6의 값을 모두 더하면 모든 메뉴의 식재료 원가비가 나온다.
⑫ 평균 식사량(혹은 평균 판매 가격)을 구하기 위해 조사 메뉴의 총판매량(칼럼 2의 합계)을 총판매액(칼럼 4의 합계)으로 나눈 값을 7에 입력한다.
⑬ 매출 총이익과 매출 총이익률을 계산한다. 메뉴 총판매액(칼럼 4의 합계)에서 전체 식재료 원가(칼럼 5의 합계)를 뺀 값을 8에 입력한다. 이 차이를 총판매액(칼럼 4의 합계)으로 나누면 매출 총이익률이 나온다. 그 값을 9에 입력한다.
⑭ 매출 총이익률과 7의 객단가(혹은 평균 판매 가격)를 곱하여 평균 이익을 구한 후 10에 입력한다.
⑮ 조사 메뉴를 선택한 손님의 비율을 계산하기 위해 조사 그룹의 판매량(칼럼 2의 합계)을 전체 판매량(⑤에서 11에 입력한 값)으로 나누고 12에 입력한다.
⑯ 평균 이익률(10)과 조사 메뉴 선택 손님의 비율(12)을 곱하여 메뉴 점수를 계산한 후 13에 입력한다.
⑰ 14에 코멘트를 단다.
⑱ 서류에 날짜와 서명을 기입한다.

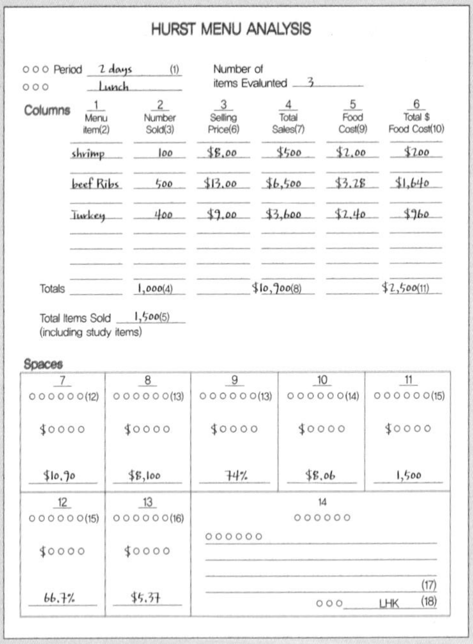
HURST MENU ANALYSIS

○○○ Period 2 days (1) Number of items Evalunted 3
○○○ Lunch

Columns	1 Menu item(2)	2 Number Sold(3)	3 Selling Price(6)	4 Total Sales(7)	5 Food Cost(9)	6 Total $ Food Cost(10)
	shrimp	100	$8.00	$500	$2.00	$200
	beef Ribs	500	$13.00	$6,500	$3.28	$1,640
	Turkey	400	$9.00	$3,600	$2.40	$960
Totals		1,000(4)		$10,900(8)		$2,500(11)

Total Items Sold 1,500(5)
(including study items)

Spaces

7	8	9	10	11
○○○○○○(12)	○○○○○○(13)	○○○○○○(13)	○○○○○○(14)	○○○○○○(15)
$○○○○	$○○○○	$○○○○	$○○○○	$○○○○
$10.90	$8,100	74%	$8.06	1,500

12	13	14
○○○○○○(15)	○○○○○○(16)	○○○○○○
$○○○○	$○○○○	○○○○○○ (17)
66.7%	$5.37	○○○ LHK (18)

그림 8-11 허스트 메뉴 분석

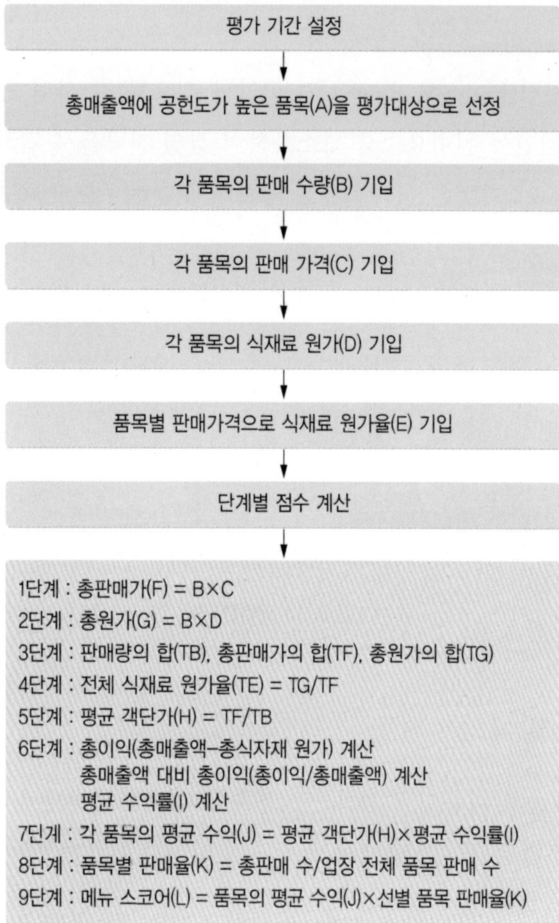

그림 8-12 허스트 메뉴 분석의 단계

표 8-1 메뉴 스코어링 분석표

품목 (A)	판매 수량 (B)	판매 가격 (C)	식재료 원가(D)	식재료 원가율(E)	총판매가 (F)	총원가 (G)
Total	총판매량 (TB)			총식재료 원가율(TE)	총판매액 합 (TF)	총원가 합 (TG)

7) SWOT 법

SWOT 법은 카이저(James R. Keiser)가 고안한 것으로 각 사업 단위나 메뉴 품목의 강점과 기회를 살리면서 위험요소를 최소화하여 경영 전략을 수립하고자 만들어진 메뉴 분석 기법이다. 이 기법은 시각적으로 명확히 구분해주므로 마케팅이나 경영학에서 흔히 인용된다.

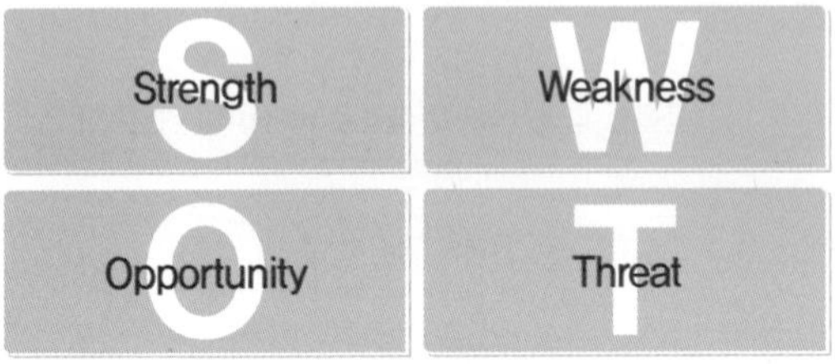

그림 8-13 SWOT 법

8) 손익분기점 방식

손익분기점은 매출과 비용이 일치하는 시점으로 이때의 수익은 0이다. 이 기법은 시작한 지 얼마 되지 않은 레스토랑에서 어느 정도의 메뉴를 판매해야 손익분기점에 이르는지를 예측하는 데 주로 사용한다.

예를 들어, 메뉴가 손익분기점에 도달하기 위해서는 먼저 모든 생산에 필요한 비용을 산출해야 한다. 즉, 하루에 매출을 6,000만 원으로 예상할 때 비용이 5,500만 원 들어간 경우 이익은 500만 원이다.

손익분기점을 계산하기 위해서는 반드시 평균 객단가와 고정비, 고정비율을 알아야 한다. 객단가는 특정 기간의 총매출을 특정 기간의 방문 고객 수로 나누어 구할 수 있다. 예를 들어, 1,000만 원의 매출과 1,000명의 고객이 있다면 평균 객단가는 10,000원이다.

BE = break-even(손익분기)
FC(%) = fixed cost percentage(고정비용의 백분율)
FC = fixed cost(고정비용)
AC = average check(평균 객단가)

고정비는 단일 판매와는 상관없이 발생하는 것으로 임대료나 보험료 등을 모두 포함한다. 고정비율은 고정비를 판매액으로 나눈 것이다.

따라서, 손익분기점을 결정하는 공식은 다음과 같다.

$$BE = FC / FC\%$$

고정비용이 60만 원이고 고정비용의 백분율이 30%라면 손익분기점은 다음과 같다.

BE = 600,000 / 0.3 = 2,000,000원

즉, 200만 원의 매출이 발생될 때 손익분기점에 도달한다.

또한 손익분기 방법은 가격을 커버할 수 있는 고객을 계산하는 데 사용할 수 있다. 고객 수를 계산하는 공식은 다음과 같다.

$$BE = FC / (AC \times FC\%)$$

평균 객단가가 6,000원일 때 손익분기점은 다음과 같다.

BE = 600,000 / (6,000 × 0.3) = 600,000 / 1,800 = 33.33명

정해진 비용을 충족하기 위한 판매량을 찾아 원하는 이익을 계산하기 위해서는 다음의 공식을 이용하는데, 고정된 가격과 원하는 이익의 양을 더한다.

$$BE = (FC + P) / FC\%$$ (P : profit, 이익)

원하는 이익이 15만 원이라면 계산은 다음과 같다.

(600,000 + 150,000) / 0.3 = 2,500,000원

250만 원의 이익을 벌어들이기 위해 얼마나 많은 고객이 이용하여야 하는지를 알려면 다음 식을 이용한다.

BE = (FC + P) / (AC × FC%) = (600,000 + 150,000) / (6,000 × 0.3) = 416.6명

9) 카사바나와 스미스 법(메뉴 엔지니어링 법)

1982년 카사바나(M. Kasavana)와 스미스(D. Smith)에 의해서 개발된 메뉴 분석 프로그램으로 판매량과 총수익의 상관관계를 분석하는 기법이다. 높은 공헌 이익과 판매량이 많은 품목을 스타(stars) 메뉴로 분석하고, 판매량이 낮고 공헌 이익도 낮은 메뉴를 도그(dogs) 메뉴로 분류한다. 또한 판매량은 많지만 공헌 이익이 낮은 메뉴는 플라우홀스(plowhorses) 메뉴로, 판매는 잘 되지 않지만 공헌 이익이 높은 메뉴는 퍼즐(puzzles) 메뉴로 분류한다.

공헌 이익은 총매출에서 식재료 원가를 차감한 금액으로 전체 수익과 식재료비를 제외한 기타 비용이 포함된 금액이다. 이 분석 방법은 식재료비의 원가를 제외한 비용이 고려되지 않았고, 분석 대상의 품목 수가 많아야 유의미한 분석이 가능하며, 품목의 판매 가격 결정 전략이나 판매 촉진고 같은 변수가 고려되지 않는 단점이 있다. 또한 높은 가격에 주력하여 공헌 이익을 늘리고자 한다면 그에 따르는 고객의 감소와 이익 감소가 발생할 수도 있다.

메뉴 엔지니어링 방법은 전체 매출에 대한 각 품목의 상대적인 비중을 살펴보는 일품 메뉴를 다양하게 갖춘 레스토랑에 적합한 분석 방법이다.

그림 8-14 메뉴 엔지니어링 분석 방법

예를 들어, 메뉴 품목의 판매량과 원가 공헌 이익이 표 8-2와 같을 때 메뉴 엔지니어링 법으로 분석해 보자.

표 8-2 메뉴의 판매량과 원가 공헌 이익

(단위 : 만 원)

가격	판매 수량	식재료비	CM(가격-식재료비)	TCM
A	10(L)	100	100(H)	1000
B	20(H)	50	100(H)	2000
C	30(H)	200	100(H)	3000
D	40(H)	80	20(L)	800
총계	100	430	320	6800

평균 선호도(인기도) = 판매 수량 / 메뉴 품목 수 × 0.7
= 100 / 4 × 0.7 = 17.5

평균 공헌 이익 = 총매출의 합 / 판매 수량
= 6,800 / 100 = 68

각 메뉴 품목이 평균 선호도와 평균 공헌 이익보다 높으면 high(H), 낮으면 low(L)로 표시하여 각각 stars, dogs, puzzles, plowhorses 메뉴로 구분한다. 메뉴에 따라 대처방안을 정리하면 다음과 같다.

- stars : 가장 잘 보이는 위치에 배치, 가격을 탄력적으로 인상 → B, C
- plowhorses : 고객을 흡인하는 리더 메뉴로 조금씩 가격 인상, 저가 품목 쪽에 배치 → D
- puzzles : 가장 잘 보이는 쪽에 배치하고, 가격 인하, 프레젠테이션 향상, 권유 판매 → A
- dogs : 메뉴 삭제, 잠재력이 있는 상품은 가격 인상, 중상품 수준으로 변화 시도

4. 메뉴 평가

판매하고 있는 메뉴 상품에 대한 평가는 레스토랑의 규모나 환경을 고려하여 적합한 방법을 찾아 평가해야 한다. 객관적으로 잘 평가된 메뉴는 향후 매출에 기여할 것이며 결국 수익 증대에 영향을 미칠 것이기 때문이다. 메뉴 평가의 내용은 크게 메뉴 설계에

대한 평가와 메뉴 다양성에 대한 평가, 메뉴의 수익성에 대한 평가로 나눌 수 있다.

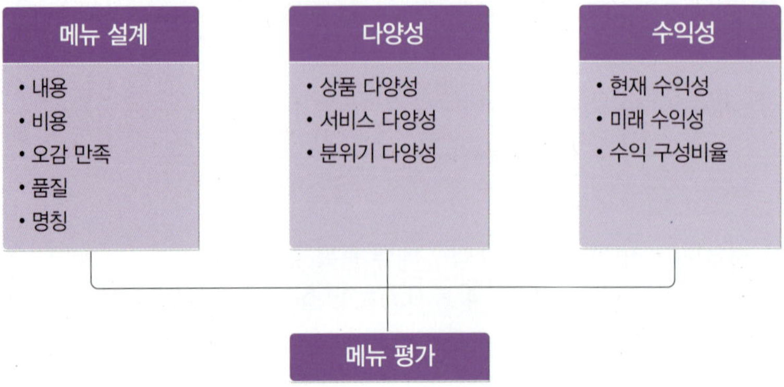

그림 8-15 메뉴 평가의 종류

summary

메뉴 분석을 하는 이유는 고객에게는 만족을 제공하며 운영자에게는 레스토랑의 목표를 달성하고 수익 증대에 이바지할 수 있도록 토대를 마련하는 데 있다. 메뉴 분석은 지속해서 이루어져야 하며 이는 수정 보완을 통하여 가능하다.

메뉴 분석 방법에는 밀러 법, 파베식 법, 헤이스와 허프만 법, 베이요와 베넷 법, ABC 분석, 허스트 법, SWOT 법, 손익분기점에 의한 분석, 카사바나와 스미스(메뉴 엔지니어링) 법 등이 있다.

레스토랑의 규모나 특성에 맞는 분석 방법을 채택하여 구체적인 분석과 평가를 하는 것이 바람직하다.

case study

다음은 메뉴 엔지니어링 법에 관한 단계별 사례 연구이다.

1단계에서 각 메뉴 품목의 판매량과 식단가 판매 가격을 기록하고, 2단계에서는 메뉴별 판매량을 합산하여 메뉴 혼합비율을 계산한다. 즉, 판매량의 합계는 메뉴 판매량의 총합이고, 메뉴 혼합 비율은 각 메뉴의 판매량을 총판매량으로 나누고 100을 곱하면 된다. 3단계에서는 총비용과 총수익, 총공헌 이익을 구한다. 4단계에서는 총비용 비율과 평균 공헌 이익을 구한다. 5단계에서는 평균 메뉴별 판매량에 0.7을 곱하는데, 이는 준비된 메뉴의 70%만 팔려도 매출에 기여했다는 의미이다. 다시 말해, 고객 10명을 예상하여 메뉴를 10개 준비하였을 때 7개 이상만 팔리면 고객 인기도가 있는 것으로 평가하는 것으로 이는 지속적인 데이터를 바탕으로 산출한 '70%법칙'이다. 6단계에서는 평균 공헌 이익과 0.7을 곱한 메뉴 혼합비율을 기준으로 품목별로 평균보다 공헌 이익이 높은지 낮은지, 선호도가 높은지 낮은지를 평가하여 메뉴를 각 사분면에 구분하여 배치한다.

이를 통하여 7단계에서는 메뉴 품목을 스타, 독, 플라우홀스, 퍼즐로 구분하고 각각에 대한 메뉴의 수정 보완을 거쳐 메뉴 분석이 이루어진다.

제1단계 평가지에 메뉴 품목(A), 판매량(B), 식재료 원가(D), 판매가(E)를 기록

애피타이저(appetizers)

(단위 : 천 원, %)

메뉴 품목 (A)	식재료 원가(D)	메뉴 판매가 (E)	판매량 (B)	메뉴 혼합 비율(C)	CM (F)	총판매 금액 (H)	총원가 금액 (G)	Rank	
								(선호도)	(수익성)
카나페	2.10	6.50	177						
치즈	3.58	9.90	373						
달팽이 요리	4.22	12.90	609						
양파 수프	0.46	3.70	38						
감자 수프	0.63	3.70	0						
버섯 수프	0.62	3.70	0						
닭날개 요리	2.66	9.80	473						
계	14.27	50.20	1,670(N)						

제2단계 각 메뉴별 판매량(B)을 합산(N)하여 메뉴 혼합비율(C)을 계산

- 판매량 합계(N)=메뉴 판매량(B)의 총합
- 메뉴 혼합비율(C)=각 메뉴의 판매량(B)/판매량 합계(N)×100

애피타이저(appetizers) (단위 : 천 원, %)

메뉴 품목	식재료 원가(D)	메뉴 판매가 (E)	판매량 (B)	메뉴 혼합 비율(C)	CM (F)	총판매 금액 (H)	총원가 금액 (G)	Rank	
								(선호도)	(수익성)
카나페	2.10	6.50	177	10.6					
치즈	3.58	9.90	373	22.3					
달팽이 요리	4.22	12.90	609	36.5					
양파 수프	0.46	3.70	38	2.3					
감자 수프	0.63	3.70	0	0.0					
버섯 수프	0.62	3.70	0	0.0					
닭날개 요리	2.66	9.80	473	28.3					
계	14.27	50.20	1,670(N)	100.0					

제3단계 품목별 공헌 이익(F), 메뉴 비용(G), 메뉴 수익(H), 메뉴 공헌 이익(L)을 계산

- 공헌 이익(F)=판매가(E) -식재료 원가(D)
- 메뉴 비용(G)=식재료 원가(D)×판매량(B)
- 메뉴 수익(H)=메뉴 판매가(E)×판매량(B)
- 메뉴 공헌 이익(L)=품목별 공헌 이익(F)×판매량(B)

애피타이저(appetizers) (단위 · 천 원, %)

메뉴 품목	식재료 원가(D)	메뉴 판매가 (E)	판매량 (B)	메뉴 혼합 비율(C)	CM (F)	총판매 금액 (H)	총원가 금액 (G)	메뉴 공헌 이익 (L)
카나페	2.10	6.50	177	10.6	4.40	1,151	372	779
치즈	3.58	9.90	373	22.3	6.32	3,693	1,335	2,357
달팽이 요리	4.22	12.90	609	36.5	8.68	7,856	2,570	5,286
양파 수프	0.46	3.70	38	2.3	3.24	140	17	123
감자 수프	0.63	3.70	0	0.0	3.07	0	0	0
버섯 수프	0.62	3.70	0	0.0	3.08	0	0	0
닭날개 요리	2.66	9.80	473	28.3	7.14	4,635	1,258	3,377
계	14.27	50.20	1,670(N)	100.0	35.93	17,475	5,552	11,922

제4단계 총비용(I), 총수익(J), 총공헌 이익(M)을 계산

- 총비용(I)=메뉴 비용(G)의 총합
- 총수익(J)=메뉴 수익(H)의 총합
- 총공헌 이익(M)=메뉴 공헌 이익(L)의 총합

애피타이저(appetizers)

(단위 : 천 원, %)

메뉴 품목	식재료 원가(D)	메뉴 판매가 (E)	판매량 (B)	메뉴 혼합 비율(C)	CM (F)	총판매 금액 (H)	총원가 금액 (G)	메뉴 공헌 이익 (L)
카나페	2.10	6.50	177	10.6	4.40	1,151	372	779
치즈	3.58	9.90	373	22.3	6.32	3,693	1,335	2,357
달팽이 요리	4.22	12.90	609	36.5	8.68	7,856	2,570	5,286
양파 수프	0.46	3.70	38	2.3	3.24	140	17	123
감자 수프	0.63	3.70	0	0.0	3.07	0	0	0
버섯 수프	0.62	3.70	0	0.0	3.08	0	0	0
닭날개 요리	2.66	9.80	473	28.3	7.14	4,635	1,258	3,377
계	14.27	50.20	1,670(N)	100.0	35.93	17,475(J)	5,552(I)	11,922(M)

제5단계 평균 공헌 이익(O), 70%법칙 메뉴 메뉴 혼합 인기도(Q)* 계산

*70%법칙 메뉴 혼합 인기도(Q)란 : 메뉴 분석에서 메뉴의 인기도를 판정하는 기준

- 평균 공헌 이익(O)=총공헌 이익(M)/판매량 합계(N)
- 메뉴 혼합 인기도(Q)=(100/메뉴의 개수)×0.7

애피타이저(appetizers)

(단위 : 천 원, %)

메뉴 품목	식재료 원가(D)	메뉴 판매가 (E)	판매량 (B)	메뉴 혼합 비율(C)	CM (F)	총판매 금액 (H)	총원가 금액 (G)	메뉴 공헌 이익 (L)
카나페	2.10	6.50	177	10.6	4.40	1,151	372	779
치즈	3.58	9.90	373	22.3	6.32	3,693	1,335	2,357
달팽이 요리	4.22	12.90	609	36.5	8.68	7,856	2,570	5,286
양파 수프	0.46	3.70	38	2.3	3.24	140	17	123
감자 수프	0.63	3.70	0	0.0	3.07	0	0	0
버섯 수프	0.62	3.70	0	0.0	3.08	0	0	0
닭날개 요리	2.66	9.80	473	28.3	7.14	4,635	1,258	3,377
계	14.27	50.20	1,670(N)	100.0	35.93	17,475(J)	5,552(I)	11,922(M)

애피타이저(appetizers) (단위 : 천 원, %)

메뉴 품목	식재료 원가(D)	메뉴 판매가 (E)	판매량 (B)	메뉴 혼합 비율(C)	CM (F)	총판매 금액 (H)	총원가 금액 (G)	Rank	
								(선호도)	(수익성)
카나페	2.10	6.50	177	10.6	4.40	1,151	372	High	Low
치즈	3.58	9.90	373	22.3	6.32	3,693	1,335	High	Low
달팽이 요리	4.22	12.90	609	36.5	8.68	7,856	2,570	High	High
양파 수프	0.46	3.70	38	2.3	3.24	140	17	Low	Low
감자 수프	0.63	3.70	0	0.0	3.07	0	0	Low	Low
버섯 수프	0.62	3.70	0	0.0	3.08	0	0	Low	Low
닭날개 요리	2.66	9.80	473	28.3	7.14	4,635	1,258	High	Low
계	14.27	50.20	1,670(N)	100.0	35.93	17,475(J)	5,552(I)		
총공헌 이익(M)						11,923			
평균 공헌 이익(O)						7			
메뉴 혼합 인기도(menu mix index)						6			

제6단계 평균 공헌 이익(O)을 기준으로 공헌 이익(F)을 판정하여 공헌 이익을 분류(P)하고 메뉴 혼합 인기도를 기준으로 메뉴 혼합비율(C)을 판정하여 메뉴 혼합비율을 분류(R)하여 기록

애피타이저(appetizers) (단위 : 천 원, %)

메뉴 품목	식재료 원가(D)	메뉴 판매가 (E)	판매량 (B)	메뉴 혼합 비율(C)	CM (F)	총판매 금액 (H)	총원가 금액 (G)	Rank	
								(선호도)	(수익성)
카나페	2.10	6.50	177	10.6	4.40	1,151	372	High	Low
치즈	3.58	9.90	373	22.3	6.32	3,693	1,335	High	Low
달팽이 요리	4.22	12.90	609	36.5	8.68	7,856	2,570	High	High
양파 수프	0.46	3.70	38	2.3	3.24	140	17	Low	Low
감자 수프	0.63	3.70	0	0.0	3.07	0	0	Low	Low
버섯 수프	0.62	3.70	0	0.0	3.08	0	0	Low	Low
닭날개 요리	2.66	9.80	473	28.3	7.14	4,635	1,258	High	Low
계	14.70	50.20	1,670(N)	100.0	35.93	17,475(J)	5,552(I)		
총공헌 이익(M)						11,923			
평균 공헌 이익(O)						7			
메뉴 혼합 인기도(menu mix index)						6			

제7단계 공헌 이익 분류(P)와 메뉴 혼합비율 분류(R)에 따라 메뉴를 판정한다.

구분	공헌 이익 분류(P)	메뉴 혼합 비율 분류(R)
stars	High	High
plowhorses	Low	High
puzzles	High	Low
dogs	Low	Low

수익성	메뉴 혼합률	분류	평가
• high(고)	• high(고)	• stars(특상품)	• 선호도와 수익성이 모두 높은 품목
• low(저)	• low(저)	• plowhorses(상품)	• 수익성은 낮으나 선호도가 높은 품목
• high	• high	• puzzles(중품)	• 선호도는 낮으나 수익성이 높은 품목
• low	• low	• dogs(하품)	• 선호도와 수익성이 모두 낮은 품목

메뉴 품목의 삭제, 위치 조정, 가격의 인상 또는 인하 등의 관리를 도와줌

stars 상품

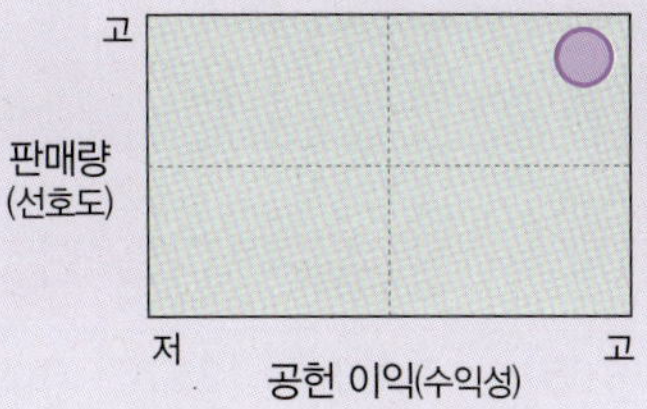

선호도도 높고 수익성도 높은 품목군

- 현재의 수준을 유지한다.
- 가격의 변화에 고객이 민감한 반응을 보이지 않기 때문에 가격 인상을 시도해 본다.
- 메뉴를 눈에 띄기 쉬운 최상의 위치에 배열한다.

plowhorses 상품

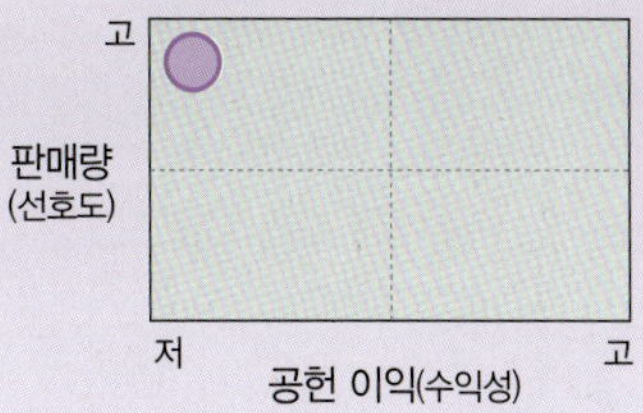

선호도는 높으나 수익성이 낮은 품목군

- 판매 가격의 인상을 시도한다.
- 품목을 재배치하거나 포장방법을 달리 하여 가격을 인상하는 방법을 고려한다.
- 식재료비가 낮은 품목과 결합하여 세트 메뉴를 개발한다.
- 고객의 시선이 덜 집중되는 곳에 위치 하도록 한다.
- 품목의 양을 줄인다.

puzzles 상품

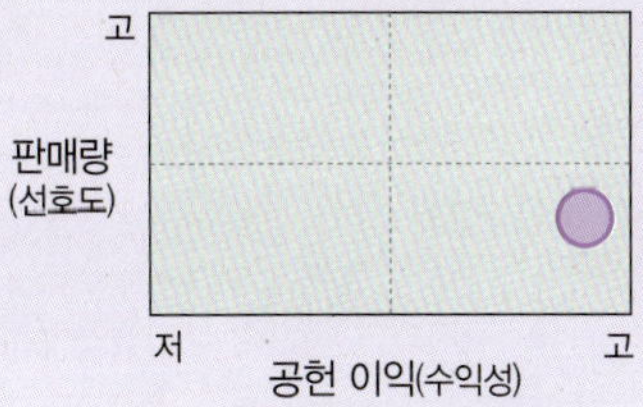

수익성은 높으나 선호도가 낮은 품목군
가격대가 높은 품목이기에 선호도만 높이면 stars군에 속하는 품목

- 많은 노동력을 요구하는 품목은 메뉴에서 과감하게 삭제한다.
- 메뉴상의 최상의 위치에 배열한다.
- 판매가의 인하를 통하여 선호도를 높인다.
- 품목의 이름을 바꾼다.
- 이 그룹에 속하는 품목의 수를 최소화 한다.

dogs 상품

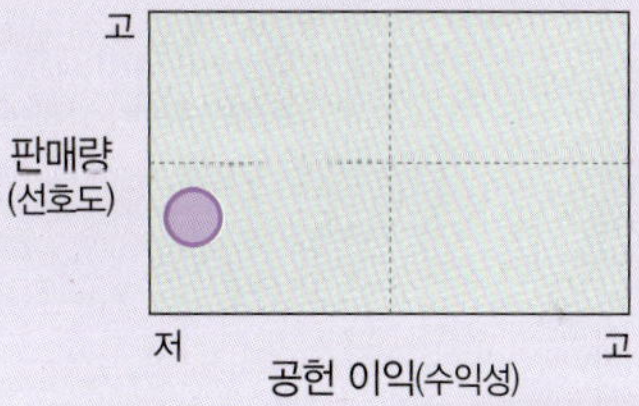

수익성과 선호도 모두 없는 품목군
가장 최하급 품목군

- 메뉴에서 과감히 삭제한다.
- 판매가를 인상하여 puzzles군의 품목으로 만든다.

애피타이저(appetizers)

(단위 : 천 원, %)

메뉴 품목	식재료 원가(D)	메뉴 판매가 (E)	판매량 (B)	메뉴 혼합 비율(C)	CM (F)	총판매 금액 (H)	총원가 금액 (G)	Rank	
								(선호도)	(수익성)
카나페	2.10	6.50	177	10.6	4.40	1,151	372	High	Low
치즈	3.58	9.90	373	22.3	6.32	3,693	1,335	High	Low
달팽이 요리	4.22	12.90	609	36.5	8.68	7,856	2,570	High	High
양파 수프	0.46	3.70	38	2.3	3.24	140	17	Low	Low
감자 수프	0.63	3.70	0	0.0	3.07	0	0	Low	Low
버섯 수프	0.62	3.70	0	0.0	3.08	0	0	Low	Low
닭날개 요리	2.66	9.80	473	28.3	7.14	4,635	1,258	High	Low
계	14.27	50.20	1,670(N)	100.0	35.93	17,475(J)	5,552(I)		
총공헌 이익(M)						11,923			
평균 공헌 이익(O)						7			
메뉴 혼합 인기도(menu mix index)						6			

애피타이저

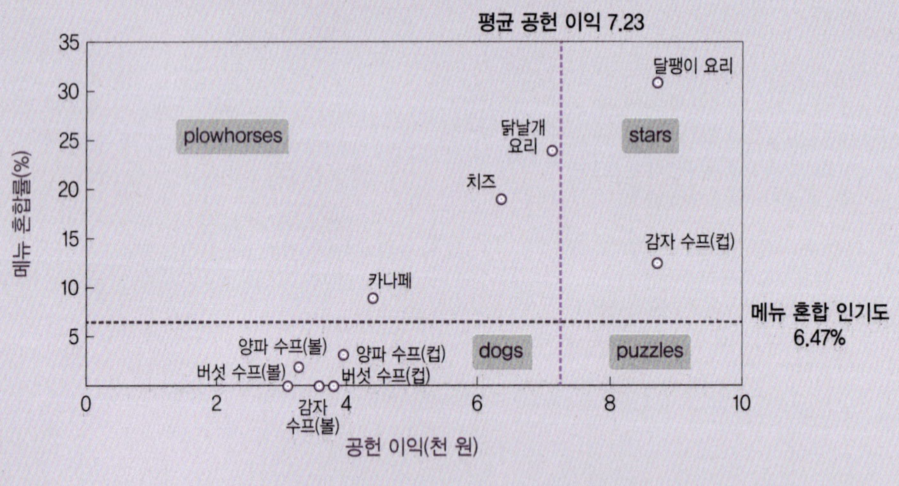

plowhorses	stars
• 판매 이익 상향 조정 • 가격 인상 고려 • 대고객 서비스 강화 • 높은 공헌 이익 항목과 패키지화	• 메뉴 항목 충성도 유지 – 메뉴/서비스 품질 유지 – 판촉 활동의 지속적 강화 • 판매 가격의 적정 유지 – 성수기 가격 인상 검토
dogs	**puzzles**
• 메뉴 삭제 고려 대상 • 주문 요리 시 변경 검토 • 대체 메뉴 검토	• 가격의 하향 조정 • 촉진 활동의 강화 • 특색 있는 메뉴로의 재위치

특선 샐러드

(단위 : 천 원, %)

메뉴 품목 (A)	식재료 원가(D)	메뉴 판매가 (E)	판매량 (B)	메뉴 혼합 비율(C)	메뉴 원가율	공헌 이익	총판매 금액 (H)	총원가 금액 (G)
채소 샐러드	3.00	7.10	58	3.8	50.68	49.32	412	209
과일 샐러드	3.14	8.70	47	3.1	36.15	63.85	409	148
시저 샐러드	2.91	13.20	828	54.8	22.05	77.95	10,930	2,410
해산물 샐러드	2.71	13.20	117	7.7	20.53	79.47	1,544	317
닭가슴살 샐러드	3.87	13.70	150	10.0	28.26	71.74	2,055	681
케이준 샐러드	2.53	12.50	312	20.6	20.21	79.79	3,900	788
계	18.16	68.40	1,512	100.0	177.88	422.12	19,250	4,553
평균	3.03	11.40	252	16.7	29.65	70.35	3208.3	758.8

특선 샐러드

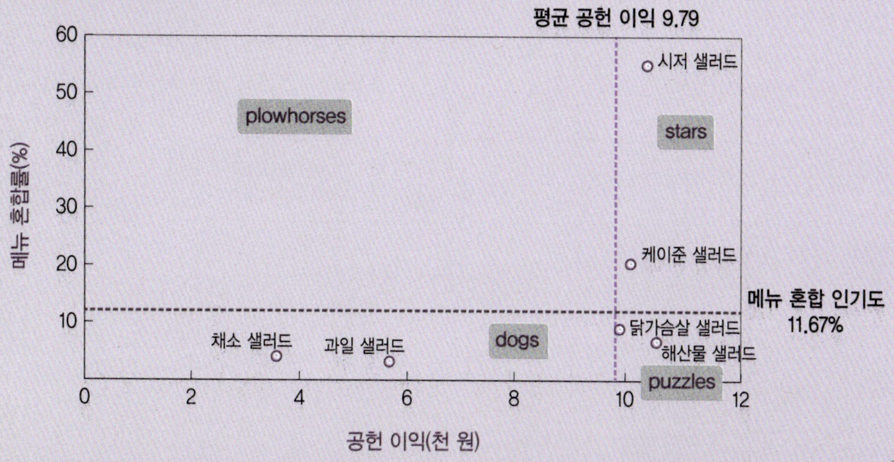

주메뉴(main dish)								(단위 : 천 원, %)
메뉴 품목	식재료 원가(D)	메뉴 판매가 (E)	판매량 (B)	메뉴 혼합 비율(C)	메뉴 원가율	공헌 이익	총판매 금액 (H)	총원가 금액 (G)
안심스테이크	9.48	23.50	44	2.2	40.36	59.64	1,034	4,173
햄버그스테이크	9.18	22.50	56	2.8	40.81	59.20	1,260	514
베이비백립	11.41	25.50	67	3.3	44.74	55.26	1,708	764
글레이즈립	11.10	24.50	70	3.5	45.32	54.68	1,715	777
갈비구이	14.82	27.50	229	11.5	53.90	46.10	6,297	3,394
돼지갈비	14.67	28.50	151	7.6	51.46	48.54	4,303	2,214
바닷가재구이	22.66	29.80	0	0.0	76.03	23.97	0	0
대하구이	8.60	19.90	422	21.3	43.22	56.78	8,397	3,629
닭안심구이	8.44	18.90	228	11.5	44.68	55.32	4,309	1,925
연어구이	8.19	21.50	199	10.0	38.11	61.89	4,278	1,630
돈가스	9.22	23.50	261	13.3	39.24	60.76	6,133	2,407
생선가스	10.25	25.50	249	12.6	40.20	59.80	6,349	2,552
양고기	14.78	25.50	7	0.4	57.95	42.05	178	103
계	152.8	316.60	1,983	100.0	616.02	683.99	45,961	24,082
평균	11.75	24.35	152.54	7.7	47.39	52.61	3,535.5	1852.5

주메뉴

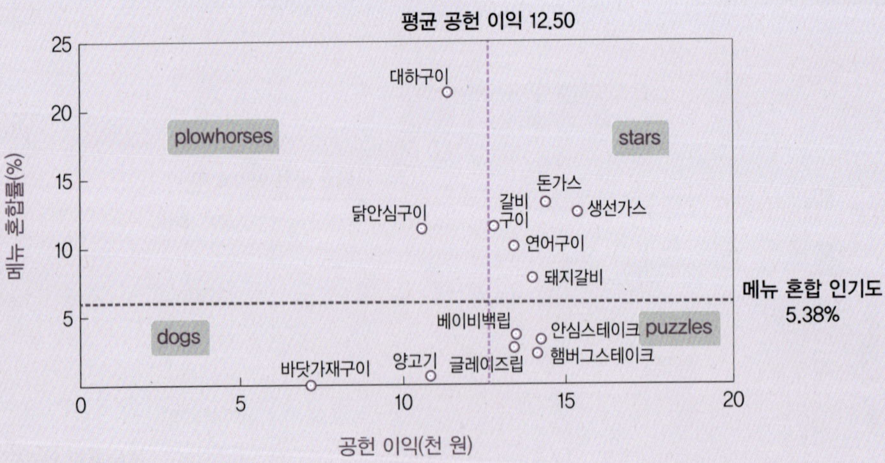

파스타 외 특선요리(pasta & special dish)

(단위 : 천 원, %)

메뉴 품목	식재료 원가(D)	메뉴 판매가 (E)	판매량 (B)	메뉴 혼합 비율(C)	메뉴 원가율	공헌 이익	총판매 금액 (H)	총원가 금액 (G)
포모도로 파스타	3.85	14.50	98	7.3	26.57	73.43	1,421	377
새우 파스타	3.42	13.50	244	18.3	25.32	74.68	3,294	833
해산물 마리나라	2.09	11.50	90	6.6	18.09	81.91	1,035	187
갈릭 스파게티	3.25	13.50	97	7.1	24.06	75.94	1,309	315
버섯 칠리크림 스파게티	4.78	14.50	191	14.3	32.96	67.04	2,769	912
치킨 알프레도	2.25	11.20	45	3.4	20.10	79.90	504	101
감베리 파스타	3.28	13.20	32	2.4	24.82	75.18	422	104
카르보나라	2.51	13.50	179	13.4	18.60	81.40	2,416	449
크리미 양파 파스타	8.67	21.00	12	0.9	41.29	58.71	252	104
코코넛 새우	19.08	27.50	18	1.3	69.39	30.61	495	343
버섯 리조또	26.38	37.50	8	0.6	70.34	29.66	300	211
소고기 브리또	3.58	11.00	322	2.4	32.57	67.43	3,542	1,153
계	83.14	202.40	1,336	78	404.11	795.89	17,759	5,089
평균	6.93	16.87	111.3	6.5	33.68	66.32	1,480	424.1

파스타 외 특선요리

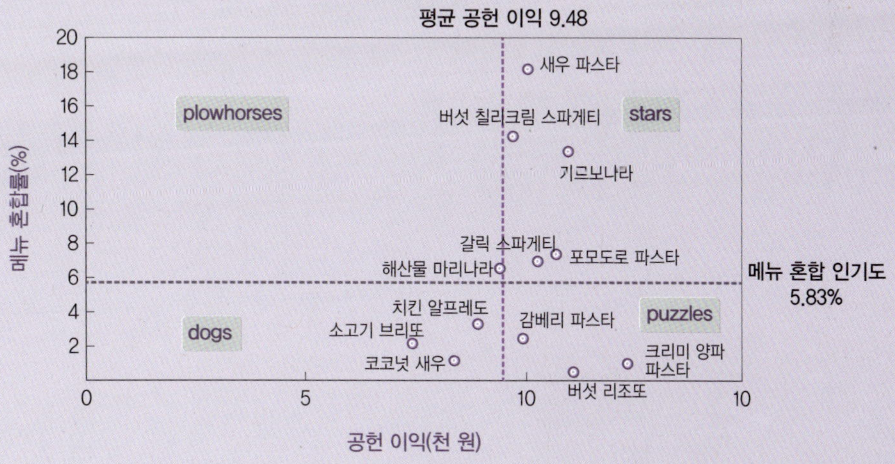

디저트(dessert)

(단위 : 천 원, %)

메뉴 품목	식재료 원가(D)	메뉴 판매가 (E)	판매량 (B)	메뉴 혼합 비율(C)	메뉴 원가율	공헌 이익	총판매 금액 (H)	총원가 금액 (G)
오렌지셔벗	1.15	3.50	413	81.6	32.98	67.02	1,446	477
아이스크림	1.60	6.50	18	3.6	24.69	75.31	117	29
치즈 케이크	4.48	8.90	48	9.5	50.38	49.62	427	215
푸딩	2.45	7.50	27	5.3	32.61	67.39	203	66
계	9.68	26.40	506	100.0	140.66	259.34	2,193	787
평균	2.42	6.60	126.5	25.0	35.17	64.84	548.25	196.75

디저트

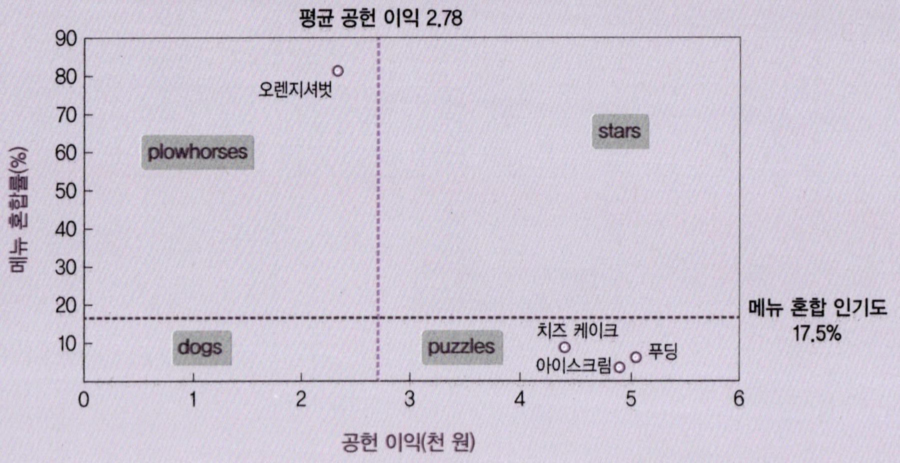

CHAPTER 09

음료 메뉴

1. 음료 메뉴의 중요성
2. 음료 메뉴의 종류
3. 음료 메뉴의 가격
4. 음료 메뉴의 관리

9

음료는 레스토랑 매출에서 중요한 부분을 차지한다. 음식은 여러 과정을 거쳐서 제공되기 때문에 복잡하지만, 음료는 별다른 공정은 거치지 않고 컵이나 잔에 서빙하는 것이 전부인 것을 감안하면 음료처럼 쉽게 매출 향상에 공헌하는 메뉴는 없다.

이 장에서는 음료의 종류와 메뉴 구성에 대해 알아보고, 음료의 통제, 구매, 검수 및 입·출고, 원가 등 음료 메뉴의 관리에 대해 살펴보고자 한다.

1. 음료 메뉴의 중요성

소득 수준이 향상되면서 외식의 기회가 많아졌고, 식생활 수준 향상으로 음료에 대한 소비자의 욕구도 다양해졌다. 또한 음료나 술은 단지 마시는 것이 아니라 음식의 맛을 향상시키는 요소로 주목 받기 시작하였다.

관세청의 발표에 따르면, 장기적인 경기 불황으로 위스키와 같은 값비싼 고급 주류 대신 맥주나 와인의 수입 증가가 두드러졌는데, 2012년 3월 한미 FTA 발효를 전후로 미국산 와인 수입이 2011년 대비 19.4%나 향상되었다고 한다. 와인 수입이 늘어나게 된 것은 그동안 관세로 인해 비싸게 수입되었던 와인의 가격장벽이 무너지면서 저렴한 가격으로 다양하게 와인을 즐기려는 소비자가 늘어났기 때문이다.

즉, 과거에는 술이나 음료의 판매에 중점을 두었지만 이제는 음식과 술의 궁합을 통해 미식의 단계로서 음식을 즐기려는 고객의 욕구가 생겨나기 시작했다. 또한 서구의 많은 프랜차이즈 레스토랑의 등장과 함께 술과 음식을 즐기는 문화 역시 자연스럽게 수입되었다.

레스토랑에서 음료의 판매가 중요해진 것은 음식만 판매했을 때는 매출이 일정 수준 이상 오르지 않았으나 음식보다 덜 복잡한 단계를 거치는 음료를 함께 판매함으로써 기대 이상의 수익이 발생하였기 때문이다.

따라서 좋은 음료 메뉴를 구성하여 고객의 욕구와 매출이익 증대라는 두 마리 토끼를 잡을 새로운 돌파구가 마련된 셈이다. 좋은 음료 메뉴는 적절한 식음료 원가 관리와 재고 관리로 음료의 통제가 잘 이루어지며, 고객의 욕구를 충족시키고 음식과 조화를 이루며 판매 촉진이 쉬운 상품으로 구성된 것이다.

2. 음료 메뉴의 종류

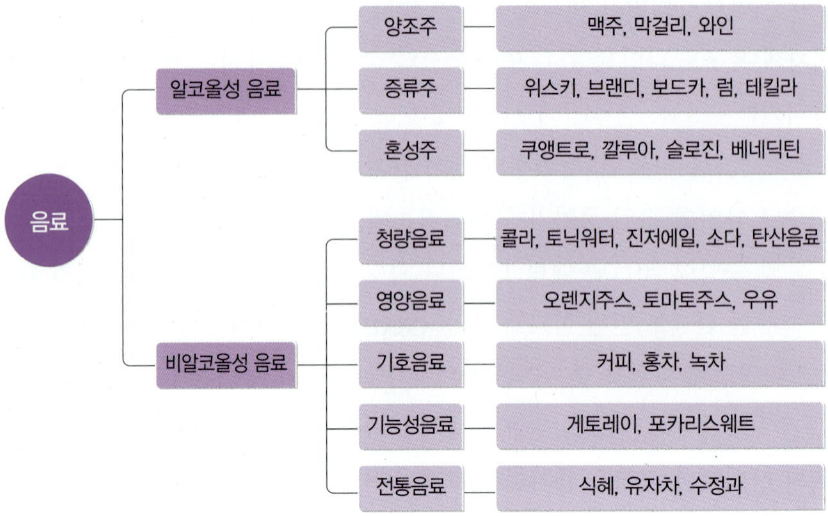

그림 9-1 음료의 분류

1) 알코올성 음료

업장마다 제공하는 음료 메뉴의 종류는 다를 수 있지만 일반적으로 칵테일, 와인, 맥주, 식후주에 대한 각각의 카테고리별 메뉴가 있거나 또는 그림 9-1과 같이 종합한 메뉴가 있을 수도 있다. 중요한 것은 고객이 해당 업장에서 알코올 판매를 하고 있다는 문구를 메뉴에서 발견할 수 있어야 한다. 메뉴판에 알코올 제공 여부를 밝히지 않으면 발생할 수익에 대한 손실이 상당히 크다.

어떤 업장은 와인셀러(wine cellar, 와인 저장실)를 직접 소유 또는 갖추고 있기 때문에 포괄적이고 다양한 와인 리스트를 작성할 수 있다. 그러나 음료의 가짓수가 중요한 것은 아니다. 음료 메뉴에서 가장 중요한 것은 메뉴를 최대한 심플하게 만드는 것이다. 고객의 기대는 충분히 반영하되 단순한 메뉴로 고객이 쉽게 선택할 수 있는 음료 메뉴야말로 가장 좋은 메뉴라 할 수 있다.

특히 와인은 전문화된 분야이기 때문에 와인에 관한 전문지식을 갖춘 소믈리에의 의견을 반영할 것을 적극 권장한다. 알코올성 메뉴의 구성은 그 수가 방대하므로 업장의 특성을 고려하여 작성하는 것이 좋다. 예를 들어, 이탈리안 레스토랑에서는 이탈리아 와인을 중심으로 음료 메뉴를 구성하는 것이 중요하지만 프랑스, 캘리포니아, 칠레 산 와인을 포함해도 좋다. 이탈리아 음식과 이탈리아 와인이 최상의 음식궁합을 이룰 수 있지만, 고객의 기호에 따라 프랑스 와인도 선택할 수 있어야 한다. 독일 음식을 파는 레스토랑에서는 특화시켜 독일산 맥주만으로 메뉴판을 구성하거나 독일 맥주를 마실 때 사용하는 컵(steins)을 제공하는 것도 좋은 아이디어이다. 일식 메뉴를 파는 레스토랑에서는 일본의 주류인 사케 위주로 구성하되 일본 맥주나 특정 지역에서 판매하는 술을 곁들이는 것도 중요할 수 있다. 멕시칸 음식을 파는 레스토랑에서는 멕시코산 맥주와 마가리타 같은 칵테일을 포함해 구성하는 것도 좋은 방법이다. 무엇보다 중요한 원칙은 해당 국가의 음식과 알코올을 서로 어울리게 구성하는 것이다.

(1) 와인

① 와인 리스트 작성법

일반 캐주얼 음식을 파는 레스토랑이라면 8~10개 정도의 와인을 제공하는 것이 적당하다. 음식 평론가라면 와인 리스트가 보다 다양하기를 원할 수도 있지만 업장에 따라 수를 정하는 것이 바람직하다. 세상에는 많은 종류의 와인이 존재하고 고객은 음식만큼이나 와인의 선택도 중요하게 생각하기 때문에 와인 전문가에 따르면 60~70개 정도로 와인 리스트를 구성하였다면 아무리 까다로운 고객의 요구라 하더라도 어려움 없이 맞출 수 있다고 한다.

와인 리스트 작성은 복잡하고 어려운 과정이다. 먼저 화이트 와인과 레드 와인은 레스토랑에서 반드시 갖추어야 할 카테고리이다. 수입 와인의 원산지는 프랑스, 독일, 미국, 칠레 등 범위가 넓어, 와인 리스트를 작성하려면 전문가의 도움을 받아 고객의 욕구와 레스토랑의 개성에 맞추어 리스트를 작성하는 것이 좋다. 그리고 음식과의 조합을 위해서는 반드시 주방의 조리사도 와인 리스트를 작성할 때 참여하는 것이 좋다. 예를 들어, 포트 와인으로 리덕션(reduction, 오랜 시간 졸인 와인소스)을 하여 스테이크 위에 소스로 사용한다면 이때 잘 어울리는 와인은 포트 와인이다. 따라서 와인 리스트를 만들 때 요리사도 음식에 어울리는 와인이 무엇인지 알 필요가 있다. 그러나 제대로 된 와인 리스트를 만들기 위해서는 먼저 와인에 대한 지식이 있어야 한다.

② 와인의 유형

와인에는 크게 4가지 유형이 있다. 비발포성 와인(still wine), 스파클링 와인(sparkling wine), 주정강화 와인(fortified wine), 가향 와인(flavored wine)이 있고, 우리가 마시는 대부분의 와인은 비발포성 와인이다. 첫째, 비발포성 와인은 색에 따라 레드, 로제, 화이트 와인으로 구분하며, 당도에 따라 드라이와인, 스위트와인으로 나눈다. 둘째, 스파클링 와인은 탄산이 들어 있는 것으로 프랑스의 샴페인(Champagne), 스페인의 카바(Cava), 이탈리아의 스푸만테(Spumante), 독일의 젝트(Sekt)가 대표적이다. 셋째, 주정강화 와인은 발효 후에 브랜디 같은 술을 첨가해 알코올 도수를 높인 것으로 스페인의 쉐리, 포르투갈의 포트와인, 마데이라(madeira) 등이 있다. 넷째, 가향와인은 비발포성 와인에 과즙, 향신료 등을 첨가해 만든 와인으로 베르무트, 상그리아 등이 해당한다.

레스토랑에서는 위의 4가지 유형을 모두 갖추어도 좋고 업장의 특성에 맞게 비발포성 와인과 스파클링 와인 정도만 갖추어도 손색이 없다. 다만, 주의할 점은 음식이 주이므로 음식의 특성에 따라 와인의 가짓수나 종류를 선택하는 것이 우선되어야 한다.

③ 대표 와인 품종의 특징

기본적으로 레드 와인을 만드는 대표적인 포도 품종은 카베르네 소비뇽(Cabernet Sauvignon), 피노누아(Pinot Noir), 메를로(Merlot)이고, 화이트 와인은 샤르도네(Chardonnay), 리슬링(Riesling), 소비뇽 블랑(Sauvignon Blanc)이다.

첫째, 카베르네 소비뇽은 레드 와인을 만드는 대표적인 품종으로, 프랑스 보르도 지방의 주요 재배 품종이다. 포도의 특징은 알이 작고 껍질은 두꺼운 적포도로, 강한 타닌 성분이 있기 때문에 와인으로 만들면 진한 떫은맛이 나고 흑적색을 띤다. 대개 바로 마시지 않고 숙성기간을 거쳐 개봉하면 떫은맛과 신맛이 잘 어우러져 중후한 맛을 내는 것이 특징이다. 블랙커런트, 초콜릿, 시가, 연필 깎은 부스러기 등의 향이 난다. 레드 와인은 마시는 온도가 너무 낮으면 타닌의 떫은맛이 두드러지므로 15~18℃ 정도가 적당하며 풀바디(오래 숙성된 묵직한 와인)의 레드 와인은 18℃ 정도가 좋다.

둘째, 피노누아는 부르고뉴 지방을 대표하는 포도 품종으로 과일향이 강한데 한국에서 잘 알려진 것은 로마네콩티이다. 피노누아는 토양의 맛을 먹는다고 해도 과언이 아닐 정도로 토양 성분에 따라 맛이 달라지는데 부르고뉴 지방은 석회질, 점토질, 규산토의 토양이 겹을 이루며 이들 토양의 분포에 따라 포도의 맛과 향이 달라진다. 색은 밝은 적색을 띠며 신맛과 과일향이 강하지만 숙성되면 버섯이나 부엽토의 향이 난다.

셋째, 메를로는 보르도의 포므롤과 생테밀리옹 지역에서 재배되는 주요 포도 품종이다. 알맹이가 작지만 타닌은 적어 떫은맛이 덜하다. 그리고 둥글둥글하면서 맛이 튀지 않고 비단과 같이 매끄러운 미디엄 풀바디 와인으로 카시스, 초콜릿, 서양 자두 같은 향이 나고 숙성되면 색이 벽돌색으로 바뀐다. 잘 알려진 와인으로는 샤토 페트뤼스(Château Pétrus), 샤토 슈발 블랑(Château Cheval Blanc)이 있다.

화이트 와인의 대표적인 포도 품종은 샤르도네로 시원한 지역인 프랑스의 샹파뉴, 루아르, 미국 캘리포니아 등지에서 재배된다. 풋사과와 같은 과일 향기와 미네랄 성분의 향기가 나는데 오크통에서 숙성된 것은 바닐라향이 나기도 한다. 신맛과 상큼한 맛, 깊은 맛이 조화를 이루는데 샤르도네로 만든 샤블리(Chablis)가 대표적인 드라이 화이트 와인으로 굴요리와 잘 어울린다.

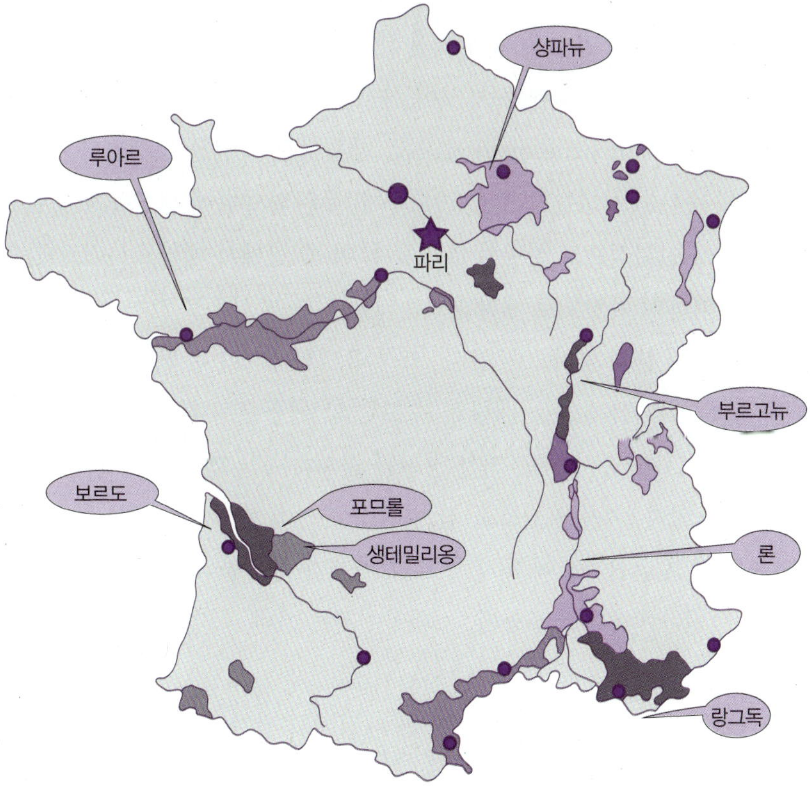

그림 9-2 프랑스의 대표적인 와인 생산지

둘째, 리슬링은 독일 화이트 와인의 주요 품종으로 추위에 강하다. 프랑스 알자스 지방, 미국 캘리포니아, 오스트레일리아, 남아프리카에서 재배되고 있다. 포도는 담황색으로 갓 수확한 리슬링은 싱그러운 과일의 풍미를 자랑하지만 숙성됨에 따라 복합적인 향이 더해진다. 소비뇽 블랑은 프랑스 루아르와 보르도 지방에서 재배되는 품종으로 잔디를 막 깎은 듯한 풀냄새와 스모키한 냄새가 특징이다. 미국에서는 퓌메블랑(Fumé Blanc)으로 불리는데 일반적으로 오크통에서 숙성을 시키지 않으며 신맛과 과일맛이 어우러져 조화를 이루는 와인이다. 루아르 지방의 상세르(Sancerre), 푸이퓌메(Pouilly-fumé)가 유명하다.

식후에 마시는 디저트 와인은 당도가 5~35도까지 만들어지는데 유명한 프랑스 소테른의 샤토 디켐, 헝가리 토카이 지방에서 만들어지는 토카이 아추 에센시아, 독일의 트로켄베렌아우스레제가 있다. 이들 와인 모두 귀부병에 걸린 포도로 만든다. 귀부병은 얇은 포도 껍질에 보트리티스 시네레아(Botrytis cinerea)라는 세균이 붙어 포도의 수분을 증발시키는 포도 병의 일종이다. 포도의 수분이 증발하면서 껍질이 쪼그라드는 반면, 당도가 높아지고 새로운 향과 맛을 내는 와인의 재료가 된다.

각종 파티에 빠지지 않고 등장하는 것이 샴페인이다. 샴페인은 프랑스 샹파뉴 지방에서 샹파뉴 방식(Champagne method)으로 만들어진 와인을 일컫는다. 프랑스에서도 추운 지역에 속하는 샹파뉴는 알코올 도수가 낮은 와인밖에 생산하지 못한다. 그래서 화이트 와인에 인위적으로 설탕과 효모를 넣어 병 안에서 재발효시키고 발효 시 생성된 가스를 밀폐하여 와인으로 개발하였는데 이러한 방식으로 만든 것을 프랑스에서는 샹파뉴(영어로는 샴페인)라고 부른다. 가장 유명한 샴페인은 돈페리뇽이다.

돈페리뇽은 17세기 샴페인을 개발한 수도승의 이름으로 와인 저장 창고의(wine celler) 책임자였던 수도승이 와인 저장 창고를 순회하다가 코르크 마개가 날아가는 원리에 착안해 만들었다. 겨울에 발효를 잠시 멈춘 와인이 봄이 되어 기온이 올라가자 재발효 과정에서 생긴 탄산가스에 의해 코르크 마개가 날아간 것이다. 미국에서는 스파클링 와인, 이탈리아에서는 스푸만테, 스페인에서는 카바, 독일에서는 젝트 등으로 부른다.

장밋빛의 로제 와인은 레드 와인을 만드는 과정에서 생겨난 부산물로 만들거나 압착한 적포도에서 씨와 껍질을 빼고 과즙만을 발효시켜 만든 아름다운 핑크빛 와인이다. 맛보다는 특히 색 때문에 여성들이 좋아하고 여름철 피크닉에 잘 어울린다.

와인은 향기와 맛, 바디감(질감) 등으로 종합적인 인상을 표현할 수 있다. 첫째, 와인의 향기는 꽃향, 과일향, 향신료, 꿀향, 잔디향, 바닐라향과 스모키향 등으로 표현된다. 특히 와인을 오크통에서 장기 숙성시키면 바닐라향이 강할 수 있다. 둘째, 와인의 맛은 깊은 맛, 가벼운 맛, 떫은맛, 단맛, 신맛, 상큼한 맛 등으로 표현된다. 셋째, 맛과 향기를 전체적으로 표현할 때 남성적, 여성적, 세련미가 있는, 개성이 강한, 우아한, 기품이 있는 등의 단어를 사용한다. 숙성되어 묵직한 맛은 풀바디라 하고, 아직 숙성이 진행되지 않아 톡 쏘는 맛이 느껴지면 젊은 와인, 즉 라이트바디라고 한다. 와인의 향과 맛의 표현을 알아두면 와인과 음식을 조합하기가 쉬워진다.

④ 와인의 분류

와인 리스트를 만들 때 일반적인 분류 기준은 첫째, 와인의 유형별 분류로 스파클링(샴페인), 화이트, 레드, 로제 순서가 일반적이다. 둘째, 와인 생산국가별 분류로 프랑스, 스페인, 미국, 이탈리아, 신세계 와인 등으로 나눈다. 셋째, 카베르네 소비뇽, 샤르도네 등 포도 품종으로 만들 수도 있다.

표 9-1 와인 리스트 사례

와인 종류	와인명	빈티지	생산지	가격
스파클링, 샴페인 (Sparkling & Champagne)	Vouvray Brut (Chenin Blanc)	2008	루아르 밸리(프랑스)	$65
	Prosecco NV		베네토(이탈리아)	$15
로제 와인 (Rose wine)	Sancerre (Pinot Noir)	2010	루아르 밸리(프랑스)	$45
	Nebbiolo, Cantalupo	2010	피에드몽테(이탈리아)	$72
레드 와인 (Red wine)	Pernand-Vergelesses, Rollin	2007	코트 드 뉘이(프랑스)	$65
	Saint Aubin, Derain	2008	코트 드 본(프랑스)	$89
	St. Joseph, Miquettes Clarendon Hills(Grenache)	2009	맥로렌 밸리(오스트레일리아)	$70
	Chianti Classico	2006	투스카니(이탈리아)	$45
	Blue Rock	2007	알렉산더 밸리(미국)	$75
화이트 와인 (White wine)	Pinot Blanc	2008	팔츠(독일)	$80
	Chardonnay Pride Mountain Vineyards	2008	나파 밸리(미국)	$55
	Pouilly-Fumé	2010	루아르 밸리(프랑스)	$40

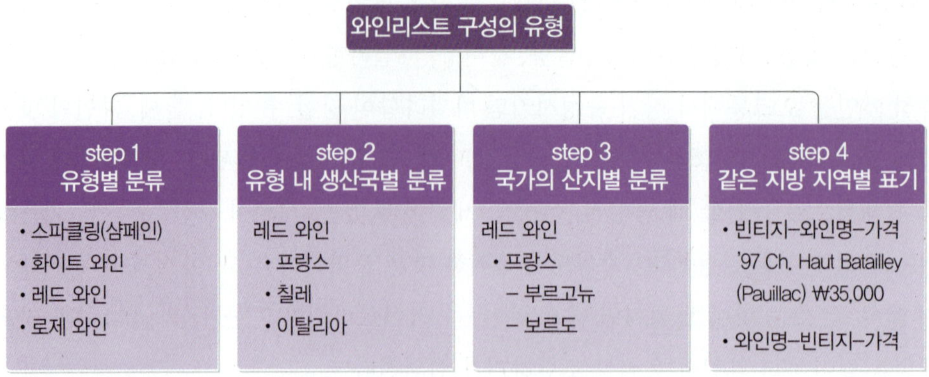

그림 9-3 단계별 와인의 분류

⑤ 와인과 음식

와인과 음식을 같이 조합하여 제공할 때는 음식이 주가 되는가 또는 와인이 주가 되는가에 따라 메뉴판 구성이 달라질 수 있다. 이 장에서는 음식을 기준으로 와인을 매치하는 메뉴판 구성에 대해 설명한다. 그 이유는 와인 바(wine bar)와 같이 술을 전문으로 판매하는 형태의 업장이 아닌 이상 와인은 대체로 음식과 함께 소비되고 음식의 맛을 더해주는 역할로 사용하기 때문이다. 레스토랑에서 음식과 와인의 궁합을 잘 살리기 위해서는 먼저 와인의 맛을 결정 짓는 요소를 알아야 한다. 와인의 맛은 단맛, 신맛, 알코올 도수, 타닌의 네 가지 맛이 특징을 결정 짓는다.

기본적으로 널리 알려진 원칙은 첫째, 식재료의 색과 와인 색을 맞추면 훨씬 음식 맛을 살리는 효과가 있다. 일반적으로 알려진 상식은 해산물에는 화이트 와인, 붉은 살코기에는 레드 와인이 잘 어울린다는 것이다. 둘째, 조리 과정에서 소스의 상태로 와인을 이용하는 방법인데, 식재료의 색과 상관없이 소스가 기름지고 크림 베이스로 무겁다면 레드 와인을, 소스가 담백하고 가볍다면 화이트 와인이 잘 어울린다. 셋째, 지역의 식재료로 음식을 만들 때는 역시 그 지방에서 생산되는 와인으로 조합하는 것이 맛의 상승 효과를 가져올 수 있다. 다시 말해, 이탈리아 음식인 파스타를 먹을 때에는 이탈리아 와인을, 프랑스 음식을 먹을 때에는 프랑스 와인을 곁들이는 식이다.

일식은 담백한 맛이 특징이므로 화이트 와인을 많이 곁들이는데, 회나 흰살생선 요리는 드라이한 화이트 와인이 잘 어울린다. 그러나 과일 향이나 단맛이 강한 와인이라면 생선의 비린 맛을 상승시킬 수 있으므로 주의해야 한다. 특히 붉은살생선인 참치회는 화이트 와인보다 레드 와인이 잘 어울린다. 그러므로 와인과 음식의 특징을 우선 파악하는 것이 이상적으로 조합하는 방법이라 할 수 있다.

표 9-2 와인과 음식의 궁합

와인의 종류		맛과 향의 특징	궁합이 맞는 음식
레드 와인	카베르네 소비뇽	• 강한 타닌 • 카시스 • 블랙커런트, 초콜릿, 시가 향	그릴에 구운 소고기나 치킨, 숙성된 치즈, 오리
	피노누아	• 강한 과일 향 • 라즈베리, 딸기, 체리, 부엽토, 버섯	양, 그릴에 구운 소고기, 로스트치킨, 오리, 돼지고기, 연어, 토마토소스를 곁들인 파스타
	메를로	• 순한 맛 • 카시스 • 블랙커런트, 초콜릿, 시가 향, 서양자두	오리, 돼지고기, 양, 소고기, 로스트치킨, 향이 강한 치즈, 미트볼을 넣은 파스타
	키안티	• 약간 버찌의 신맛 • 향신료, 허브 향	대부분의 이탈리아 음식, 토끼고기
	진판델	• 블랙베리 같은 과일 향	그릴에 구운 붉은 고기, 파스타, 피자, 바비큐립
화이트 와인	샤르도네	• 풋사과 향 • 감귤의 과일 향 • 바닐라 향	강한 소스를 곁들인 해산물 요리, 크림파스타, 크림수프, 해산물 샐러드
	피노 그리지오	• 복숭아·살구 향	포칭 또는 볶은 치킨, 흰살생선, 칠면조, 꿩고기, 여름 과일, 안티파스토
	소비뇽 블랑	• 상큼한 향, 잔디 같은 풀냄새, 스모키한 향	포칭 또는 살짝 구운 치킨, 새우나 바닷가재, 채소, 수프, 파스타
	리슬링	• 단맛과 신맛의 조화 • 꽃, 풋사과, 복합석인 향	포칭하거나 살짝 구운 치킨, 생선 또는 매콤한 음식
	게브르츠트라미너	• 장미꽃과 같은 향 • 신맛이 적고, 진하고 농축된 느낌의 맛	매운 음식, 태국·중국음식, 카레, 훈제연어, 돼지고기, 사워크로, 후추가 들어간 치즈

⑥ 와인과 치즈

와인을 제대로 즐길 수 있는 최상의 궁합은 음식보다 치즈라 할 수 있다. 치즈는 크게 하드, 소프트, 블루치즈 타입이 있다. 하드 타입의 치즈로는 그뤼에르(Gruyere), 파르미자노 레자노(Parmigiano Reggiano)가 있는데 수분이 적고 숙성 기간이 길기 때문에 아미노산에 의한 감칠맛이 있어 신맛이 있는 와인이나 깊은 맛의 묵직한 와인과 잘 어울린다. 소프트 타입인 브리, 카망베르, 쉐브르(산양 젖으로 만든 치즈)는 크리미한 텍스처가 특징이므로 단맛이 적은 미디엄바디의 드라이 화이트 와인이나 피노 그리지오, 샤르도네, 소비뇽 블랑과 잘 어울린다. 블루치즈 타입인 고르곤졸라나 로크퍼트는 짠맛이 강하기 때문에 단맛이 나는 소테른 와인이나 스위트 와인이 어울린다.

⑦ 식후주

일반적으로 알려진 식후주는 스위트와인, 포트와인, 리큐르 칵테일, 마르와 그랍파, 브랜디 계열이 있다. 식후주를 마시는 이유는 포만감을 없애주고 소화를 도와주기 때문인데 대개 도수가 높으며 단맛이 강하다.

⑧ 와인 마케팅

스토리가 있는 와인은 판매하는 데 훨씬 유리하다. 우선 인지도가 있어서 고객에게 알리기 쉬운 반면 값이 비싼 단점이 있다. 다음은 세계적으로 유명한 와인과 관련 스토리이다.

샤토 라투르(Château Latour)

라벨에 그려진 탑은 침략자를 막기 위해 만들어진 성의 일부로 백년전쟁을 치르면서 탑만 남게 되었다. 전통적인 오크통 대신 스테인리스 통을 사용하여 발효하고 있음에도 아주 훌륭한 와인 맛을 내고 있다.

그림 9-4 샤토 라투르 라벨

샤토 라피트 로실드(Château Lafite-Roteschild)

1355년 건축된 성으로 그 이전에 프랑스에서는 부르고뉴 와인이 주를 이루었다. 루이 15세가 아끼던 퐁파두르 부인이 우연히 이 성을 얻게 되었는데, 포이약 지역에 위치한 이 성에서 의외로 포도 재배가 잘 되고 맛도 우수해 세상에 알려지게 되었다.

샤토 무통 로쉴드(Château Mouton-Rothschild)

무통은 '양'이란 뜻으로 창립된 이래 여러 명의 소유주를 거치다가 1855년 영국의 사업가 로스차일드 가에서 매수하였다. 그러나 1등급 판정을 받지 못해 굴욕을 느끼고 좋은 와인을 만들기 위해 피나는 노력을 한 결과 와이너리(양조장)를 사들인 지 118년째인 1973년에 1등급으로 승격되었다.

샤토 마고(Château Margaux)

맛이 뛰어나 세계적인 대문호, 헤밍웨이는 손녀딸의 이름을 '마고'라고 지을 정도로 이 와인의 열렬한 팬이었다. 또, 프랑스 루이 15세가 사랑했던 뒤바리 부인이 즐긴 와인으로도 유명하다.

그림 9-5 샤토 마고 라벨

샤토 디켐(Château d'Yquem)

한 백작이 곰팡이가 핀 포도를 버리기 아까워 와인을 만들었는데, 오랜 시간이 지나자 달고 맑은 포도주가 되었다고 그 맛에 반해 제조하기 시작했다는 이야기가 전해지고 있다. 푸아그라와 잘 어울리는 와인이다.

⑨ 하우스 와인

처음 와인을 선택할 때 병으로 구입하는 것은 다소 부담스러울 수 있다. 이런 경우 하우스 와인에 관심을 갖는 것도 좋은 방법이다. 하우스 와인은 소믈리에가 선택하는 것이 가장 바람직하다. 그런데 종종 품질이 떨어지는 와인을 제공하면 오히려 음식과 와인과의 궁합이 맞지 않아 레스토랑의 이미지만 나빠질 수 있다. 고급 레스토랑일수록 하우스 와인은 일정 수준 이상의 제품으로 준비하는 것이 좋다.

그림 9-6 후안 미로가 디자인한 샤토 무통 로쉴드 라벨

⑩ 유명 예술가들이 그린 와인라벨

샤토 무통 로쉴드는 1945년부터 디자이너에게 와인

라벨을 의뢰하여 만들어 왔는데, 1955년 조르주 블라크, 1958년 살바도르 달리, 1964년 헨리 무어, 1967년 세자르, 1969년 후안 미로, 1970년 마르크 샤갈, 1971년 바실리 칸딘스키, 1973년 파블로 피카소, 1975년 앤디 워홀 등으로 이어졌다. 해마다 누가 디자인하게 될지 많은 사람의 관심을 유도함으로써 이 병을 소유하고자 와인을 사는 사람도 있을 정도로 뛰어난 마케팅 전략을 내세워 와인 판매를 하고 있다. 와인과 명화가 만나는 진정한 컨버전스 마케팅의 시초일 것이다.

⑪ 음식과 와인의 조합

일부 파인다이닝 레스토랑에서는 와인과 음식을 조합하는 메뉴 가격표를 별도로 표기한다. 이렇게 하면 각각의 코스에 맞게 전문가가 고른 와인을 즐길 수 있어 음료 매출을 올리는 동시에 음식의 맛도 향상시켜 레스토랑의 이미지를 높이는 데 큰 도움이 된다.

Tasting Menu **(음식만 제공하는 메뉴)**	$120
Tasting Menu with wine paring **(음식과 어울리는 와인을 함께 즐기는 메뉴)**	$150

⑫ 신선함이 돋보이는 보졸레 누보(Beaujolais Nouveau)

해마다 11월 셋째 목요일은 보졸레 누보가 그해 처음 출하되는 날이다. 보졸레 누보는 수확한 지 40~50일 지난 가메(Gamay)라는 품종으로 만드는 보졸레 지역의 와인이다. 수확한 포도를 커다란 밀폐 탱크에 넣고 탱크에 탄산가스를 채워 수일간 방치한 뒤 껍질이 터지기 쉬운 시점에 압착을 하면 껍질의 색소와 향기가 충분히 침출되어 타닌은 적고 과일 향이 풍부한 레드 와인이 탄생한다. 특히 한국과 일본이 시간상 가장 먼저 보졸레 누보를 마실 수 있어 출하 시기가 되면 많은 사람들의 관심을 받는다.

⑬ 와인 코키지(corkage) 서비스

고객이 레스토랑에 가져온 와인을 원할 때 마실 수 있도록 하는 것이 코키지 서비스이다. 레스토랑에서는 소정의 수수료를 받고 와인잔과 서비스를 제공한다. 따라서 메뉴에도 이 서비스의 제공에 대해 명시하는 것이 좋다.

저희 매장에서 제공되지 않는 와인을 드실 경우에도 정성껏 서비스해 드립니다.

750mL 한 병당 코키지 $50

그림 9-7 와인 코키지 서비스를 알리는 메뉴

(2) 스피릿

알코올 음료로 와인, 리큐르, 맥주 외의 음료를 가리킨다. 증류주인 버번, 스카치 위스키, 테킬라, 브랜디, 보드카, 진 등이 해당한다.

표 9-3 위스키의 종류

구분	종류
스카치 위스키	Johnnie Walker(Red, Black, Gold, Blue), J&B, Ballantines, Chivas Regal, Glenfiddich, Cutty Sark
아이리시 위스키	John Jameson, Doublin
버번 위스키	Wild Turkey, Jim Beam, Old Gran Dad
테네시 위스키	Jack Daniels
캐나디언 위스키	Canadian Club, Black Velvet, Crown Royal

브랜디는 과일을 발효한 뒤 증류하여 얻어지는 술이다. 프랑스 코냐크 지방과 아르마냑크 지방에서 포도로 만드는 브랜디와 노르망디 지방의 사과를 증류하여 만드는 칼바도스(Calvados)가 대표적이다.

표 9-4 브랜디의 종류

구분	종류
코냑	Hennessy, Martell, Remy martin, Camus
아르마냑	Chabot, Mont Rouge, Château de Laubade
노르망디	Calvados

진은 호밀을 증류하여 얻는 술로서 드라이진은 칵테일 베이스로 많이 사용한다. 그 이유는 진이 다른 재료의 본연의 맛을 잘 살려주는 역할을 하기 때문이다.

표 9-5 진의 종류

구분	종류
네덜란드산	Bol's, Booth's
영국산	Beegeater, Gilbey's
미국산	Hiram Walker, Monach
한국산	Seagram's Gin, Haitai London Dry Gin

(3) 보드카

러시아의 대표적인 술로서 무색, 무취, 무미의 특징이 있다. 보드카는 감자, 옥수수, 호밀, 보리 등의 곡물을 이용하여 발효한 후 양조, 증류의 과정을 거쳐 만든다.

표 9-6 보드카의 종류

구분	종류
러시아산	Moskoskaya, Stolovaya
미국산	Smirnoff
영국산	Borzoi, Gilbey's

(4) 맥주

맥주의 종류는 수만 가지가 있다. 따라서 레스토랑에서 고루 갖추려면 국내산, 수입산, 병맥주, 캔맥주, 드래프트, 라거, 크래프트 비어 등 이 모든 맥주를 다 비치해둘 수는 없기 때문에 선택하고 선별해야 한다. 통상 맥주는 국내산과 수입산의 비율을 비슷하게 보유하면 좋다.

맥주의 원료는 기본적으로 보리, 물, 호프, 효모의 4가지로, 발효방식에 따라 상면발효와 하면발효가 있다. 상면발효는 맥아를 발효시킬 때 위에 떠오르는 효모를 사용하는 것으로 향이 강하고 도수가 높다. 잘 알려진 것으로는 흑맥주 계열인 영국의 스타우드, 에일, 몰트비어 등이 속한다. 하면발효는 전 세계 맥주 생산량의 3/4 정도가 이에 해당하며 저온에서 발효시켜 도수가 낮다. 대표적으로는 라거, 필젠 타입이 이에 속한다. 독일의 벡스, 덴마크의 칼스버그, 네덜란드의 하이네켄, 미국의 밀러 라이트, 대부분의 한국 맥주, 일본의 아사히, 기린, 삿포로 등이 이에 해당한다.

맥주는 와인과 달리 음식에 맞춰서 먹지는 않는다. 하지만 독일 음식을 파는 곳이라면 독일 맥주를 갖추는 것이 좋고, 중국식당에서는 칭타오 맥주를, 일본 음식을 파는 곳은 일본 맥주를 갖추면 좋은 셀링 포인트가 된다. 많은 종류를 구비하면 좋으나 해당 국가의 술이기 때문에 신선도 하락과 보관의 문제가 있으므로 4~5개 정도 구비하는 것이 적당하다. 요즘 한국의 맥주 트렌드는 크래프트 비어인 듯하다. 수입산 맥주의 가격도 낮아졌지만 국내산 맥주에서 느낄 수 없는 마이크로브루어리(microbrewery) 제품들은 개성이 강한 젊은 여성들에게 인기를 끌고 있다. 도수가 높지 않기 때문에 퇴근 후 친구끼리 간단히 즐길 수 있어 수요가 늘고 있다.

표 9-7 나라별 유명 맥주

구분	유명 맥주
독일	Henninger, Löwenbräu, Beck's
한국	Hite, OB Lager, Cass
미국	Budweiser, Coors, Miller
덴마크	Carlsberg, Tuborg
네덜란드	Heineken, Breda
체코	Budweiser, Pilsner Urguel
영국	Guinccss, Stout, Pale Ale
일본	Asahi, Kirin, Sapporo

2) 비알코올성 음료

알코올을 전혀 마실 수 없는 고객이나 어린이를 위해 비알코올성 음료도 메뉴에 반드시 포함해야 한다. 이는 고객을 위한 배려이기도 하지만 동시에 매출을 올리는 쉽고 빠른 방법이기도 하다. 탄산음료(콜라, 사이다, 소다수), 주스(오렌지주스, 포도주스, 사과주스, 키위주스), 차류(녹차, 홍차), 허브티(캐모마일, 민트, 얼그레이) 정도로 구성하고 커피도 카페인이 있는 것과 없는 것으로 나누는 정도로 구분하면 좋다. 차는 색깔별로 백차, 녹차, 우롱차, 홍차, 흑차 등 모든 것을 갖추면 좋겠지만 선택의 폭을 좁혀야 재고의 부담을 줄일 수 있다. 요즘 인기를 얻고 있는 탄산수는 브랜드 이름을 써주는 것도 무방하다. 잘 알려진 것으로 페리에(Perrier), 산 펠리그리노(San Pellegrino) 등이 있다.

3. 음료 메뉴의 가격

1) 와인의 가격 책정

와인의 가격은 음식 가격대가 결정한다. 음식의 가격보다 병으로 판매하는 와인이 비싸다고 가정하자. 음식과 와인을 즐기고 싶지만 막상 와인 가격이 음식보다 비싸면 선뜻 구매를 망설일 것이다. 따라서 와인 가격을 결정할 때는 음식의 주메뉴 가격을 기준으로 폭을 제시한다. 그러나 고객은 시중에서 판매하는 와인 가격과 높은 이윤을 붙여 와인을 판매하는 업장의 와인 가격을 비교하므로 업장에서는 음식 가격보다 시중 와인 판매가를 기준으로 와인 가격을 책정하는 경우가 종종 있다. 중요한 것은 옆 테이블에 와인 병이 올려져 있는 것을 보고 고객이 와인을 주문하는 경우가 비일비재하기 때문에 결국 한 병을 비싸게 받는 것보다는 가격이 낮더라도 여러 병의 판매를 촉진시키는 것이 훨씬 더 이익이다. 일반적으로 와인 한 병당 최소한의 가격 이윤의 폭은 50%인데, 근거는 표 9-8과 같다.

표 9-8 와인 가격 책정

구분	가격 이윤의 폭(%)
재고에 대한 이자	10
수납공간 비용	5
보관 및 서비스	3
인건비	15
와인잔	5
기물 파손	2
합계	40

따라서 한 병당 최소한의 가격 이윤의 폭인 50%에서 합계 40%를 빼면 50%-40%=10%가 되는데 10%는 고정비와 이익으로 남겨야 하는 부분이다. 그러나 매장마다 고정비가 다를 수 있어서 10%는 불충분할 수도 있으므로 가격 인상의 폭은 10%를 넘어설 수 있다.

2) 스피릿의 가격 책정

칵테일을 만드는 데 사용되는 스피릿의 원가는 스피릿의 품질과 칵테일에 들어가는 기타 재료, 예를 들어 얼음, 과일, 음료 등의 비용을 함께 고려해야 한다. 따라서 원가관리를 위해서는 모든 음료에 들어가는 양을 철저하게 지켜야 한다. 기본적으로 음료에 들어가는 주요 재료가 원가의 기준이 되고 부가적인 재료를 추가한다. 예를 들어, 깔루아 2온스의 가격이 1,500원이고 우유의 가격이 500원이라면 깔루아를 만드는 데 총 2,000원의 비용이 든다. 깔루아의 가격 이윤이 25%라면 판매가는 2,000÷25%=8,000원이 된다.

음료를 컵에 따르면서 발생하는 손실은 5% 정도로 책정하고, 맥주같이 탭에서 잔을 채울 때 거품에 의한 손실 등은 7~10%로 책정한다. 예를 들어, 한 병이 33온스인 주류에서 한 잔에 1.5온스짜리 음료를 만든다고 가정해보자. 33×0.05(손실)=1.65온스가 된다. 다시 총 33온스에서 1.65온스(손실)를 빼면 31.35온스가 되고 한 잔에 담는 양 1.5온스로 나누면 20.9잔이 나온다. 따라서 손실을 제외하고 주류 한 병에서 나올 수 있는 잔은 대략 20잔이다.

33온스 × 0.05 = 1.65온스
33온스 − 1.65온스 = 31.35온스
31.35온스 ÷ 1.5온스 = 20.9온스(≒20잔)

3) 탭 음료 가격 책정

생으로 제공되는 상품은 단위원가로 가격을 책정한다. 12온스의 필스너 맥주잔에는 맥주가 10온스 담기는데 나머지 분량은 거품의 양에 따라 맥주의 양이 달라질 수 있기 때문이다. 대략 거품의 양은 1.7~2.5센티미터 정도로 간주한다. 업장에서는 반드시 평균으로 담기는 양을 파악해야 한다. 예를 들어, 탭에서 따라 제공되는 맥주의 손실이

7% 정도이고, 맥주 하프배럴(1,984온스)당 100달러를 지불한다고 가정해 보자. 그러면 단위원가는 다음과 같이 계산된다.

1,984온스 × (100 − 7)% = 1,845온스
1,845 ÷ 10온스 = 184.5잔
$100 ÷ 184잔 = $0.54/잔

업장의 이윤이 25%라면 판매가는 0.54÷25%=$2.16, 이윤이 20%라면 0.54÷20%=$2.7가 된다. 병맥주는 이보다 계산이 간단하여 이윤을 붙이기만 하면 된다. 만약 12온스 맥주병당 원가가 $0.8이고 이윤율이 30%라면 0.8÷30%=$2.67가 된다.

4. 음료 메뉴의 관리

1) 음료의 통제

음료는 음식에 비해 통제가 쉽고 변질의 우려도 없으며 재고도 쉽게 파악된다는 장점이 있다. 하지만 직원의 실수로 잘못 계량하거나, 주문을 잘못 받거나, 음료가 뒤바뀌는 등의 손실이 발생할 수 있다. 특히 판매하는 고객과의 접점에서 다양한 변수가 생길 수 있기 때문에 철저한 관리 방안이 필요하다. 이를 위해 구입처 선정, 표준화된 레시피, 올바른 음료 생산, 적절한 재고 조사, 원가 관리가 전체적으로 계획되고 잘 실행되어야 할 것이다.

2) 구매

주류를 구매하기 전 반드시 담당자는 최종확인 후 주문하고 일일 입고관리부터 입고량과 주문가격 등을 지속적으로 관리해야 한다. 주류는 주로 브랜드 이름으로 구매한다. 고객은 브랜드 이름을 훨씬 더 쉽게 기억하므로 고객의 요구를 맞추기 위해서는 일정 브랜드의 음료를 준비하는 것이 좋다. 이것은 스피릿뿐만 아니라 와인, 맥주, 소다수 등도 마찬가지이다. 그러나 소수 고객의 요구를 위해 비싼 음료를 쌓아 둘 필요는 없다. 브랜드 주류와 업장만의 메뉴를 적절하게 구비해 두고 판매하는 것도 하나의 전략이라고 할 수 있다. 각 음료마다 최소 구매 수량과 최대 구매 수량을 파악하는 것이

중요하다. 잘 팔리지 않는 주류를 쌓아 두면 자금이 묶이는 원인이 되므로 지속적으로 주류의 판매 동향을 기록하여 파악해야 한다. 아주 가끔 판매되는 주류는 마지막 병이 판매되는 시점에 주문하여도 된다.

또한 구매 시 할인의 유혹에 빠져서는 안 된다. 주류상이 할인을 제시하면 필요 이상으로 구입하기도 하는데 사전에 계획하지 않은 구매는 보관 장소의 공간확보 문제와 자금의 과대 투자로 원활하지 못한 현금 유동성을 초래할 수 있으므로 주의해야 한다.

3) 검수 및 입고

검수 단계에서는 주문한 발주서와 검수 지점에 전달된 양과 내역의 일치 여부를 확인한다. 불일치하는 내용이 있으면 반품하고 일치하는 부분은 수납을 하는데 중요한 것은 검수 후 모든 주류는 판매 지점이 아닌 저장고(자물쇠가 있는)에 입고되는 것이 원칙이다.

입고된 주류는 재고 관리표에 표시된 것과 같은 위치에 입고하여 재고 관리 파악이 빠르고 편리하도록 한다. 재고 관리표에는 입고한 품목, 입고일, 입고량, 출고일, 재고 등의 내용이 담겨 있어야 한다.

4) 출고

판매 장소, 주로 바에서 음료에 대한 청구서를 작성한 뒤 저장고에서 청구서를 확인하고 아이템을 출고한다. 기본적으로 한 아이템에 대해 2개는 par로 남긴다. Par란 업장에서 영업개시 전에 반드시 보유해야 할 수량을 말한다. 한 병이 완전히 소비된 후에 병과 청구서를 가지고 저장고에 제출하면 저장고에서는 빈 병을 확인하고 출고가 이루어진다. 만약 손님이 빈 병을 가져가길 원한다면 계산서에 매니저의 사인을 받아 저장고에 제출한다.

주류 저장고에는 2명이 팀을 이루어 일한다. 한 명은 아이템을 확인하고 다른 한 명은 기록표에 적어 넣는데, 두 명 중 한 명은 음료 부서가 아닌 다른 부서의 사람이 일하는 것이 좋다.

칵테일은 재료를 혼합할 때 정해진 비율이 있지만 바텐더나 고객은 자신의 기분에 따라 새로운 비율이나 다양함을 원하기도 한다. 그렇지만 표준화된 레시피를 사용하면 원가 통제 및 관리가 쉬운 장점이 있으므로 많은 곳에서 따르고 있다. 표준화된 레시피에는 아이템의 이름, 재료의 비율, 사용하는 컵, 1인분의 양, 장식에 사용되는 과일 등을 정확하게 표시해야 한다. 장식할 때 사용하는 오렌지, 체리와 같은 것은 주재료에 더해져 원가를 계산한다.

표준 레시피를 사용하면 많은 장점이 있는데 무엇보다 중요한 것은 실제로 고객을 대하는 현장에서 레시피 매뉴얼과 같이 진행되고 있는지 확인할 필요가 있다. 이는 매니저가 체크하도록 한다. 오랜 경험이 있는 전문가는 굳이 계량하지 않고도 정확한 양을 컵에 따를 수가 있지만 아무리 정확하다고 해도 계량컵을 사용하는 것이 칵테일의 퀄리티와 양을 조절하는 데 적합하다. 다음은 계량을 정확하게 도와주는 도구이다.

- Jiggers : 지거 또는 샷글라스로 부르기도 하며 정확한 양을 계량하는 데 가장 일반적으로 사용되는 도구이다. 한 쪽은 3/4온스를, 반대편은 1.5온스를 계량할 수 있도록 만들어졌다.
- Pourer : 푸어러 또는 cap이라고도 하는데 일정한 양을 따르고 나면 더 이상 액체가 흐르지 않도록 고안된 도구이다.
- 눈금 있는 유리잔 : 잔 표면에 눈금이 그어져 있어 고객이 정확한 양을 볼 수 있게 고안되었다.

5) 음료의 표준원가계산법

(1) 스트레이트 음료(straight drinks)

표준원가는 와인처럼 병째 판매하는 때에는 의미가 없지만, 위스키와 같이 잔으로 판매하는 때에는 판매 가격을 결정 짓는 역할을 한다. 일반적으로 얼음이나 소다와 같은 것을 넣지 않고 마시는 방법을 스트레이트(straight)라 부른다. 만약 750 mL의 병에 담긴 술을 1잔 서빙 시 3온스 기준으로 모두 몇 잔이 나오는지 계산해보면 표준원가를 구할 수 있다. 다음의 예를 보면 이해가 쉽다.

Step 1. 메트릭법을 다음 표와 같이 온스로 환산한다.

표 9-9 단위 환산표 (1 oz = 28.35 mL)

메트릭법		온스 환산(oz)
1 L	1,000 mL	33.8 oz
3/4 L	750 mL	25.4 oz
1/2 L	500 mL	17.0 oz
1/5 L	200 mL	6.8 oz
1/10 L	100 mL	3.4 oz
1/20 L	50 mL	1.7 oz

Step 2. mL를 oz로 환산한다.

한 병이 750 mL이므로 총 25.4 oz가 된다.

$$25.4\ \text{oz} \div 3\ \text{oz/잔} = 8.4\text{잔}$$

Step 3. 표준원가를 계산한다.

한 병 750 mL가 70,000원이라면 한 병에 8잔이 나오므로 70,000÷8=8,750원으로 1잔당 원가는 8,750원이 된다. 70,000원짜리 750 mL가 25.4 oz이므로 70,000원÷25.4 oz =2755.9가 된다. 따라서 1온스당 가격은 2755.9원이므로 표준원가는 2755.9×3=8,267.7원이 된다.

(2) 칵테일

두 가지 이상이 음료만 섞으면 스트레이트 음료의 방법처럼 각각 따로 계산한 뒤 합을 내면 되지만, 칵테일은 장식이 곁들여져 계산이 복잡하다. 이런 경우 음료와 가니쉬(장식)를 따로 계산하여 합을 내는 방법이 있다.

step 1. 음료의 원가 계산은 스트레이트 음료의 방법과 같다.

step 2. 가니쉬(장식재료)는 따로 식재료로 계산한다.

예를 들어, 레몬 웨지가 사용될 때 레몬 한 개당 가격과 한 개의 레몬에서 나올 수 있는 웨지(레몬 조각)의 수를 계산한다. 가령 한 개의 레몬에서 8개의 웨지를 만들 수 있다고 가정하고 1개당 가격은 800원이라고 하자. 그렇다면 800원÷8조각=100원/잔이 된다.

표준 레시피
크렘 드 망트(Crème de menthe)

레시피
30 mL 크렘 드 망트
얼음 간 것

방법
1. 잔에 갈아 만든 얼음을 채운다.
2. 크렘 드 망트를 얼음 위에 뿌린다.

장식: 버찌
잔: 일반 칵테일 잔(용량 140 mL)

그림 9-8 음료 표준 레시피 예시

summary

소득이 늘어나면서 외식의 기회가 많아졌고, 식생활 수준이 향상되면서 음료에 대한 소비자들의 욕구 또한 다양해지고 있다. 레스토랑에서 음료 판매가 중요해진 것은 고객의 요구에 부합한다는 점과 매출 이익 증가 효과를 동시에 낼 수 있기 때문이다. 흔히 좋은 음료 메뉴라고 하면 적절한 식음료 원가 관리와 재고 관리로 음료에 대한 통제가 잘 이루어지고, 고객의 요구에 맞고 음식과 조화로운 메뉴로서 종사원의 판매 촉진이 용이한 상품으로 구성된 것이다.

음료 메뉴는 알코올성 메뉴와 비알코올성 메뉴로 나눈다. 알코올성 메뉴에는 양조주, 증류주, 혼성주가 있고, 비알코올성 음료에는 탄산수, 과일주스, 차, 전통음료가 있다. 음료 메뉴 구성에서 중요한 것은 메뉴를 최대한 간단하게 만드는 것이다. 고객의 기대는 충분히 반영하되 단순한 메뉴로 고객이 쉽게 선택할 수 있어야 좋은 메뉴라 할 수 있다.

음료 메뉴 관리를 위해 음료의 통제는 필수적 요소이다. 구매, 검수 및 입·출고 과정을 꼼꼼히 관리해야 하고, 표준화된 레시피를 만들어 직원을 교육하며, 원가 관리를 통해 낭비되는 요소를 관리해야 한다.

CHAPTER **10**

메뉴 상품 개발

1. 메뉴 상품 개발의 개념 및 목적
2. 메뉴 상품의 수명 주기
3. 메뉴 상품의 개발 과정 및 사례

10

메뉴는 한 레스토랑의 개성과 특징, 또한 이미지를 표현하는 것이므로 전문성, 차별성, 독창성을 지녀야만 생명력이 있다. 레스토랑 최고경영자라면 누구나 계획한 메뉴들이 상품으로서의 가치를 가지고 고객들에게 잘 팔리기를 원할 것이다.

이 장에서는 메뉴 상품 개발의 필요성을 정확히 이해하고, 메뉴의 콘셉트 기획, 레시피 개발, 레시피 테스트, 매뉴얼 작업, 직원 교육에 이르는 메뉴 개발의 프로세스 전반을 살펴보며, 나아가 경쟁력 있는 메뉴 개발 방법에 대하여 알아보고자 한다.

1. 메뉴 상품 개발의 개념 및 목적

> **"OYSTERS AND PEARLS"**
>
> "Sabayon" of Pearl Tapioca with Island Creek Oysters and White Sturgeon Caviar

위의 메뉴는 실제로 어느 레스토랑에서 판매했던 상품이다. 메뉴를 보면 메뉴 제목은 Oyster and Pearls이라고 쓰여 있고, 그 아래 설명이 있다. 직역하면 "굴과 진주"인데 제목만 보면 잘 이해가 되지 않아 아래 설명을 읽어봐야 한다. 다행히도 아래 설명이 있다. 'Oyster'는 굴을 말하는 것이고 'Pearls'은 무엇을 말하는 것일까? 굴 속에 진주가 있는 것인가? 그런데 설명을 읽어보고자 첫 단어를 보니 조리용어가 나온다. "sabayon[사바용]"이라고 읽는다. 사바용은 조리 기법으로 달걀노른자에 설탕을 넣고 중탕하여 거품을 낸 뒤 식힌 소스이다. 그리고 펄 타피오카가 적혀 있는데 타피오카는 어디서 들어본 것도 같다. 한때 유행했던 타피오카 음료에 들어 있는 그런 동글동글한 것을 말하는 것일지도 모른다. 그리고 'Island Creek Oysters'는 아일랜드 크리크산 굴이라는 의미일 수도 있다. 아니면 보스톤에서 굴만 전문적으로 판매하는 유명한 아일랜드 크리크 오이스터 바에서 가져온 굴일 것도 같다. 그리고 마지막에 'White Sturgeon Caviar'는 흰철갑상어알을 말한다.

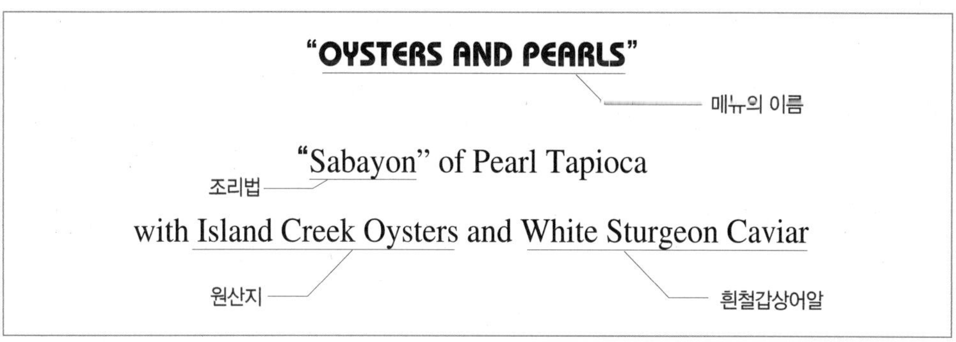

그림 10-1 메뉴와 메뉴 설명 예시

그러면 처음으로 돌아가서 위의 메뉴가 무엇을 말하려고 하는지 살펴보자. 요리를 공부한 사람이라면 아마도 '이런 것이 나오겠군' 하고 짐작할 것이다. 그러나 요리를 전공한 사람이 아니라면 한번에 이해하기는 힘들다.

이때 중요한 것은 위의 메뉴를 고객에게 설명하는 종업원의 역할이다. 어떻게 설명하느냐에 따라 고객이 메뉴를 구매할 수도 외면할 수도 있기 때문이다. 고객이 메뉴에 대해 물었을 때 "이 메뉴는 세계 3대 미식 가운데 하나라는 흰철갑상어알에 통통하게 살이 오른 진주빛깔 굴, 그리고 익힌 달걀노른자를 가장 부드럽게 먹을 수 있는 사바용 소스를 곁들인 전채요리입니다."라고 한다면 단순히 메뉴만을 읽었을 때와는 사뭇 그 음식의 격이 달라 보인다. 이 메뉴는 미국의 유명한 셰프인 토머스 켈러의 시그너처 디시 중 하나이다(그림 10-2). 이렇게 메뉴 하나에도 원산지, 조리법, 식재료의 특징 등 많은 정보가 담겨 있다.

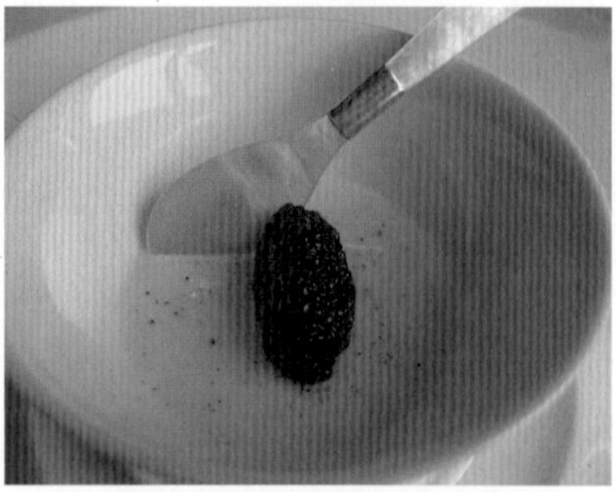

그림 10-2 Oysters and Pearls

실상 메뉴 상품 개발이라 하면 주방에서 알아서 다하면 그만일 것이라 생각할 수 있지만 그렇지가 않다. 메뉴 상품 개발은 메뉴 마케팅이라는 큰 틀 속의 한 부분일 뿐이다. 현장에서 메뉴 개발을 하다 보면 주방(BOH, Back Of the House) 따로, 홀(FOH, Front Of the House) 따로, 마케팅 부서 따로 일을 하고 있어 비록 각자의 역할은 다하고 있지만 시너지 효과가 나지 않는 예를 종종 볼 수 있다. 주방에서 일하는 종업원들은 홀에서 무슨 일이 일어나는지 알고 싶어 하지 않고, 홀에 있는 사람들은 음식이 왜 이리 늦게 나오는지 불평한다. 또한 마케팅 부서에서는 이벤트나 프로모션은 하는데 왜 매출은 오르지 않느냐며 다른 부서가 제대로 계획을 실행하고 있는지 의심한다. 이것은 그 누구의 잘못도 아니고 처음부터 계획이 잘못되었기 때문이다. 한때 시장에서는 물건이나 상품이 쉽게 팔리던 시절이 있었다. 그러나 이제는 제품이든 상품이든 잘 만들기만 해서는 팔리지 않는다. 워낙 경쟁자가 많기 때문이다.

물론 각자 제 위치에서 역할을 다하는 것은 기본이다. 요리사가 정성들여 새롭게 메뉴를 만들었다고 하더라도 메뉴가 고객에게 알려지고 인기를 얻게 만드는 과정인 마케팅이 없다면 아무리 독창적이고 차별적인 메뉴라고 할지라도 사람들 기억에 남지 못하고 사라질 수 있다. 그리고 마케팅 부서에서 뛰어난 마케팅 기획을 했다고 해도 주방에서 콘셉트에 맞는 음식을 만들어 내지 못한다거나 실제로 고객에게 전달할 직원이 그 역할을 다하지 못한다면 신메뉴는 빛을 잃고 만다.

지난 2005년 『미슐랭 가이드』프랑스의 타이어 회사 미슐랭(Michelin) 사가 매년 발표하는 세계 최고의 레스토랑 권위를 평가하는 안내 책자를 출판하는 미슐랭사가 재미있는 연구결과를 발표한 적이 있다. 일찍부터 도제 체제하에서 요리훈련을 받은 조리사들이 레스토랑을 오픈하는 경우와 경영이나 마케팅을 공부한 사람들이 나중에 요리를 배워서 레스토랑을 오픈하는 경우 걸리는 시간과 성공 여부를 조사했는데, 후자의 경우가 오픈하기까지, 그리고 성공하기까지 걸리는 시간이 더 짧았다. 이는 요리를 잘 만들고 맛있는 메뉴를 개발한다고 해서 성공하는 것은 아니라는 것을 말해준다. 또 일본의 이탈리아 레스토랑 프랜차이즈 사이제리야의 창업장인 쇼가키 야스히코는 그의 저서 『맛있어서 잘 팔리는 것이 아니다, 잘 팔리는 것이 맛있는 요리다』에서 최고의 요리도 많이 팔려서 고객이 알아줄 때 가치가 있다는 것을 강조했다. 메뉴도 상품으로 기획되고, 철저한 마케팅 전략을 가지고 판매해야 한다.

메뉴의 레시피를 개발하는 몫은 주방의 요리사일 것이다. 그러나 고객에게 음식을 제공하고 돋보이게 설명하는 것은 홀의 직원이다. 무엇보다 이러한 메뉴를 만들기까지 전체적인 마케팅 콘셉트를 만들어내고 조사하는 것은 경영주 또는 마케터의 몫이다. 어느 하나 소홀할 수 없다.

물론 누군가는 "굳이 저렇게 구구절절 메뉴를 설명해야 하는가?"라고 반문할 수 있지만 답은 "그렇다."이다. 고객이 원하는 메뉴를 판매하기 위해서 과거처럼 메뉴만 적어서는 경쟁에서 살아남을 수 없다. 따라서 이 장에서는 메뉴 상품 개발이 어떻게 기획되고, 상품으로 출시되는가에 대한 전체적인 틀을 살펴보고자 한다.

1) 메뉴 상품 개발의 개념

메뉴 상품 개발에서 중요한 것은 메뉴가 한 레스토랑의 개성이기 때문에 전문성, 차별성, 독창성을 지녀야 한다는 점이다. 이를테면, 한 레스토랑의 독특한 운영 형태인 업종과 업태에 따라 달라야 한다는 것을 의미한다.

심리학자 매슬로(A. H. Maslow)가 제시한 인간의 욕구 모델에 따라 메뉴 상품 개발의 목표를 계획할 수 있다. 매슬로는 인간의 욕구를 5단계로 나누었다.

1단계인 생리적 욕구 단계는 인간의 배고픔을 해결하는 단계이므로 음식의 양과 저

표 10-1 매슬로의 욕구 단계에 따른 레스토랑의 분류

욕구의 단계	레스토랑 분류	서비스, 가치, 가격
5단계 자아실현	파인다이닝 호텔 레스토랑	• 미식 추구 • 비싼 가격
4단계 존경의 욕구	비스트로	• 중상급의 서비스 • 가격, 메뉴, 분위기 중시 • 높은 가격
3단계 사회적 욕구	패밀리 레스토랑	• 중간 서비스 • 어떻게(how) 먹는가가 중시 • 중간 가격
2단계 안전의 욕구	패스트푸드 레스토랑	• 한정된 스피디한 서비스 • 무엇(what)을 먹는가가 중요 • 낮은 가격
1단계 생리적 욕구	대학가 식당, 편의점	• 셀프서비스에 가까움 • 음식의 양이 중요 • 저렴한 가격

자료 : 박기용, 외식산업경영학, 대왕사, 2009

렴한 가격이 메뉴 상품 개발의 초점이 될 수 있다. 대학가에 있는 매장들은 경제적으로 넉넉하지 못한 학생들의 사정을 배려해 낮은 가격에 많은 양의 음식을 제공한다.

2단계인 안전의 욕구 단계에서 고객은 조금은 이름이 알려진 매장에서 음식을 구매하려 한다. 맥도날드에 가면 전 세계 어느 매장에 가더라도 비슷한 가격대에 동일한 품질의 음식을 구매할 수 있다고 생각한다. 그래서 낯선 곳에 가면 안전하게 눈에 익은 맥도날드 매장부터 찾는 것이다. 메뉴의 가격이 저렴하고 빠른 속도(speed)의 서비스가 제공되는 패스트푸드 레스토랑이 이에 해당된다. 음식의 다양성보다는 익숙한 메뉴를 선호한다.

3단계에서는 사회적 욕구가 초점이 되는데 메뉴에서 무엇(what)을 먹는가보다는 어떻게(how) 먹는가 하는 것이 중요시된다. 주변 사람들과의 사회적 만남의 장으로서 또는 비즈니스의 장소로 레스토랑 메뉴를 선택하게 된다.

4단계인 존경의 욕구 단계에서는 음식의 가격과 메뉴, 분위기를 중요시한다. 따라서 자신의 사회적 위치를 알릴 수 있는 메뉴를 선택하려고 한다.

마지막으로 자아실현 단계에서는 음식을 단순히 배고픔을 채우는 것이 아닌 미식의 단계로 끌어올려 음식과 서비스에 대한 경험을 중요시한다. 이 단계에서는 독특한 식

재료, 고품격 서비스, 좋은 품질의 와인 등의 제공이 가격보다 우선시될 수 있다. 따라서 표 10-1에서처럼 자신의 레스토랑 콘셉트를 찾고 자신의 위치에 따른 표적 고객과 경쟁자 분석을 통해 전문적이고 독창적이며, 차별화할 수 있는 종합적인 메뉴를 개발하는 것이 필요하다.

2) 메뉴 상품 개발의 목적

표 10-2 **메뉴 상품 개발에 영향을 미치는 요인**

구분	내용
내부 요인	• 매출이 불가한 메뉴의 처리 • 새로운 트렌드의 시도 • 남은 식재료의 처리 • 새로운 조리법의 사용
외부 요인	• 경쟁사에 대응하기 위한 메뉴 • 메뉴의 다각화 • 새로운 식재료의 등장

메뉴 상품 개발에 영향을 주는 요인에는 내부 요인과 외부 요인이 있다. 내부요인에는 더 이상 매출이 오르지 않는 메뉴의 처리나, 분자요리와 같은 새로운 트렌드를 시도하려는 목적, 남은 식재료의 처리, 새로운 조리도구의 발달로, 예를 들면 수비드(sous vide) 같은 기계의 개발로 메뉴에 새로움을 줄 필요가 있을 때 등이다. 외부 요인으로는 고객의 요구에 부합하고 경쟁사에 대응하기 위해 또는 새로운 메뉴로 다각화를 시도하려는 경우, 새로운 식재료가 출하되어 새로운 상품 개발로 시장개척을 시도할 필요 등이 있다. 목적은 다를 수 있어도 메뉴 상품 개발의 목적은 크게 두 가지로 요약할 수 있는데, 신메뉴 개발과 기존 메뉴의 향상이다.

(1) 신메뉴 개발

매장을 새로 오픈하거나 기존 매장에서 단발성으로 매출을 올리기 위해 새로운 메뉴를 개발하기도 하며, 오래된 메뉴를 바꾸기 위해 개발하기도 한다. 신메뉴 개발을 할 때에는 기획 단계부터 마케팅 부서와 긴밀하게 협조하여 메뉴 콘셉트, 시장조사, 트렌드, 고객의 요구를 철저하게 사전 검토해야 한다.

특히 신메뉴 개발 시 주의할 점은 메뉴를 유행의 관점이 아닌 트렌드의 관점에서 개발해야 한다는 점이다. 일시적 유행(fad)과 트렌드(trend)의 가장 큰 차이는 기간이다. 일시적인 유행이라고 하는 것은 사람들에게 폭발적인 인기를 얻는 것처럼 보이는 현상이고 그 기간이 짧아 지속되지 못하고 일시적으로 나타났다 사라지는 것이며, 트렌드라 함은 장기적인 관점에서 보이는 전체 시장의 흐름이라고 할 수 있다. 쉽게 말하면 숲은 트렌드이고 나무는 유행으로 볼 수 있다. 이러한 시장의 큰 틀 속에서 트렌드를 파악해야 장기적인 마케팅 전략을 계획할 수 있고, 그 안에서 단발성의 유행을 만들어 매출을 올리는 데 효과적이기 때문이다. 큰 숲을 보지 못하고 유행만 좇다보면 계속해서 생산은 하고 있으나 결과물이 나오지 못하는, 즉 1년 열두 달 바쁘게 행사를 진행하고 메뉴를 새롭게 하지만 매출이 발생하지 않는다.

그림 10-3 매그놀리아 베이커리의 컵케이크

몇 년 전에 나온 미국 드라마 「섹스앤더시티(Sex and the city)」에 등장하는 뉴욕에 사는 4명의 커리어우먼은 토요일 오전에 브런치를 먹고 소호에 위치한 매그놀리아(magnolia) 베이커리의 컵케이크를 먹으면서 맨해튼 거리를 활보한다.

이 한 장면의 임팩트가 너무나도 강했는지 이후 한국에는 수많은 컵케이크 전문점이 우후죽순으로 생겨났다. 아마도 뉴요커로 살아가는 커리어우먼의 일상을 한 번 간접 경험해 보고자 하는 대리만족을 원하는 사람들이 많았을 수도 있다. 심지어 한국의 호텔 베이커리에서도 컵케이크 전문점을 오픈했으니 그 인기는 대단하였다 할 수 있다. 그러나 2013년 현재 몇 개가 남아 있는지 그 수를 보면 한때 유행에 지나지 않았다는 것을 알 수 있다.

우선 모양은 사먹고 싶을 정도로 아기자기하고 예뻐서 여성들 사이에서 로망이 되기도 했지만, 한국에서 오랫동안 인기가 지속되지 못한 것은 여러 이유가 있겠으나 컵케이크 위에 올라가는 아이싱이 문제였다. 아이싱은 달달하게 만드는 크림의 일종이다. 이 아이싱이 많은 양의 설탕으로 만들어진 것이란 사실을 아는가? 뉴욕 스타일의 컵케이크를 한 번 먹어본 사람이라면 그 아찔한 단맛에 놀랄 것이다. 물론 한국 사정에 맞게 당도를 줄이거나 치즈를 섞는 식으로 변형을 시켰으나, 으레 단것이라면 건강에 안 좋다는 인식을 갖고 있는 한국인에게는 한 번 먹은 것으로 만족하는 정도였지 미국에서처럼 식사 후 반드시 디저트로 먹어야 하는 메뉴는 되지 못했다. 고객의 재방문율이

저조하다 보니 자연적으로 매장은 문을 닫게 된 것이다. 이는 방향성 없는 유행 따라잡기 식의 메뉴 개발은 해서는 안 된다는 것을 잘 보여준 예라고 할 수 있다.

현대의 외식산업은 사람들의 다양한 기호와 입맛에 맞춰 변화하고 있다. 최근 들어 건강식에 대한 욕구가 커지면서 이른바 웰빙(well-being) 음식에 대한 관심이 많아지고 있으며, 소득의 증대로 식생활 욕구가 점점 고급화하고 있다.

미국 또한 2012년 레스토랑협회(NRA)의 발표에 따르면, 향후 소멸될 식재료 사용은 최소화하자는 지속 가능성(sustainability)에 대한 인식, 제철 음식(seasonal)의 사용 및 지역 농산물(regional food) 이용 등이 트렌드인 것으로 나타났다. 이러한 추세는 사회 지향적인 마케팅 개념의 변천과 맞물려 있기 때문에 앞으로도 당분간 지속될 것으로 보인다.

(2) 기존 메뉴의 향상 등

어떤 이유에서든 메뉴의 매출이 지속적으로 줄어드는 경우에는 기존 메뉴의 문제가 무엇인지 진단해야 한다. 가격이 비싼 것인지, 양이 적은 것인지, 메뉴 구성이 나빠서인지, 담음새가 고객에게 호감을 주지 못하는 것인지, 시기적으로 너무 앞서가는 메뉴는 아닌지 그 이유를 찾아내는 것이 중요하다.

진단 후에는 문제 해결을 위한 상품 개량 방법으로는 기본적 개량(primary improvement)과 부수적 개량(secondary improvement)이 있다. 기본적 개량은 메뉴의 품질이나 기능의 개량을 말한다. 예를 들어, 스테이크에 사용하는 고기의 질이 나쁘다거나, 1인분의 양이 많다거나, 소스가 잘 어울리지 않는 경우 메뉴 개발이 필요한 것을 말한다. 음식의 프레젠테이션이 고객에게 호감을 주지 못하고 식욕을 당기지 못하는 경우, 테이크아웃 포장을 했을 때 소스가 흘러내리는 등의 문제는 부수적 개량에 속한다(조용범·강병남, 신메뉴관리론, 대왕사, p.275, 2008). 이런 경우는 고기의 부위를 바꾸거나 식재료를 공급하는 업체를 변경하거나, 다른 소스로 대체하는 것을 시도해보고 푸드스타일리스트에게 프레젠테이션을 자문하거나 포장재의 불편함을 개선하는 방법으로 메뉴에 변화를 줄 수 있다.

메뉴 상품 개발의 목적 파악이 중요한 이유는 상품 개발의 목적에 따라 전략이 달라질 수 있기 때문이다. 예를 들어, 안소프트(Ansoft)의 시장-제품 매트릭스를 한 번 살펴보자. 그림 10-4에서 보듯이 제품이 신제품인가 기존 제품인가, 진입하려는 시장이

	기존 제품	신제품
기존 시장	시장 침투 전략	제품 개발 전략
신시장	시장 개발 전략	다각화 전략

그림 10-4 안소프트의 제품/시장 확장 그리드

자료 : Philip Kotler, Kevin Lane Keller 저, 윤훈현 역, 마케팅관리론, 피어슨에듀케이션 코리아, 2009

	기존 메뉴	신메뉴
기존 시장	시장 침투 전략	제품 개발 전략
신시장	시장 개발 전략	다각화 전략

그림 10-5 안소프트의 확장 그리드에 메뉴 개발을 적용한 예

신시장인가 기존 시장인가에 따라 기업 성장의 전략을 4가지로 제시하고 있다.

기존 제품으로 기존 시장에 진입하는 경우에는 시장 침투 전략이, 신제품을 가지고 기존 시장에 진입할 때는 제품 개발 전략으로, 기존 제품을 가지고 신시장에 진입한다면 시장 개발 전략을, 신제품으로 신시장에 진입하는 경우에는 다각화 전략이 적합하다는 것을 보여준다. 이를 메뉴 상품 개발 전략에 도입해 본다면 다음과 같다.

첫째, 시장 침투 전략(market penetration)은 기존 메뉴를 가지고 기존 시장에 진입할 때 시장 침투 전략을 사용한다. 틈새시장을 발견하여 매출을 올리는 전략으로 보수적이지만 안정적이고 수익률이 높은 전략이다. 환자의 영양식으로 인식되었던 죽에 대한 인식을 달리하도록 틈새시장을 노린, 이른바 시장 침투 전략을 사용한 본죽의 경우가 여기에 해당된다.

둘째, 메뉴 개발 전략(new product development)은 신메뉴를 만들어 기존 시장에 진출하는 전략으로 경쟁자와 차별화할 수 있는 기회가 된다. 그러나 메뉴가 너무 시대를 앞서 가거나 상품 콘셉트에 대한 포장이 과하면 실패할 수가 있다. 예를 들어, 신라면 블랙은 (주)농심이 야심차게 고가 전략으로 사골 육수를 달여 스프를 만들었다고 홍보해서 처음에는 잠시 인기를 끌었으나 과대광고로 인해 소비자가 의심을 갖게 되면서 실패한 경우라 하겠다. (주)한국야쿠르트의 닭 육수를 베이스로 한 꼬꼬면의 출시는 기존 라면시장에 없던 육수에 차별화를 두어 제품 개발이 진행되었다. 출시되었을 때는 폭발적인 인기를 끌었지만 지금은 다소 주춤한 상태로 그 추이는 지켜봐야 한다.

셋째, 시장 개발 전략(market development)은 기존 메뉴로 새로운 시장을 창출하는 전략이다. 1990년 맥도날드는 미국 내에서 더 이상 시장 창출이 되지 않자 아시아, 러시아로 눈을 돌려 새롭게 시장을 개척하였다. 진출 시기에 따라 성공 여부가 결정되고 성공 확률은 35% 정도의 수준이라고 알려져 있다.

넷째, 다각화 전략(diversification)은 새로운 메뉴로 신시장에 진입하는 것으로 시장과 메뉴에 대해 입증된 자료가 없기 때문에 성공률이 낮고 리스크가 높지만 특정 메뉴를 판매하는 경우에는 가장 적합한 전략이라고 할 수 있다고 한다.

읽을거리

스타벅스의 메뉴 개발 전략

스타벅스는 하워드 슐츠를 최고경영자로 영입하고 당시 미식가들을 위한 커피시장이 존재함을 깨닫고 시장 침투 전략을 모색하였다. 이렇게 하여 충성고객이 확보되자 시장 개발 전략으로 시애틀에 한정하지 않고 미국 전역으로 확대하여 커피시장의 신세계를 열었다. 또한 포인트 카드를 도입해 고객의 방문과 구매 횟수를 늘리는 전략을 시도하였고, 커피뿐만 아니라 간단한 오븐 구운 디저트(baked goods), 타조라는 차 전문 브랜드, 아이스크림, 프라푸치노 등을 함께 개발하여 상품의 다각화를 꾀하였다.

자료 : Philip Kotler, Kevin Lane Keller 저, 윤훈현 역, 마케팅관리론, 피어슨에듀케이션 코리아, 2009

2. 메뉴 상품의 수명 주기

레스토랑의 메뉴도 제품과 같이 수명 주기가 있다. 제품의 수명 주기는 도입기, 성장기, 성숙기, 쇠퇴기를 거치는데, 메뉴 상품도 마찬가지이다.

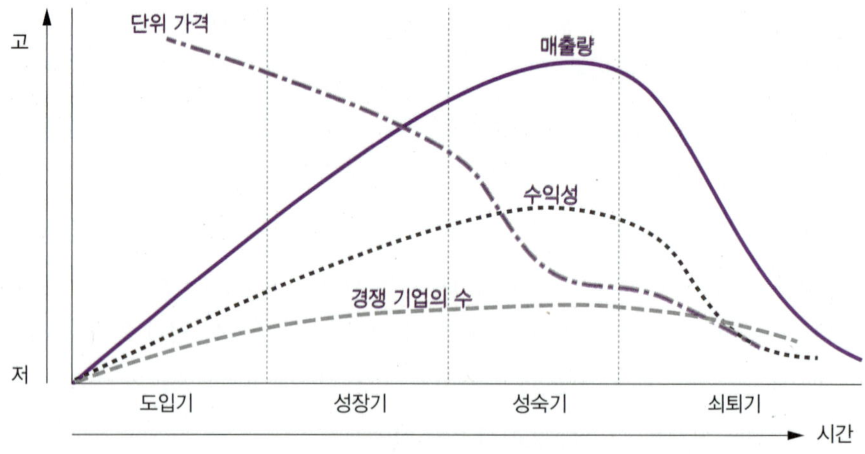

그림 10-6 메뉴의 수명 주기

1) 도입기

도입기에는 혁신층(innovator)이 주로 구매를 하게 되는데 이때 경쟁자 수는 적으나 판매량이 소량이므로 고객당 비용이 많이 들고 매출이 적어 이익은 적다. 메뉴에 대한 인지도를 높이는 것이 급선무이다. 이를 위해 광고와 홍보에 비용 지출이 예상되는데 다른 시기보다 좀 더 많은 예산을 책정하는 것이 좋다. 미국 레스토랑협회(NRA)는 통상 총매출의 2~4%를 광고비로 책정한다. 그러나 초반기에는 인지도를 높이기 위해 예상 매출액의 6% 정도를 할애하는 것이 적당하다고 한다(조춘봉 · 김영갑 · 김선희, 외식메뉴관리론, 대왕사, 2011).

2) 성장기

성장기에는 판매량이 급격히 늘고 조기 수용층(early adopter)이 구매를 하며 고객당 비용이 평균으로 낮아지고 이익은 조금씩 늘어난다. 이때 메뉴 품목의 다양성을 추구하면서 메뉴에 대한 평가와 분석을 통해 핵심 메뉴를 선정하고, 인기가 없는 메뉴는 분석하여 수정이 필요하다. 이 시기는 특히 종사원들을 지속적으로 교육시킬 필요가 있다. 성장기에는 경쟁자들이 비슷한 아이디어를 가지고 모방하는 경향이 있기 때문에, 이들과 철저하게 차별화하기 위해서는 직원들로 하여금 메뉴에 대한 지식을 갖도록 교육하는 것과 차별화된 서비스를 제공하려는 노력이 필요하다. 이때는 마니아층을 만들어 마니아들이 스스로 입소문을 낼 수 있도록 하는 것이 중요하다.

3) 성숙기

성숙기에 이르면 구매는 정점을 찍고 대다수가 구매하게 되지만 경쟁자가 속출하기 때문에 매출이 둔화되기 시작한다. 이때는 시장 점유율이 관건이며 경쟁 우위를 확보하기 위해 음식의 질을 높이거나 서비스 품질의 수준을 높이는 노력이 필요하다. 직원들도 익숙해진 직무에 지루함을 느끼며 고객을 응대할 수 있으므로 주의해야 한다.

4) 쇠퇴기

경쟁 레스토랑과 고객을 나누게 되어 매출은 감소하므로 신메뉴 개발, 기존 메뉴 삭제, 기존 메뉴를 신메뉴와 세트로 묶어서 판매, 프레젠테이션(스타일링)에 변화를 준다거나 다양한 방법으로 매출을 올리는 방법을 고안하여야 한다(조용범, 신메뉴관리론, 대왕사, 2008).

3. 메뉴 상품의 개발 과정 및 사례

메뉴 상품의 개발 과정은 기획, 테스트, 평가, 수정, 실행의 단계를 거친다.

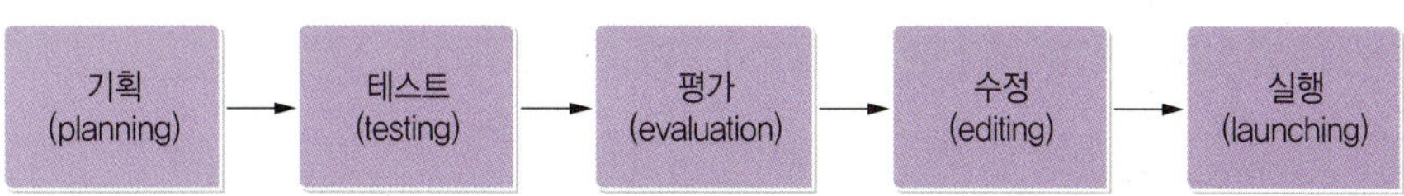

그림 10 7 메뉴 상품 개발 과정

1) 메뉴 상품의 기획

(1) 브레인스토밍

메뉴 상품 개발에서 중요한 것은 첫째도 기획, 둘째도 기획, 셋째도 기획이다. 기획(planning)이 잘 되면 일의 절반은 진행된 셈이다. 나머지는 레시피를 만들어 테스트하고 평가, 수정하여 고객의 입맛과 요구에 맞는 합의점을 찾으면 되기 때문이다. 이를 위해서는 광범위한 사전조사가 필요하다. 먼저 국내외 관련 분야를 벤치마킹하거나 트렌드, 경쟁자의 메뉴, 인터넷, 블로그, 잡지, 뉴스, 책, 기사 등으로부터 많은 정보를 수집한다. 소비자의 인구 통계학적 특성(나이, 성별, 연령, 소득, 직업 등), 라이프스타일에 따른 선호도, 지리적 위치에 따른 특성, 소가족화, 싱글족, 노령 인구의 증가 등에 따른 포괄적인 관련 정보를 수집하고 분석한다. 고객의 입맛, 특히 현대인은 과거보다 달게 먹는 특징이 있다. 그럼에도 불구하고 단 음식에 대한 거부감이 강하다. 단순하게 단 음식이 건강에 나쁘다는 것으로 인지되어 있지만 막상 디저트가 달지 않으면 맛이 없다는 말을 서슴없이 하기도 한다. 메뉴 개발자로서는 달고 맛있게 만들어 고객을 설득하는 게 옳은지, 건강을 고려해 아스파탐 계열의 스위트너를 사용하는 게 옳은지 고민이 될 것이다. 물론 단 음식에 대한 대체제로 올리고당, 자일리톨 같은 제품들이 출시되어 있다.

그렇다면 먼저 어떻게 이런 제품을 이용해 고객의 욕구를 만족시키면서 잘 팔리는 메뉴를 개발할 것인지 브레인스토밍(brainstorming)이 필요하다. 참신한 아이디어를 가능한 많이 모으면 모을수록 도움이 된다.

(2) 메뉴 콘셉트

조사 단계에서 수집하고 분석한 자료를 기초로 하여 메뉴의 콘셉트를 정하고 개발할 메뉴의 수와 카테고리를 정한다. 시그너처 디시(대표 메뉴)가 필요한 것인지, 시즈널 메뉴 프로모션에 필요한 메뉴인지, 어린이 생일 파티를 위한 건강을 생각하는 키즈 메뉴 구성인지, 수비드(sous vide) 기계를 이용한 특이한 조리법을 홍보할 것인지 등 상황에 맞게 고객을 정하고 메뉴 콘셉트를 설정한다.

(3) 푸드 스타일링 콘셉트

메뉴 상품 개발의 초기에 콘셉트가 정해지면 그에 따른 음식의 프레젠테이션, 포장, 색깔, 그릇, 그릇의 색, 그릇의 모양 등도 함께 고려되어야 한다. 디테일한 사항은 차후에 변경될 수 있으므로 메뉴 콘셉트에 맞게 스타일링에 대한 방향이 필요하다. 음식의 담음새와 장식은 메뉴 테이스팅(tasting, 맛보기 또는 시식)을 하면서 평가 과정에서 얼마든지 수정될 수 있지만 막상 나중에 그릇이 없어 구매를 해야 하는 데 충분한 예산이 책정되어 있지 않다면 문제가 될 수 있기 때문이다. 전문 푸드 스타일리스트가 없다고 하더라도 전체적인 콘셉트 결정에 푸드 스타일링은 반드시 기획 단계에 포함되어야 한다. 그래야 나중에 부수적인 것들로 인해 전체 콘셉트가 변경되는 상황을 피할 수 있다.

2) 메뉴 테스트(testing)

(1) 레시피 개발 과정

레시피 개발 과정은 레시피 작성, 식재료 주문, 레시피 테스트, 메뉴 테이스팅(메뉴 1, 2, 3안 제안), 메뉴 평가, 레시피 수정 보완, 메뉴 확정 및 촬영, 레시피 매뉴얼 작업, 메뉴 시연 및 교육의 순으로 진행된다.

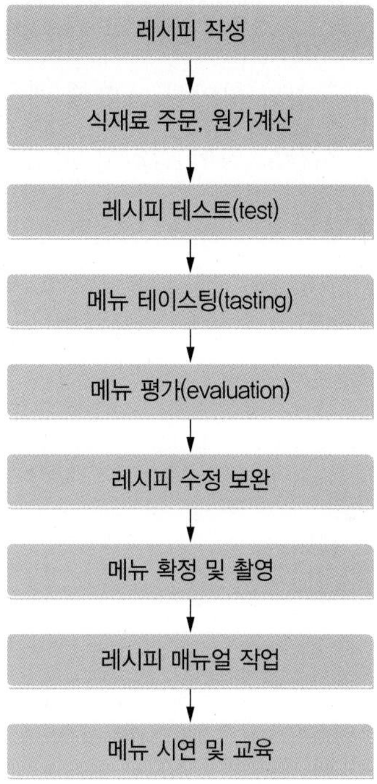

그림 10-8 메뉴 개발 과정

① 레시피 작성

메뉴 개발은 일반적으로 메뉴 상품이 출시되는 시기보다 한 계절을 앞서서 시작하는 것이 좋다. 메뉴가 한 번에 통과되는 경우가 드물기 때문이다. 레시피를 개발하다 보면 많은 것을 시도하고자 하는 욕심도 생길 수 있으나, 너무 많은 제안은 오히려 개발에 방해가 될 수 있으므로 3가지 정도를 제시하는 것이 좋다. 하나의 안을 가지고 제안했다가 대안이 없는 경우 처음부터 시작하는 것은 시간을 낭비하는 결과를 가져오므로, 시간을 경제적으로 사용한다는 차원에서 사전에 2~3가지를 제시하면 좋다. 만약 신제품 개발이 아닌 기존 제품 개발이라면 기존 메뉴 분석 결과를 가지고 약점을 보완하는 안을 2~3가지 준비한다.

② 식재료 주문과 원가계산

레시피의 안이 3가지 정도 나오면 레시피 리스트에 필요한 식재료를 주문하고, 이때 1인분의 양을 어느 정도로 할 것인지도 결정한다. 스파게티를 만들 때 건조 파스타 면을 1인분에 100 g으로 할 것인지 80 g으로 할 것인지 결정한다. 이렇게 되면 대략의 원가계산이 나온다. 원가계산을 할 때 엑셀 프로그램을 사용하면 차후에 레시피 수정에도 편리하므로 손으로 적기보다 처음부터 서류화 작업을 하는 것이 편하다.

③ 레시피 테스트

본격적인 레시피 테스트를 할 때 어떻게 시작해야 할지 모르는 경우가 있다. 이때는 벤치마킹에서 얻은 아이디어를 활용할 수도 있고, 『컬리너리 아티스트리(Culinary Artistry)』라는 책을 참조할 것을 권한다. 이 책에는 특히 서양요리의 클래식한 식재료의 궁합과 다양한 조합에 대한 설명이 잘 되어 있다. 처음부터 무에서 유를 만드는 것은 시간도 많이 걸리고 어렵기 때문에 무엇보다 기본적으로 좋은 레시피를 가지고 응용하는 것이 진행이 빠르다. 따라서 유명한 셰프들이 출판한 책을 사서 보는 것도 아이디어를 얻는 데 도움이 되는 좋은 방법이다. 물론 남의 레시피를 무단으로 베끼는 것은 윤리적으로 옳지 않으므로 지양해야 할 것이다.

날짜 :

메뉴명 :			사전준비시간 : 1day			조리 시간 : 45분
서빙사이즈 : 4인분			1인분 양 : 250 g			
재료	기준 레시피 (amount)	단위	2배 레시피	4배 레시피	원가	완성사진
당근	200	g				
만드는 법						

그림 10-9 레시피 예시

메뉴 개발을 위해 기존의 도구나 기구를 사용함으로써 메뉴 생산이 가능한지 새로운 기구가 필요한지 확인해야 하며, 메뉴 생산에 걸리는 시간과 주방 인원도 대략 예상을 해야 한다. 메뉴에 들어가는 요소가 20가지 이상인데 인원이 2명밖에 없다거나 막상 메뉴를 개발했는데 도구가 부족해서 시간 내에 음식이 나올 수 없는 상황이 발생해서는 안 된다. 또한 레시피상의 식재료 구입이 어려운 경우 대체재는 어떤 것이 있는지 미리 정해 둘 필요가 있다. 2012년 9월에 한반도를 강타한 태풍 볼라벤과 산바는 남해안의 전복 양식장을 쑥대밭으로 만들어 전복 가격이 금값이 되었다. 그러므로 매장에서는 전복을 기존의 가격으로 제공할 수 없다. 이런 상황에서는 어떤 방법으로 메뉴를 대체할 것인지, 예를 들어 냉동 전복을 사용할 것인지, 수입 전복을 사용할 것인지, 아니면 메뉴 판매를 하지 않을 것인지 미리 결정을 해야 한다.

3) 평가

레시피가 완성되면 메뉴 테이스팅(tasting, 시식회) 및 평가(evaluation)를 진행한다.

(1) 평가단 구성

메뉴를 테이스팅할 때 마케팅 부서와 주방, 홀의 인원이 참가해 시식하는 것이 바람직하다. 고객의 의견을 가장 가깝게 접하는 홀 직원의 의견과 마케팅적 관점에서 바라보는 기획부서 직원, 그리고 음식을 직접 만드는 요리사도 참가해야 다양한 의견이 나올 수 있고, 모인 의견을 바탕으로 잘 다듬어진 메뉴가 나올 수 있기 때문이다.

각 부서에서 참가해 메뉴를 평가할 때 주의해야 할 사항으로는 첫째, 객관적으로 음식을 바라보고 의견을 내야 한다. 둘째, 자신의 의견만을 고집하지 말아야 한다. 이익을 많이 남기기 위해 저렴한 재료의 사용만을 고집한다거나 조리법이 쉬운 것만 선택해서는 안 된다. 마케팅 부서에서는 적절한 인원을 투입하여 직원들의 피로가 가중되지 않도록 해야 한다. 무엇보다 고객의 입장에서 구매 욕구를 자극할 만한 메뉴가 탄생될 수 있도록 적극 협조해야 한다. 셋째, 타깃 연령대의 사람(목표 고객)을 참가시키면 좋다. 표적 시장의 고객을 참여시키면 좀 더 정확하게 그들의 니즈를 반영할 수 있다. 넷째, 전날 과로로 인해 지나치게 피곤하거나 담배나 술을 과도하게 마시는 사람은 참여를 자제하도록 한다. 미각에 대한 감각이 떨어져 맛에 대한 평가가 제대로 이루어지

Tasting sheet									
날 짜 :									
평가자 :									
	콘셉트		맛			푸드 스타일링 및 서빙			
	독창성	실용성	맛	향	질감	색감	먹기 쉬운가	서빙 온도	프레젠테이션
메뉴1									
메뉴2									
메뉴3									

그림 10-10 테이스팅 체크리스트 예시

지 못하기 때문이다. 다섯째, 각기 다른 메뉴안이 제안되는 사이사이에 물을 준비하여 맛의 차이를 구분하지 못하는 경우가 발생하지 않도록 한다. 여섯째, 기획 단계에서 결정된 콘셉트에 부합한지를 검토한다.

(2) 맛 평가

① 음식의 맛

기본적으로 음식의 맛(flavor)을 구성하는 것은 오감이다. 유일하게 음식만이 인간의 오감을 만족시킬 수 있다. 오감은 시각, 청각, 후각, 촉각, 미각이다. 시각은 음식을 보았을 때 입맛이 당기는 느낌이다. 음식에서 김이 올라오면 뜨거울 것이라 예상하고, 붉은색의 음식은 입맛을 자극하는 것이 그것이다. 청각은 고기나 전을 구울 때 나는 소리, 샴페인의 거품이 올라오는 소리, 사과를 한 입 베어 물 때 나는 사각거리는 소리이다. 향은 음식의 맛을 더해주는 중요한 요소로 향을 맡을 수가 없으면 음식의 맛을 느끼지 못한다. 베이커리에서 빵이 구워져 나오는 시간대에 일부러 빵 굽는 냄새를 매장 밖으로 나게 유도한다거나 버거킹에서 그릴에 고기 굽는 스모크 향을 밖으로 배출해 식욕을 자극하는 행동들이 해당된다. 촉각의 경우 입 안에서 음식을 씹을 때 느끼는 질감이다. 질기거나 바삭거리거나 부드럽거나 딱딱하다고 느끼는 것이다. 미각은 단맛, 신맛, 짠맛, 쓴맛의 순서로 혀의 미뢰가 맛을 느끼는데 음식 온도가 미각을 작용하게 하는 중요한 역할을 한다. 수박이 차갑게 냉장되어 있지 않으면 먹어도 맛있게 느껴지지 않는다거나 국은 따뜻하게 서빙되어야 맛있는 것처럼 음식 온도는 맛에 영향을 미친다. 따라서 레시피를 만들 때 고객이 충분히 오감을 즐길 수 있는 요소를 넣을 필요가 있다.

② 조리법과 맛의 대조

메뉴를 만들 때 다양한 조리법으로 하는 것도 중요하다. 조리법의 대조는 오감 자극의 한 방법이 되기 때문이다. 하나의 조리법만 사용하여 음식이 부드럽기만 하다면 바삭한 튀김을 넣어 질감의 대조를 줄 필요가 있다. 또한 쫄깃한 음식과 부드러운 음식을 같이 제공한다거나 매운 음식 옆에는 매운맛을 줄일 수 있는 음식을 같이 곁들여 맛을 보완하는 것도 좋은 방법이다.

③ 영양의 조화

예를 들어 양식 메뉴를 개발한다고 했을 때 한 접시에는 단백질, 곡류, 채소의 3가지 구성 요소를 갖추어야 한다. 지나치게 단백질만 강조하는 메뉴이거나 탄수화물이 많이 들어가 섬유질이 부족한 메뉴를 구성해서는 안 된다. 영양 성분 자체를 분석하는 것은 전문가의 도움이 필요하겠지만 위와 같이 간단한 방법으로도 영양이 조화로운 메뉴 구성이 가능하다. 다만 다양한 조합을 만들기 위해서 광범위한 식재료에 대한 이해가 필요하다.

(3) 프레젠테이션 평가

음식을 돋보이게 하는 것은 당연히 프레젠테이션이다. 그릇, 음식의 양, 음식과 색의 조화, 그릇의 모양, 담음새, 음식 위의 장식까지 꼼꼼히 점검한다. 푸드 스타일리스트가 없다면 여러 가지 방법을 시도해봄으로써 노하우가 생기기도 하고 유명한 스타일리스트들의 잡지나 푸드 스타일링 책을 참고하면 아이디어를 얻을 수 있다.

프레젠테이션에는 업장마다 음식마다 개성이 요구된다. 고급 레스토랑에서 일회용 접시에 음식이 제공될 리 없고 패스트푸드 레스토랑에서 고급 도자기 접시에 음식을 제공하지 않는 것과 같다. 한식, 일식, 중식에 어울리는 그릇이 있다. 또한 바탕색이 강렬하거나 패턴이 복잡해 음식을 가리는 경우도 피해야 할 것이다. 스테이크를 오븐에서 뜨겁게 데운 기왓장 위에 올려 서빙한다거나 세숫대야처럼 큰 그릇에 냉면을 담아 제공하는 기발한 아이디어는 고객의 호기심과 구매를 유도할 수 있다.

(4) 상품 판매 여부

음식에 대한 테이스팅이 끝나면 가격과 메뉴명을 결정해야 한다. 이 부분은 마케팅 부서에서 상업성을 평가하게 되므로 가장 중요하다고 할 수 있다. 또한 메뉴의 판매 전략도 결정이 되므로 충분한 토의를 거쳐 진행되어야 한다. 이 부분은 마케팅 부서의 역할이 좀 더 중요하다. 제안된 메뉴가 모두 만족스럽지 못하다면 주방에서는 레시피를 재테스트하거나 수정하여 다시 테이스팅할 수 있도록 준비한다. 상품 판매 결정이 내려져야 다음 단계로 이동할 수 있다.

4) 수정

(1) 레시피 수정 보완

레시피 테스트가 끝나고 평가 내용이 모아지면 그에 따른 수정(editing & execution) 부분을 종합해 레시피를 다시 테스트하고 재평가를 실시한 뒤 메뉴를 확정한다. 확정된 메뉴는 여러 번의 테스트를 거친 후 레시피의 표준화 작업을 한다.

(2) 표준 레시피 완성

미국 USDA에 의하면, 표준화된 레시피란 '같은 조리도구와 같은 양의 재료, 같은 품질의 재료를 가지고 여러 번의 테스트와 수정을 거쳐 테스트할 때마다 같은 양과 같은 결과를 내는 레시피'로 정의한다. 레시피를 표준화함으로써 얻게 되는 장점은 첫째, 음식의 품질이 일관성 있게 유지되어 고객이 언제 방문해서 음식을 주문해도 품질에 변함이 없으므로 고객의 만족도가 높다. 둘째, 식재료의 원가 관리가 편리하다. 필요 이상의 음식을 만들지 않으므로 낭비를 줄일 수 있다. 셋째, 재고 관리가 편리하다. 넷째, 주방 인력의 트레이닝이 쉽다. 혹시 조리사가 아프거나 급한 일로 나오지 못하더라도 표준 레시피를 보면 초보자라도 만들 수 있도록 자세히 기록되어 있어 음식의 품질이 동질성을 가지게 되고 고객이 불만족하는 일은 없을 것이다. 다섯째, 많은 인원의 고객이 한꺼번에 오더라도 준비된 재료만 있으면 만드는 게 어렵지 않다. 주로 레시피를 표준화할 때는 재료의 손실을 줄이기 위해 계량 단위를 g으로 통일한다. 레시피가 표준화되면 여러 장 출력하여 주방에 파일로 보관하고 클리어파일에 끼워 주방 스테이션마다 잘 보이도록 붙이고 홀에도 나눠준다. 특히 사진이 있는 경우는 컬러로 출력하는 편이 좋다.

표 10-3 표준 레시피에 포함되는 내용

구분	상세 내용
메뉴명	메뉴명과 구체적인 설명을 적는다.
생산량	2인분
메뉴 카테고리	메인, 디저트, 샐러드, 드레싱, 샌드위치, 소스, 수프 등
레시피 재료	재료명, 손질법, 브랜드명 예 : 마늘 다진 것 1작은술 또는 10 g
조리법	• 알기 쉽고 명확하게 적는다. • 지나친 약어는 사용하지 않는다. • 순서대로 적는다.
조리 기구	오븐 팬, 국자, 냄비
대체 재료	버터 대신 마가린 사용, 소고기 대신 돼지고기

(3) 메뉴 확정 및 사진 촬영

확정된 메뉴를 가지고 음식을 만들어 푸드 스타일링을 거친 후 사진 촬영을 한다. 이때 사진은 전문가가 촬영하여 각종 홍보물이나 홈페이지 등 판매 촉진활동에 사용할 수 있도록 한다.

(4) 주방 트레이닝 매뉴얼 작성

매뉴얼을 만들어야 한다고 하면 너무도 거창하게 생각하여 포기하는 사람들도 있지만 매뉴얼은 어떤 일을 하는 데 지침서이다. 매뉴얼을 작성하는 이유는 최대한 서비스의 균일성과 음식의 동질성을 위해서이다. 그래서 최고급 레스토랑일수록 음식과 서비스의 일관성(consistency)을 강조한다. 매뉴얼 작성법은 다음의 단계를 차근차근 밟으면 어렵지 않게 만들어 볼 수 있다.

① 매뉴얼 작성 원칙

- 상대방이 이해하기 쉽도록 작성한다.
- 업무를 시간의 순서대로 작성한다. 예를 들어 전날 마쳐야 할 전처리 작업이 무엇이고, 몇 시까지 마쳐야 하는지, 시간이 얼마나 소요되는지를 적는다. 서비스는 서비스 실시 전까지 필요한 사항을 시간의 순서대로 적는다.
- 구체적으로 작성한다. 상대방이 알 것이라는 가정을 하지 않는다.

• 클리어파일에 끼워 폴더로 만들어 새로운 직원이라도 읽고 쉽게 이해할 수 있도록 한다.
• 반드시 시간을 할애하여 조리팀장과 홀 매니저는 매뉴얼 교육을 진행하며 중요도를 숙지시키고 상시 열람하도록 한다. 매뉴얼을 만드는 것보다 중요한 것은 모든 직원이 같은 정보를 공유하고 그대로 시행하는 것이다.

② 조리 매뉴얼 내용

• 레시피, 조리시간, 조리법, 밑준비 내용, 사용하는 그릇의 종류, 프레젠테이션하는 방법, 남은 음식 보관법, 냉장고 안의 보관 위치, 라벨링하는 법, 재고 조사표 체크리스트 작성법, 원가계산법 등이 포함될 수 있다.

재고 조사표

품목	월	화	수	목	금	토
초콜릿 케이크(미니)	50개	25개				
초콜릿 소스	500 mL	450 mL				
바닐라 아이스크림	3 qt	1.5 qt				
초콜릿 크럼블	250 g	200 g				

그림 10-11 A 레스토랑의 초콜릿 디저트 재고 조사표

③ 홀 매뉴얼 내용

• 홀 직원이 메뉴를 직접 맛보게 한다. 많은 사람이 메뉴를 먹어보지 않고 설명으로 충분하다고 생각하지만 실제로 자신이 먹어본 것에 대해 설명할 경우 설득력이 더 높고 메뉴를 설명할 때 자신감이 생긴다.
• 메뉴에 대한 콘셉트와 메뉴명에 대한 설명을 적고 이해하도록 한다.
• 메뉴를 서비스할 때 고객에게 어떻게 접근할지를 적는다. 예를 들어 "왼쪽에 있는 소스에 생선을 찍어 드신 후 오른쪽에 있는 채소를 드시면 훨씬 맛있게 드실 수 있습니다"라고 먹는 법에 대한 정보를 함께 제공한다.

다음은 홀 직원이 테이블을 청소할 때 사용할 수 있는 간단한 매뉴얼이다.

예) 테이블 청소 매뉴얼

1. 테이블 위에 있는 음식물이나 엎질러진 음료는 행주로 닦는다.
2. 깨끗한 수건으로 다시 한 번 닦는다.
3. 소독제를 넣은 물 스프레이를 테이블 위에 뿌리고 닦아 박테리아 번식을 막는다.
4. 바람에 마르도록 둔다.

5) 메뉴 상품 론칭(launching)

(1) 고객 반응 조사

오랜 시간에 걸쳐 기획하고 테스트하여 완성된 신제품이라도 고객의 반응을 알아보는 것이 가장 중요하다. 신제품 샘플을 테이블에 제공하여 맛보게 한 뒤 고객 카드에 적게 하여 실제로 메뉴 상품 개발에서 의도했던 콘셉트에 부합하는지 알아보고 결과를 마케팅 부서에 보고한다. 마케팅 부서는 일정기간(2~3개월) 수집된 자료를 가지고 향후 진행 여부를 결정한다.

구분	1월				2월				3월			
	1주	2주	3주	4주	1주	2주	3주	4주	1주	2주	3주	4주
사전 조사	→											
레시피 작성		→										
식재료 주문			→									
원가계산			→									
레시피 테스트				→	→							
메뉴 테이스팅						→	→					
메뉴 평가							→					
레시피 수정 보완							→	→				
메뉴 확정 및 촬영									→			
레시피매뉴얼작업										→		
메뉴 시연 및 교육											→	→
메뉴 론칭												→

그림 10-12 메뉴 개발 일정

(2) 메뉴 판매량 통계 분석

대부분의 레스토랑이나 업장에서는 전산화된 시스템을 사용하기 때문에 메뉴 판매량에 대한 정보는 쉽게 구할 수 있다. 그러나 이러한 데이터는 분석을 했을 때 의미가 있는 것이지 데이터를 쌓아두고 있다면 이는 숫자에 불과하다. 마케팅 부서에서 집결하여 고객의 의견과 함께 수정할 부분을 찾아내고 조정하여 고객의 요구에 부응하는 메뉴로 자리 잡을 수 있도록 한다.

6) 메뉴 상품 개발 사례

(1) 메뉴 성공 사례

① 국내 패밀리 레스토랑 시장, 토종이 원조 앞섰다

한국인의 입맛을 공략한 메뉴 개발도 성공 요인으로 꼽힌다. 애슐리는 '갈릭 떡갈비', '까르보나라 떡볶이'와 된장국 등이 대표적인 예이다. 썬앳푸드의 '매드포갈릭'은 한국인이 좋아하는 마늘을 콘셉트로 다양하게 요리를 개발하고 있다. 블랙스미스는 고추장을 이용한 '스파이시 폭립과 왕새우', '미역국 파스타', '누룽지 파스타' 등 한국식 이탈리아 요리를 선보이고 있다. '웰빙' 트렌드에 맞춰 건강식을 제공한다는 점도 고객들을 토종 프랜차이즈로 이끌고 있다. 삼양그룹이 운영하는 '세븐스프링스'는 대부분의 메뉴를 튀기는 대신 굽거나 쪄서 칼로리와 콜레스테롤을 낮췄다. 미스터피자가 운영하는 '제시카키친'도 여름철에 '몸과 마음을 치유하는 제시카의 힐링(healing) 키친'이라는 주제로 마늘, 곤약, 관자조개, 블루베리 등을 이용한 신메뉴 18종을 선보였다. (조선일보, 2012.9.18)

② 단일 메뉴로 성공하다

다양한 메뉴를 만들어 모든 고객을 만족시키겠다고 야심차게 결심하는 것은 어떻게 보면 전문성이 결여되어 보인다. 특히 요리에 대한 지식없이 자본만으로 외식시장에 뛰어들기보다 오히려 단일 메뉴를 선택하는 것이 해답이 될 수 있다.

단일 메뉴라고 해서 심심하다고 생각하는 것은 오산이다. 비비큐치킨은 간장소스를 기초로 대표 메뉴를 만들어 매출 800억 원대를 올렸다. 또한 갖가지 소스를 개발하여 다양한 맛의 시도를 꾀하고 있다. 본죽 김철호 대표는 한국의 죽시장에 대한 인식을 바꿔놓았다. 죽은 많은 사람들이 환자만 먹는 것으로 알았지만, 그는 끊임없이 개발하여 이제는 젊은 사람들도 즐겨 먹는 메뉴로 자리 잡으면서 전국에 1,200여 개의 매장을 낼 정도로 성공하였다. 다른 예로는 화교 3세인 조미옥 대표는 뮬란, 상하이문, 상하이델리, 상하이객잔, 상하이짬뽕 레스토랑 브랜드를 운영하며 한국에 다양한 중국 메뉴를 전파하고 있다.

③ 메뉴에 1%를 더하다

차별화는 이런 것 : 잠바주스

미국 서부에서 시작된 잠바주스는 더운 캘리포니아의 날씨 덕에 성공한 것도 있지만, 무료로 넣어주는 비타민 보충제인 에너지부스트(파우더 형태의 비타민)의 영향이 컸다. 건강을 생각해 직접 갈아 마시는 음료는 누구나 생각할 수 있고 실제로 많이 생겨났지만, 무료로 에너지부스트를 제공함으로써 기존 생과일 주스와의 차별화를 시도했다. 기존 메뉴에 아이디어 하나를 추가함으로써 순식간에 시장을 점령한 것은 좋은 메뉴 개발 전략의 예라고 하겠다.

summary

메뉴 상품 개발의 목적은 신메뉴 개발과 기존 메뉴의 향상으로 나눌 수 있다. 매장을 새로 오픈하는 경우나 기존 매장에서 단발성으로 매출을 올리기 위해 새로운 메뉴를 개발하기도 하며 오래된 메뉴를 바꾸기 위해 메뉴 개발을 하기도 한다.

신메뉴 개발은 기획 단계부터 마케팅 부서와 긴밀하게 협조하여 메뉴 콘셉트, 시장조사, 트렌드, 고객의 니즈를 철저하게 사전 검토해야 한다. 어떤 이유에서든 메뉴의 매출이 지속적으로 줄어드는 경우에는 기존 메뉴의 무엇이 문제인지 진단해야 한다. 가격이 비싼 것인지, 양이 적은 것인지, 메뉴 구성이 나빠서인지, 담음새가 고객에게 호감을 주지 못하는 것인지, 시기적으로 너무 앞서가는 메뉴는 아닌지 등 이유를 찾아내는 것이 중요하다. 결국 메뉴 상품 개발의 목적이 중요한 이유는 상품 개발의 목적에 따라 전략이 달라질 수 있기 때문이다.

메뉴 상품 개발 과정은 상품 기획, 메뉴 테스트, 평가, 수정, 상품 론칭의 과정을 거치게 된다. 가장 중요한 것은 상품 기획 단계로 명확한 메뉴 콘셉트가 요구된다. 상품 개발이 끝나면 표준화된 레시피를 작성한다. 표준화된 레시피의 장점은 첫째, 음식 품질의 일관성이 유지되어 고객의 만족도가 높아진다. 둘째, 식재료 원가 관리가 편리하다. 필요 이상의 음식을 만들지 않아 낭비를 줄일 수 있다. 셋째, 재고 관리가 편리하다. 넷째, 주방 인력 트레이닝이 쉽다. 주조리사의 부재 시 표준 레시피를 보면 초보자라도 만들 수 있도록 자세히 기록되어 있어 음식 품질의 동질성이 유지되며 고객이 불만족하는 일이 드물 것이다. 다섯째, 다수의 고객이 한꺼번에 오더라도 준비된 재료만 있으면 만드는 게 어렵지 않다는 점 등이다.

CHAPTER 11

메뉴 마케팅

11

예전처럼 좋은 상품을 만들기만 하면 저절로 판매되던 시대는 지나갔다. 이제는 상품이 잘 판매되도록 하는 고도의 전략이 필요한 시대이다. 여기저기 생기는 레스토랑의 수가 음식을 사먹는 사람들의 수를 초과하고 있기 때문이다.

이 장에서는 상품화된 메뉴를 판매하기 위한 마케팅 전략 계획서 작성법을 단계별로 살펴보고, 사례를 통해 이해를 돕고자 한다.

1. 메뉴 마케팅의 이해

TV 코미디 프로그램('코미디 빅리그')에서 오늘날의 보험 마케팅을 꼬집어 희화한 적이 있다. 내용을 간단히 요약하면, 어르신들이 게임을 하던 중 한 사람이 혈압으로 인해 잠깐 기절하자 번개같이 저승사자가 화면에 등장한다. 그리고 쓰러진 어르신에게 보험 상품을 설명한다. 잠시 쓰러졌던 어르신은 정신을 차리고 일어나며 이전 가입한 보험 약정이 남아 있어 새로 나온 보험 상품 설명 듣기를 거부하자, 저승사자도 물러나지 않고 공격적으로 그냥 상담만 받으라며 어르신에게 보험계약서를 들이민다. 같이게임을 하던 어르신 중 한 사람이 "요즘 저승사자도 영업을 하느냐?"고 묻자 경쟁이 치열해 영업을 해야 한다며 보험 내용을 소개한다. 결국 저승사자는 타협안을 제시하면서 기절했다 일어난 어르신에게 원하는 대로 약정을 맞춰 줄 테니 보험사 직원의 전화를 받으면 상담 시 "매우 친절했다"고 대답해 달라는 당부까지 하였다. 이렇듯 이제는 업종을 불문하고 가만히 앉아서 고객이 올 때까지 기다려서는 살아남을 수 없음을 보여준 예라고 할 수 있다.

바야흐로 어떤 분야든 영업을 하지 않으면 안 되는 시대를 살고 있다. 과거에는 식당에서 메뉴를 준비하여 찾아오는 고객에게 판매만 하면 되었지만, 현재는 상황이 역전되어 레스토랑들이 고객의 선택을 받게 되었다. 1인당 국민소득 3만 달러 진입을 눈앞에 둔 이 시점에 단순판매, 세일즈가 아닌 마케팅 전략 없이 레스토랑을 운영하는 것은 상상할 수 없는 위험한 일이 되고 말았다. 종합적인 마케팅 전략이 중요하게 된 것이다.

1) 메뉴 마케팅의 정의

(1) 마케팅의 정의

미국 마케팅협회(American Marketing Association)에서는 마케팅을 "고객과 파트너, 그리고 사회에 가치를 창조하고 커뮤니케이션하고 전달하는 일련의 과정이며 활동"이라고 정의하고 있다. 필립 코틀러(Philip Kotler)는, "기업이 고객을 위해 가치를 창출하고 고객관계를 구축함으로써 그 대가로 고객들로부터 상응한 가치를 얻는 과정으로, 교환과정을 통하여 필요와 욕구를 충족시키려는 인간 활동"이라고 정의하였으며, 피터 드러커(Peter Drucker)는 "판매 노력을 불필요하게 만드는 것"이라고 정의하였다.

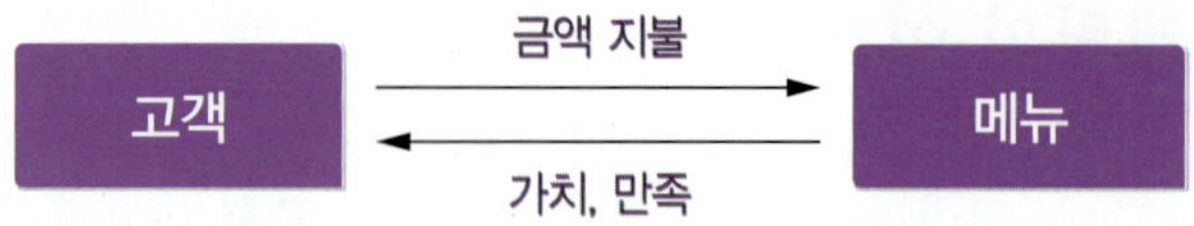

그림 11-1 레스토랑 메뉴와 고객과의 관계

위에 열거한 마케팅 정의를 종합해 레스토랑에 적용해 보면, "메뉴 마케팅은 레스토랑에서 메뉴 품목, 가격, 촉진, 장소 제공을 통해 고객의 상품 구매 목적과 가치를 충족시키고, 고객들로부터 상응한 대가를 얻는 교환 과정이라고 볼 수 있다.

(2) 마케팅과 판매의 차이

마케팅과 비슷하게 생각되어 자주 혼동하는 판매(sales)라는 용어가 있다. 판매와 마케팅은 어떤 차이가 있는 것일까? 판매는 촉진을 통해 기존 제품의 매출을 증가시키고 이윤을 얻는 과정인 반면, 마케팅은 종합적인 활동을 통해 장기적으로 고객의 욕구를 충족시키고 이윤을 얻는 과정이라고 볼 수 있다. 그림 11-2에서와 같이 판매의 출발점은 공장에서 생산된 제품을 팔기 위해 수단과 방법을 가리지 않고 매출 증대에 초점을 맞추는 것이고, 마케팅의 시작은 마켓(시장)으로 고객의 욕구 파악이 핵심이며 통합된 전략을 가지고 접근하여 고객 만족을 통해 이익을 내고자 하는 것이다.

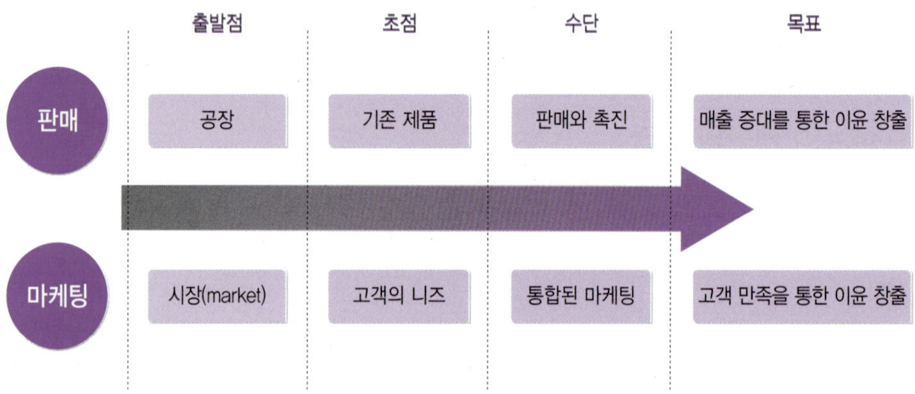

그림 11-2 판매와 마케팅의 차이

자료 : Kotler, Bowen & Maken, Marketing for hospitality & Tourism, Prentice-Hall, p.19, 2010

(3) 서비스의 본질

레스토랑은 서비스업이라는 큰 틀의 한 부분에 속한다. 일반적으로 알려진 마케팅은 제품을 판매하는 것에서부터 시작되었기 때문에 서비스 상품을 판매하는 레스토랑에 적용하기에는 다소 무리가 있다. 레스토랑과 같이 유형과 무형의 서비스를 동시에 판매하는 곳에서 제품은 곧 상품이다. 따라서 제품과 상품의 개념의 차이를 정확히 이해할 필요가 있다.

상품과 제품의 차이

우리가 일반적으로 잘 알고 있는 '제품'은 원료를 사용하여 제조공정을 거쳐 나온 물건을 가리키며, 핸드폰, 자동차 등이 이에 해당한다. 반면에 '상품'은 재화나 유형, 무형의 서비스로 가치가 있는 물건을 사고파는 것이면 물품이 아니라도 가능하다. 대표적으로 서비스가 이에 해당된다. 따라서 서비스업인 레스토랑에서 판매되는 메뉴는 제품보다는 상품에 가깝다. 이러한 상품을 판매하는 레스토랑은 서비스가 가지는 무형성(intangibility), 비분리성(inseperability), 이질성(heterogeneity), 소멸성(perishability)의 특징을 가지고 있다.

첫째, 음식 서비스는 형태가 없는 무형성으로 고객이 실제로 구매해서 먹기 전까지는 불안감과 위험 요소를 떨쳐버리기 어렵다.

둘째, 주방에서 생산된 음식이 같은 장소(홀) 내에서 소비되므로 생산과 소비가 동시에 이루어지기 때문에 구매해서 차후에 사용하는 제품과는 다르다고 할 수 있다.

셋째, 서비스업은 서비스를 제공하는 종사원에 따라 서비스의 내용과 질이 달라지므로 표준화하는 데 어려움이 있지만, 경영자는 고객 만족을 위해 최대한 이질성을 줄이고 표준화된 서비스를 제공하려는 노력이 필요하다.

넷째, 레스토랑의 서비스는 재고로 저장이 불가능하다.

레스토랑은 상품에 대해 고객에게 일정한 대가를 받고 제공하는 곳이며, 한 레스토랑이 가지는 무형의 콘셉트, 음식에 대한 철학, 서비스 형태, 음식의 가격 등을 고객에게 유형화하여 제시하는 상품이 곧 '메뉴'라고 할 수 있다. 이렇게 본다면 메뉴는 고객과 경영주가 커뮤니케이션하는 기본적인 소통의 도구이며, 고객에게 레스토랑의 아이덴티티를 보여줄 수 있는 중요한 매개체이다. 따라서 레스토랑에서 판매하고자 하는 것은 메뉴이므로, 메뉴가 고객의 머릿속에 각인될 수 있도록 전략을 세워 실시하는 것이 메뉴 마케팅이다.

2) 메뉴 마케팅의 중요성

(1) 마케팅 개념의 변천

1950년 이전까지 마케팅은 기업 중심적 철학을 가지고 있었다.

① 생산 지향의 시대

소비자가 싸게 구매할 수 있는 제품을 선호한다고 생각했던 시기였다. 수요가 공급을 초과하는 시대였던 만큼 만들기만 하면 불티나게 팔렸다. 이때는 광범위한 유통망을 갖추고 수요를 맞추기만 하면 아무런 문제가 되지 않았다.

② 제품 지향의 시대

이 시기에는 소비자가 최고의 품질과 성능을 가진 제품을 원한다고 생각하여 엔지니어나 제품 개발 담당자가 우수한 제품을 만들어 내려고 집중했던 시기이다. 물건만 잘 만들면 저절로 팔릴 것이라는 막연한 기대를 가지고 있었던 때이기도 하다. 기술적으로 세계 최고의 제품을 만들기는 했지만 시장에서 외면당한 제품도 상당히 많았다.

③ 판매 지향의 시대

기업은 더 이상 고객이 자발적으로 제품을 구매하지 않는다는 결론을 내리고 공격적인 영업에 돌입한 시기이다. 그러나 소비자의 요구나 욕구가 반영된 것이 아니고 기업이 만들어낸 제품을 고객에게 강매하듯 신규 고객 확보와 판매 기술에 열을 올린 시기라고 할 수 있다.

④ 마케팅 지향의 시대

1950년 이후부터는 마케팅 철학이 기업 중심이 아닌 고객 중심으로 이동하였다. 기업이 만들고자 하는 제품을 생산하기보다는 표적 시장(target market) 고객의 니즈를 찾아내 충족시키고자 하였다. 고객이 가진 문제를 해결하는 고객 만족 중심의 마케팅 철학이 등장하였다.

⑤ 사회 지향의 시대

사회 지향 시대의 마케팅은 고객의 욕구를 이해하고 충족시키는 것은 물론 사회 전체의 이익도 포함시킨 포괄적인 개념이다. 음식물 쓰레기를 가장 많이 배출하는 외식업계로서는 '그린 레스토랑 인증제'나 '음식물의 리사이클', '지속가능한 음식', '공정무역거래' 등 다양한 방법으로 사회적 책임을 나누고 있다.

표 11-1 마케팅 개념의 시대별 변천

생산 지향 시대	제품 지향 시대	판매 지향 시대	마케팅 지향 시대	사회 지향 시대
• 수요가 공급을 초과함 • 많은 제품을 생산하는 것이 관건	• 소비자는 우수한 제품을 선호할 것이라는 가정 • 소비자의 요구와 상관없이 최고의 제품 생산에 주력	• 소비자는 스스로 물건을 구매하지 않음 • 공격적인 영업의 시대	• 고객의 요구 반영 • 고객 만족이 최우선의 목표	• 사회 전체의 이익을 추구하는 시대

표 11-2 기업 마케팅 전략의 과거와 현재

과거	다품종·소량 생산	기업 중심	수요>공급
현재	소품종·대량 생산	소비자·고객 중심	수요<공급

(2) 마케팅의 중요한 개념

마케팅을 이해하기 위해서 우선적으로 알아야 할 개념은 다음과 같다.

① 욕구의 3가지 단계

필요(needs), 욕구(wants), 수요(demands)는 인간이 가지는 3가지 욕구인데 수요가 가장 고차원적인 단계이다. 필요는 인간의 기본적이고 본능적인 욕구로, 배가 고프다거나 물을 마시고 싶다고 느끼는 것을 말한다. 욕구는 개인의 성향이나 가치관이 포함되는 단계로 메뉴를 고를 때 된장찌개나 스파게티 등 구체적으로 자신이 먹고 싶은 것을 표현하는 단계이다. 마지막 수요의 단계는 마케팅에서 가장 관심을 가지는 부분으로 특정 제품에 대해 개인의 욕구, 구매 의사, 구매 능력이 뒷받침되는 상태이다. 예를 들어, 점심에 돈가스를 먹고 싶은 욕구를 가지고 있고 돈가스를 구매할 수 있는 능력이

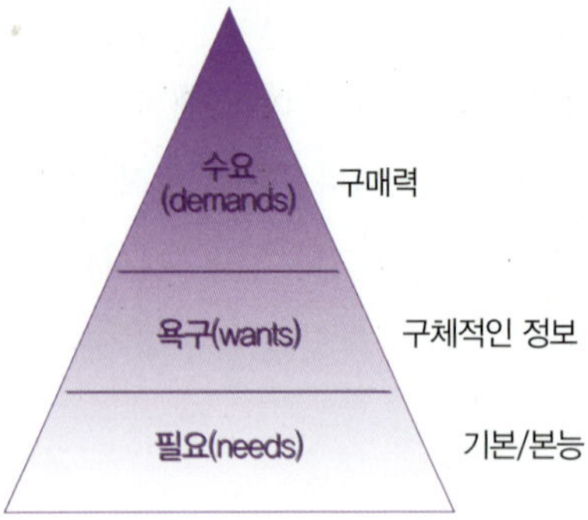

그림 11-3 욕구의 3단계

있는 경우라고 할 수 있다. 그러나 만약 구매할 돈을 가지고 있지만 구매할 의사가 없는 경우에는 수요 의사가 없는 것으로 판단한다.

② 가치, 편익, 만족

가치(value)

가치는 소비자가 편익을 얻는 대가로 지불하는 비용이다. 예를 들어, 레스토랑에서 음식을 먹고 그 대가로 가격을 지불하는 것이다. 또는 1인분 가격으로 2인분의 양을 먹었을 때 고객이 느끼는 감정이다. 그러나 가치는 한 개인의 주관적인 감정이므로 측정하기가 어렵다. 그래서 가격을 기준으로 판단하게 되는데 가격을 낮추거나 품질 또는 편익을 높이는 방법으로 가치를 높이고자 한다. 하지만 가격을 낮추는 것에는 한계가 있기 때문에 품질이나 편익의 수준을 높여 제공하는 것이 가치를 상승시키는 바람직한 방법이다.

$$가치 = \frac{품질}{가격} = \frac{편익}{가격}$$

편익(benefit)

고객은 상품이 제공하는 편익을 함께 구매한다는 말이 있다. 레스토랑에서 외식을 하는 것은 지친 일과에 요리를 하지 않아도 된다는 주부의 편익이 될 수도 있고, 데이트를 즐기는 커플에게는 분위기라는 편익을 제공하는 것일 수도 있다.

만족(satisfaction)

만족은 고객이 구매 이전의 기대와 구매 후 얻은 성과와의 차이에서 느끼는 개인적인 감정이다. 예를 들어, 스테이크를 먹기 전의 기대와 먹고 나서 생긴 감정의 차이라고 할 수 있다. 고객은 기대했던 것만큼 음식(양, 품질 등)이 나오게 되면 만족하고, 기대했던 것보다 고기의 품질이 낮거나 고기가 타거나 한 경우 불만족하게 되며, 기대하지 않았던 수준의 서비스와 음식을 제공 받으면 감동하게 된다.

만족 = 기대 − 성과
불만족 = 기대 > 성과
감동 = 기대 < 성과

(3) 마케팅의 중요성

사회가 선진화될수록 서비스 관련 시장은 점점 확대된다. 여가 시간의 증대, 주 5일 근무제의 정착과 여성의 경제 활동 및 경제 능력의 향상은 외식의 기회를 증가시켰다. 이러한 상황에서 메뉴 마케팅은 더 이상 옵션(option)이 아니라 레스토랑을 운영하는 경영자라면 반드시 해야 할 항목(must-do)이 되었다. 이것은 매장의 규모와 상관없이 레스토랑을 개점하려는 또는 개점한 경영주는 모두 관심을 가지고 전략을 세우고 관리해야 할 부분이다. 또한 이를 실행하기 위해 직원과 마케팅 전략을 공유하며 전략 실행을 위한 철저한 교육도 필요하다.

향후 고객의 음식에 대한 다양성 추구와 건강 먹거리에 대한 관심은 점점 더 늘어날 전망이다. 게다가 요즘은 자신만의 가치관을 갖고 소비하는 스마트한 고객들이 많다. 자신의 라이프스타일과 자신의 욕구에 맞는 레스토랑을 찾기 때문에, 레스토랑은 수익을 창출하기 위해 반드시 고객과 상생할 방법을 고안해야 한다. 아무리 좋은 콘셉트의 맛있는 음식이라도 수익을 위한 강매는 고객에게 외면당할 수밖에 없다. 따라서 메뉴 마케팅의 목적은 목표 고객을 정확하게 이해하고, 고객의 욕구를 충족시키는 동시에 레스토랑의 수익성을 확보하는 윈윈 효과를 얻기 위함이다.

2. 메뉴 마케팅 전략 관리

메뉴 마케팅 전략 관리(marketing management strategies)를 위해 가장 중요한 것은 계획서이다. 마케팅 전략 프로세스는 그림 11-4와 같은 순서로 작성한다.

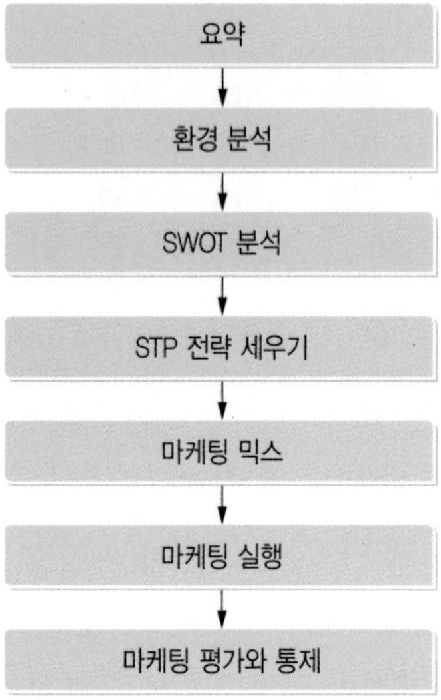

그림 11-4 마케팅 전략 과정

1) 메뉴 마케팅의 환경 분석과 목표 설정

요즘 세계 경기는 바닥을 모르고 하락하고 있다. 한국은행에 따르면 우리나라의 2013년 경제성장률은 2.8%, 내년에도 이 수치에서 크게 호전되지 않을 것으로 예측하고 있다. 경기는 나아지지 않는데 소비자의 눈은 높다. 어떻게 하면 고객을 만족시킬 수 있을지가 관건이다. 고민하지 않고 단순히 가격을 낮추거나 현재 유행하고 있는 항목에만 관심을 둔다면, 이는 마케팅 근시안에 빠질 위험이 높고 장기적인 마케팅 계획을 수립하는 데 장애가 될 것이다.

지구 반대편에서 밀가루 파동이 일어나는데 왜 한국 제과제빵업계가 긴장하는지 이유를 알아야 할 것이다. 안심 먹거리를 지향하는 엄마들은 왜 수입 밀가루 사용에 반대할까? 여름 냉면집에서 발견된 대장균 검출은 매출과 무슨 상관일까? 광우병 파동이 일어나면 소고기 전문점은 문을 닫아야 하는가? 이러한 사회문제와 음식은 밀접한 관련이 있기 때문에 레스토랑에서는 끊임없이 주변 상황에 촉각을 곤두세우고 주시해야 한다.

(1) 3Cs 분석

환경을 분석하는 방법에 일반적으로 3Cs 분석이 사용된다. 3C는 고객(customer), 경쟁자(competitor), 자사(company)의 약자이다.

① 고객 분석(customer analysis)

레스토랑에서 판매하는 메뉴를 구매하는 기존 고객과 잠재 고객이 있다고 가정할 때 먼저 이들의 필요와 욕구를 알기 위해 분석을 실시한다. 첫째, 일반적으로 사용하는 분석은 인구 통계학적 분석으로 고객의 나이, 성별, 소득, 직업, 학력, 종교, 인종, 거주지 등을 파악하여 분류하는 것이다. 둘째, 사이코그래픽스(psychographics) 분석이라 부르는 것인데, 이것은 사람들의 라이프스타일에 의거한 행동적 특성을 알아보는 것으로 한 개인의 가치, 기회, 편익, 개성, 레저 활동, 습관 등을 포함한다. 그러나 개인적인 성향에 대해 공개하지 않는 이유로 측정하기 어려운 단점이 있다.

② 경쟁자 분석(competitor analysis)

같은 상권 내에 있는 같은 메뉴를 판매하는 경쟁업체에 대한 분석이 중요하다. 경쟁업체의 강점과 약점 및 마케팅 전략을 도표로 그려 한눈에 볼 수 있게 한다면 마케팅 전략을 수립할 때 도움이 된다. 이 표를 작성할 때 최대한 고객의 입장에서 객관적으로 작성하도록 노력해야 경쟁업체와의 차이점, 경쟁 우위 전략을 세우는 데 용이할 것이다.

③ 자사 분석(company analysis)

지피지기면 백전백승이라 하였다. 객관적으로 자신의 레스토랑과 메뉴를 비리볼 수 있는 계기가 될 것이다. 포함하는 내용은 자사의 업종, 업태, 경영 상황, 매출, 인원, 경영 철학, 기존 고객층, 메뉴 품목, 메뉴 가격대, 홍보 방법, 시장 수요 등이다.

연습

1. 상권 내에 같은 메뉴 콘셉트를 제시하고 있는 업체 3곳을 선택한다.

2. 비교할 내용을 첫째 칼럼에 나열한다.

3. 경쟁업체는 오른쪽에 한 칼럼에 한 개씩 적는다.

4. 작성한 표의 내용을 가지고 본인의 강점과 약점, 상대방의 강점과 약점을 도출한다.

구분	본인의 레스토랑	경쟁업체 A	경쟁업체 B	경쟁업체 C
위치	대학가, 1층	대학정문, 2층		
주차	없음	있음		
서비스 형태				
음식의 질				
가격대				
대표 메뉴				
인기 메뉴				
음료 서비스				
분위기				
고객 연령대				
고객 성별				
이벤트				
점심·저녁 혼잡시간				
주중·주말 혼잡시간대				

④ 메뉴 마케팅의 목표

위의 방법을 이용해 모든 분석을 마쳤다면 본격적으로 메뉴 마케팅 계획을 세워야 한다. 계획에 앞서 가장 우선 시 되어야 하는 것은 마케팅을 하려는 목표가 분명히 서 있어야 한다. 앞에서 언급했듯이 어디로 가야 하는지 방향을 모르고 무작정 길을 따라 올라가 보니 내가 가려던 산의 정상이 아니었다면 얼마나 당황스럽겠는가? 메뉴 마케팅을 하려는 구체적인 목표가 있어야 한다. 단순히 시장점유율을 올리겠다는 구체적이지 못한 목표로는 치열한 경쟁에서 살아남기 힘들다. 예전처럼 만들기만 하면 팔리던 시대가 아니듯이 맛있고 서비스 좋고 분위기 좋으면 성공할 것이라는 근거 없는 생각은 레스토랑 경영이 실패하는 가장 큰 원인이다.

따라서 구체적인 목표를 세우고 난 뒤에 이러한 목표를 실천하기 위해 계획을 세워야 한다. 예를 들어, 어느 레스토랑의 마케팅 목표가 '9월 말까지 매출액을 올리겠다'는 것이라고 가정해 보자. 이렇게 구체적인 수치 없이 목표를 설정하면 계획을 수립하기 어렵다. 그래서 다음과 같이 바꾸는 것이 좋다. 9월 10일부터 9월 30일까지 "가을 전어 대축제" 이벤트를 통해 객단가 15,000원을 25,000원까지 향상시키겠다는 구체적인 목표를 세운다. 그러면 이에 따른 전략을 다음과 같이 계획할 수 있다.

step 1 경쟁자 분석

step 2 구체적인 목표치 설정 : 객단가 15,000원을 25,000원까지 향상

step 3 시장분석과 STP 전략 : 고객 분류(여성, 남성), 연령대, 회사원, 가족, 주말 또는 주중행사 또는 9월 한 달간, 전어구이, 전어무침, 전어튀김

step 4 마케팅 믹스 : 전단지, SNS, 쿠폰

step 5 마케팅 예산 : 광고 홍보물 비용, 인건비, 직원교육, 쿠폰 인쇄비

step 6 마케팅 실행 및 평가

(2) 소비자 행동에 영향을 미치는 요인

소비자 행동이란 소비자가 상품이나 서비스를 구매하는 동기, 구매 경로, 구매 후 사용하기까지 일련의 과정을 말한다. 이러한 소비자 행동이 일어나는 데 작용하는 여러 가지 영향 요인은 크게 문화적 요인, 사회적 요인, 개인적 요인으로 나눠볼 수 있다.

문화적 요인	사회적 요인	개인적 요인
• 가치관 • 지각, 행동	• 준거집단 • 가족, 친구, 이웃, 직장동료 • 오피니언 리더	• 연령 • 직업 • 소득

그림 11-5 소비자 행동에 영향을 미치는 요인

첫째, 문화적 요인은 구매 동기를 유발하는 가장 기본적인 요소이다. 문화는 어떤 특정 집단의 구성원들이 오랜 시간 동안 공유하여 다음 세대로 이어지는 후천적인 학습 행동이다. 가치관, 지각, 욕구, 행동 등으로 구성되며, 인간이 태어나면서 습득한 것으로 같은 집단에 속한 사람들이 음식이나 식품을 먹는 행동에 적용하게 되면 하나의 독특한 식문화를 형성하게 된다.

둘째, 사회적 요인으로는 준거집단(reference group)이 있는데 가족, 친구, 이웃, 직장동료와 같은 1차적 집단과 종교, 노조집단과 같은 2차적 집단이 있다. 준거집단에서 마케팅 담당자가 신경 써야 할 부분은 바로 오피니언 리더(opinion leader)이다. 오피니언 리더들은 여러 상품이나 제품의 장단점을 비교해서 일반인들에게 알려주는 역할을 하므로 그들은 소비자들로부터 전적인 신뢰를 받고 있다. 따라서 이들의 의견이 소비자에게 지대한 영향을 주는 것을 생각하면 이들에게 정확한 정보를 제공하고 해당 기업에게 호의적인 태도를 갖도록 하는 것이 중요하다.

셋째, 개인적인 요인인 연령, 생활주기, 직업, 경제적 상황, 라이프스타일 등에 의해 영향을 받는다. 한 개인의 경제적 상황은 제품의 선택에 크게 영향을 주는데, 한 잔에 4,500원 하는 커피를 마시던 사람도 경기 침체기에는 자판기 커피로 대신할 수 있기 때문이다. 중요한 것은 라이프스타일인데 이것은 개인이 세상을 살아가는 방식을 말한다. 건강을 생각하는 사람은 유기농 제품이나 친환경 제품을 구입할 것이고, 기업의 사회적 책임을 중요하게 생각하는 사람은 공정무역거래 커피를 구입해서 먹으려고 할 것이다. 저가를 선호하는 사람은 대형마트에서 저렴하게 구입하려 할 것이고 시간을 아껴 가족과 시간을 할애하고자 하는 주부는 가정편의식(home meal replacement, HMR)을 구입하여 저녁 식사를 준비할 수도 있다.

(3) 구매의사 결정 과정 : 5단계

소비자가 물건을 구입하거나 레스토랑의 메뉴를 구입하는 기본적인 과정은 대단히 중요하다고 할 수 있다. 이 과정을 통해 소비자에게 접근하는 마케팅 전략이 세워질 수 있기 때문이다.

구매의사 결정 과정의 5단계는 문제 인식, 정보 탐색, 대안 평가, 구매 결정, 구매 후 행동의 순이다.

그림 11-6 구매의사 결정 과정

① 문제 인식

구매자가 문제나 욕구를 인식하면서 시작된다. 친구를 통해 구매의 필요성을 인식할 수도 있고 TV 광고를 보면서 구매 욕구가 생길 수도 있다. 예를 들어, 기념일에 레스토랑에 가야겠다고 생각한다면 문제 인식은 기념일이라는 것이다.

② 정보 탐색

문제를 인식하고 나면 정보 탐색에 나선다. 주변 지인에게 물어볼 수도 있고 블로그와 같은 인터넷의 글을 참고할 수도 있다. 또는 TV에 등장했던 곳, 광고 등과 같이 다양한 방법으로 정보를 탐색하게 된다.

③ 대안 평가

정보를 탐색한 후 호텔에 위치한 레스토랑, 패밀리 레스토랑, 개인 레스토랑 등을 두고 장소에 대한 대안을 찾는다. 이때 기준이 되는 것은 호텔에서 최고급 음식을 먹을 것인가, 아니면 분위기는 시끄럽지만 가격이 저렴한 패밀리 레스토랑을 갈 것인가와 같은 대안을 놓고 평가를 하게 된다.

④ 구매 결정

구매 결정 단계에서는 대안 가운데 가장 선호하는 것을 선택할 것인데, 이때 다른 사람의 해당 레스토랑에 대한 사전 경험의 결과에 영향을 받을 수도 있다.

⑤ 구매 후 행동

마지막으로 구매 후 행동은 소비자의 입소문이나 재방문 등으로 나타날 것이다.

소비자의 의사결정 과정을 파악하는 궁극적인 목적은 만족스러운 경험에 따른 재방문이라고 할 수 있다. 그러기 위해 마케팅 담당자는 다음과 같은 내용을 바탕으로 전략을 세워야 한다.

첫째, 만족한 경우 재방문하거나 반복 구매하게 되고 충성 고객으로 발전할 것이다.

둘째, 만족은 하였으나 여전히 다른 레스토랑을 찾을 수 있다. 이러한 경우 다양성과 색다른 경험을 추구하는 고객이므로 메뉴의 다양성과 주기에 신경을 써야 한다.

셋째, 불만족한 고객이지만 계속 방문하는 경우에는 선택의 대안이 없는 경우이거나 또는 불만족한 사항을 수정 조치하면 충성 고객이 될 가능성이 아주 높은 고객이다.

넷째, 불만족한 경우 재방문은 물론 하지 않을 것이며, 인터넷이나 지인들에게 부정적인 구전을 할 가능성 아주 높다. 따라서 이들이 불만족한 부분을 찾아내서 향후 마케팅 전략을 구사하고 메뉴 상품을 개발할 때 참고자료로 반드시 사용해야 한다.

(4) SWOT 분석

앞에서 실시한 자사의 업종, 업태, 경영 상황, 매출, 인원, 경영 철학, 시장 수요 등을 바탕으로 SWOT 분석을 실시한다. SWOT는 강점(strength), 약점(weakness), 기회(opportunity), 위협(threat)을 뜻하는 머리글자(initial)이다. 자사의 강점, 약점, 기회, 위협을 각각 리스트 업(list up)한 뒤 표로 작성한 강점과 약점은 통제 가능한 요소로 분류하고, 위협과 기회는 통제가 어려운 외부 요소로 분류한다. 자사의 강점과 기회는

그림 11-7 New Belgium Brewing 사의 SWOT 분석의 예

강화하고 약점과 위협은 제거할 수 있도록 한눈에 볼 수 있게 하는 것이 SWOT 분석의 핵심이다.

2) 메뉴 마케팅 STP 전략

STP 전략은 마케팅에서 가장 핵심이다. STP는 세분화(segmentation), 표적 시장(targeting), 포지셔닝(positioning)의 머리글자로 STP 전략 없이 마케팅을 한다는 것은 창칼로 무장하고 전쟁준비는 마쳤는데 어느 싸움터로 가야 할지 모르는 상황에 비유할 수 있다.

(1) 세분화 전략

시장 세분화를 하는 이유는 판매하는 메뉴를 자주 구매하고 구입할 것이라 예상되는 집단을 파악하기 위함이다. 또는 반대로 비슷한 욕구를 가진 집단이 있으면 그에 맞는 상품을 개발해 판매하고자 함이다.

시장 세분화의 기준은 첫째, 나이, 성별, 직업, 소득수준, 학력과 같은 인구통계적 변수이다. 둘째, 구매 의도에 따른 소비자 행동 변수, 예를 들면 접대성 비즈니스인지 사교모임인지에 따라 구매하려는 레스토랑의 메뉴 수준이 달라질 수 있다. 셋째, 도시와 지방 거주 여부 등 지리적 위치를 기준으로 분류하는 지리적 변수이다. 넷째, 한 개인의 라이프스타일에 따라 분류하는 심리적 세분화 등이다.

세분화를 하는 목적은 목표로 하는 고객의 성향, 기호, 욕구 등이 비슷하기 때문에 마케팅 전략 수립에 유리하기 때문이다.

시장 세분화의 요건은 측정 가능성, 접근 가능성, 충분한 규모의 시장, 실행 가능성이다.

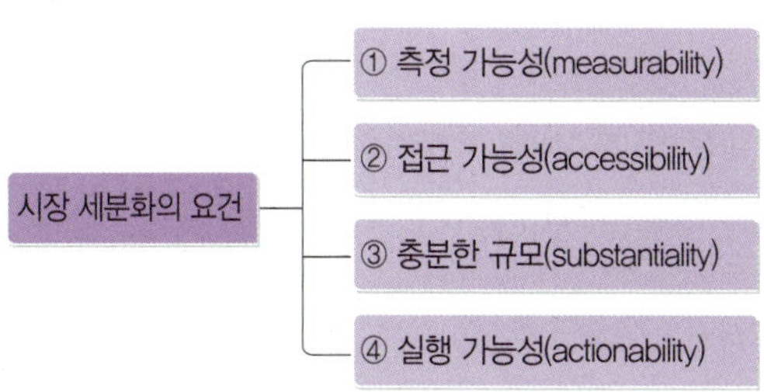

그림 11-8 시장 세분화의 요건

첫째, 시장 세분화를 할 때 수치로 환산되지 않으면 구매력을 측정하기 어렵기 때문에 의미가 없다. 가정편의식(HMR)을 구매할 싱글들이 표적 시장이라고 한다면 어떻게 그들을 측정할 것인가를 고민해 봐야 한다. 둘째, 표적 시장을 수치화하기 위해서 접근 가능한 유통 경로나 매체가 있어야 한다. 고급 레스토랑, 패스트푸드 레스토랑, 패밀리 레스토랑, 백화점 식당가, 호텔 등 구매 경로가 확실해야 한다. 셋째, 세분화한 시장의 크기가 충분히 커서 그 시장에서 예상하는 정도의 매출이 발생해야 한다는 것이다. 시장이 크기가 작아서 매출 이익보다 마케팅 비용이 더 발생한다면 올바른 세분시장 선택이라고 할 수 없다. 대형마트에서 순대를 사먹는 사람들이 표적 시장이라고 한다면 그 시장의 규모가 얼마나 큰지 사전에 반드시 파악해야 한다. 넷째, 적절히 세분화한 시장은 있으나 물리적인 거리 때문에 적합한 마케팅 프로그램을 만들어 고객을 유치할 수 없다면 세분화의 의미가 없다고 볼 수 있다.

(2) 타깃팅 전략

시장 세분화가 되었다면 기업의 목표에 따라 하나 혹은 그 이상의 표적 시장을 선정할 수 있다. 한 기업이지만 하나 이상의 세분화 시장을 위해 표적 시장을 선정하는 경우가 있다. SPC가 운영하는 파리바게뜨, 파스쿠찌, 파리크라상, 패션 5(이태원) 매장은 각각 판매하는 품목, 가격, 매장 분위기, 이용하는 연령층을 다르게 공략하고 있다. 김치 크로니클(Kimchi Chronicle)로 한국에서 이름이 잘 알려진 장 조지(Jean Georges) 레스토랑 그룹은 장 조지(Jean Georges, 파인다이닝), 봉(Vong, 중식), 스파이스 마켓(Spice Market, 타이 퓨전), 페리 스트릿(Perry Street, 캐주얼 다이닝), 머서 키친(Mercer Kitchen, 캐주얼 다이닝)을, 『세팅 더 테이블(Setting the Table)』의 저자로도 유명한 대니 마이어(Danny Meyer)는 그래머시 터번(Gramercy Tavern, 파인 다이닝), 터번(Tavern, 아메리칸 캐주얼 다이닝), 셰이크 색 버거(Shake Shack burger, 패스트푸드), 유니언 스퀘어 카페(Union Square cafe, 비스트로), 뉴욕 현대미술관(MoMA) 내 레스토랑인 더 모던(The Modern, 파인다이닝), 카페 2(Cafe 2), 테라스 5(Terrace 5)를 운영하고 있다. 같은 그룹이 운영하지만 파인다이닝부터 패스트푸드까지 다양한 연령층과 고객의 소비수준에 맞게 타깃팅 전략을 내세우고 있다.

(3) 포지셔닝 전략

포지셔닝이란 고객의 머릿속에 대표적인 메뉴를 어떻게 각인시키느냐에 관한 것이다. 원래 포지션(position)이란 '어디에 위치하다'라는 의미인데, 자사의 제품, 브랜드를 고객의 머릿속에 문신처럼 새기기 위해 독특한 이미지나 아이덴티티를 만들어내는 과정을 의미한다. 도미노피자의 30분 배달 보증서비스, 베스킨라빈스 아이스크림의 특이한 이름들(엄마는 외계인, 바람과 함께 사라지다 등), 던킨도너츠, 크리스피크림도너츠, 맥도날드의 '24시간 딜리버리', 오장동 냉면, 하동관 설렁탕, 토속촌 삼계탕, TGIF 케이준 치킨샐러드, 아웃백 스테이크하우스의 코코넛 쉬림프 등을 예로 들 수 있다. 메뉴를 떠올렸을 때 생각나는 레스토랑이 있다면 그 레스토랑은 포지셔닝이 아주 잘 된 곳이라 하겠다.

3) 메뉴 마케팅 믹스

마케팅 전략의 기본이 되는 요소인 4P는 상품(product), 입지(place), 가격(price), 촉진(promotion)인데, 이들을 전체적으로 필요와 목적에 맞도록 조정하는 것을 마케팅 믹스라고 한다. 그러나 무형과 유형의 서비스를 제공하는 레스토랑은 이 4가지로만 설명하기에는 부족함이 있어 붐스(Booms)와 비트너(Bitner)는 서비스의 특성을 반영하여 3P인 종사원(people), 물리적 증거(physical evidence), 서비스 과정(process)을 추가해야 한다고 주장하였다.

(1) 상품

레스토랑에서 상품은 음식, 서비스, 분위기를 포함하는 종합적인 것이다. 그렇다면 레스토랑이 제공하는 상품에는 어떤 것이 있을까? 레스토랑에서 제공하는 상품은 핵심 상품, 실제 상품, 확장 상품의 3가지로 나눈다.

첫째, 핵심 상품은 서비스를 제공하는 종사원으로 고객 한 명 한 명이 기억에 남는 음식 경험을 하도록 도와준다.

둘째, 실제 상품은 유형적인 부분으로 레스토랑의 물리적 증거가 포함된다. 패스트푸드 레스토랑, 캐주얼 다이닝, 파인다이닝 레스토랑은 각각 실내장식이나 서비스 형태, 음식을 담는 그릇이 다를 수 있고, 이에 따른 음식의 품질과 적정 수준의 서비스를

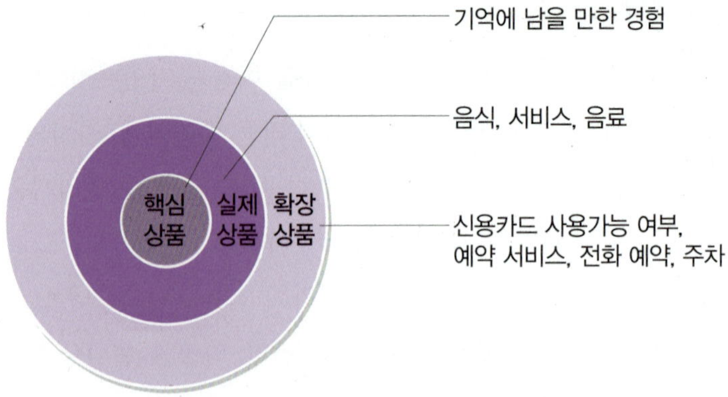

그림 11-9 레스토랑 제공 상품의 분류

고객은 기대할 것이다.

셋째, 확장 상품은 부가서비스 기능이라고 볼 수 있는데 신용카드 결제 여부, 제휴카드 할인, 발레파킹 등의 서비스를 갖추고 있는가에 관한 내용이다.

그러나 상품을 나누는 기준은 레스토랑 유형에 따라 다소 변할 수 있다. 음식은 실제로 테이블에 서비스되기 전, 먹기 전, 그리고 서비스가 전달되는 방식을 경험하기 전까지 모두 무형적인 형태이므로 사람들은 눈에 보이지 않는 것에 대해 두려움을 느낀다. 따라서 이를 유형화시켜서 보여주는 것이 중요하다. 메뉴북 안의 실제 음식 사진, 직원 유니폼, 레스토랑의 분위기, 품질보증제도나 인증서 등은 시각적으로 품질에 대한 신뢰감과 불안감을 감소시켜준다. 결국 레스토랑의 최대 목적이 이러한 불안감을 낮추고 고객을 재방문하도록 하는 것이라면 고객이 음식을 경험하는 동안 최고의 서비스와 분위기를 제공하는 것이 중요한 요인이 된다.

(2) 입지

레스토랑은 입지전이라고 해도 과언이 아닐 만큼 장소가 중요하다. 입지는 접근성과도 연관이 되는데 1층에 위치했는지, 2층에 위치했는지, 간판은 눈에 잘 보이는지, 간판 글자의 가독성은 뛰어난지, 충분한 주차공간을 확보하고 있는지 등을 사전에 면밀하게 계획해야 한다. 고급 레스토랑이라면 주차공간이 중요한 요인이 될 수 있지만, 패스트푸드 레스토랑은 지하철 근처에 위치하고 있어 이용 고객의 접근성이 용이한지가 관건일 수 있다. 아웃백 스테이크하우스는 1층은 주차공간으로 사용하고 주로 2층에 매장이 있는 것이 특징이고, SPC의 경우 베스킨라빈스 옆에 던킨도너츠를 배치하는 전략은 고객의 머릿속에 '베스킨라빈스 옆에는 도너츠 가게가 있지'라고 포지셔닝하는 한 방법이라 볼 수 있다.

(3) 가격

가격은 가장 민감한 부분임과 동시에 수익을 내는 데 가장 혁혁한 공을 세우는 변수이다. 가격에는 서비스를 구매하거나 경험하면서 고객이 지불하는 금전적 요인과 레스토랑에 도착하기까지의 시간, 레스토랑을 조사하면서 또는 주위에 물어보면서 소비한 시간과 같은 비금전적인 요인도 포함이 된다. 따라서 메뉴의 가격을 결정할 때는 여러 가지 변수가 포함된다. 고객의 가치(금전적, 비금전적 요인), 마케팅 비용, 관리 비용, 음식 식재료비, 인건비 등을 고려해야 하고 동시에 경쟁사와 차별화된 가격 전략이 중요하다. 고객은 특히 식당에 대한 정보가 부족한 경우 가격으로 음식의 품질을 평가하는 경향이 있다. 따라서 가격이 무작정 비싸다거나 너무 싸게 책정이 되어 있으면 고객의 만족도에 영향을 줄 수 있다.

(4) 촉진

촉진은 '고객의 방문을 유도하거나 단골이 되도록 설득하는 활동'으로서 광고, 홍보, 인적 판매, 입소문 등의 방법이 있다. 요즘에는 촉진이라는 단어보다 통합 마케팅 커뮤니케이션(Integrated Marketing Communication, IMC)으로 사용하는 것이 추세이다. 레스토랑에서 가장 큰 효과가 있는 촉진은 입소문(word of mouth)에 의한 것이다. 오픈 초기에는 다수의 사람들에게 알리기 위한 광고가 효과적일 수 있지만, 고급 레스토랑일수록 입소문에 의한 홍보가 효과를 발휘하는 만큼 시기별, 업태별 촉진활동을 달리 강구해야 한다. 소셜 커머스(social commerce)의 공동할인구매 형태는 특히 처음 오픈한 매장이라면 인지도를 높이기 위해 적극 활용해 볼 만한 장점이 있다. 하지만 한 번 낮은 가격으로 구매한 고객은 다음에 비싼 값을 주고 같은 메뉴를 구매하지 않으려는 특성이 있기 때문에 주의해야 한다.

(5) 물리적 증거

서비스가 전달되고 서비스를 경험하는 공간 안팎의 유형적인 모든 물건들이 여기에 해당된다. 예를 들면 실내온도, 조명, 색상(tone), 가구, 인테리어, 간판, 오픈키친 등을 가리킨다. 고객은 이러한 물리적 증거를 통해 서비스의 품질과 수준을 평가하게 되고 그에 해당하는 가격을 지불하고자 한다.

(6) 사람

서비스를 전달하는 종사원의 복장, 외모, 태도, 행동 등이 포함되며 종사원들의 서비스는 고객 만족도에 큰 영향을 준다. 서비스는 특히 이질성이 강하기 때문에 각 업종별, 업태별 직원 교육을 통해 표준화된 서비스를 보여주려고 노력해야만 한다. 예를 들어, 2012년 샤브샤브 전문점인 채선당에서 고객과 직원과의 싸움이 발생한 사건이 있었다. 이것은 SNS를 통해 일파만파 순식간에 퍼져 나갔고 뉴스에까지 보도되었다. 서로의 입장이 달라 진상조사를 해본 결과 직원이 고객을 다치게 하지는 않았지만 결국 그 다음날 채선당 본부는 대대적인 사과 문구를 신문 지면에 내보냈다. 후속 조치가 중요하기는 하지만 고객들은 사건이 일어난 사실만 기억할 뿐 사과문을 찾아 읽지 않는다는 것을 명심해야 한다. 서비스를 전달하는 직원에 대한 지속적인 교육을 통해 고객의 불평을 최소화하는 것이 중요하다는 것을 보여준 사례이다.

(7) 서비스 과정

고객이 레스토랑을 방문하고 식사를 마치고 나가는 그 순간까지 고객과의 접촉을 통해 발생할 수 있는 모든 순간(moment of truth)을 서비스 접점(service encounter)이라고 한다. 고객이 일단 레스토랑으로 들어왔다면 이것보다 더 좋은 마케팅 기회는 없다. 고객의 도착, 예약 확인, 자리 배치, 주문 받기, 음료 서비스, 음식 전달, 결제, 구매 후 활동(구전, 재방문)에 대한 단계별 마케팅 전략이 필요하다. 예를 들어, 워크인(walk-in, 사전 예약을 하지 않고 방문한 경우) 고객이라면 대기할 때 대기시간 동안 메뉴판을 볼 수 있도록 건네거나, 신메뉴가 있다면 샘플로 나눠주고 반응을 볼 수도 있다. 아웃백 스테이크하우스에서 실시하는 웨이팅 푸드 서비스(대기시간에 고객에게 샘플 음식을 제공함)는 고객의 지루함을 덜어주는 동시에 메뉴 마케팅의 기회도 될 수 있다. 따라서 고객이 입장하는 순간부터 퇴장하는 순간까지 서비스 접점별 마케팅 전

그림 11-10 서비스 과정

략을 꼼꼼하게 기획하여 고객에게 만족을 주는 동시에 재방문의 기회와 입소문을 낼 수 있도록 한다.

서비스 과정에서 메뉴 마케팅은 다양하게 적용될 수 있다. 레스토랑에서 이미 실시하고 있지만 계산서를 그냥 주는 것이 아니라 해당 레스토랑의 대표 메뉴 이미지가 들어간 엽서를 끼워주는 곳도 있다. 그냥 지나칠 수도 있지만 그림 11-10과 같이 막상 엽서로 받으면 그 레스토랑을 다시 가보고 싶다는 생각이 들게 만든다.

4) 마케팅 실행

마케팅 전략을 실시할 때 외부 마케팅과 내부 마케팅 모두를 고려하여 계획하여야 하겠지만 마케팅믹스를 사용하여 전략을 계획할 때 중요한 것은 내부 마케팅(내부 종사원, 직원)이라 할 수 있다. 외부적으로 훌륭한 메뉴 마케팅 계획을 세웠다 하더라도 매장 내에서 서비스를 선날하는 직원이 내용을 숙지하지 못했다거나 파트타임으로 고용된 직원들이 내용을 몰라서 고객이 불편을 겪게 된다면 많은 시간을 투자해 만든 계획이 제대로 효과를 보지 못하게 된다. 또한 주방의 스태프가 마케팅에 필요한 식재료를 충분하게 주문하지 못하여 고객이 돌아가는 사태가 발생하지 않도록 사전에 철저하게 기획하고 준비해야 한다.

(1) 주방의 시설과 인력

주방의 시설과 인력은 음식에 대한 맛과 품질로 연결되므로 무엇보다도 중요하다고 할 수 있다. 메뉴에는 튀김이라 적어두고 튀김기가 부족하거나 없다면, 또는 100인분을 1시간에 만들어야 하는데 조리 인력이 2명밖에 없어서 음식이 늦게 준비된다면 오히려 고객의 불만을 일으킬 수 있다.

(2) 홀의 인력 배치 및 종사원 교육

적은 인원이 서비스를 하다 보면 고객의 요구에 재빨리 부응하지 못하게 되므로 필요한 인원을 확보하고, 정확한 업무지시를 통해 바쁘더라도 원활한 커뮤니케이션으로 고객이 편안하고 즐거운 경험을 할 수 있도록 해야 한다.

예전에 한 외식 관련 업체가 소셜 커머스를 통해 1,500장의 쿠폰을 판매한 적이 있었다. 구체적인 계획을 하고 추진한 것이 아니라 급하게 진행하다 보니 한 번에 수용할 수 있는 인원과 서비스를 제공할 인력의 수를 정확하게 고려하지 못해서 고객이 매장에서 서비스를 받지 못하고 돌아가는 사태가 발생하였다. 게다가 직원 교육이 제대로 이루어지지 않아 일관성 있는 대답을 하지 못하고 우왕좌왕하였고, 실제로 쿠폰을 제시했을 때 직원의 시큰둥한 반응에 오히려 기분이 나빴다는 불평의 목소리가 업체 게시판에 올라와 곤욕을 치룬 경험이 있다.

5) 마케팅 평가 및 통제

마케팅 평가 단계에서는 비용, 매출, 수익에 대한 분석을 실시하고 전체 마케팅 콘셉트와 기획 의도에 맞게 실시되었는지, 향상되어야 할 부분은 무엇인지 파악해야 한다. 무엇보다 중요한 것은 실제 기획한 것과 실행되었을 때 차이가 발생하였다면 그 이유를 찾아 향후 계획 시 통제할 수 있도록 해야 한다.

3. 메뉴 마케팅의 전략 및 사례

1) 메뉴 마케팅 전략 수립의 기본

하루가 다르게 변하는 시대에 맞춰 고객들의 요구사항도 갈수록 다양하고 복잡해지고 있으므로 메뉴 마케팅의 전략 수립을 할 때 다음 사항에 유의해야 한다.

첫째, 경영자 및 마케터는 메뉴 마케팅의 중요성에 대해 알아야 한다.

가게의 규모와는 상관없이 마케팅의 중요성을 인지해야 한다. 여성의 사회활동이 활발해지면서 결혼 연령이 늦어지고 싱글족의 수가 증가하였으며 외식이 빈번해졌고 가정편의식(HMR)의 편리성이 주목을 받고 있다. 주방에서 시간을 보내기보다 그 시간을 여가나 가족과 함께 하는 시간으로 활용하고자 하는 사람이 증가하고 있다. 싱글족을 위한 바(bar) 형태의 레스토랑과 1인분 메뉴를 전문으로 하는 레스토랑이 출현하기 시작하였고, 대형마트에 가면 가정편의식 코너를 쉽게 볼 수 있다. 이런 틈새시장의 존재를 파악하기 위해서는 눈과 귀를 열고 마케팅 지향적 마인드(marketing-oriented mind)를 갖는 것이 중요하다.

둘째, 외식 트렌드를 알아야 한다.

레스토랑 경영자라면 또는 마케터라면 항상 트렌드에 관심을 갖고 발 빠르게 대응해야 할 필요가 있다. 미국 레스토랑협회(NRA)는 매년 외식 트렌드에 대한 조사를 발표하는데, 2012년에 발표한 내용을 보면 다음과 같이 지속 가능한 농산물의 사용과 지역 농산물의 활용에 대한 것이 핵심 내용이다.

- 지역에서 어획한 생선이나 고기의 사용
- 지역에서 생산된 채소 사용
- 건강을 생각한 어린이를 위한 메뉴 개발
- 지역 농산물에 대한 관심
- 지속 가능한 농산물을 활용한 음식

2) 메뉴 마케팅 전략 예시

(1) 계획(planning)

연간 계획을 세운다(월별, 분기별, 주별). 다음 해 실시할 마케팅에 대한 연간 계획서는 당해 연도 10~11월경 작성한다. 왼쪽 칼럼에는 마케팅 전략 과정 항목을 쓰고, 오른쪽으로는 12개월을 나열한 뒤 각각의 월별 또는 분기별 또는 주차별 이벤트 항목을 적어 한눈에 볼 수 있도록 한다.

표 11-3 메뉴 마케팅 전략 예시

	1월	2월	3월	4월	5월	6월	7월	8월	9월	10월	11월	12월
가능한 이벤트	–	밸런타인 데이	–	봄철딸기 프로모션	어린이날 어버이날	–	복날	피크닉 이벤트	전어 축제	할로윈 이벤트	–	크리스 마스
콘셉트												
목표 고객												
매출 목표												
준비 기간												
홍보 매체												
담당												
메뉴 개발												
직원 교육												
주방 인원												
예산												

(2) 전략 계획서 만들기

앞에서 이야기한 내용을 바탕으로 전략 계획서를 작성한다. 이렇게 하면 역할 분담과 주방, 홀, 마케팅 부서 간의 커뮤니케이션이 잘 이루어지므로 시너지 효과를 낼 수 있다.

표 11-4 전략 기획서 예시

1	전체요약		전체 마케팅 계획을 한 장 정도로 요약한다.
2	상황 분석	내부 환경 분석	현재 마케팅 목적과 목표 설정
			현재 마케팅 전략과 실행 상황
			현 기업의 상황(인원, 자금, 구조 등)
		고객 분석	현재 고객과 잠재 고객의 파악
			고객이 레스토랑에서 얻고자 하는 것은 무엇인가?
			고객이 레스토랑을 방문하는 시기는 언제인가?
			고객이 레스토랑 메뉴를 선택한 이유는?
			잠재 고객이 준비한 메뉴를 선택하지 않는 이유는?
		외부 환경 분석	경쟁자 분석
			경제 및 정치 상황 분석
			트렌드 분석

3	SWOT 분석	강점 요소	
		약점 요소	
		기회 요소	
		위협 요소	
		SWOT 매트릭스 작성	
		경쟁 우위 요소 분석	
		핵심 전략 개발	
4	STP 전략	마케팅 목적과 목표 설정	
		마케팅 목표 설정	
5	마케팅 믹스	상품 전략	사람전략
		가격 전략	물리적 환경 전략
		유통 전략	서비스 과정 전략
		촉진 전략	
6	마케팅 실행	업무 분담, 교육	
7	마케팅 평가 및 통제	비용, 매출, 수익 등을 평가	

3) 메뉴 마케팅 사례

(1) 20%의 고객에 집중하자 : 파레토의 법칙

파레토의 법칙은 이탈리아의 경제학자 빌프레도 파레토(Vifredo Pareto)가 처음 주장한 법칙이다. 기업 매출액의 80%는 20%의 고객에 의해 이루어진다는 법칙으로, 20%의 고객 욕구를 파악하고 그들을 위한 마케팅 전략을 구상하여 시간과 노력을 집중하는 것이 중요하다는 것이다.

① 단골고객 관리하기_ CRM과 고객 로열티 프로그램 적극 활용

단골고객을 잡아야 한다. CRM(Customer Relationship Marketing, 고객 관계 관리) 프로그램을 설치하여 단골고객을 관리할 필요가 있다. 커피숍에서 일반적으로 활용하고 있는 마일리지 카드(10번 스탬프를 받으면 1회 무료 음료 제공)를 적극 활용하여 고객의 재방문을 유도해야 한다. 또한 12월이 되면 스타벅스나 카페베네, 엔제리너스 등 커피숍에서는 다이어리 이벤트를 한다. 2011년 기준 스타벅스는 제품 구매와 다이어리 증정 마케팅으로 56일 동안 164억 1000만 원(음료 판매 159억 원, 다이어리 판매

5억 1000만 원)의 매출을 올렸다. 엔제리너스도 47억 5000만 원 이상의 매출을 올렸다(한국일보, 2012.1.2.).

그림 11-11 고객 로열티 프로그램
스타벅스의 크리스마스 다이어리 이벤트

② 골드미스를 잡아라_ 프리미엄 마케팅

여성의 사회 진출로 독신, 골드미스(30대 이상 50대 미만의 여성 중 고학력으로 연봉 4000만 원 이상의 사회적, 경제적 여유를 가지고 소비하는 계층을 부르는 마케팅 용어)의 수가 증가하고 있는데, 이들의 소비 성향은 자신에게 투자하는 것을 아끼지 않는다는 것이다. 2007년 조사 결과 골드미스는 2만 9659명으로 집계되었다. 하나를 먹더라도 건강을 생각하여 제대로 된 것을 먹겠다는 이들은 유기농이나 친환경 농산물을 선호하는 경향이 있다. 이들을 위한 시장이 존재하므로 프리미엄 마케팅 전략을 시도해볼 만하다.

③ 세 살 입맛 여든 간다_ 키즈 메뉴 마케팅

핵가족화와 출산율 저하는 상대적으로 외식의 비중을 높이게 되었으며 자녀가 있는 가정은 주로 아이 중심으로 메뉴를 선택하는 경향을 나타낸다. 따라서 마케팅 측면에서 본다면 어린이는 미래의 성인 고객으로, 어렸을 때 먹었던 음식의 맛은 평생을 좌우하므로 어린이를 위한 메뉴 개발은 필수라고 할 수 있다. 단순히 양을 줄이는 것이 아닌 건강식으로 구성하여 엄마들로 하여금 아이에게 음식을 사준다는 죄책감에서 해방될 수 있도록 하는 것이 셀링 포인트(selling point)이다.

맥도날드 키즈 세트 메뉴는 장난감으로 고객 유도에 성공한 좋은 사례이다. 만화나 영화 캐릭터(예 : 스타워즈, 아이스에이지 장난감 세트)를 장난감으로 만들어 한 시리즈 전체를 모으기 위해서는 적어도 3~4번 매장을 방문해야 하기 때문이다.

④ 핵심 고객을 외면하지 말자_ 다른 사람의 실패에서 배운다

맥도날드의 어른을 위한 메뉴

맥도날드는 1996년 5월 '아치 딜럭스'를 시판하면서 2억 달러에 달하는 마케팅을 실시하였으나 결과는 참패였다. 이유는 맥도날드 스스로 마케팅의 본질을 망각했기 때문이다. 맥 아치 딜럭스는 어른을 위한 메뉴로 셰프가 특별히 개발한 세련된 맛을 마케팅 포인트로 부각시켰다. 하지만 이미 고객의 머릿속에 맥도날드는 패스트푸드 레스토랑으로 빠르고 간편하게 한 끼를 해결할 수 있는 저렴한 음식을 파는 곳으로 각인되어 있었고, 특히 주고객인 어린이를 배제한 마케팅을 펼쳐 성공하지 못하였다.

피자헛의 꼼수

2008년 한국의 피자헛은 영업 매출이 주춤하자 파스타를 통해 매출을 올리려는 마케팅을 기획하고 매장의 간판을 파스타헛(Pasta Hut)으로 교체하는 마케팅을 크게 실시하였다. 광고는 피자헛의 간판을 부수고 파스타헛이라는 새 간판으로 교체하는 내용이었으나, 당시의 분위기는 '피자헛이 망하는 것인가'라는 소문을 확산시키는 계기가 되어 버렸다. 피자를 먹으러 오는 핵심 고객 80%가 찾는 피자를 외면하고 20%의 파스타 고객을 잡으려다 오히려 낭패를 본 셈이다. 위의 예에서처럼 업계의 마케팅을 주시하고 관찰하여 타산지석의 계기로 삼아야 한다.

(2) 테크놀로지를 활용하자

① 트위터 마케팅으로 성공한 코기(Kogi) 트럭

2008년 로스앤젤레스의 퓨전 타코 트럭이 언론의 주목을 받기 시작하였다. 미국의 요리사관학교인 CIA(Culinary Institute of America)를 졸업한 '로이 최'가 한식과 멕시코 요리를 접목한 퓨전 타코를 메뉴로 내세워 트럭에서 비즈니스를 한 것이다. 에스닉퀴진(ethnic cusine, 이국적인 민속음식) 간의 융화를 통한 새로운 맛의 창조는 선풍적인 인기를 끌었다. 그는 많은 자본을 들여 시작한 것이 아니었으므로 홍보에 사용할 비용이 부족하였다. 그래서 고안한 것이 트위터에 자신의 트럭의 현재 위치와 메뉴의 재고량을 실시간으로 올리는 것이었다. 메뉴가 절판되는 경우에도 바로 트위터에 글을 올려서 고객이 헛걸음하는 일이 없도록 배려하였으며, 차를 타고 동에 번쩍 서에 번쩍 여기저기로 이동하는 덕분에 사람들에게 신선한 재미를 안겨다 준 것도 인기에 한몫을 하였다.

② 아이패드를 메뉴판으로 활용

아이패드로 메뉴를 볼 수 있다면 어떨까? 음식은 이미지가 중요하다. 종이에 인쇄된 것을 보는 데는 한계가 있다. 특히 새로운 음식은 보기 전에는 설명하기가 어렵고, 생소한 메뉴는 고객이 잘 구매하지 않으려는 특징이 있다. 이런 점을 보완하기 위해 베니건스에서는 아이패드를 메뉴판으로 사용하고 있다.

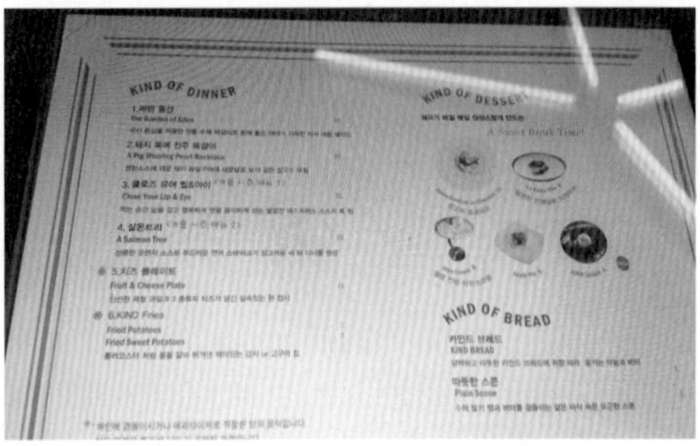

그림 11-12 아이패드 메뉴판

③ 도미노 피자의 스마트폰 주문 앱

도미노 피자는 2012년 상반기 온라인 주문만으로 전체 매출의 11%가 증가했다고 발표하였다. 처음으로 스마트폰용 앱을 개발하고 마케팅을 진행하였다. 주로 피자 같은 패스트푸드는 경기를 보면서 음식을 주문하게 되는데 이미지를 볼 수 있고 토핑을 선택할 수 있기 때문에 시각적인 구매 욕구를 증가시킬 수 있다. 레스토랑에서의 아이패드 사용이 집에서 가능해졌다고 봐도 무방할 것이다.

④ 온라인 입소문 마케팅_ 이젠 입소문도 똑똑하게 온라인으로

음식과 요리를 통해 즐거움을 찾고자 하는 경향이 늘면서 파워블로거의 블로그가 유행을 하고 있다. IT 기술의 발달로 인해 요리 관련 블로그의 급성장이나 웹사이트에서 음식 관련 카페의 유행은 단순한 취미활동으로서의 음식에 대한 관심을 넘어 외식산업에 직접 영향을 미칠 정도로 성장했다. 또한 기업에서 자체 블로그를 운영하는 것보다 더 신뢰성이 있는 것으로 나타나 파워블로거를 초청한 메뉴 이벤트는 온라인 구전(e-WOM, word of mouth)의 효과를 톡톡히 보고 있다.

(3) 스토리를 입혀라

① 그린 레스토랑 운동

레스토랑은 음식물 쓰레기를 많이 배출한다. 그린 레스토랑 운동은 자신만의 철학적 신념을 바탕으로 소비하는 대표적인 사회운동 중의 하나로 미국에서 시작되었다. 그린 레스토랑 인증제는 친환경적 설비 및 용품을 사용하고, 비용 절감 및 환경보호 운동에 앞장서고 있는 레스토랑에 대해 기준에 합당한 점수를 획득하면 인증서를 부여하는 제도이다. 그린 레스토랑 인증을 받은 레스토랑은 인증 마크를 메뉴판에 사용할 수 있고, 대중은 공식 웹사이트(www.dinegreen.com)에서 인증제를 획득한 레스토랑의 정보를 확인할 수 있어 자신이 선택한 레스토랑에서 즐거운 식사를 경험할 수 있다. 친환경 용품과 설비를 사용하는 레스토랑 업체들은 비용 절감을 통한 환경보호에 기여할 수 있고, 이러한 적극적인 참여를 통해 얻어지는 긍정적인 이미지를 마케팅 포인트로 활용하고 있다.

대표적인 예로 레스토랑에서 필요한 전기를 태양열을 통해 얻는 오코 프로즌 요거트 레스토랑, 'saving the earth one pizza at a time' 이라는 슬로건 아래 하이브리드 배달 차량을 이용하는 퓨전 피자집, 그리고 뉴욕시에 있는 버드배스 베이커리(birdbath bakery)의 인력거를 이용한 케이크 배달 등이 있다. 미국에서는 이미 그린 레스토랑 인증제도를 통해 레스토랑에 세금 혜택을 보장해 주는 등 많은 업체의 참여를 유도하고 있다. 더불어 고객들이 그린 레스토랑에서 음식을 구매하면서 이러한 운동을 지지하고 있어서 그린 레스토랑 운동은 환경과 관련 기업, 그리고 고객이 모두 윈윈하는 시너지 효과를 창출하는 제도로 앞으로 많은 레스토랑이 참여할 것으로 보인다.

그림 11-13 레스토랑의 가치 철학을 스토리로 담은 메뉴판

② 지속 성장 가능한(sustainability) 음식의 사용

고객은 자신의 철학을 바탕으로 소비하기 때문에 마케팅에서 중요한 포인트가 된다. 예를 들어, 지역경제 발전을 위해 그 지역의 농산물과 MOU(양해각서)를 맺거나, 멸종위기의 어종을 보호하기 위한 불매운동을 하거나, 가격이 비싸더라도 공정무역거래로 인증된 커피 제품을 구입하는 현상은 개인의 편리와 이익 추구보다 사회 전체의 이익을 위한다는 소비자의 성숙된 가치관과 철학을 보여준다. 식자재 서비스 기업인 (주)아모제는 경기도 양평군과 협정 체결을 통해 체계적으로 식재료의 원활한 공급을 받을 예정이다. 이로써 기업은 긍정적 이미지를 형성하고 자녀가 있는 부모는 자녀에게 파는 음식을 사먹게 한다는 죄책감을 덜 수 있어 호응을 얻고 있다.

(4) 메뉴를 브랜딩하자

① 시그너처 디시(signature dish)

고급 레스토랑에 가보면 그 레스토랑에서만 먹을 수 있는 시그너처 디시(간판/대표 메뉴)라는 것이 있다. 이것은 셰프 개인의 특징을 잘 나타내는 음식이다. 오랜 시간 메뉴 개발 과정을 거쳐 다른 곳에서는 맛볼 수 없는 것을 내놓는 것으로, 그 레스토랑의 대표 메뉴이다. 한 셰프가 단지 하나의 시그너처 디시를 가지는 것은 아니고 여러 개를 가질 수 있다. 또한 그 지역의 식재를 가지고 독특하게 만든 것도 시그너처 디시가 될 수 있다. 메뉴의 이름만으로 그 레스토랑을 연상시킬 수 있다면 이보다 더 좋은 마케팅이 어디 있겠는가? 밀탑의 팥빙수, 호텔 자허의 자허토르테는 모두 이름만 들어도 많은 사람이 관련 레스토랑을 바로 떠올리는 메뉴이다.

깨가 들어간 작은 튀일(tuile)을 말아서 크림 후레시(사워크림의 일종)와 연어 타르타르(tartar)를 섞어 필링을 채워 넣은 아뮤제 부쉬(Amuse Bouche)

차이브를 넣은 포테이토칩으로 장식한 트러플 커스터드(Truffle Custard)

장 조지 레스토랑의 대표 디저트인 초콜릿 케이크(JG chocolate cake)

그림 11-14 미국의 대표 셰프로 알려진 토머스 켈러와 장 조지의 시그너처 디시

② 시즈널 메뉴(seasonal menu)_ 시간이 주는 특별함

스타벅스

스타벅스는 가을과 겨울에 특별한 한정 판매 드링크를 제시한다. 예를 들면 스파이시 펌킨 라떼(spicy pumpkin latte), 진저브레드 라떼(gingerbread latte)와 같이 한정된 메뉴를 제공함으로써 고객들에게 방문을 유도하며 해당 시기가 아니면 먹을 수 없는 특

별함을 강조한다. 한정된 기간에 제공하는 메뉴(limited edition)는 가격을 다소 비싸게 책정하지만 고객은 계절이 주는 특수성 때문에 충분히 지불할 의사가 있다.

스타벅스 커피 코리아는 연말이면 전국의 많은 점포에서 크리스마스 시즌 메뉴를 선보인다. 대표적인 크리스마스 음료는 견과류 풍미의 '토피넛 라떼'와 페퍼민트 향의 '페퍼민트 모카' 등 이다. 가격은 톨 사이즈(355 mL) 기준으로 모두 5,100원인데, 같은 사이즈의 다른 음료보다 계절의 특수성 때문에 500원이 비싸다(한국경제, 2011.11.2).

그림 11-15 시즈널 메뉴 예시
스타벅스의 크리스마스 음료

③ 식재료의 원산지를 강조하는 마케팅

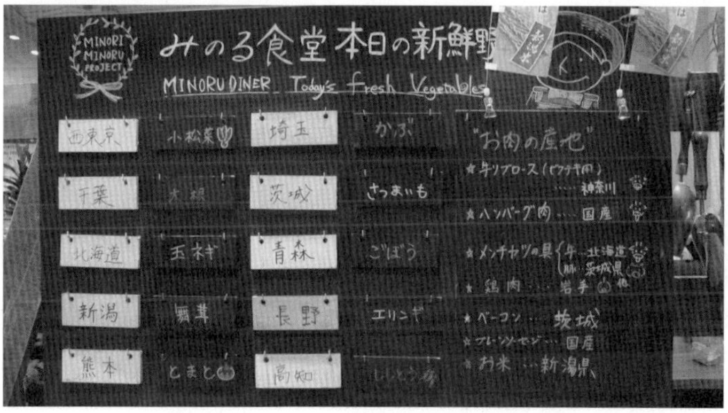

그림 11-16 식재료의 원산지를 강조하는 메뉴

메뉴에 식재료의 원산지를 강조하는 마케팅 또한 음식의 품질을 보증하므로 값을 높게 책정하여 받을 수 있으며, 고객과 명확한 커뮤니케이션을 통해 사용하는 식재료에 대한 불안감을 줄여준다.

④ 음식과 와인의 마리아주

예를 들어 레스토랑에서 음식만 먹으면 48달러를 지불하지만 음식과 와인을 페어링(서로 궁합이 맞는 와인을 같이 마시는 것)하면 추가로 20달러만 지불하면 된다. 이러한 방법은 고객으로 하여금 와인을 병째 구입하는 데 따른 부담을 적게 할 뿐만 아니라, 음식에 어울리는 와인을 마심으로써 음식에 대한 경험을 향상시켜 주는 좋은 마케팅 방법이라고 할 수 있다. 음식과 와인의 페어링은 소믈리에와 요리사가 함께 개발하는 것이 좋다.

Tasting Menu(3course) $48 → 3코스 메뉴
Tasting Menu with wine $68 → 3코스 메뉴 + 와인 페어링

⑤ 메인보다 더 유명한 사이드 아이템(Must-eat item)

아웃백 스테이크 하우스의 부시맨 브레드는 사이드 메뉴로 꼭 먹어야 할 아이템이다. 이러한 것을 미끼상품이라고 하는데 메뉴 중에 미끼상품을 잘 개발하면 매출을 올리는 데 알파 역할을 한다.

⑥ 애프터눈 티 뷔페

점심과 저녁 시간 사이는 호텔 레스토랑에서 가장 한가한 시간일 것이다. 그렇다고 이때 고정비용이나 인건비가 절약되는 것은 아니다. 따라서 이 시간에 공간을 활용하면서 고객을 유인하기 위해 고안된 메뉴가 애프터눈 티 세트이다. 필리핀 마닐라 페닌슐라 호텔(The Peninsula Manila)의 애프터눈 티 세트는 3단 트레이에 각종 디저트와 티가 함께 서빙되는 메뉴로 필리핀에 가면 여성들 사이에서 꼭 먹어봐야 하는 메뉴로 자리 잡았다. 페닌슐라 호텔에서 시작해 유명세를 타면서 한국의 유명 호텔에서도 실시하고 있다. 이와 같이 고객이 잘 찾아오지 않는 시간을 활용해 추가 매출을 올리는

그림 11-17 애프터눈 티 : 도쿄 지유가오카

메뉴 개발은 고객의 욕구 만족 및 레스토랑의 매출에 도움이 되는 시너지 효과를 낼 수 있다.

(5) 조찬 시장을 잡아라

① 테이크 어반(take urban)의 스마일 타임

테이크 어반 강남점과 압구정점은 음료 가격에 800원만 추가하면 빵을 무제한으로 먹을 수 있는 '스마일 타임'을 운영한다. 평일은 오전 8~9시 30분, 공휴일 및 주말은 오전 8~10시이다. 올리브빵, 치아바타(이탈리아식 바게트), 모닝롤, 잉글리시머핀 등 7~8가지 빵을 내놓는다. 평일에 아침을 거르고 출근하는 직장인들에게 가게의 인지도를 높이기 위해 시작했는데 이제는 주말에 젊은층부터 가족 고객까지 찾는다. 일부는 빵 뷔페를 이용한 뒤 다른 제품을 사가기도 해 추가 매출을 올리기도 한다(한국경제, 2011.1.12).

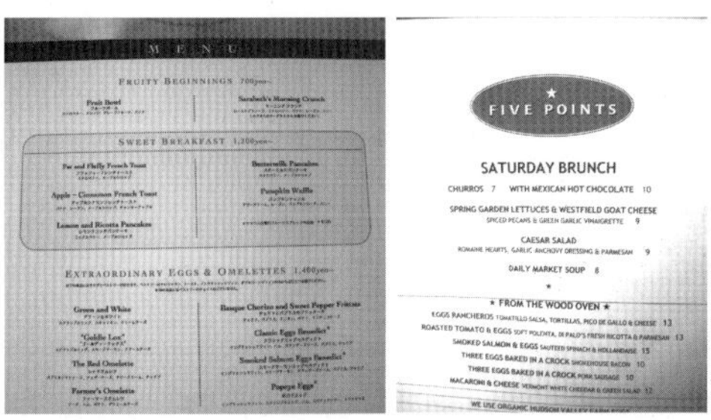

조찬 시장

브런치 뷔페

테이크 어반

브런치

그림 11-18 틈새 조찬 시장

② 간편한 조찬

'아침형 인간'이 화두로 떠오른 이후 직장인들의 아침 풍경이 달라졌다. 일찍 출근해 하루를 시작하는 이들이 늘자 밥, 국, 김치로 대변되던 아침식사에 대한 인식도 바뀌고 있다. 보건복지부가 3년마다 발표하는 국민건강영양조사(2009)에 따르면 아침 식사를 거르는 한국인은 5명 중 1명(21.4%). 이 중 20대의 결식률은 46%, 30~40대의 결식률은 22.6%로 조사됐다. 맞벌이 부부와 나홀로족 등 어쩔 수 없이 아침 식사를 준비하지 못한 이들을 중심으로 출근길에 간단히 끼니를 해결하는 풍속이 트렌드화되고 있는 분위기이다. 덕분에 이들을 잡기 위한 식품업계의 발걸음이 분주해졌다. 업계에서는 출근길이나 사무실에서 빠르고 간편하게 즐길 수 있는 아침 식사를 위해 다량의 신제품을 출시하고 있다.

CU(구, 보광훼미리마트)의 아침시간대(오전 7~9시) 매출은 해마다 증가하고 있다. 상품별로는 도시락 매출이 가장 많이 증가했다. 이어 김밥, 삼각김밥, 샌드위치 품목도 아침 대용식으로 인기를 끌고 있다(매일경제, 2011.7.1).

(6) 건강한 패스트푸드

① 인앤아웃의 차별화 전략

인앤아웃은 미국 캘리포니아에 본부를 두고 인근지역에 점포를 운영하는 패스트푸드 햄버거 체인이다. 1948년에 해리 앤드 에스더 스나이더(Harry and Esther Snyder)가 설립한 이래 2012년 1월 기준 미국 내 268개의 매장을 가지고 있다. 특이한 점은 패스트푸드 레스토랑이지만 전자레인지와 냉동고를 찾아볼 수 없고 생감자를 바로 잘라 튀겨서 낸다는 것이다. 패스트푸드는 모든 사람에게 건강에 나쁘다고 인식되어 있는데 이를 극복하기 위해 냉동육이 아닌 신선한 햄버거 패티(고기)를 사용하고, 감자튀김도 주문 시 고객이 볼 수 있도록 즉석에서 썰어 튀겨내는 방식으로 서비스를 변경해 기존의 햄버거 가게와 차별화된 마케팅 전략을 사용했다. 또한 이러한 철학은 마니아층을 형성하였는데 일부 마니아들은 매장의 위치를 거의 외우다시피 한다. 이들의 입소문으로 인앤아웃은 TV 광고를 하지 않음에도 불구하고 많은 사람들에게 사랑을 받고 있다.

그림 11-19 인앤아웃 버거

② 치폴레

치폴레(Chipotle)는 1993년 스티브 엘스(Steve Ells)가 미국 콜로라도 덴버의 대학가에 문을 연 멕시칸 타코를 파는 패스트푸드점이다. 그는 미국의 조리사관학교 CIA를 졸업하고 샌프란시코를 비롯해 여러 도시에서 경험을 쌓은 뒤 고향 덴버로 돌아와 우연히 사람들이 패스트푸드는 건강에 안 좋다는 이야기를 하면서도 타코 음식을 먹는 것을 보고 건강한 식재료를 사용하는 매장을 계획하였다. 그리하여 탄생한 것이 치폴레이다. 치폴레는 원래 멕시코에서 생산되는 매운 고추의 일종으로, 치폴레 매장은 별도의 광고를 하지 않았지만 현재 미국, 캐나다, 영국에 1,084개의 매장이 운영될 정도로 인기는 가히 폭발적이다. 매장에는 냉동실, 전자레인지, 캔 오프너가 없으며, 메뉴를 무작정 확장하지 않는다. 한정된 메뉴 안에서 유기농, 친환경 식재료, 호르몬을 쓰지 않은 고기를 사용하는 점이 고객들의 입소문을 타면서 유명해졌다. 물론 여기서 만드는 음식이 칼로리가 낮지는 않지만 토마토는 플로리다의 농가와 계약을 맺어 사용하고, 지속적으로 현지에서 공급받은 식재료를 사용하는 등 건강한 패스트푸드 메뉴를 지향하고 있다.

그림 11-20 치폴레

(7) 비수기 마케팅 : 고객이 레스토랑에 올 기회를 만들어 주자

① 레스토랑 위크, 고메 위크

레스토랑이 가장 매출이 저조한 시기는 1월에서 2월로 넘어가는 시기와 사람들이 휴가를 떠나는 7월 말에서 8월 초이다. 관광객이 늘 끊이지 않아 이런 고민을 하지 않을 것 같은 뉴욕에서조차 예외는 아니다. 그래서 고안해 낸 것이 레스토랑 위크(NYC restarurant week) 프로그램이다. 이것은 비수기에, 특히 고급 레스토랑에서 적정한 가격에 프리픽스 메뉴(prix-fixe menu)를 판매한다. 가격은 해당 연도로 표시하는데, 예를 들어 2013년에는 점심에 샐러드, 메인, 디저트 3가지 코스를 20.13달러에 즐길 수 있도록 프로모션을 한다. 내년이면 20.14달러가 된다. 1992년에 시작해 지금까지 계속되고 있다. 원래 점심에만 진행되었으나 이제는 저녁은 물론 어떤 곳은 일 년 내내(all-year round) 진행한다. 이 행사의 가장 큰 장점은 특히 유명한 레스토랑이 대거 참여하므로 고객들은 가격이 비싸 평상시에는 갈 수 없었던 레스토랑의 음식을 체험할 수 있으며, 레스토랑은 비수기에 고객이 있어서 좋을 뿐만 아니라 한 번 음식을 경험한 고객은 다시 방문할 가능성이 높다는 점 등을 들 수 있다.

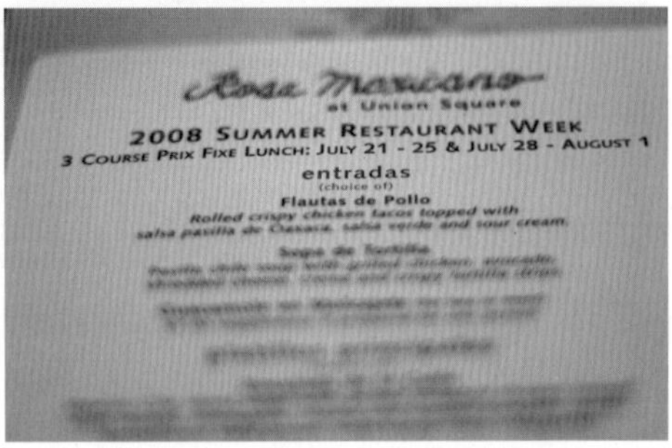

그림 11-21 레스토랑 위크 홍보 메뉴판

한국에서도 고메 위크(gourmet week) 프로그램이 진행되고 있으나 가격이 여전히 비싸고 제약 조건이 많아 뉴욕에서와 같이 활성화되기는 어려운 실정이다. 아직은 정착 단계라 그럴 수도 있지만 한 쪽이 일방적인 이익을 취하는 것은 마케팅 전략의 취지와도 맞지 않아 지속 여부는 지켜봐야 할 것이다.

(8) 재미있는 메뉴를 만들어라

① 톡톡 튀는 서비스_ 미즈 컨테이너

대구에서 시작하여 서울로 진출한 레스토랑으로, 미즈 컨테이너에서 식사를 주문하면 직원이 공사장에서 아저씨들이 쓰는 안전모를 건네준다. 안전모에는 번호가 새겨져 있다. 그 안전모를 테이블 위에 올려두면 서빙하는 직원이 번호를 보고 음식을 가져다준다. 안전모가 일종의 번호판이다. 그리고 음식을 확인한 후 안전모를 서빙하는 직

그림 11-22 미즈 컨테이너

원에게 전하면 직원은 하이파이브를 해야 자리를 떠난다고 말한다. 처음에는 이게 뭐 하는 건가 싶지만 곧 웃음이 나온다. 이는 고객에게 즐거움과 참여하는 서비스를 제공함으로써 경쟁업체와 차별화를 시도한 좋은 사례이다.

② 독특한 이름으로 고객을 유혹하는 마케팅

매드포갈릭, 광장시장의 마약김밥, 통인시장의 기름떡볶이, 홍대의 조폭떡볶이, 못난이김밥 등 이름만으로도 고객은 호기심을 갖게 되며, 한 번쯤은 '먹어볼까?'라는 생각을 갖는다. 이처럼 메뉴 이름은 마케팅에서 중요하다. 맛은 둘째로 치더라도 독특한 이름이 주는 후광효과는 맛이 없어도 맛있게 만드는 효과가 있다.

③ 팝업 레스토랑

음식의 메카 뉴욕에는 레스토랑만 5만 개가 있다고 한다. 또한 많은 요리사들은 이곳에서 자신의 레스토랑을 열고자 하는 꿈이 있는 곳이기도 하다. 하지만 10평 남짓도 되지 않은 지하공간을 렌트하는 것도 쉽지는 않다. 팝업 레스토랑은 2000년대 초 호주와 영국에서 이미 유행을 했던 것이라 그리 새로운 콘셉트는 아니었다. 팝업 레스토랑은 푸드 트럭과 마찬가지로 젊은 셰프들에게 그들의 스킬과 능력 및 시험정신을 보여주기에 안성맞춤이다. 특히 파산이나 부도의 위험을 생각하지 않고 도시 여기저기를 옮겨 다니며 음식을 제공할 수 있어서 적은 비용으로 자신의 능력을 홍보하고 투자자를 구할 수 있는 좋은 기회이다. 메뉴 마케팅에서는 새로운 메뉴가 출시되는 경우 목표 고객이 있는 곳으로 접근해 홍보를 하거나 신메뉴 홍보를 위한 샘플을 나눠줄 경우 아주 유용한 전략으로 사용할 수 있다.

(9) 상생이 답이다 : 컨버전스 마케팅

① 카페형 베이커리

컨버전스는 융합을 뜻하는 것으로 서로 다른 두 산업 간의 융합을 통하여 시너지 효과를 내는 것을 말한다. 대표적으로 베이커리와 카페가 결합하여 카페형 베이커리로 재탄생해 이익을 창출하는 것이다.

음료 메뉴와 함께 팔아라

한국에도 입점한 에릭 케제르 베이커리는 프랑스에 본사를 두고 있다. 프랑스 대통령과 일본 왕실의 공주가 즐겨 먹는다 하여 유명세를 탄 브랜드이다. 이 베이커리에서는 와인을 함께 판매하여 특히 젊은 여성에게 인기를 끌고 있다.

(10) 세컨드 브랜드로 확장하자 : 고급 레스토랑의 비스트로 오픈

세계 경제의 침체와 후퇴로 외식산업은 큰 변화를 겪으면서 소비자에게 실질적인 가치를 추구하게 만들었다. 원래 비스트로는 편안한 분위기에서 맛있는 음식을 즐길 수 있는 그런 곳이다. 그러나 고객의 가치 소비가 늘자, 캐주얼한 서비스에 음식 수준은 높고 인테리어도 세련된 형태의 캐주얼 다이닝(casual dining)이 대중들의 관심을 받으면서 유명한 고급 레스토랑에서는 음식의 수준과 분위기는 세련된 수준을 유지하면서 자신들의 음식을 편하게 즐길 수 있도록 비스트로 형태의 레스토랑을 내기 시작했다. 예를 들어 갤러리아 백화점 내 고메이494, 신세계 SSG 푸드마켓 내 레스토랑, 하루 종일 아침 메뉴를 제공하는 올데이 브런치 카페 등의 등장은 고객의 가치 추구를 반영했다고 하겠다. 심플한 와인 리스트에 음식과 조화를 이룰 수 있는 와인 구성을 제공하며 단품 메뉴와 함께 저렴한 가격으로 즐길 수 있는 세트 메뉴도 제공한다. 트렌드의 중심에 있는 비스트로는 가치 중심의 소비 성향과 단순함이 주는 현대적인 이미지, 그리고 음식과 와인을 동시에 즐길 수 있는 장점으로 앞으로 지속적으로 성장할 것으로 보인다.

예) Nobu(고급 일식 레스토랑), Nobu next door(중급 캐주얼 일식 레스토랑)
Daniel(고급 프렌치 레스토랑), DB bistro(중급 프렌치 레스토랑)
Baboo(고급 이탈리안 레스토랑), Lupa(중급 캐주얼 이탈리안 레스토랑)

(11) 불황에는 뭐니 뭐니 해도 저가 마케팅

불황은 모두가 힘든 시기이다. 가격이 저렴하다면 외식을 할 때 그보다 더 매력적인 것은 없을 것이다. 소비자의 주머니가 얇아지니 '착한 가격'으로 롯데마트에서 통큰치킨을 선보인 적이 있었다. 5,000원에 치킨을 먹을 수 있다는 롯데마트의 통큰치킨은 판매하자마자 전체매출 40% 상승이라는 기록을 세웠다. 이어 홈플러스에서는 1,000원짜리 치킨을 팔아 5분 만에 완판되는 신기록을 세우기도 했는데, 판매가 오래 가지 못했던 것은 역시 음식의 품질과 관련이 있었다. 저렴한 가격이지만 안전하게 먹을 수 있

그림 11-23 북촌 와인하우스

그림 11-24 저가 핫도그 레스토랑

는가에 대하여 고객들이 의문을 가졌기 때문이다. 저가는 분명히 매력적인 마케팅 전략이지만 음식의 품질을 외면한다면 어디까지나 일시적인 방법밖에는 되지 않는다는 것을 기억해야 한다.

summary

무형성, 이질성, 비분리성, 소멸성의 특징을 갖는 레스토랑은 상품을 고객에게 일정한 대가를 받고 제공하는 곳이다. 그리고 레스토랑이 가지는 무형적인 콘셉트, 음식에 대한 철학, 서비스 형태, 음식의 가격 등을 고객에게 유형화하여 제시하는 상품이 곧 메뉴이다. 이렇게 볼 때 메뉴는 고객과 경영주가 커뮤니케이션하는 기본적인 소통의 도구이며, 고객에게 레스토랑의 아이덴티티를 드러낼 수 있는 중요한 매개체이다. 따라서 레스토랑에서 판매하고자 하는 것은 메뉴이므로 메뉴 품목, 가격, 촉진, 장소 제공을 통해 고객의 상품 구매 목적과 가치를 충족시켜야 한다. 이와 같이 고객의 목적과 가치를 충족시키고 그에 상응하는 대가를 얻는 교환 과정을 메뉴 마케팅이라고 한다.

1950년 이전까지 마케팅은 기업 중심적 철학을 가지고 있었는데, 1950년 이후부터는 기업 중심이 아닌 고객 중심으로 바뀌었다. 따라서 기업은 만들고자 하는 제품을 생산하기보다는 표적 시장(target market) 고객들의 욕구를 찾아내고, 고객이 가진 문제를 해결하고자 하는 등 고객 만족 중심의 마케팅을 펼쳤다.

고객 중심의 마케팅 철학은 고객의 소비 행동에 주목하게 하였고 3Cs를 바탕으로 한 환경 분석은 기업의 SWOT 분석을 통해 세분화 전략, 목표 전략, 포지셔닝 전략을 가능하게 하여 경쟁력 있는 메뉴를 구성하게 한다. 이러한 메뉴를 가지고 마케팅 믹스(상품, 입지, 가격, 촉진, 물리적 증거, 종사원, 서비스 과정)를 통해 마케팅을 실시하고 평가한 뒤 피드백을 가지고 메뉴를 통제하는 것이 메뉴 마케팅의 핵심이다.

참고문헌

국내문헌

강무근 외, 주방관리론, 학문사, 2002

강성부, 계량적 메뉴관리 방법론, 효일, 2004

금강, 색채와 마케팅, 금강서원, 1995

금찬영, 편집레이아웃, 독자와함께, 1994

김경임 · 김경미 · 정경, 푸드코디네이션개론, 파워북, 2007

김광호 외, 식생활과 문화, 광문사, 2000

김기영, 메뉴경영관리론, 현학사, 2006

김기영 · 함형만, 메뉴경영관리론, 현학사, 2006

김동수, 식음료원가관리론, 백산출판사, 2012

김숙희, 단체급식경영관리, 대왕사, 2007

김업식 외, 주방시설관리론, 효일, 2004

김영갑 외, 외식산업론, 현학사, 2009

김영갑, 홍종숙, 김영갑, 외식마케팅, 교문사, 2009

김영태, 식품위생관계법규, 삼광출판사, 1995

김옥란, 호텔레스토랑 메뉴관리론, 백산출판사, 2012

김용훈 편저, 색채상품개발론, 청우, 1987

김윤태, 호텔 · 외식산업메뉴관리론, 대왕사, 2006

김정구, 미래마케팅, 교보문고, 2005

김종성 외, 조리실무관리, 형설출판사, 2004

김준희, 장혁래, 박인수, 알기 쉬운 메뉴관리의 이론과 실제, 백산출판사, 2010

김중만, 식중독을 간접 경험하자, 효일, 1999

김지영 외, 테이블 & 푸드코디네이트, 교문사, 2005

김진수, 호텔 외식산업 식음료관리론, 대왕사, 2009

김학성, 디자인을 위한 색채, 조형사, 1998

김혁수, 호텔외식 재무회계, 백산출판사, 2012

김혜영, 최신단체급식, 효일, 2005

김화중 역, 색채심리, 동국출판사, 1995
나구모 하루이시 저, 박영원 역, 시각표현 : Visual Representation, 국제, 1996
나정기, 메뉴계획과 디자인의 평가에 관한 연구, 경기대대학원 박사학위논문, 1994
나정기, 메뉴관리의 이해, 백산출판사, 2008
나정기, 메뉴판매가 결정에 관한 연구, 호텔경영연구논총, 1992
나정기, 식음료원가관리의 이해, 백산출판사, 2011
나정기, 외식산업의 이해, 백산출판사, 2003
문교부, 고등학교 가사, 대한교과서, 1988
문정원 외, 새시대 단체급식, 효일, 2002
박기용, 외식산업경영학, 대왕사, 2009
박유식, 서비스 가격전략에 관한 연구, 성균관대학교 박사학위논문, 1996
박정식, 메뉴해설, 효일, 2004
박종세, 꼭 알아야 할 식품위생, 유림문화사, 1998
박헌진 · 성기협 · 최미경 · 최우승, 메뉴관리론, 교문사, 2010
백태영, 원가관리회계, 신영사, 2007
송수조, 외식조리원가관리, 백산출판사, 2012
쇼가키 야스히코 저, 김대환 역, 맛있어서 잘 팔리는 것이 아니다, 잘 팔리는 것이 맛있는 요리다, 잇북, 2012
시드니 민츠 저, 조병준 역, 음식의 맛, 자유의 맛, 지호, 1998
신광순, 알기 쉽게 풀이한 세균성 식중독, 한국식품안전협회, 2004
신재영 외, 외식사업경영론, 백산출판사, 1995
안광호, 메뉴계획과 분석에 관한 이론적 관찰, 관광연구 제1집, 영남관광학회
안효주, 이것이 일본요리다, 여백미디어, 2001
알리스 외 저, 박길부 역, 마케팅불변의 법칙, 십일월출판사, 2004
양일선 외, 단체급식, 교문사, 2008
원융희, 레스토랑 메뉴 디자인, 신광출판사, 2001
원융희, 최신 외식산업개론, 두남, 2009

유기준, 유통경제길잡이, 형설출판사, 2004
윤덕인, 외식창업과 메뉴개발론, 신광출판사, 2007
윤서석, 한국음식, 수학사, 1992
윤혜림, 색채심리 마케팅과 배색이론, KJ, 2007
이권목, 주방설비관리론, MJ미디어, 2006
이권복, 메뉴와 디자인 푸드스타일링, 백산출판사, 2009
이권복, 메뉴플래닝, 백산출판사, 2007
이권복 · 고승식, 호텔 외식사업 원가관리론, 동일출판사, 2008
이도영, 단체급식실무경영론, 효일, 2007
이우현 · 정구영, 마케팅원론, 형설출판사, 1991
이유주, 푸드컬러와 디자인, 경춘사, 2005
이정실, 외식기업경영론, 기문사, 2007
이정자, 메뉴관리, 기문사, 2001.
이정학, 외식사업경영실무론, 대왕사, 2005
이종미, 단체급식, 파워북, 2007
이창우, 원가관리회계, 박영사, 2006
이철호, 식품위생사건백서 II, 고려대학교출판부, 2005
이철호 · 맹영선, 식품위생사건백서, 고려대학교출판부, 1997
이학식 외, 소비자행동 : 마케팅전략적접근, 법문사, 1993
일본 푸드스페셜리스트 협회 편저, 김운주 · 권순자 · 송원희 역, 푸드코디네이트론, 시그마프레스, 2005
전국조리사양성시설협회, 조리사교과전서 제7권
전희정 외, 단체급식관리, 파워북, 2008
정경, 한국과 일본의 식기선택 특이성, 성신여자대학교 일반대학원 석사학위논문, 2008
정현숙 외, 푸드비지니스와 푸드코디네이터, 수학사, 2007
잰 화이트 저, 안상수 외 역, 편집디자인, 안그라픽스, 1991
조용범 · 강병남, 신메뉴관리론, 대왕사, 2007
조은정, 테이블코디네이션, 도서출판 국제, 2005
조춘봉 외, 호텔식음료는 메뉴경영론, 형설출판사, 2003
조춘봉 · 김영갑 · 김선희, 레스토랑 메뉴경영론, 대왕사, 2008
조춘봉 · 김영갑 · 김선희, 외식메뉴관리론, 대왕사, 2011

진양호 외, 메뉴관리론, 지구문화사, 2004
진양호, 식당성공4M전략, 한국외식정보, 2005
진양호, 호텔레스토랑의 메뉴 엔지니어링에 관한 연구, 경기대학교대학원 박사학위논문, 1997
진양호 · 강종헌, 메뉴관리론, 지구문화사, 2008
진양호 · 강종헌, 원가관리론, 지구문화사, 2007
채상병 외, 외식업 성공지침서, 백산출판사, 2009
채영철 외, 중국의 음식문화와 중국요리, 지구문화사, 2003
최영준 외, 메뉴관리론, 대왕사, 2006
최영준, 메뉴관리론, 대왕사, 2006
최영준 · 서진우, 주류학의 이해, 기문사, 2004
최주락 외, 메뉴기획관리론, 백산출판사, 2001
최주락 · 이영숙 · 안형기 · 김상철 · 이인성 · 함형만 · 조재철, 메뉴기획관리론, 백산출판사, 2003
한삭명, 최신주방시설관리론, 석학당, 2005
함동철 · 강재희, 외식산업 창업과 경영, 백산출판사, 2012
히로카네 켄시 저, 한복진 역, 한손에 잡히는 와인, 쿠켄, 2009
CJ푸드시스템(주), 알기 쉽게 풀어 쓴 노로바이러스, 효일, 2007
John R. Walker, *The Restaurant*, 한올출판사, 2012
Kim Eunju 외, *Foodservice Management*, 형설출판사, 2005
NSF국제정보화인증원, 식품안전시스템(HACCP-9000) 규격집, 한국경영진단연구원, 2004
Philip Kotler, Kevin Land Keller 저, 윤훈현 역, 마케팅 관리론 제13판, 피어슨에듀케이션코리아, 2009

외국문헌

Barling, D. de vriend, H. Cornelese, JA et al., The social aspects of food biotechnology, *Environmental Toxicology and pharmacology*, 7:85~93, 1999

Bernard Davis, Andrew lookwood et al.,, *Food and Beverage Management 4th,* BH, 2005

Colin Johnson, Bernard Surlemont, Pascale Nicod and Frederick Revaz, *Behind the Stars: A concise typology of Michelin restaurant in Europe Cornell Hotel Restaurant Administration* QuarterlyMay 2005 vol. 46 no. 2 170-187

Costas Datsigns, Chris Thomas, *Design and Equipment for Restaurants and foodservice : A Management View*, 3rd ed., Wiley, 2008

FAO/WHO, Microbiological Risk Assessment Series, 2004

Ferrell Hartline, *Marketing Management Strategies*(International Edition), South-Western Cengage Learning, 2011

Francis T. Lynch, *The Book of yields: Accuracy in Food Costing and Purchasing*, Wiley, 2007

G.E Livingstone and Charlotte M. Chang, *Food Service System: Analysis Design and Implementation*, Academic Press, 1979

Granum, PE and Baird-Parker TC, Bacillus species in Lund BM, Baird-Parker TC(eds), *The microbiological safety and quality of food*, Aspen Publishers, pp.1029~105, 2000

Hannah Newton, *Restaurant Decors*, Atrium Group, 2001

Home and Garden Bulletin No.252, 1992

Human Nutrition Information Service, USDA Food Guide Pyramid

Jack D. Ninemeier, *F78 Controls*, 2nd ed., AH&MA, 1986

Jack D. Ninemeier, *Management of food and beverage operation*, AH&MA, 1995

Jack E. Miller and David K., Ph.D. Hayes, *Basic Food and Beverage Cost Control,* John Wiley & Sons, 1993

Jack E. Miller and David V. Pavesic, *Menu: Pricing & Strategy(Hospitality, Travel & Tourism)*, John Wiley & Sons INC., 1996

Jack E. Miller, *Menu : pricing and strategy*, 3rd ed., VNR, 1992

James R. Abby, *Hospitality sales and Advertising,* AH&MA, 1998

Jay Solomon, *A guide to good menu writing*, restaurant USA, 1992

JFCS, *Restaurant Produce*, JFCS, 2003

JFCS, フードビジネス商品開發講座, JFCS, 2003

John A. Drysdale, Jennifer A. Galipeau, *Profitable menu Planning*, Prentice Hall, 2008

John C. Birchfield, *Food service operations manual*, USA, 1979

John R. Walker & Jack E. Miller, *Supervision in the Hospitality Industry, Study Guide: Leading Human Resources*, John Wiley & Sons INC., 2004

John R. Walker, D.B.A., FMP & Donald E. Lundberg, Ph.D. *The Restaurant from concept to operation*, 3rd ed., John Wiley & Sons, INC., 2004

Kotler, Bowen, Markens, *Marketing for hospitality & Tourism*, Prentice-Hall, 2010

Lea R. Dopson, David K. Hayes, *Food and Beverage Cost Control*, Wiley, 2007

Lendal H. Kotschevar, Diane Winthrow, *Management by menu*, 4th ed., Wiley, 2007

Lendal H. Kotschevar, Diane Withrow, *Management by Menu,* Study Guide, Wiley, 2007

Linda Blocker, Julia Hill, *Culinary Math*, Wiley, 2007

Mahood A. Khan, *Concept of Food service Operations and Management*, 2nd ed., VNR, 1991

Marian C. Spears & Mary B. Gregoire, *Foodservice Organization*, 5th ed., PEASON Prentice Hall, 2003

National Restaurant Association Catalog of Publications Not Available menu design, Natl Book Network, 2000

Partnership for Food Safety Education, 2007

Paster, Tara, *HACCP Food Safety Employee Manual*, Wiley, 2006

Paul R. Dittmer, Bradley J. Ware, and Lavesque Ware, *Fundamentals of Menu Planning*, Wiley, 2008

Paul R. Dittmer, J. Desmo Keefe, *Principles of Food, Beverage, and Labor Cost Controls,* Student Workbook, Wiley, 2008

Philip Kotler, *Kotler on marketing*, Sejong Institution, 2003

Philip Kotler, *Marketing Management*, 5th ed. Prentic-Hall, 1984

Regina S, Baraban & Joseph F. Durocher, Ph.D., *Successful Restaurant Design*, 2nd ed., John Wiley & Sons, INC., 2001

Tim L., Michel H., *Food Wars, Earthscan*, 2004

Tricia Guild, *Think Color*, Chronicle Books, 2003

U.S. Food and Drug Administration, *Foodborne Pathogenic Microorganisms and Natural Toxins Handbook*, 2000

Wiley, *Art institute, Purchasing, cost control, and menu management*, Wiley(Art Institute, 2008)

日本フードスペシャリスト協会編, フードコーディネーター教本, 柴田書店, 2004

日本フードスペシャリスト協会編, フードコーディネート論 I, 建帛社, 2000

日本フードスペシャリスト協会編, フードコーディネート論II, 建帛社, 2001

참고 사이트

농림축산식품부 www.mafra.go.kr

식품의약품안전처 www.mfds.go.kr

영양사협회 www.dietitian.or.kr

한국디자인진흥원 www.designdb.com

한국보건산업진흥원 www.khidi.or.kr

미국 FDA www.cfsan.fda.gov

미국 PFSE www.fightbac.org

찾아보기

저자소개

전지영

세종대학교 조리외식경영학과 박사
청와대 비서실 영양사 근무
Food Design company "PAPRIKA" 대표
2002 한일 월드컵 한국음식문화 홍보위원
전통음식문화 관광협회 푸드디자인부문 개발 연구위원
현 한국외식산업학회 상임이사
색채디자인학회 식생활분과위원장
세종대학교 관광대학원 외래교수
대림대학교 호텔조리과 강의전담 교수

저서 및 논문

- 파티, 파티 만들기
- 푸드 비즈니스와 푸드코디네이터
- 한국 전통음식의 Food styling과 색채분석
- 세계인의 웰빙푸드 비빔밥
- 시카고 블루 레시피
- 프랜차이즈 브랜드 이미지 구성요소의 현지화 적용이 브랜드 유사성 인식과 구매의도에 미치는 영향에 관한 연구 외 다수

김태현

경희대학교 조리외식경영학과 외식마케팅 전공 박사 수료
Culinary Institute of America, Baking & Pastry 전공 졸업
한화 호텔앤드리조트 CIY 스튜디오 수석실장
애경백화점 외식사업부 신규사업 론칭, 메뉴개발 및 마케팅
Dessert Professional Magazine 푸드에디터 및 푸드스타일리스트
미국 호텔 레스토랑 박람회 웨딩케이크 부문 1등 수상
2009 SIBA 서울 국제과자빵 페스티벌 슈가크래프트 기술상 수상
사단법인 궁중음식연구원 전통향토음식반, 궁중음식전수반, 한국전통병과연구원 떡과정 수료
Certified Journey Baker, Retail Baker's of America, USA
Jean-Georges Restaurant, New York 근무
Citizen Patisserie, San Francisco 근무
CIA Apple pie Bakery, Hyde Park 근무
미대사관 주최 Great Culinary American 캠프 프로젝트 참여
현 대림대학교 호텔조리과 교수

홍종숙

세종대학교 조리외식경영학과 박사

현 한국생산성본부 e-러닝센터 우편원격교육 외식경영아카데미 자문위원
여주대학교 푸드코디네이션과 교수

저서 및 논문

- 외식산업론
- 외식마케팅(문화관광부 우수학술도서 수상)
- 외식창업론
- 식재료와 푸드스타일링
- 식공간 분위기 감성 어휘에 관한 연구-패밀리 레스토랑을 중심으로
- Q 방법론에 의한 패밀리 레스토랑 소비자의 세분화
- 컨조인트 분석을 이용한 외식 소비자의 레스토랑 선택 유형에 관한 연구
- 외식 소비자의 레스토랑 선택속성 및 속성가치에 대한 선호도 조사 연구(컨조인트 분석을 이용하여) 외 다수

김장호

세종대학교 조리외식경영학과 박사
Sheraton Grand Walkerhill Hotel 근무
W Seoul Walekerhill Hotel Chef 근무
지방기능경기대회 요리부문 심사위원
전국기능경기대회 요리부문 관리위원
대한민국 요리경연대회 개인부문 금상 수상
숙명여자대학교 문화관광학과 외래교수
세종대학교 조리외식경영학과 외래교수

현 서영대학교 호텔조리학부 교수

저서 및 논문

- 음식관광
- Basic Western Cusine
- 다시마 머핀의 제조 및 품질특성
- 서울시내 특1급 호텔 뷔페 레스토랑의 선택속성 연구
- 토마토 종류에 따른 토마토소스의 품질 특성
- 허브의 첨가량에 따른 토마토소스의 미생물 분석 및 항산화성 외 다수

레스토랑 메뉴관리

2013년 8월 10일 초판 1쇄 발행
2016년 2월 22일 초판 2쇄 발행

지은이 전지영 · 김태현 · 홍종숙 · 김장호
발행인 이 영 호
발행처 **수 학 사**
06653 서울특별시 서초구 효령로 263
출판등록 1953년 7월 23일 No.16-10
전화번호 02) 584-4642(代) 팩스 02) 521-1458
http://www.soohaksa.co.kr
디자인 북큐브

정가 23,000원

ISBN 978-89-7140-805-6 93590